生态保护城乡统筹关键技术

韩永伟　等 编著

中国环境出版集团·北京

图书在版编目（CIP）数据

生态保护城乡统筹关键技术/韩永伟等编著. —北京：中国环境出版集团，2020.7

ISBN 978-7-5111-4200-9

Ⅰ. ①生… Ⅱ. ①韩… Ⅲ. ①农村生态环境－环境保护－研究－中国 Ⅳ. ①F323.22

中国版本图书馆 CIP 数据核字（2019）第 288406 号

出 版 人　武德凯
责任编辑　王　琳
责任校对　任　丽
封面设计　彭　杉

出版发行　中国环境出版集团
（100062　北京市东城区广渠门内大街 16 号）
网　　址：http://www.cesp.com.cn
电子邮箱：bjgl@cesp.com.cn
联系电话：010-67112765（编辑管理部）
发行热线：010-67125803，010-67113405（传真）

印　　刷　北京建宏印刷有限公司
经　　销　各地新华书店
版　　次　2020 年 7 月第 1 版
印　　次　2020 年 7 月第 1 次印刷
开　　本　787×960　1/16
印　　张　26.25
字　　数　470 千字
定　　价　138.00 元

编 委 会

前　言

新中国成立以来，我国经济发展取得了举世瞩目的成就，经济规模不断扩大，综合国力与日俱增，我国从一个低收入国家发展成为世界第二大经济体。2018 年国内生产总值达 900 309 亿元，占世界经济的比重约为 16%，比 1952 年增长 175 倍（按不变价计算），年均增长 8.1%。随着经济的快速发展，我国城镇化水平显著提高，2018 年年末，我国常住人口城镇化率为 59.6%，比 1978 年年末上升 41.7 个百分点，数以亿计的农民进入城市，从农业进入非农产业，大大提高了劳动力资源的市场化配置效率，成为推动经济发展的源动力。

在快速城镇化过程中我国城镇数量持续增加，1949—2018 年，城市数量由 132 个发展到 672 个，其中地级以上城市由 65 个增加到 297 个，县级市由 67 个增加到 375 个；建制镇由约 2 000 个增加到 21 297 个。城镇建设用地规模也不断扩大，不少城市存在“摊大饼”现象，不同程度地挤占了林地、草地、湿地、农田等生态系统，导致城乡生态系统结构破碎化、生态系统服务下降等生态环境问题一度比较严重。虽然党的十八大以后，我国城镇化更加注重绿色、低碳和区域协调，但未来一段时间作为经济发展的持续动力，城镇化发展仍有较大空间。有研究认为，到 2035 年基本实现现代化时，我国城镇化率将达到 80%左右。城镇化在将来很长一段时间内仍将对区域生态系统形成较大压力。

本书是作者承担国家科技支撑课题“生态保护城乡统筹关键技术与示范”的研究成果，针对城镇化造成的自然生态体系破碎化、城乡接合部绿地与农田等生态用地被挤占的问题，结合城市化水平不同地区的技术工程示范效果评估和配套政策建议，重点就城乡一体化生态安全格局构建技术、城乡接合部生态缓冲带建设技术和城郊保留农田生态经济服务功能转型技术做了论述，虽然相关研究完成时间较早，但研究成果对于我国今后在城市化过程中做好生态保护工作，维护城乡生态安全，提升区域生态服务管理水平仍然具有较强的理论和实践参考意义。

本书主要编写人员有韩永伟、李锋、岳德鹏、何彤慧、鲁春霞、席运官、宋婷、高馨婷、高吉喜、郑烨、王宝良、赵丹、熊向艳、温丽娜、阿彦等。高吉喜研究员从课题立项就一直关心并支持该项研究，给予了许多指导和帮助；李锋、岳德鹏、鲁春霞、何彤慧、席运官作为子课题负责人承担了大量研究工作；宋婷、高馨婷的学位论文对本书有很大贡献；阿彦、王宝良、郑烨、温丽娜等就书籍的校对出版付出了努力，在这里对所有为本书贡献智慧和力量的专家学者致以崇高的敬意和衷心的感谢！

作者

2020 年 3 月于北京

目 录

1 研究背景与总体框架

1.1 背景与意义

1.1.1 立项背景

2008 年，国务院首次召开农村环境保护工作会议，对农村生态环境提出了新的建设要求，强调要高度重视农村生态问题与生态系统功能退化的现实情况，推进农村生态文明建设，维护国家生态安全；《国民经济和社会发展第十一个五年规划纲要》提出建设社会主义新农村的宏伟目标；《国家环境保护"十二五"规划》提出提高农村环保工作水平；原环境保护部陈吉宁部长在十二届全国人大四次会议新闻中心举行记者会上指出："十三五"期间仍把农村环保作为工作重点。加强农村生态环境保护工作，针对长期二元结构发展模式下，工业化、城市化等持续人为干扰产生的农村自然生态体系破碎化、生态系统功能失衡、城乡区域经济社会发展受到影响等问题，优化区域生态系统结构与过程，提升支撑城乡区域生态系统水源涵养、生物多样性保护、防风固沙、土壤保持、空气净化等服务功能，已成为"美丽家园"新农村建设的一项重要内容，是当前和今后一个时期生态环保工作的重大任务。因此，从城乡统筹的角度开展生态保护关键技术研究，为新农村建设中的生态建设与保护、生态环境管理提供科技支撑，具有重要的现实意义。

（1）我国生态退化的趋势日益显现，已经影响到城乡区域生态安全和可持续发展，亟须加强城乡统筹保护与管理的科技支撑

尽管经过长期不懈的努力，我国生态环境建设和保护取得了很大成绩，但形势依然十分严峻。生态系统结构性破坏问题日益突出，生态功能呈现持续退化的发展态势，生态退化的程度在加剧，生态服务功能不断下降。同时，工业化、城市化等引起的一系列生态环境问题日渐突出，生物多样性不断减少，水资源日益短缺，并由此引发的生态灾害日益频繁，生态问题更加复杂化。

生态空间遭受持续威胁。一是城镇化、工业化、基础设施建设占用生态空间。2008—2014 年，我国建设用地面积由 33.1 万 km^2 增加到 38.1 万 km^2；京津冀、长三角、珠三角、成渝、辽东南等城市群迅速扩张，10 年间占用农田 2.9 万 km^2，为维护耕地“占补平衡”，一些生态空间被开垦为耕地。二是生态空间破碎化严重。“十二五”期间，我国公路总里程由 410.6 万 km 增加到 457.7 万 km，近 10 年我国新增矿区面积为 2 285.2 km^2，5 hm^2 以上的矿产开发点达 5 万余个。交通基础设施建设、河流水电水资源开发和工矿开发建设，直接割裂了生物生境和自然景观的整体性与连通性。三是重要生态空间遭到蚕食。自然保护区、重点生态功能区等生态保护区域内，违法违规开矿、采石、挖沙、开垦开发频繁发生。近几年发生的青海祁连山保护区让位采矿、新疆卡山保护区“瘦身”、陕西秦岭违法修建别墅等生态破坏事件，造成了十分恶劣的社会影响。

生态系统质量低。一是低质量生态系统分布较广。2010 年，森林、灌丛、草地生态系统质量为低差等级的面积比例分别高达 43.7%、60.3%、68.2%，优等级的面积比例仅为 5.8%、11.7%、5.4%。二是生态退化严重。2012 年，全国水力侵蚀面积 129.32 万 km^2，占国土面积的 13.47%；2014 年全国沙化土地面积 172.12 万 km^2，占国土总面积的 17.93%。三是生态系统人工化趋势加剧。近 10 年，滨海自然湿地面积减少了 14.9%，大陆自然海岸线减少了 8.3%。四是生物多样性受威胁依然严重。我国高等植物的受威胁比例达 11%，特有高等植物受威胁比例高达 65.4%；脊椎动物受威胁比例达 21.4%。遗传资源丧失和流失严重，60%～70%的野生稻分布点已经消失。外来入侵物种危害严重，常年发生大面积危害的超过 100 种。

优质生态产品供给不足。一是生态产品供给数量较少。人均森林面积仅为世界人均水平的 1/4，单位面积森林蓄积量只有世界平均水平的 69%，全国自然湿地占国土面积的比例为 4.9%，低于世界 6%的平均水平。二是生态公共服务供给能力不足。城乡生态基础设施建设滞后，适于公众休闲、旅游观光、生态康养服务的生态产品较少。三是城市人口聚居区生态产品供给能力差。城市建成区绿地面积小而分散，2015 年，全国城市公园绿地面积 0.61 万 km^2；城市水系人工化严重，只能发挥景观作用，对于缓解城市热岛效应、净化空气、降低噪声、改善小气候等作用十分有限。

长期实施城乡二元经济发展模式的情况下，生态环境保护基本上实施城乡分割制，城市经济社会的发展不断地向农村索取物质资源，农村为城市经济社会发展提供免费或廉价的生态服务，但农村的生态环境保护与建设却没有得到与城市一样的重视与支持。因此，要从本质上扭转生态退化的趋势，解决出现的系列生态环境问题，必须从城乡统筹的角度出发，加强生态保护和管理的科技支撑，只有这样，才能为实现农村生态文明、维护区域生态安全奠定坚实的基础。

（2）开展城乡一体化生态安全构建技术和示范研究，是解决我国自然生态体系破碎化日趋突出，推动生态文明示范创建，促进城乡生态安全和可持续发展的迫切需求

随着经济社会的高速发展，城市化、工业化进程不断推进，我国经济发展长期以来一直没有摆脱粗放式的发展模式，资源、能源消耗大，由此引发了乱砍滥伐、超载过牧、矿山无序开采等一系列不合理的经济开发活动，造成草原、森林、湿地等自然生态系统面积不断萎缩，质量不断下降，生态系统连通性持续降低，破碎化问题日趋突出，城乡区域生态安全与经济社会的可持续发展受到威胁。

为促进区域环境保护与经济社会可持续发展，原环境保护部倡导推动的生态文明示范建设带动效应明显，全国 16 个省份开展了生态省建设，92 个市、县（区）获得国家生态建设示范区命名，126 个地区开展了生态文明建设试点工作。在生态文明示范创建工作中，各地针对日趋破碎化的自然生态体系，对区域生态安全格局建设进行了系统规划。但在创建的实际工作中，普遍缺乏实用的生态安全格局构建技术与模式，致使生态安全格局建设工作进展缓慢。

近年来，学者对生态安全格局的定义、理论基础和构建方法等进行了研究。其中，生态安全格局的构建方法是研究的重点和难点。目前，基于生态适宜性、垂直生态过程进行的生态敏感性和生态系统服务的重要性分析，是关键生态地段辨识的常用方法。“景观安全格局”和“生态安全格局”理论已在不同尺度、不同区域的关键生态地段辨识和生态安全格局构建规划中得到应用。此外，由于生态安全格局研究具有综合性和复杂性，包括预警、干扰分析、GAP 分析[①]在内的多种分析方法也被应用到研究中。

但是，总体上看国内外对于区域生态安全格局的研究多集中在自然保护区、风景名胜区、生态脆弱地区和经济快速发展地区，研究内容集中在重大工程的生态安全风险评价以及生态安全格局的规划等方面，尚没有从城乡一体化的角度开展生态安全格局构建技术以及相应的工程示范研究的报道。因此，开展城乡一体化生态安全构建技术与示范研究，是应对区域自然生态体系日趋破碎化，提升生态系统功能，划定生态保护红线，支撑生态文明示范创建，促进区域可持续发展的科技需求。

① GAP 分析是指保护生物多样性的地理学方法。

（3）开展城乡接合部生态缓冲带构建技术与示范研究，是划定生态保护红线，控制城市无序扩张，提升区域生态服务功能，促进城市经济社会可持续发展的需求

中国经济持续高速增长，得力于城市化的快速发展。据统计，2000—2010 年的 11 年间，我国城市规模以超过 10%的速度扩展，城市集聚经济以乘数效应的速度放大。某种程度上，中国经济的增长集中在城市，目前珠三角、长三角、京津冀等大城市群所形成的城市集聚经济，是中国经济持续高速增长的重要支撑。

城市化，是一个国家、一个地区发展水平的尺度，也是走向现代化的规律性选择。但是，由于我国城市化发展比较急促，城市化水平从 1980 年的 19%跃升到 2015 年的 56.1%，增速是同时期世界平均水平的 3 倍。到 21 世纪中叶，我国城市化率将提高到 75%左右。发达国家用上百年，甚至几百年完成的城市化过程，我国在几十年内就将完成。

在快速城市化过程中，一些大型城市的扩张模式主要采取的是“摊大饼”的方式，即从城市中心向外不断拓延的方式，如北京市，从二环到三环，再发展至五环、六环。随着城市的快速扩张，城市规模越来越大，生态环境问题随之而来，原有的自然生态系统被挤占，生态服务功能下降或丧失；中心区化石能源消耗和硬化地表热辐射的人均直接生态影响增大，相当于 2.4 倍的人均占地面积的太阳能辐射量全部散射到近地表，形成了显著的热岛效应；由于城市化和生态系统空气净化功能降低，城市空气质量状况令人担忧，我国特大、超大型城市烟尘、酸雨、光化学烟雾、可吸入颗粒物和细小颗粒物等空气污染明显重于中小城市，城市化带来的生态问题严重影响了居民的身体健康与城市的可持续发展。

城乡接合部生态缓冲带可以起到控制城市“摊大饼”式发展的作用，同时对于维护生态系统热岛效应削减、空气净化等生态服务功能，保障城乡经济社会持续发展具有重要作用。目前，我国某些城市密集地区和大城市地区正在探索建设生态带，例如北京的隔离绿带、上海的环城绿带、深圳的生态控制线、杭州的六条生态带等。但是，生态缓冲带建设技术含量不高、模式单一，在建设生态缓冲带的同时很少有与城乡接合部的经济社会发展相结合的实用模式。

因此，开展城乡接合部生态缓冲带构建技术研究，并选择典型地区进行示范，形成结合经济社会发展的城乡接合部生态缓冲带构建与保育模式，对于控制新农村建设过程中城市无序扩张，加快划定区域生态保护红线，提升区域生态服务功能，促进城乡区域可持续发展具有重要意义。

（4）开展城郊保留农田生态经济服务功能转型技术研究，是提升城郊农田生态系

统服务功能，促进产业结构调整，加强农田生态保护的科技需求

近几十年来，随着工业化、城市化的快速推进，我国农田生态系统面积呈现不断减少的趋势。为控制耕地进一步流失，保障粮食安全，国家明确提出 18 亿亩①耕地红线。但是由于城郊地区城市化建设用地、工业用地需求较大，一些地区仍然存在未批先建、挤占农田、占优补劣的现象，部分地区土地非法案件频发。城市化进程中经济效益相对较高的工业建设用地，对城郊以农作物生产为主、效益相对较低的传统农业生产模式提出了挑战，农田生态系统保护受到了较大的威胁。

要从根本上缓解城郊农田生态系统保护与城市化、经济发展用地需求间的矛盾，必须转变传统的低效益农业生产模式。在确保农田物质生产功能的基础上，结合城乡区域经济社会的发展，优化产业结构，充分挖掘农田，使其具有与草地、林地等其他生态系统一样的气候调节、环境净化、休闲娱乐、教育等生态服务功能，显得十分必要。因此，以国内外现有的研究成果和成功的实践案例为基础，通过全面分析城郊保留农田生态系统的多功能特征及其产品的消费潜力，开展城郊保留农田生态经济服务功能转型技术研究，建立一套科学的、具有可操作性的农田生态经济服务功能转型技术体系，并选择典型区域城郊保留农田开展实证研究，对促进城郊保留农田从传统的单一生产功能向多功能利用方向转变，应对城市化对城郊保留农田占用的风险，保护保留农田生态系统，发展提升保留农田生态系统的综合服务功能，促进城乡和谐发展具有重要的科技支撑意义。

（5）开展生态保护城乡统筹技术与示范研究，有利于落实生态文明建设国家战略，促进“美丽家园”新农村建设

统筹城乡经济发展与环境保护是落实党中央提出的生态文明建设国家战略的重要方面，是在全面建设小康社会、构建社会主义和谐社会进程中贯彻落实科学发展观，实现城乡协调发展的重要手段。农村和城市相互联系、相互依赖、相互补充、相互促进，农村发展离不开城市的辐射和带动，城市发展也离不开农村的促进和支持。而长期以来，我国城乡经济社会发展形成了严重的二元结构，实行城乡分治的建设机制，城乡差距不断扩大。受此影响，我国农村环境生态保护投入分散，缺乏国家层面城乡统筹生态保护科技投入机制，对农村生态保护的发展贡献水平较低，缺乏强有力的、系统化的农村环保科学技术支撑，成为开展农村生态保护工作的薄弱环节，如不能有效解决，将严重影响“美丽家园”新农村建设进程。因此，开展新农村建设生态保护城乡统筹技术与示范

① 1 亩=666.67 m^2。

研究，是推动城乡统筹、促进我国社会主义新农村建设的切实科技行动。

1.1.2 研究意义

建设社会主义新农村，是党中央在深刻分析当前国际国内形势、全面把握我国经济社会发展阶段性特征的基础上所做出的重大战略决策，是我国现代化进程中的一项重大历史任务。生态保护是农村环境保护不可或缺的重要内容之一，是维护国家生态安全，为城乡区域经济社会持续发展提供水源涵养、防风固沙、空气净化等生态服务功能的重要保障。

党中央、国务院高度重视生态环境保护工作，近些年先后印发了《大气污染防治行动计划》（国发〔2013〕37号）、《水污染防治行动计划》（国发〔2015〕17号）、《土壤污染防治行动计划》（国发〔2016〕31号），把加强生态环境保护作为推进生态文明建设、构建和谐社会的重要内容。各级环保部门积极参与综合决策，加强生态环境保护监管，创造性开展工作，部分地区生态环境恶化趋势得到一定程度的遏制。

生态环境保护所面临的形势依然严峻。我国自然生态系统本底脆弱，在长期的城乡二元结构发展、工业化、城市化等人为活动持续干扰下，生态退化面积不断扩大，生态系统呈现出由结构性破坏向功能性紊乱演变的发展态势，局部地区生态退化的现象有所缓和，但生态退化的实质没有改变，生态退化的趋势在加剧，生态系统更不稳定，生态服务功能持续下降，已经影响到城乡区域的生态安全和可持续发展，影响到建设社会主义新农村的进程。

本书从城乡一体化生态安全格局构建、城乡接合部生态缓冲带建设和城郊保留农田生态经济服务功能转型三个方面，构建了城乡一体化生态安全格局建设技术、城乡接合部生态缓冲带建设技术、城郊保留农田生态经济服务功能转型关键技术，建立了与经济社会发展水平相适应的、有效的、可操作的农村生态保护城乡统筹“经济—技术—政策”生态保育综合技术模式，为新农村建设中的生态保护管理提供科技支撑。

1.2 研究框架

1.2.1 研究目标

针对城市化造成城乡自然生态体系破碎化程度日趋突出、城郊保留农田生态系统保护压力增大和“摊大饼”式的城市扩张模式带来的城乡生态环境恶化等问题，以及这些问题的有效解决对城乡一体化生态安全维护、城乡接合部生态缓冲带保育和城郊保留农田生态经济服务功能优化的科技需求，通过区域生态安全格局构建、生态缓冲带建设和城郊保留农田生态经济服务功能转型关键技术研究，选择典型地区进行工程示范，提出城乡区域生态用地保育的“经济—技术—政策”综合技术与推广模式，为促进区域生态系统结构优化和生态系统服务功能提升，以及新农村建设中城乡统筹生态保护和生态管理提供模式示范与技术支撑。

1.2.2 研究内容

根据国家农村生态环境保护与管理迫切需要解决的问题，按照有限目标原则和课题实施的可操作性，本研究内容主要包括以下四个方面：

（1）城乡一体化生态安全格局构建技术与示范

生态安全是国家安全的重要组成部分，我国新农村建设过程中，区域城乡生态安全体系不断遭受破坏、日趋破碎化和生态信息交换通道阻断等问题突出，城乡一体化生态安全格局构建十分迫切。但是，目前关于生态安全格局构建主要集中在城市生态安全格局构建的理论与规划设计层面上，从城乡统筹的角度，研究城乡一体化生态安全格局的构建技术并应用于实践的案例较少。因此，以城乡区域生态安全为主线，开展区域生态安全全面综合评估，研究城乡一体化生态安全格局的构建技术与优化模式，并进行示范工程建设，为维护区域生态系统健康、强化区域生态服务功能、保障城乡区域生态安全提供技术支持与模式示范。本专题确定具体研究内容为：

1）城乡一体化生态安全评估的技术方法。从区域角度出发，考虑人口流动和产业结构调整等重要问题，针对我国城乡自然生态特点和经济社会类型，选择 PSR（Pressure-State-Response）、DSR（Date-Set-Ready）、DPSIR（Drive force-Pressure-State-Impact-Response）等模型，建立城乡一体化生态安全评估指标体系的层次结构与框架，通过分析典型城乡地域生态风险特点和生态系统服务功能状况，以“3S”技术为支撑，应用物元评判、生态足迹、综合指数等方法，建立不同尺度城乡生态安全评估指标体系、评价标准和技术方法，构建城乡一体化生态安全评估技术体系。

2）城乡一体化生态安全格局构建技术。应用生态恢复与重建及景观格局优化理论，以“3S”技术、单元网格法、生态系统服务评价、景观格局分析与功能网络模拟等方法为支撑，研究城乡一体化的景观结构优化配置与生态系统功能调节技术，保障城乡生态安全的生态源区、生态廊道、生态斑块设计技术，生态安全格局用地的植被恢复建设与土壤保持等技术，提出城乡一体化生态安全格局构建技术。

3）典型区域生态安全格局构建技术优化模式与示范。在上述城乡一体化生态安全格局评估和构建技术研究的基础上，提出其优化模式，并选择典型的自然生态体系破碎化区域，开展城乡一体化生态安全格局构建工程示范。

4）典型区域生态安全格局构建示范工程效益评估。在典型地区工程示范的基础上，进行“经济—社会—生态”复合效益评估体系研究，建立评估指标和方法体系，并对在典型区域构建的生态安全格局示范工程进行效益评估。

（2）城乡接合部生态缓冲带建设技术与示范

针对快速城镇化过程对林地、草地等生态用地的挤占造成的城乡接合部生态系统结构性破坏与功能性损伤问题，研究城乡接合部生态缓冲带生态服务功能评价技术，提升生态缓冲带物种选择、群落结构配置、景观要素布局等建设技术，提出城乡接合部生态缓冲带构建的优化模式，并选择典型的城乡接合部进行示范，为强化城乡接合部生态缓冲带热岛效应削减、固碳释氧和生物栖息地服务等综合生态系统服务功能，为城乡接合部经济社会发展提供技术支撑。本专题确定具体研究内容为：

1）城乡接合部生态缓冲带生态服务功能评估技术。建立生态缓冲带的生态服务功能评估指标体系，研究评估的技术方法，构建城乡接合部缓冲带生态服务功能评估体系，并对典型城乡接合部不同类型和结构的生态缓冲带进行生态服务功能评估。

2）城乡接合部生态缓冲带建设技术与优化模式。以提升城乡接合部缓冲带固碳释氧、热岛削减等生态服务功能为目标，开展对缓冲带的物种选择和群落配置、缓冲带的空间构建与布局设计等构建技术的研究，提出城乡接合部生态缓冲带建设的优化模式。

3）典型城乡接合部生态缓冲带建设技术集成与示范。在以上研究成果的基础上，选择典型地区，结合当地经济社会发展特点，对城乡接合部生态缓冲带建设技术进行优化集成，并开展工程示范。

4）典型城乡接合部生态缓冲带示范工程效益评估。开展典型区域城乡接合部生态缓冲带建设示范工程综合效益评估体系研究，建立评估指标和技术方法体系，并对典型地区城乡接合部生态缓冲带示范工程进行效益评估。

（3）城郊保留农田生态经济服务功能转型技术与应用研究

城市化过程中，城郊保留农田原有农业生产经济服务功能亟须转型，但缺少相应的技术支持。研究保留农田生态系统的生态结构配置与功能调节等关键技术，促进城郊保留农田由单一生产功能向集生产、生物多样性保护、水土保持、休闲旅游、科学教育等综合服务功能转型，为新农村建设的生态化和持续化发展提供科学依据。本专题确定具体研究内容为：

1）城郊保留农田生态经济服务功能评估技术研究。以拓展城郊农田生态系统多功能性为目标，针对城郊保留农田多属性的特点，综合考虑农业生态系统功能服务的多样性和复杂性，构建适合城郊保留农田的生态经济多功能化评估指标和技术方法体系。

2）城郊保留农田生态经济服务功能转型技术。以现有的研究成果和成功的实践案例为基础，通过全面分析城郊农田生态系统的多功能特征及市场需求与消费潜力，研究如何把传统农业生产模式向开发绿色、有机和无公害农产品与发展生态观光、休闲旅游、文化教育、生态保护等功能结合的新型农业生产模式转型的技术模式，建立一套科学的、具有可推广价值的城郊保留农田生态经济服务功能转型技术及发展模式。

3）典型区域保留农田生态经济服务功能转型应用研究。在上述研究的基础上，选择典型城郊保留农田区域，开展城郊保留农田生态经济服务功能转型技术应用研究，评估并完善已经形成的保留农田生态经济服务功能转型技术，提出优化推广模式。

（4）城乡统筹“经济—技术—政策”生态保育综合技术研究

新农村建设过程中，快速工业化、城市化造成的生态破坏、生态用地挤占、生态安全空间破碎化等问题越来越引起人们的关注，针对新农村建设过程中城乡一体化生态安全格局构建、城乡接合部生态缓冲带建设和城郊保留农田生态经济服务功能转型的科技需求，研究不同城乡统筹生态用地的“经济—技术—政策”生态保育综合技术和技术推广模式，为促进农村产业结构布局优化，提升产业发展水平提供模式与技术支撑。本专题具体研究内容为：

1）城乡统筹生态用地保育综合技术。城乡一体化生态安全格局构建技术、城乡接合部生态缓冲带建设技术和城郊保留农田生态经济服务功能转型技术与优化农村产业发展布局、相关政策配套协调相结合，形成城乡统筹不同类型生态用地的综合保育技术。

2）城乡统筹“经济—技术—政策”生态保育优化推广模式。在以上专题的研究基础上，统筹城乡考虑资源、经济和社会连续性及可持续性发展，开展城乡统筹“经济—技术—政策”保育综合技术应用推广模式研究，为新农村建设生态保护城乡统筹提供可行的产业化技术推广模式。

1.2.3 技术路线

围绕新农村建设城乡统筹环境管理以及近期国家对生态科技的需求，选择具有代表性的典型地区开展生态保护城乡统筹技术与示范研究，重点进行城乡一体化生态安全格局构建技术、城乡接合部生态缓冲带建设技术和城郊保留农田生态经济服务功能转型关键技术等科技攻关，形成城乡统筹的生态保护“经济—技术—政策”一体化生态保育综合技术，建立相应的示范工程，并建立综合推广模式，为维护生态系统功能，提升新农村建设经济发展水平，促进城乡生态公平发展，促进新农村建设进程、为民生改善与区域可持续发展提供技术模式与样板。关键技术及其研究路线主要包括：

①基础数据资料收集与分析评估。调研城乡存在的重要生态环境问题，选择典型区域作为示范区，收集相关生态数据、遥感解译数据、社会经济发展、人口等资料，建立必要的课题背景数据库，并对示范区的生态状况进行评估。

②生态保护城乡统筹关键技术研究与集成。针对城乡一体化生态安全格局、城乡接合部生态缓冲带建设和城郊保留农田生态经济服务功能转型存在的问题，研究城乡一体化生态安全格局构建技术、城乡接合部生态缓冲带建设技术和城郊保留农田生态经济服务功能转型技术，并进行示范和效益评估。

在城乡一体化生态安全格局构建、城乡接合部生态缓冲带建设和城郊保留农田生态经济服务功能转型技术研究基础上，结合区域经济、社会发展现状，研究城乡统筹“经济—技术—政策”生态保育综合技术，建立新农村建设生态保护城乡统筹综合保育技术和推广模式。具体技术路线见图 1-1。

1.2.4 研究方法

1.2.4.1 城乡一体化生态安全格局构建

1．基于 GIS 的景观生态安全格局分析

景观生态安全格局是由对生态过程具有关键性影响的景观组成所构成。它对维护或控制某种生态过程有着异常重要的意义，因而对生物保护和景观改变具有重要意义。景观安全格局理论把景观过程（包括城市的扩张、物种的空间运动、水和风的流动、灾害过程的扩散等）作为能够克服空间阻力来实现景观控制和覆盖的过程。要有效地实现控制和覆盖，就必须占领具有战略意义的关键性空间位置和联系。景观格局特征

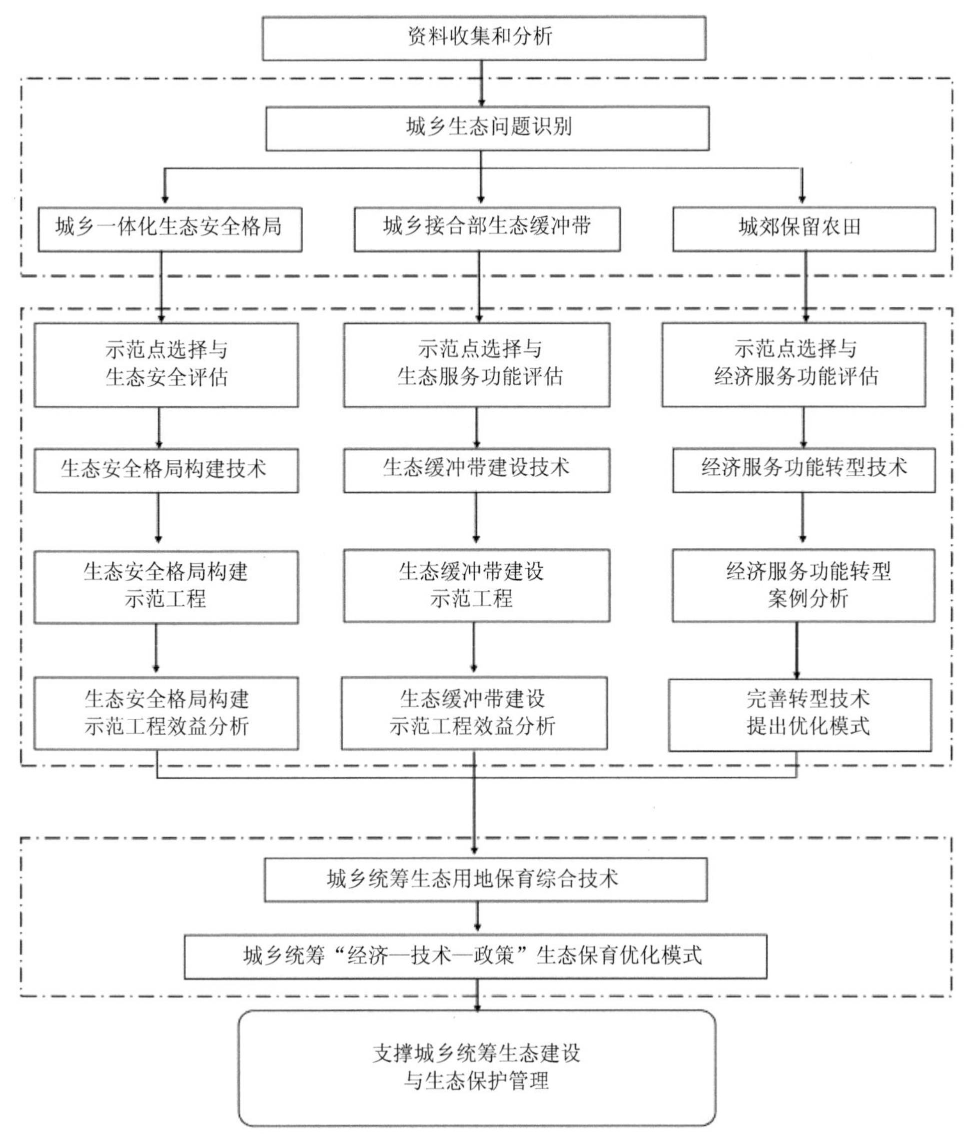

图 1-1　总体技术路线图

可通过一系列景观格局指数方法和空间统计学方法进行研究。景观指数是能够高度浓缩景观格局信息，反映其结构组成和空间配置某些方面特征的简单定量指标，主要用于非连续的类型变量数据，其特征可以在单一斑块、斑块类型和整个景观镶嵌体 3 个层次上分析，包括斑块面积、数量、密度、形状、多样性、丰富度、均匀度、优势度、聚集度和分维数等指数（邬建国，2000）。

常用景观指数如下：

（1）景观丰富度指数（Landscape Richness Index）

景观丰富度 R 是指景观中斑块类型的总数，即

$$R=m \tag{1-1}$$

式中，m——景观中斑块类型数目。

在比较不同景观时，相对丰富度（Relative Richness，R_r）和丰富度密度（Richness Density，R_d）更为适宜，即

$$R_r=\frac{m}{m_{\max}} \tag{1-2}$$

$$R_d=\frac{m}{A} \tag{1-3}$$

式中，R_r——相对丰富度；

R_d——丰富度密度；

$m_{\max}$——景观中缀块类型的最大值；

A——景观面积。

（2）景观多样性指数（Landscape Diversity Index）

多样性指数 H 是基于信息论基础，用来度量系统结构组成复杂程度的一些指数。常用的包括以下两种：

Shannon-Wiener 多样性指数

$$H=-\sum_{k=1}^{n}P_k\ln(P_k) \tag{1-4}$$

式中，P_k——斑块类型 k 在景观中出现的概率（通常以该类型占有的栅格细胞数或像元数占景观栅格细胞总数的比例来估算）；

n——景观中缀块类型的总数。

Simpson 多样性指数

$$H'=1-\sum_{k=1}^{n}P_k^2 \tag{1-5}$$

式中各项定义同前。多样性指数的大小取决于两个方面的信息：一是斑块类型的多少（丰富度），二是各斑块类型在面积上分布的均匀程度。对于给定的 n，当各类斑

块的面积比例相同时（$P_k=1/n$），H'达到最大值[Shannon-Wiener 多样性指数：$H_{max}=\ln(n)$]；Simpson 多样性指数：$H'_{max}=1-(1/n)$。通常，随着 H 的增加，景观结构组成的复杂性也趋于增加。

（3）景观优势度指数（Landscape Dominance Index）

优势度是衡量斑块在景观中重要地位的一种指标，它的大小直接反映了各类斑块在景观中的作用，该值越高，说明该类斑块在景观中的作用越重要。在利用样方单元对所研究的区域进行全覆盖取样后，用相对密度（R_d）、相对频度（RD）和景观比例（LP）3 个参数计算各类斑块的优势度（D_o）。

优势度指数 D 是多样性指数的最大值与实际计算值之差，其表达式为

$$D = H_{max} + \sum_{k=1}^{n} P_k \ln(P_k) \tag{1-6}$$

式中，H_{max}——多样性指数的最大值；

P_k——斑块类型 k 在景观中出现的概率；

m——景观中斑块类型的总数。

通常，较大的 D 值对应于一个或少数几个斑块类型中占主导地位的景观。

（4）景观均匀度指数（Landscape Evenness Index）

均匀度指数 E 反映景观中各斑块在面积上分布的不均匀程度，通常以多样性指数和其最大值的比表示。以 Shannon 多样性指数为例，均匀度可表达为

$$E = \frac{H}{H_{max}} = \frac{-\sum_{k=1}^{n} P_k \ln(P_k)}{\ln(n)} \tag{1-7}$$

式中，H——Shannon 多样性指数，H_{max} 是其最大值。

显然，当 E 趋于 1 时，景观斑块分布的均匀程度趋于最大。

（5）景观形状指数（Landscape Shape Index）

景观形状指数 LSI 与斑块形状指数相似，只是将计算尺度从单个斑块上升到整个景观而已，其表达式如下：

$$\mathrm{LSI} = \frac{0.25E}{\sqrt{A}} \tag{1-8}$$

式中，E——景观中所有斑块的总长度；

A——景观总面积。

当景观中斑块形状不规则或偏离正方形时，LSI 增大。

（6）景观聚集度指数（Contagion Index）

景观聚集度 C 的一般数学公式如下（O'Neill 等，1998）：

$$C = C_{\max} + \sum_{i=1}^{n}\sum_{j=1}^{n} P_{ij}\ln(P_{ij}) \tag{1-9}$$

式中，$C_{\max}$——聚集度指数的最大值[2ln（n）]；

n——景观中斑块类型总数；

P_{ij}——斑块类型 i 和 j 相邻的概率。

在比较不同的景观时，相对聚集度 C' 更加合理。

$$C' = C / C_{\max} = 1 + \frac{\sum_{i=1}^{n}\sum_{j=1}^{n} P_{ij}\ln(P_{ij})}{2\ln(n)} \tag{1-10}$$

聚集度指数反映景观中不同斑块类型的非随机性或聚集程度。如果一个景观由许多离散的小斑块组成，其聚集度的值较小；反之当景观中以少数大斑块为主或同一类型斑块高度连接时，其聚集度的值较大。与多样性和均匀度指数不同，聚集度指数明确考虑斑块类型之间的相邻关系，因此能够反映景观组分的空间配置特征。

（7）分维数（F_d）

$$P = kA^{F_d/2} \tag{1-11}$$

式中，P——斑块周长；

A——斑块面积；

F_d——分数维；

k——常数。

就单个斑块而言，其形状的复杂程度可以用它的分维数来度量。在用分维数来描述景观斑块镶嵌体的几何形状时，通常采用线性回归方法，即

$$F_d = 2s \tag{1-12}$$

式中，s——对景观中所有斑块的周长和面积的对数回归而产生的斜率（Krummel 等，1987；O'Neill 等，1998）。

因为这种线性回归方法考虑不同大小的斑块，由此求得的分维数反映了所研究景

观的不同尺度特征（邬建国，2000）。

（8）景观破碎度

破碎度表征景观被分割的破碎程度，反映景观空间结构的复杂性，在一定程度上反映了人类对景观的干扰程度。它是由于自然或人为干扰所导致的景观由单一、均质和连续的整体趋向于复杂、异质和不连续的斑块镶嵌体的过程，景观破碎化是生物多样性丧失的重要原因之一，它与自然资源保护密切相关。公式如下：

$$C_i = N_i/A_i \tag{1-13}$$

式中，C_i——景观 i 的破碎度；

N_i——景观 i 的斑块数；

A_i——景观 i 的总面积。

（9）景观分离度

景观分离度指某一景观类型中不同斑块数个体分布的分离度。

$$V_i = D_{ij}/A_{ij} \tag{1-14}$$

式中，V_i——景观类型 i 的分离度；

D_{ij}——景观类型 i 的距离指数；

A_{ij}——景观类型 i 的面积指数。

2．生态系统服务功能评估

（1）水源涵养服务功能评估

1）森林水源涵养功能评估

①土壤蓄水能力的计算

涵养水源是林地与无林地相比水源涵养能力的净增值，实际的林地涵养水源量由降水情况决定。土壤蓄水能力计算公式为

$$S_c = \sum_{i=1}^{n} C_i A_i \tag{1-15}$$

式中，S_c——土壤总蓄水量；

C_iA_i——第 i 个地表覆盖类型的土壤蓄水量；

n——地表覆盖类型的数量。

②拦蓄降水能力的计算

根据区域的水量平衡来求涵养水源的总量，区域拦蓄水源的总量是降水量与蒸散量及其他消耗的差值。拦蓄降水能力的计算公式为

$$Y=A（P-E-C）\tag{1-16}$$

式中，Y——拦蓄水量；

A——拦蓄降水面积；

P——降水量；

E——蒸散量；

C——地表径流量，依据不同地表覆盖状况有不同的地表径流量。

③增加地表有效水量的核算

地表有效水量增加的价值可以用以下公式计算：

$$V=\sum_{i=1}^{n} S_i\left(H_i-H_o\right)\tag{1-17}$$

式中，V—— 地表有效水量增加量；

S_i—— 第 i 地表覆盖类型的面积；

H_i、H_o—— 对照样地与第 i 地表覆盖类型的单位面积拦蓄降水能力；根据资料，一般实测 H_o=92.30 m^3/hm^2（荒草地）。

相对于荒草地的地表有效水增加量，大部分森林覆盖都可以通过涵养水源、延长丰水期、缩短枯水期来提高农田灌溉能力和区域供水能力，这都能够增加地表有效水量。

2）草地水源涵养功能评估

根据赵同谦等的研究，草地水源涵养价值估算，用草地蓄水效应来衡量其水源涵养的价值，公式如下：

$$Q = A\times J\times R\tag{1-18}$$

$$J = J_0\times K\tag{1-19}$$

式中，Q—— 与裸地相比较，草地截留降水、涵养水分增加量；

A—— 计算区草地面积；

J—— 计算区多年均产流降雨量（P＞20 mm）；

J_0—— 计算区多年均降雨总量；

K—— 计算区产流降雨量占降雨总量的比例；

R—— 与裸地（或皆伐迹地）比较，草地生态系统截留降水、减少径流的效益系数。

3）水源涵养功能价值评估方法

植被涵养水源效能的量化，是准确进行其价值核算的基础之一。对植被涵养水源的量化研究主要有蓄降水、增加地表有效水量、改善水质、削减洪水、改善小气候等方面。植被涵养水源的价值进行估算主要有 2 种方法。

① 调节水量价值

根据水库工程的蓄水成本进行价值评估，公式为

$$U_{调}=10C_{库}A(P-E-C) \tag{1-20}$$

式中，$U_{调}$—— 生态缓冲带年调节水量价值；

$C_{库}$—— 水库建设单位库容投资；

P—— 生态缓冲带外年降水量；

E—— 植被蒸散量；

C—— 地表径流；

A—— 森林面积。

② 净化水质价值

采用网格法得出的全国城市居民用水平均价计算，公式为

$$U_{水质}=10KA(P-E-C) \tag{1-21}$$

式中，$U_{水质}$—— 生态缓冲带年净化水质价值；

K—— 水的净化费用。

（2）土壤保持服务功能评估

1）土壤保持量的计算方法

运用通用土壤流失方程（USLE）估算潜在土壤侵蚀量和现实土壤侵蚀量，两者之差即为土壤保持量。潜在土壤侵蚀量指生态系统在没有植被覆盖和水土保持措施情况下的土壤侵蚀量。现实土壤侵蚀量考虑地表覆盖和水土保持情况下的土壤侵蚀量。计算公式为

$$A_c = A_p - A_r \quad (1\text{-}22)$$

$$A_r = R \times K \times LS \times C \times P \quad (1\text{-}23)$$

$$A_p = R \times K \times LS \quad (1\text{-}24)$$

式中，A_c —— 单位面积水土保持量；

A_r —— 单位面积现实土壤侵蚀量；

A_p —— 单位面积潜在土壤侵蚀量；

R —— 降雨侵蚀力指数；

K —— 土壤可蚀性因子；

LS —— 坡长坡度因子；

C —— 地表植被覆盖因子；

P —— 水土保持措施因子。（在通用土壤流失方程中不考虑地表覆盖因素和水土保持因素，即 C=1，P=1，此时通用土壤 $A_p = R \times K \times LS$）

2）土壤保持功能价值核算方法

应用潜在土壤侵蚀损失法计算土壤保持功能的价值。

①减少土地损失的价值

$$E_d = Q_i \times P / (10^4 \rho \times h) \quad (1\text{-}25)$$

式中，E_d —— 减少土地损失的价值；

Q_i —— 水土保持量；

P —— 森林单位面积的机会成本；

ρ —— 土壤容重；

h —— 土壤层厚度。

②减少土壤肥力损失的价值

$$E_n = E_1 + E_2 \quad (1\text{-}26)$$

$$E_1 = Q_i \sum_{i=1}^{n} \times P_{1i} \times P_{2i} \times P_{3i} \quad (1\text{-}27)$$

$$E_2 = Q_i \times P \quad (1\text{-}28)$$

式中，E_n —— 保肥效益经济评价值；

E_1 —— 氮、磷、钾保肥效益；

E_2 —— 对有机质的保肥效益；

Q_i—— 水土保持量；

P_{1i}—— 土壤中氮、磷、钾含量；

P_{2i}—— 纯氮、磷、钾折算成化肥的比例（分别为 132/28、132/31、75/39）；

P_{3i}—— 化肥的市场销售价；

P—— 有机质价值。

森林减少氮、磷、钾养分损失量价值的计算，是将土壤中纯氮、磷、钾分别换算成磷酸二铵［$(NH_4)_2HPO_4$］和氯化钾（KCl）的量。

③减少泥沙淤积的价值

根据我国主要流域泥沙运动规律，土壤流失的泥沙有 24%淤积在水库江河湖泊，采用蓄水成本计算生态系统减少泥沙淤积的经济价值：

$$E_a = 0.24Q_{sc} \times C / \rho \tag{1-29}$$

式中，E_a—— 减少泥沙淤积的经济价值；

Q_{sc}—— 土壤保持总量；

C—— 水库工程费用；

ρ—— 泥沙的容重值。

④减少泥沙滞留的价值

减少泥沙滞留的价值 E_s 根据挖取泥沙费用和森林减少的泥沙淤积量计算。植被减少泥沙滞留的价值计算公式为

$$E_s = 0.24Q_{sc} \times C / \rho \tag{1-30}$$

（3）生物多样性保持服务功能评估

生物多样性对于生态系统结构的完整与功能的健全具有重要的意义，是人类社会生存和可持续发展的基础。森林生态系统以其复杂的组织结构，成为物种生存、繁殖与进化的庇护所，反映了森林生态系统的支持功能。评估公式为

$$U_{生物} = S_{生} A \tag{1-31}$$

式中，$U_{生物}$—— 生态缓冲带年物种保育价值；

$S_{生}$—— 单位面积年物种损失的机会成本；

A—— 林带面积。

根据 Shannon-Wiener 指数计算物种保育价值，共划分为 7 级：当 $H'<1$ 时，$S_{生}$=3 000 元/（hm^2·a）；当 $1\leqslant H'<2$ 时，$S_{生}$=5 000 元/（hm^2·a）；当 $2\leqslant H'<3$ 时，$S_{生}$=10 000 元/（hm^2·a）；当 $3\leqslant H'<4$ 时，$S_{生}$=20 000 元/（hm^2·a）；当 $4\leqslant H'<5$ 时，$S_{生}$=30 000 元/（hm^2·a）；当 $5\leqslant H'<6$ 时，$S_{生}$=40 000 元/（hm^2·a）；当 $6\leqslant H'<7$ 时，$S_{生}$=50 000 元/（hm^2·a）。

（4）空气净化服务功能评估

1）生态系统固碳释氧功能评价

生态系统通过植物光合作用和呼吸作用与大气进行二氧化碳（CO_2）和氧气（O_2）交换，固定大气中的二氧化碳，同时释放氧气，对维持地球大气中的二氧化碳和氧气的动态平衡，减缓温室效应，以及提供人类生存的最基本条件有着不可替代的作用。

以生态系统净初级生产力（Net Primary Productivity，NPP）数据为基础，利用遥感和地理信息系统软件对遥感影像进行处理，整理得到生态系统总的 NPP；根据光合作用方程式估算森林光合固碳量，对固碳生态效益进行评价；释氧效益采用氧气工业成本进行评价，计算得到总释放氧气量及其价值。

根据光合作用方程，植物每生产 1.00 g 干物质可吸收 1.62 g 二氧化碳，同时释放 1.2 g 氧气。以各类生态系统的 NPP 为基础，测算出生态系统每年固定二氧化碳和释放氧气的量，然后再用瑞典碳税成本值（40.94 美元/t）计算，其中美元对人民币的汇率按 1∶8 换算，得出植被生态系统固定二氧化碳的价值；用中国工业制氧成本 0.4 元/kg 计算释放氧气的价值。

2）吸收大气污染物功能评价

根据净化功能机制研究现状和基础资料齐备程度，结合大尺度评价过程中净化功能的显著性，评估区域生态系统对大气污染物的吸收功能，主要是对二氧化硫和氮氧化物进行评价。

①植被对二氧化硫吸收能力及价值估算

根据文献调研得到研究区主要树种对污染物的吸收能力，再依照研究区的 NPP 估算整个区域对污染物的潜在吸收能力。然后测算研究区内以及临近区域的污染物排放量和迁移量，最后推算区域植被对污染物的吸收、降解量。

据《中国生物多样性经济价值评估》中的数据，阔叶林吸收二氧化硫的能力为 88.65 kg/hm^2；柏类为 411.60 kg/hm^2，杉类为 117.60 kg/hm^2，松林为 117.60 kg/hm^2，平均为 215.60 kg/hm^2。

植物对大气污染物吸收作用样品采集及测定：选择酸敏感树种或优势树种，采集植物叶样。收集外层向阳面、成熟的当年生叶（展叶后 3～4 个月）样品在两天内于 80℃下烘干并磨成碎片（＜0.5 mm），保存于塑料瓶中。

②植被对氮氧化物吸收能力及价值估算

国内对植物吸收氮氧化物的研究较少，但由于氮氧化物大气污染较严重，因此对氮氧化物的估算也是相当重要的。本研究只考虑森林对氮氧化物的吸收。

估算采用面积吸收能力法，即单位面积所吸收氮氧化物的量。据韩国科学技术处测定（森林公益机能的计量化研究，1993），每公顷森林的吸收量为 6.0 kg；采用中国大气排污收费中筹资型标准的平均值 1.34 元/kg。森林吸收氮氧化物的价值 V_n 为

$$V_n = S \times K \times d \tag{1-32}$$

式中，S —— 森林总面积；

K —— 每公顷森林的吸收量；

d —— 吸收每千克氮氧化物的价值。

3）对降尘和飘尘的滞留过滤功能评价

植物滞尘作用实验样品采集及测定：

一般认为，15 mm 的雨量就可以冲掉植物叶片的降尘，然后重新滞尘。根据本地的降雨特点，常绿（针叶）树种分别于春季雨后一周、二周、三周、四周在市内室外采集不同树种叶样品。落叶阔叶树种发叶后即进入夏季，由于雨频，故于雨后一周、二周采样。

采样对树冠四周及上、中、下各部位多点采样，将叶样封存于塑料袋中，样品用蒸馏水浸泡 2 h、浸洗下叶片附着物，用镊子将叶片小心夹出，浸洗液用已烘干称重（w_1）的滤纸过滤，将滤纸于 60℃下烘 24 h，再以万分之一天平称重（w_2），两次重量之差，即采集样品上附着的降尘颗粒物重量。夹出的叶片晾干后用 LAI—2000 叶面积仪测叶面积（A）。（$w_2 - w_1$）/A 即滞尘树种的滞尘能力。

滞尘能力及价值估算：

利用以上测算滞尘能力的方法，测出不同植被的平均滞尘能力值，再利用 LAI（叶面积指数）计算区域总体的滞尘能力 E。

$$E = \sum_{i=1}^{n} E_i = \sum_{i=1}^{n} \mathrm{LAI}_i \times A_i \times X_i \tag{1-33}$$

式中，E—— 区域总体滞尘能力；

E_i—— 第 i 种植被类型的滞尘能力；

LAI_i—— 第 i 种植被的叶面积指数；

A_i—— 第 i 种植被的土地占有面积；

X_i—— 第 i 种植被的平均滞尘能力。

滞尘功能价值评估运用替代花费法，以削减粉尘的成本估算滞尘功能价值。

$$V_d = Q_d \times C_d \tag{1-34}$$

式中，V_d—— 滞尘价值；

Q_d—— 滞尘量；

C_d—— 削减粉尘成本。

（5）气候调节服务功能评估

1）城市热岛效应的计算方法

①亮度与温度

Landsat TM6（10.4～12.6 μm）波段是热红外波段，对热异常敏感，可用于热岛研究辨别地表温度差异。TM6 波段图像突出的是地物热辐射特性，其特征表现为：地物温度越高，图上相应的色调越亮；而温度越低，色调就越暗淡渐黑。根据李加洪（1998）的研究，TM6 亮度值与地物辐亮度关系如下：

$$R_b = \frac{V}{225}\left(R_{\max} - R_{\min}\right) + R_{\min} / b \tag{1-35}$$

式中，$R_{\max}$＝1.896 mW/(cm^3·Sr)；

$R_{\min}$=0.534 mW/(cm^3·Sr)；

b=1.239 μm；

R_b—— 辐亮度；

V—— 亮度值。

根据普朗克公式，黑体的分谱辐亮度与绝对温度有如下关系：

$$L_b\left(\lambda T\right) = \frac{C_1 / \pi}{\lambda^5} \times \frac{1}{e^{C_2/\lambda T} - 1} \tag{1-36}$$

式中，C_1＝3.741 8×10^{-16} W·m^2；

C_2＝1.438 8×10^{-16} m·K；

λ—— 中心波长；对 TM6 而言λ＝11.5 μm。

由于市区和郊区的下垫面是土或者其他混凝土结构，其比辐射率往往接近于 1，所以地物辐亮度 R_b 可近似于黑体辐亮度 L_b。此外，TM6 影像没有经过大气纠正，但是由于研究目的是热岛相对强度，所以这种情况下，TM6 反演出来的温度值不是地面真实温度，但是其强弱趋势不变，可以定量显示城市郊区温度对比，从而提供相对热岛强度信息。于是，联立以上 2 个公式得出：

$$T = \frac{C_2/\lambda}{L_n\left(1+\dfrac{C_1/\pi}{\lambda^5\left[\dfrac{V}{255}\left(R_{\max}-R_{\min}\right)+R_{\min}\right]/b}\right)} \tag{1-37}$$

② TM6 反演

对城市热岛效应的研究更关注于不同温度的空间分布，地表辐射温度（亮度温度）和 1.5 m 处的大气温度呈线性相关，因此可以采用亮度温度来衡量城市热环境，亮度温度的计算是采用 Landset 的 TM6 波段经过反演得到的，计算公式如下：

$$T_B=k_1/\mathrm{L_n}（k_2/\mathrm{LTM6}+1） \tag{1-38}$$

$$\mathrm{LTM6}=0.005\,631\mathrm{TM6}+0.124 \tag{1-39}$$

式中，T_B —— Landset TM6 影像上每个像元的亮度温度；

TM6 —— TM6 影像上每个像元的灰度值；

LTM6 —— LandsetTM6 每个像元的发射辐射能量；

$\mathrm{L_n}$ —— 传感器能够获得的辐射亮度值；

k_1，k_2 —— 绝对黑体温度系数，k_1 = 1 260.56 K，k_2 = 60.766 K。

2）减缓城市热岛效应的价值评估方法

城乡接合部生态缓冲带减缓热岛效应以达到缓冲带的降温效果，其所需要空调运行的耗电能评估公式为

$$U_{温}=W_{温}\times C_{电} \tag{1-40}$$

式中，$U_{温}$ —— 生态缓冲带年调节温度价值；

$W_{温}$ —— 生态缓冲带年降温效果折合耗电能；

$C_{电}$ —— 城市平均电价。

（6）旅游观赏服务功能评估

生态系统的旅游观赏功能是指可以提供的满足人类旅游、休闲娱乐、丰富人们精神生活方面的需求，包括各种奇特的自然景观、动植物种类等。

3．生态景观功能网络模拟

区域景观格局与其功能息息相关。景观格局决定了景观功能，随着区域功能的多样性日益提高，景观的类型、结构与空间形态、分布也越显复杂。在格局的讨论中，景观特征分为物理性质与功能两个层面，物理性质涉及区域的空间结构，功能则是指其承载的活动密度与类型复合度，在两者的相互作用下，深刻影响城市的可持续力（Thinh et al.，2002）。近年来，大量的城乡问题被归因于城乡的空间结构不当，城市化的影响在世界各个地区产生了不同的环境矛盾（Vitousek et al.，1997）。在荷兰，由于工商业发展与居住空间的需要，农业景观逐渐消失；在日本东京、大阪、名古屋等主要城市影响范围内，城市建成区向外扩张产生不同程度的环境问题；而俄罗斯莫斯科周围的住宅与游憩区开发，也严重影响了该区域的农业活动；加拿大、英国及以色列，也由于城市扩展使森林、农地及开放空间逐渐减少。

为分析不同功能网络的空间结构，在此，我们依据网络中节点与廊道的连接水平来决定景观节点间联系的便捷程度。首先，基于景观功能网络拓扑图，将两节点间连接关系制成功能网络的连接性矩阵。通过最少径道矩阵与耗费矩阵，评价节点间联系强度，由网络通达性差异，反映功能网络完善程度。

为了将景观功能网络应用于空间中，我们在方法上采用耗费距离（Cost Distance）模型。耗费距离模型是基于图论原理，通过计算最小累积耗费距离（Accumulative Cost Distance）来识别与选取功能源点之间的最小耗费方向和路径的方法。最小累计耗费距离是指从“源”穿过不同阻力的景观要素所花费的费用或者克服障碍需要的最小阻力功，它是可达性（也称可接近性）的一种度量。还可以用最小累积阻力（Minimum Cumulative Resistance，MCR）或有效距离模型（Effective Cost Distance Mode）等概念来表示。它与欧式距离（Euclidean Distance）的最大区别是，它代表抽象的距离概念，表示从“源”到最近目标的累积距离，也就是物种在移动与扩散过程中，穿过不同景观要素或土地利用/覆盖类型克服阻力所需的做功大小。这个模型工具最初起源于理论地理学，在土地与物种管理保护项目中逐渐得到大多数研究者的应用。通过 ArcGIS 软件中 GRID 模块的 Cost Distance 功能循环计算，可得出功能最小累积耗费距离表面，并借此判定生态功能在空间中的分布差异。然后，基于 Cost Path 功能，可由景观功能累积耗费表面得到最小功能耗费路径（Least-Cost Distance）。依据上述结果，得出不同景观功能网络的空间分布。

4. 生态安全格局总体布局

城乡一体化生态安全格局总体布局可分为两个层次。首先是城乡一体、协调发展的区域整体环境，形成多层次、组团式发展的新格局；相对集中建设，合理控制中心城市用地和人口规模，调整与完善区域布局，合理归并和建设农村中心村，形成城镇体系格局。尽可能把市区的文化娱乐设施转移至城郊或乡镇卫星城。其次是针对地方生态特征，注意维护和构筑对自然斑块之间的联系，形成城市环境与农村自然环境和谐的城市空间；要善于利用穿越城乡的江河水体，使绿色走廊渗透到各分区，利用环城道路建立外环林带，并将二者建立联系，构建区域的景观廊道，尽可能将分散的城乡绿地联合成网络，最终组成城乡一体的绿色空间体系，保证城镇内部有均匀的绿地或旷地分布；紧凑地开发城镇核心，配合间隔开的、有自然风景包围的附属社区和活动副中心，让保存的新鲜水、土和植物区段渗透到稠密的城镇中心。

城镇是人与自然共同的栖息地。城镇中需要一些大的块状绿地，使之有能力持续地保持基因的多样性，除了斑块的大小、形状等内在因子影响绿地作用的发挥，斑块布局对生态服务功能的发挥也起到重要作用。在城乡生态系统中不仅要维护生态斑块之间的联系，如山林斑块、湿地等绿色斑块之间的空间联系，还要维持城内绿色斑块与作为城镇景观背景的农村自然山地或水系之间的联系，将城镇内部的绿地、水体与农村的自然环境有机联系起来，不仅有利于城镇空气库存与外界的交流、引入外界的新鲜空气、缓解热岛效应、改善城镇气候，而且可以保护环境廊道并有效增加动植物物种的多样性，特别是为野生动物提供保护和安全的迁移路线，保持自然群落的连续性，从而实现人与自然的共生、和谐。而这些生态斑块的空间联系主要依靠生态廊道，包括“蓝道”和“绿道”等形式，如水系廊道、防护林廊道和道路绿地廊道等。通过将城乡空间的生态斑块、生态廊道交叉相连，形成生态网络，维护城市与农村山水格局和大地有机体的连续性，从而构建城乡一体化的生态安全格局。

5. 重要生态斑块的构建

（1）生态斑块的位置

为了描述斑块在景观中的位置和作用，俞孔坚提出了“战略点”的概念。景观中有些关键性的位置，对它们的占领和改变，可以对控制生态过程产生非常重要的作用。

“战略点”的选择比作围棋中的落子，要想控制棋盘上的格局，每一个棋子都必须落在关键位置上。在空间的某些点上，当物种扩散所带来的潜在价值达到最大，而个体为之承担的风险尽可能最小的时候，这些空间位置就是“战略点”。

一个孤立的斑块内物种消亡的可能性远比一个与大陆（种源）相邻或相连的斑块大得多。当与种源相邻的斑块中的物种灭绝之后，更有可能被来自相邻斑块同种个体所占领，从而使物种整体上得以延续。所以在选择某一斑块作为保护对象时，一方面要考察斑块本身的属性，包括物种丰富性和稀有性；另一方面要考察其在整体景观格局中的位置和作用。

在大多数情况下，把需要保护的对象作为“源”。在生态安全格局构建过程中，根据生态带生态服务功能评价，选择生态服务功能效益最大、景观聚集度最高的大的林地、水域斑块作为生态“源地”核心斑块保护；同时结合生态带景观格局评价，选取生态环境优良、景观类型多样、生物多样性丰富、镶嵌结构较为复杂的林地、水域等多个自然景观类型复合区域作为“源地”保护。同时将楔形绿地、郊野公园等生态斑块引入一些节点，实现城乡之间生物物种的良好交流，促进区域生态环境的提高和改善。此外，在城乡交错带发展观光型农业，形成农田斑块，可以提高城乡居民接触大自然的机会，促进乡村经济的发展，使自然与人类生活相融合。

（2）生态斑块面积

不同面积的生态斑块，发挥的生态效能也不一样，即服务半径不同（见表 1-1）。一般来说，只有大型的自然植被斑块才有可能涵养水源，连接河流水系和维持林中物种的安全和健康，庇护大型动物并使之保持一定的种群数量，并允许自然干扰（如火灾）的交替发生。总体来说，大型绿地斑块有利于维护物种多样性，对于维持城乡生态系统的稳定起着关键的作用，大型斑块可以比小型斑块承载更多的物种，特别是一些特有物种只有可能在大型斑块的核心区存在。对某一物种而言，大斑块更有能力保持基因的多样性。相对而言，小型斑块则不利于林内物种的生存、不利于物种多样性的保护、不能维持大型动物的延续。但小斑块可以视为区域中物种转移、传播的“踏脚石”，可以提高区域绿地斑块间的连接度和景观多样性，对物种起到临时栖息的作用，可以看作大斑块的有益补充。它们可能成为某些物种逃避天敌的避难所，因为小斑块的资源有限，不足以吸引某些大型捕食动物，从而使某些小型物种幸免于难。同时，小斑块占地小，可以出现在农田或建成区景观中，具有跳板的作用（俞孔坚等，1997）。合理的分布格局应该是以大中型斑块为主，小型斑块作为大斑块的补充，相对均匀地分布于区域绿地系统中，这样的布局对区域绿地发挥最大的生态效能具有重要作用。

表 1-1 生态斑块的服务半径

斑块类型	服务的最小半径/m	最小面积/hm^2
住宅绿地	150	
近邻绿地	400	1
地区绿地	800	10（包括 5 hm^2 公园）
市区级绿地	1 600	30（包括 10 hm^2 公园）
城市绿地	3 200	60
城市森林	5 000	>200（小城市） >300（大城市）

资料来源：Herzele and Wiedemann，2003。

一般来说，斑块内的物质、能量与斑块面积大小成正比关系，但这种关系并非是线性的（见图 1-2），物种数量随斑块面积的增大而增加，最终趋于停止，物种数量与面积的关系可用物种-面积曲线来表示。

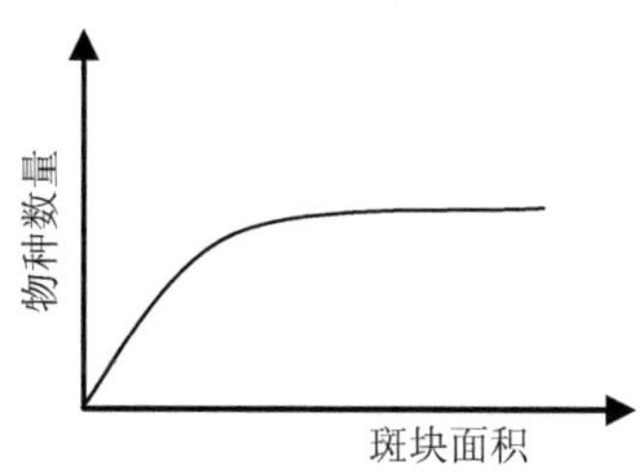

图 1-2 斑块大小与物种数量关系

物种-面积曲线：

$$S=CA^{Z} \tag{1-41}$$

式中，S——物种数量；

A——斑块面积；

C，z——常数。

（3）斑块形态

斑块形状与生态过程之间的关系较为复杂，不同形状的斑块对周围环境的影响不同。一般认为，紧密型的斑块有利于存储能量、物质和物种，而松散型的斑块有利于各项生态因子与外界的交流。相对理想的斑块形状应具有较大的核心区以保护生态敏感物种，同时具有较为复杂的边界形状，以利于和外界进行物质、能量交换。城市景观属于紧密汇聚型，斑块组成大集中、小分散；而农村景观则表现为一种离散空间的镶嵌格局，斑块组成小集中、大分散。

一般而言，形状指数通常是经过某种数学转化的斑块边长与面积之比。结构最紧凑而又简单的几何形状（如圆形和正方形）常用标准化边长与面积之比，从而使其具有可比性。具体地讲，斑块形状指数是通过计算某一斑块形状与相同面积的圆形或正方形之间的偏离程度来测量其形状的复杂程度。常见的斑块形状指数 S 有两种形式：

$$S = P / 2\sqrt{\pi A} \tag{1-42}$$

$$S = 0.25P / \sqrt{A} \tag{1-43}$$

式中，P——斑块周长；

A——斑块面积。

当斑块形状为圆形时，式（1-42）的取值最小，等于 1；当斑块形状为正方形时，式（1-43）的取值最小，等于 1。对于式（1-42）而言，正方形的 S 值为 1.128 3，边长分别为 1 和 2 的长方形的 S 值为 1.196 8。由此可见，斑块的形状越复杂或越扁长，S 的值就越大。一般来说，S 越小，核心区与周围交流程度越大。圆形的形状主要是针对以物种保护为主的绿色斑块而言，在城市用地较紧张的情况下，如在居住区、街道两侧等，可因地制宜采取不同形状的斑块布局方法，以增大景观斑块与人的接触面。

6．重要生态廊道的构建

生态廊道是连接、隔离或切割不同类型生态系统的景观斑块、维持区域生态服务功能的水道、风道和生物廊道，包括单功能廊道（如高压电力传输走廊、河流水系、公路铁路等交通廊道，其中公路廊道在交通拥挤时是污染产生和扩散的廊道，而在交通轻闲时是大气流通、污染物稀释和热岛效应切割的生态廊道）和多功能综合廊道（如大型带状绿地、公园、农林水复合生态系统等）。

一般来说，生态廊道在满足最小宽度的基础上越宽越好。太窄的廊道会对敏感物种不利，同时降低廊道过滤污染物等的功能。由于廊道为线性结构，生境质量和物种数量都受到廊道宽度的影响，随着廊道宽度的增大，廊道内的边缘种和内部种具有不同的数量格局。同时，宽度对廊道生态功能的发挥有着重要影响，如防护林廊道达不到一定宽度就起不到防护作用。此外，廊道宽度还会在很大程度上影响产生边缘效应（Edge Effect）的地区，进而影响廊道中物种的分布和迁移。边缘针对不同的生态过程有不同的响应宽度，从数十米到数百米不等。边缘效应虽然不能被消除，但是却可以通过增加廊道的宽度来减小。

生态廊道的宽度由多个因素共同决定，它可以表示为函数：

$$W=f(a, v, u, c, l, \cdots) \tag{1-44}$$

式中，W——廊道的宽度；

a——保护目标（保护某个或某些关键物种）；

v——廊道植被构成情况（包括植被垂直、水平及年龄结构、多样性、密度、盖度等）；

u——廊道其他功能（如游憩、文化遗产保护、交通运输、过滤等）；

c——廊道周围的土地利用情况（对比度越高所需廊道越宽）；

l——廊道的长度。

此外，廊道宽度还随地形和气候的变化而变化，对于每一地区，应该根据经验数据及模型来估算。在实际中，设计师通常没有足够的信息和时间来进行详细实验研究，但如果能够综合考虑上述各个因子的影响，并参考相应的研究结果及经验值，也可以确定出合适的廊道宽度。对于尺度较大的河流廊道而言，由于其经过地区的自然地理和人文地理背景的差异，使不同段的基本类型及主要生态过程与功能都有很大差别，因此其宽度也应该根据各段的具体情况来确定，如图 1-3 所示。

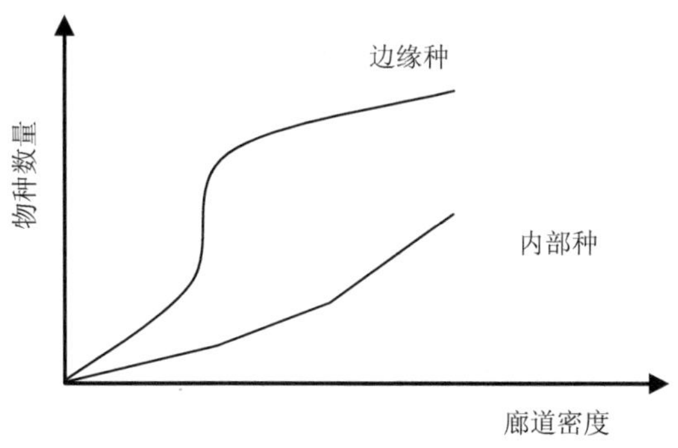

图 1-3 廊道宽度与物种数量关系曲线

对于绿色廊道宽度的规划设计，国内外有不少案例研究，一般来说，控制要求如下：

1）河流绿色廊道：河流植被宽度一侧至少在 30 m 以上，能有效降低温度、提高生境多样性、增加河流中生物食物供应、控制水土流失和过滤污染物等。

2）江河防护林：市区段防护林带宽度不小于 50 m，通航河道两侧防护林带宽度各不低于 50 m，有条件地段适当加宽。

3）道路绿色廊道：包括铁路、高速公路和城市快速路等，道路廊道一侧至少 60 m 以上，可满足动植物迁移、传播以及生物多样性保护等，有条件地段适当加宽。

4）组团隔离带：根据城乡空间发展布局，在组团与组团之间控制大型绿色开敞空间，并借助道路、河流等形成屏障，绿带廊道宽度应为 600～1 200 m，至少为 500 m 以上，有条件地段适当加宽，以创造自然化的物种丰富的景观。

5）生物廊道：为保护某一物种而设计的廊道宽度，因被保护物种的不同而有较大差异。如雪白鹭较为理想的河岸湿地栖息地宽度为 98 m，而栖息在硬木林和柏树林中的食虫莺鸣禽则需要 168 m 的宽度。

6）城乡高压走廊：高压走廊两侧防护林带宽度按国家有关规范严格控制。

7）卫生隔离带：规划工业区与生活居住区之间卫生防护林带，一类、二类工业园区与生活居住区之间原则上建设宽度不低于 20 m 的林带，三类工业区与生活居住区之间原则上建设宽度不低于 50 m 的林带。

在城乡一体化过程中，土地利用的调整，农业用地结构的变化，导致农田或一些具有基本生态功能的景观元素消失，在不同的生境之间建立合理的廊道，是维持城乡生态平衡、景观稳定的有力措施。

1.2.4.2 城乡接合部生态缓冲带构建

1．层次分析法

层次分析法是一种行之有效的确定权重系数的方法，它把复杂问题中的各种因素通过划分相互联系的有序层，使之条理化，根据对客观实际的模糊判断，将下一层次的各因素相对于上一层次的各因素进行两两比较判断，构造判断矩阵，通过判断矩阵的计算，进行层次单排序和一致性检验，最后进行层次总排序和一致性检验，得到各因素的组合权重。其具体步骤如下：

本书采用层次分析法（AHP）计算各因子的权重。本书通过专家咨询法，邀请 10

位相关专家对 6 个生态因子中的两两因子相对重要性做出评价，再计算得出各个评价因子的权重值，并经检验确定其可以作为评价的权重使用。

2．基于混合像元的植被盖度提取方法

（1）最小噪声分离变换

MNF 变换是同主成分变换相似的一种方法，它被用来分离数据中的噪声，确定数据内在的维数，减少随后处理的计算量。

（2）纯净像元指数计算

计算方法是把每个像元作为一个 n 维向量，所有像元就组成了一个向量空间 $\boldsymbol{V}$。在这个向量空间中的基并不唯一，必然存在全部由位于边界位置的向量组成的基ε_1，ε_2，…，ε_n，可以用它们的线性组合来表示所有其他的向量。一般在 ENVI 软件中实现这一运算过程，提取纯净像元，将非纯净像元全部去除。

（3）终端端元的确定及光谱特征

ENVI 图像处理软件的 n 维可视化器是一个交互式的 n 维散点绘制工具，它能在 n 维空间中实时地旋转散点图。在 n 维空间旋转过程中始终保持团聚的点即为某一种光谱端元。基于 Ridd（1995）提出的植被—不透水面—土壤（Vegetation-Impervious Surface-soil，V-I-S）模型，选出四种端元，分别是低反射率地物（水体、阴影、沥青、暗的金属等）、植被、土壤和高反射率地物（玻璃、新的水泥混凝土表面、浅色装饰材料等）。

（4）线性光谱混合模型

卫星传感器不能同时满足遥感影像的高光谱分辨率和高空间分辨率，在追求任何一方分辨率提高的同时，就必须牺牲另一分辨率特征。大面积区域内，使用 1 m 左右分辨率的影像显然是不经济的，而 5 m 分辨率的 SPOT 影像其光谱分辨率较差。而对于 30 m 分辨率的 TM 和 ETM+影像虽然光谱分辨率较高，相对较好，但是空间分辨率相对较低。15 m 分辨率的 ASTER 影像在光谱分辨率和空间分辨率的平衡上更为优秀。对于 15 m 分辨率的 ASTER 遥感影像，像元很少是由单一地表覆盖类组成，一般都是几种地物的混合。因此像元的光谱特征并不是单一地物的光谱特征，而是几种地物光谱特征的混合反映，它给遥感解译造成困扰。混合像元无论直接归属到哪一种典型地物，都是错误的，因为它至少不完全属于这种典型地物。如果每一混合像元能够被分解，而且能够求取像元内每种覆盖类型组分所占的像元比率（Fraction），那么混合像元问题就能得到解决。这种求取混合像元内各组分比率的过程被称为混合像元分解（Wu，2003）。

混合光谱分析方法通常认为混合光谱是几种纯净地物光谱（也称端元）的组合，用来计算各种地物在一个像元内所占的百分比，根据像元组成的复杂程度又可分为线性混合光谱分析和非线性混合光谱分析。如果每束光和视场范围内单一的土地覆被类型相互影响的话，那么混合（光谱值）可认为是线性的，即光谱值是单个土地覆被类型光谱与其所占组分乘积的线性总和（Wu，2003）。当散射光同时与多种土地覆盖类型相互作用时，例如，植被和土壤之间的多次交叉散射作用，就需要应用非线性光谱混合分析模型。线性分解模型是建立在像元内相同地物都有相同的光谱特征以及光谱线性可加基础上，构造简单，理论明确，物理含义明确，用于混合像元分解效果较好（岳文泽，2006）。线性光谱模型的表达形式如下（Small，2002）：

$$R_i = \sum_{k=1}^{n} f_k R_{ik} + \mathrm{ER}_i \tag{1-45}$$

式中，i —— 光谱波段数（i=1，…，m）；

k —— 端元组分数（k=1，…，n）；

R_i —— 第 i 波段像元反射率，其中含一种或多种端元组分；

f_k —— 一个像元内第 k 个端元所占的比率；

R_{ik} —— 一个像元内 k 在第 i 段上的反射率；

ER_i —— 第 i 波段的误差。

$$\mathrm{RMS} = \sqrt{(\sum_{i=1}^{m} \mathrm{ER}_i^2)/m} \tag{1-46}$$

式中，RMS —— 均方根误差，RMS 越小，模型总体误差越小。

从线性光谱混合分析原理可以看出，研究区域内端元数目的确定、端元选择的准确性是植被盖度计算的核心，模型使用有约束条件的最小二乘法进行求解，要求 f_k 同时满足以下条件：

$$\sum_{k=1}^{n} f_k = 1 \quad (0 \leqslant f_k \leqslant 1) \tag{1-47}$$

这样既保证了每种光谱端元所占比率的值在 0 到 1 之间，所有端元所占比率之和等于 1，又能避免某一端元在某些像元上所占比率大于 100%或者为负值的现象，与实际情况更吻合。

通过带约束条件的最小二乘法求解线性光谱分解模型，最终得到每一个像元内每个端元的丰度，对于植被来说，即得到研究区域的植被盖度。

3．基于能量场扩散过程算法

（1）基于能量场扩散过程的设想

绿地斑块对周边温度缓解规律描述的最理想状态为：在大面积的均一非绿地地表中间，只有一块绿地的情况（见图 1-4）。以绿地为冷源中心的等温线逐渐向外升温，但等温线周长并非均值变化，距离绿地中心越远，等温线周长的变幅也越大，绿地对周边热环境的影响能力越接近其极限。这种等温线周长与温度的变化关系可用图 1-5 的曲线来表示。

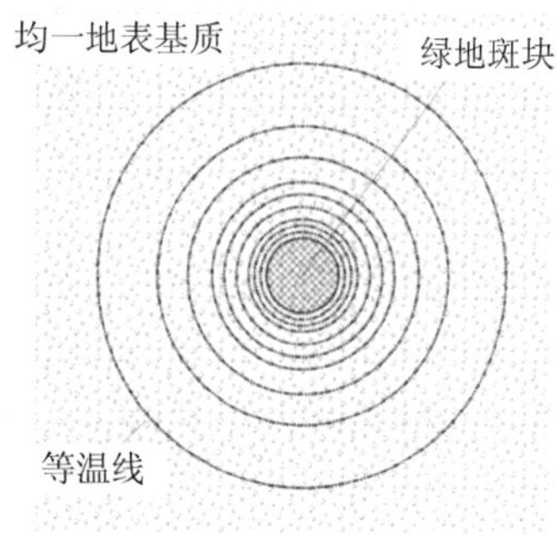

图 1-4　绿地理想降温模式

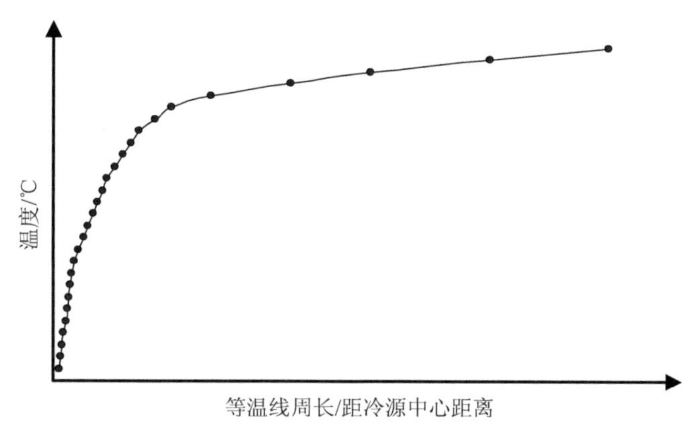

图 1-5　理想状态等温线周长与温度的关系

（2）基于能量场扩散过程的例证

在现实中，地表覆被情况十分复杂，绿地冷岛所形成的温度场会受到来自四周各个方向不同冷源或热源中心所形成的温度场的影响，这不仅对绿地斑块外围等温线形状和影响范围造成压缩，而且使绿地斑块在各个方向上对外界温度影响的最大范围、影响能力都各不相同。应用等温线中只存在冷源中心和热源中心这一特点，将复杂的地表覆被类型简化为只具有形成冷源中心能力的水域、绿地和具有形成热源中心的硬化地表三种类型。

将绿地斑块与等温线进行叠加，选取具有冷源中心的典型绿地斑块，研究绿地斑块冷源中心形成的热场与其他热场之间相互影响的规律。从绿地斑块的冷源中心出发，向某一方向提取等温线周长及温度。当绿地斑块冷源中心与另一冷源中心相邻时，其等温线变化规律如图 1-6 所示，无论是从大面积绿地斑块的冷源中心出发，还是从小面积绿地斑块的冷源中心出发，都能发现它们之间热场相互作用的斜率拐点，也是等值线特有的特征——马鞍点。拐点应该为两股能量场的相互抗衡后达到平衡的位置，在拐点的两侧，分别为两个冷源中心热场作用占主导因素的范围。

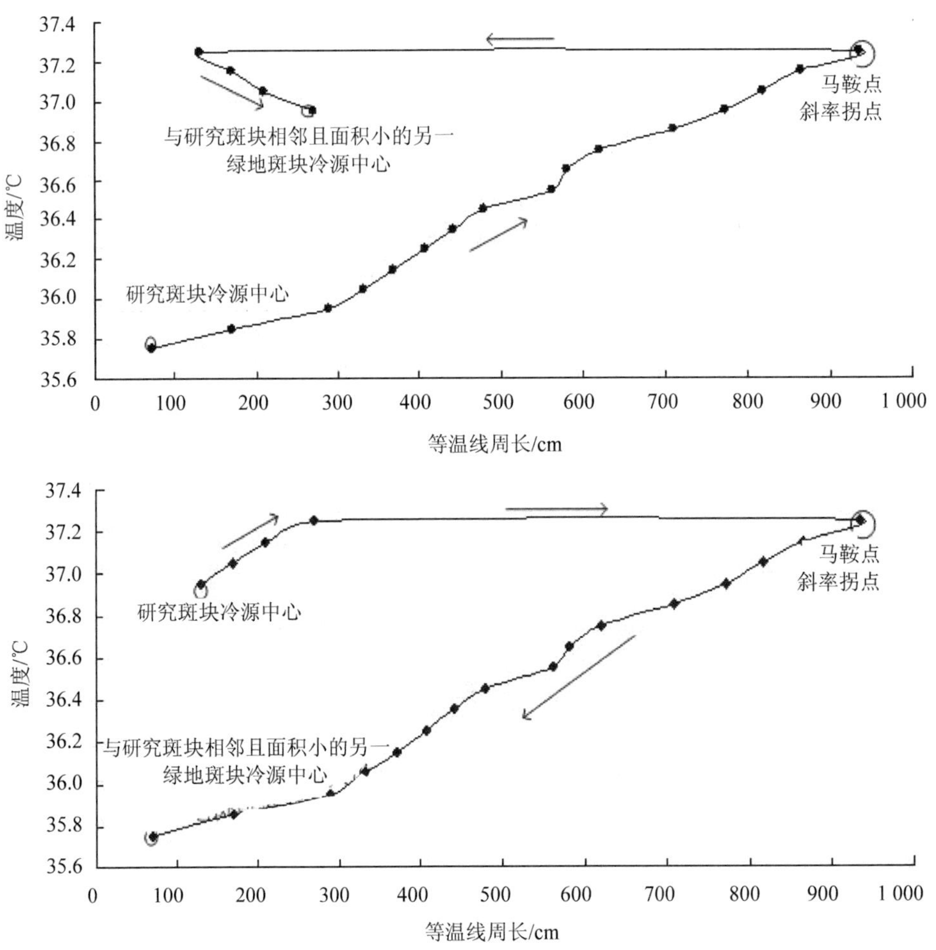

图 1-6　不同冷源中心之间的等温线变化规律

当冷源中心与热源中心相邻时，等温线变化规律如图 1-7 所示，在等温线以研究斑块的冷源中心向外扩散的过程中，会因为周边其他冷源斑块的影响，导致等温线周长突然增大，直到到达相邻热源中心的温度场影响范围边界时，周长温度变化曲线出现斜率方向的变点，即马鞍点。温度场不再受到冷源斑块的影响，等温线周长逐渐变小，直至到达热源中心。

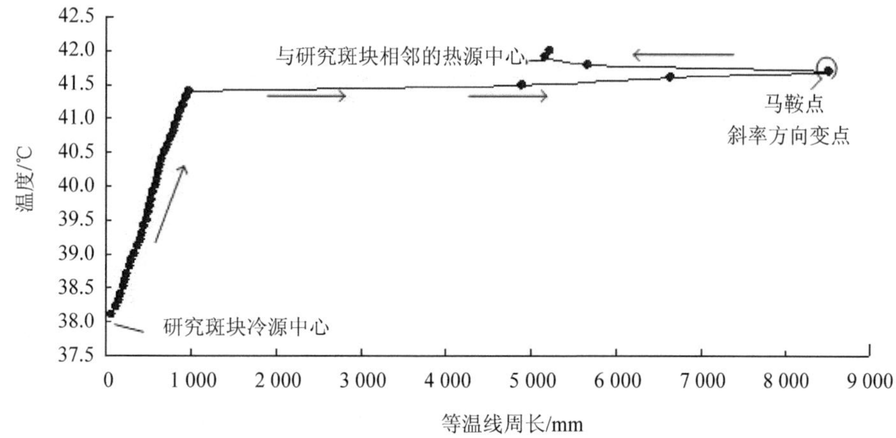

图 1-7 冷源中心与热源中心之间的等温线变化规律

通过上述绿地斑块与周边地表覆盖类型的温度—等温线周长变化规律研究，可以总结出如下规律：当等温线沿着某一方向由绿地斑块冷源中心向外扩散至马鞍点位置时，其温度和周长不再以同一斜率方向变化，会发生方向上的突变点，即斜率由正值变为负值，该斜率方向突变点正是两种热场能量的交汇点。在本研究中，将这样的变点视为绿地斑块在具体方向上对外界热环境的最大影响处。

从理论上说只要以绿地斑块的冷源中心为圆心，从不同的方向出发寻找上述斜率正负变点，就能确定各个方向上斜率正负变点的位置。这些位置围合成的曲面即为绿地斑块温度场所能影响的范围，用该曲面的面积减去绿地自身的面积，就能得到绿地斑块对外围热环境的影响范围ΔA。各方向斜率正负变点处的温度最大值与绿地斑块内冷源点的温度差值，即为绿地斑块的最大降温能力ΔT。

将绿地斑块与等温线分级图进行叠加，可以直观地看到绿地斑块所形成的一个个冷源中心，以及该冷源中心与周边温度场的关系。冷源中心为绿地图斑内温度小于自身周边 3×3 领域的像元。图 1-8 中黑边线图斑为绿地斑块，温度从蓝色等温线向红色等温线逐渐升高。

图 1-8 绿地斑块与温度场关系

根据上述原理，分析冷源中心与周边温度场的关系，从冷源中心出发能够找到各个方向上绿地斑块对周边热环境的最远影响处，如图 1-9 的实例所示，围绕绿地斑块（黑边线图斑）四周同时存在着其他冷源中心和热源中心，它们与绿地斑块之间存在一个能量场相互过渡的区域，从绿地斑块冷源中心出发，在这个区域中不同的方向上能找到等温线周长与温度斜率方向变点或鞍马点。研究认为，这样的突变点即为两股能量之间相互影响的分界点。对于绿地斑块来说，就是它在某方向所能影响到的最远处。绿地冷源中心的温度与各个方向上分界点温度的最大差值，即为绿地斑块的最大降温能力ΔT。

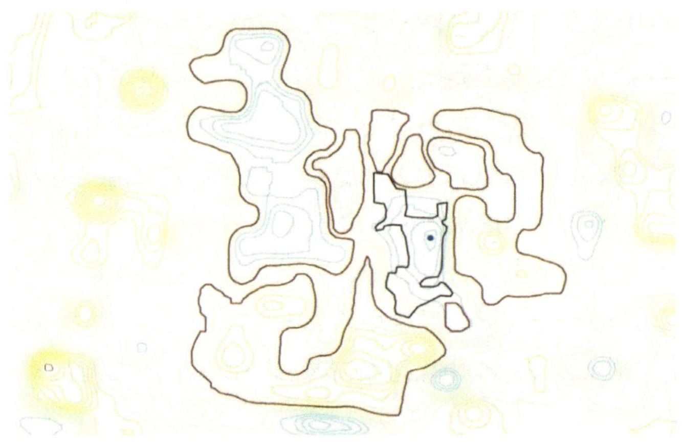

图 1-9 绿地斑块影响区域实例

4．地理遥感信息模型

研究中利用地理遥感信息模型来构建街区内绿地斑块空间布局与热环境的关系。而本研究的热岛强度和植被盖度数据均属于遥感地理数据的范畴，因此，针对地理现象特征提出的地理图像信息模型为本研究中绿地斑块布局特征和热岛关系提供了方法支撑与理论依据。

地理遥感信息模型的一般表达式为

$$\pi_y = a_0 \pi_{x_1}^{a_1} \pi_{x_2}^{a_2} \ldots \pi_{x_n}^{a_n} \tag{1-48}$$

值得说明的是，式（1-48）既是确定性的数学方程，又是不确定性的随机方程、灰色方程、模糊方程、分形方程。该信息模型中的因子为无量纲类，没有限定必须是自然因子、社会因子或经济因子，因此该模型允许各学科的因子混合使用，这在科学史上是首次跨各类学科的定量计算方法。

5．实验方法

（1）群落调查

群落调查：在样地内设置标准样方，其中乔草型和乔灌草型样方调查的大小为 20 m×20 m，灌草型和草地型样方大小为 10 m×10 m，记录其群落的各层种类组成，记录乔木层林冠郁闭度、灌木层和草本层总盖度，逐株测量乔木层所有树种的基径、分盖度、胸径、树高、枝下高和树冠幅等特征，灌木层逐株测量灌木的冠幅、多度、高度和分盖度等，草本层记录其分盖度、多度和高度；为了详细研究样方内的草本植物，在 20 m×20 m 的大样方内按照东、南、西、北、中 5 个位置设置 2 m×2 m 的草地群落调查小样方，在 10 m×10 m 的小样方内，以对角线形式设置 3 个 2 m×2 m 的草地群落调查小样方；对样方内出现的所有草本植物进行记录，包括分盖度、多度和高度。

（2）生物多样性调查

1）植物多样性调查方法

野外调查采用样带网格调查方法，调查方法同群落调查。

2）鸟类多样性调查

根据群落配置模式选择样地。本次对研究区域的鸟类群落多样性调查采用固定线路统计法（常弘等，2001）。设定样线分为地图和实地修正两个步骤。首先利用地图在各研究区域内均匀设定若干条长度为 200 m 的样线，同一研究区域内的各条样线保证笔直且相互平行，样线之间的距离不小于 50 m；随后实地确定，在一些存在障碍物或影响调查的地方对样线进行修正。

样线调查在 5:30—8:30 进行，按 10～12 min 一条样线匀速行走，过程中记录样线两边除从后向前飞过之外的所有见到和听到声音的鸟类。记录内容包括鸟种、数量、距离、生境和发现方法。在样线调查之外发现的鸟种则单独记录，每条样线重复调查 3 次。

（3）降温增湿服务测定

选择群落配置模式有差异、下垫面情况类似的具有代表性的实验样方，并在每一处实验样地内选择样方不远处的空旷硬化地表作为对照。用气象站在样地内进行温度和相对湿度监测，气象站搭建于样方中间，架设高度 1.2 m，试验日选择晴朗、无风或微风天气，7:00—19:00，每分钟测量一次温度和湿度，做三个重复取其平均值。

（4）固碳释氧服务测定

根据植物光合作用原理，绿化树种固碳释氧量的计算，依赖于对树种光合速率的测定。采用美国 Li-Cor 公司制造的 Li—6400 光合测定仪系统，测定树冠叶片的光合速率（单位：$\mu molm^{-2}s^{-1}$）。试验在树木生长季中，选择晴朗无风或微风天气，自然光照下，对树木进行活体或离体测定（离体测定为保证离体叶片的活性，每个样本在 3～5 min 内测定完毕，取枝条长 50 cm，在测定过程中枝条基部插入水中）。每次测量从 8:00—18:00 每 2 h 进行一次，乔木分东、南、西、北四个方向和上、中、下三层选取大小相似、生长健壮的叶片，灌木分东、南、西、北四个方向选取四个叶片，草本植物在样地内按对角线选取三个叶片，每个叶片取 3～6 个瞬时光合速率值，以避免偶然因素导致的误差（刘海荣 2009）。

阔叶物种用 Li—6400 光合叶室来测定，针叶物种则采用簇状叶室来测定；测定叶片若未充满叶室，阔叶树种和针叶树种的叶片面积分别采用方格法和体积法来测定（夏善志等，2009）。

分析数据时，首先对仪器数据进行筛选，剔除错误和不符合记录条件的数据，然后计算各时段的固碳释氧量，在此基础上进行分析，绘制各种图表。

叶面积指数是植物的叶面积总和与植物所覆盖的土地面积总和之比，研究绿化植物的生态效益，植物的叶面积指数非常重要。

测定叶面积指数要在树木生长季连续三天早上 8:00—9:00，采用 LAI—2000 植物冠层分析仪，用 90°的镜头盖在植物的 4 个不同方向各取一对观测值，再运用观测分析仪的配套分析软件对采集的数据进行分析，计算叶面积指数，每个树种做 3 个重复取其平均值。

1.2.4.3 城郊保留农田生态经济服务功能转型

1. 城郊农田生态经济服务多功能的优化设计技术方法

该技术方法应用景观生态学、生态农业、农业产业化经营的理论，研究城郊农田生态系统多功能转型的理论基础、设施配置等要素组合或系统构成单元的布局等一系列城郊农田生态经济服务多功能的优化设计技术。

2. 城郊保留农田的生态种植技术及有机农产品的生产技术

该生产技术在应用绿肥/有机肥为主的精准培肥实践和作物生产病虫草害防治的农艺、生物、物理防治技术基础上，充分利用农田时空资源的多样化，进行有机方式种植，研究城郊保留农田的生态种植技术及有机农产品的生产操作规程。

3. 城郊农业生态系统的物质良性循环利用技术

该技术在国内外研究现状文献调研和案例实地应用调查的基础上研究集成作物秸秆、动物粪便、农业加工下脚料等农业废弃物资源无害化处理与安全利用技术，构建城郊农业生态系统的物质良性循环利用技术规程。

4. 城郊农田生态经济服务功能转型的“经济—社会—生态”优化推广模式

该模式通过案例研究及联系示范工程实践，由点及面，对城郊农田生态经济服务功能转型技术进行集成化分析，构建适合不同功能和目标需求的城郊农田生态经济服务功能转型的“经济—社会—生态”优化推广模式。

1.3 示范区选择

1.3.1 选择原则

1. 目标可达性原则

示范区的研究和示范基地的建设需要大量经费支持，由于课题经费有限，因此选择具有代表性，生态环境相对较好，并且有工作基础的区域作为示范区并开展技术示范研究，便于在有限的经费下获得较为全面的项目研究成果。

2. 典型性原则

根据国际城市化划分标准，一般将城市化进程分为 3 个阶段：城市化率在 30%以下为初级阶段，30%～70%为快速发展期，70%以上为稳定发展期。依据城市化发展水平的典型性，选择我国具代表性的几大城市群，依据我国几大城市群发展现状，选择生态、经济和社会发展在城市群中具有代表性的城市进行技术和模式的示范研究，并建设示范基地。例如，北京市朝阳区的城市化水平在 90%以上，属于城市化稳定发展期，并且它位于三大城市群之一的环渤海城市群，在环渤海城市群中也具有一定的代表性，因此选择北京市朝阳区作为城市化稳定发展期和城乡接合部生态缓冲带的示范区进行研究；湖南省长沙市长沙县城市化水平在 40%以上，属于快速发展期，它位于长株潭城市群，在新兴中小城市群中具有一定的典型性，因此，将长沙县选为城市化快速发展期的示范区；宁夏沙坡头区虽然城市化率略高于 30%，但其第一产业从业人口占从业人口总数的 50%以上，符合城市化发展初级期的基本评价指标，因此，选择沙坡头区为城市化初期的示范区。

3．可行性原则

可行性表现在两个方面，一是示范区需要有工作基础，考虑到项目需要进行技术示范，示范区需要有相应的自然环境基础和工作基础。二是数据的可获取性，由于示范区研究需要的数据太多，并且数据较为全面，才能保证研究工作的正常进行。城郊保留农田生态经济服务功能转型技术需要发放调查问卷表调查城郊保留农田生态经济服务消费的意愿，需优先选择对发展城郊农田服务功能转型应用意愿强烈、支持力度较大、有一定产业基础的基地单位，同时当地政府管理部门已出台鼓励发展现代农业的相关政策和支持鼓励措施，以便于转型模式研究结果的优化和推广。

1.3.2 选择依据

1．长沙县

《中共长沙市委推进城乡一体化发展工作纲要》明确提出了要大力推行城乡一体化建设，主要包括城乡规划、基础设施、公共服务、产业发展、生态环境、管理体制一体化，这“六个一体化”旨在打破传统的二元思维方式和发展模式，探索一条体现时代特征、符合“两型”特点、具有长沙特色的城乡一体化发展道路。因此，在城乡一体化先行的长沙进行生态安全格局的构建示范研究意义重大，为长沙城乡一体化进程提供一定的参考。

长沙县春华镇宇田农业专业合作社属于典型的城郊流转土地再利用，符合要求；基地交通方便，区位优势明显；长沙县作为全国百强县和全国现代农业示范县，有较强的产业发展基础和完善的产业扶持政策。宇田蔬菜/水稻生产示范基地（以下简称宇田基地）见图 1-10。

图 1-10 长沙县宇田基地

宇田基地所在区植被丰富，降雨充沛，日照充足，土壤深厚肥沃，排灌方便，适合农业生产及推广，此外，现有的绿色蔬菜标准化种植基地已经通过绿色食品认证，有机转型生产基础良好；宇田基地用水主要来自附近的捞刀河，为湘江一级支流，有“长沙市第二大内河”之称，水源水质优良，研究前已部分采用生物物理措施防治病虫草害，具备一定转型有机农业生产的基础。宇田基地附近河流及蓄水池见图 1-11。

图 1-11　宇田基地附近捞刀河（左）、基地蓄水池（右）

该基地种植的蔬菜主要供往长沙市区及国内其他城市，但以往采取传统种植方式，种植品种相对单一，产品附加值、农民组织化程度较低，土地流转较缓慢，单纯依靠高强度农药、化肥的投入来实现蔬菜、水稻产量的增加已经影响了该基地获利和农民增收能力的进一步提高，同时也对城市周边的生态环境造成了一定的压力，因此迫切需要通过城郊保留农田转型的相关技术支持来进行转型升级。

茶园生态保护与建设模式实施地点选择在长沙县金湘园茶园。该茶园位于长沙县开慧乡清泰桥村，茶园占地面积 4 671 亩；其中耕地 1 325 亩、山地 3 146 亩、水面 200 亩。该生态茶园项目于 2010 年由农业产业化龙头企业金湘园农业科技有限公司投资建设，拟建成集种植、养殖、加工、旅游于一体的生态农庄。项目规划以标准化生态有机茶基地、高产油茶林栽培和有机优质水稻种植为主导产业，以红色旅游背景支撑的生态休闲观光为特色的现代庄园。现已建成 2 500 亩标准化生态有机茶园和 1 300 余亩标准化水稻生产基地。

2．沙坡头区

沙坡头区的城乡一体化综合水平虽然在宁夏属于中等水平，但在城乡生态环境一体化方面却居于最高水平，在城乡生态安全格局建设方面具有一定代表性。沙坡头区位于我国城市化发展起步晚的内陆地区，水资源紧缺，生态环境严酷，但作为宁夏回族自治区的可持续发展实验区，同时也是第一批国家级的可持续发展实验区，长期以来，在合理利用自然资源、改善恶劣生态环境、绿洲生态修复与生态建设等方面做了大量的工作，形成一套成功模式，在生态安全格局构建方面是宁夏乃至全国的比较领先的区域。以宁夏回族自治区中卫市沙坡头区为范例，评价其城乡统筹发展基础上的生态安全与生态风险，构建生态安全格局模式，集成立足于生态安全格局建设的“经济—社会—生态”综合技术与模式，对于中卫国家级可持续发展实验区建设目标的实现具有重要的理论和实践意义，对于西部绿洲城乡统筹下的区域可持续发展，也有重要的指导意义。

3．北京市朝阳区

作为平原区类型的北京市朝阳区，各地的自然地貌差异不大，但受地表水、地下水资源状况制约和人为活动的影响，特别是受城市和乡村建设区扩张的影响，区域景观分异较明显。以朝阳区作为研究区，不但能符合课题设置的基本要求，而且还可以为解决城市化发展所引发的各种生态问题提供很好的参考依据。

朝阳区朝来勇士营郊野公园位于北京市朝阳区来广营乡中部，该示范区地处望京新城及天通苑等超大型居住区的核心位置，紧邻公园西侧有朝来绿色家园等大型居住区，东侧为乡镇产业园区预留用地，周边有大量居住区。示范区东半部有杨树、柳树、榆树散落分布，长势较好；沿北苑东路有 800 余株小柳树，规格小，树形差，生长弱；西半部有 8 000 余株桧柏、侧柏混交林，规格不一，大部分树形较差，普遍有脱褪现象；园区中部区域有杨树、槐树林共 2 000 余株，长势较好。

4．安徽省淮北市

淮北属于典型的煤炭资源型城市，经过 40 多年开采，大气、水、土壤环境污染严重，地面环境遭到破坏，水资源紧缺，耕地面积减少，“三农”问题突出，生态环境品质降低严重。在这样的环境背景下进行城乡一体化生态安全格局研究，对改善城乡生态环境质量，提升区域生态品质有很好的利导作用。

5．扬州市邗江区

扬州市邗江区裕丰有机农业有限公司有机水稻生产基地（见图 1-12）是作为南水北调东线源头区农业面源污染防治项目示范工程之一引进经营的，基地环境质量较好，毗邻凤凰岛生态风景区，三面环水，远离工业集中区，灌溉用水来源于国家“南水北调”水源之一的邵泊湖。

图 1-12 扬州裕丰水稻生产基地

公司参与转型研究之前的生产模式为“公司+基地”，即公司租用农户土地自行生产，具体的农事操作由公司雇用当地农民完成，按工时发放工资，农户不直接参与公司的生产。这种模式便于基地的统一管理，有利于公司水稻生产的规范操作，但由于土地的稀缺性，此种模式也与当地农户存在一定的矛盾。但经营过程中公司发现雇用的农机作业、田间管理、植保作业、水稻收割出现价高质次，出工不出力的现象，致使生产成本高、产量低。而且由于农民流转了土地后，没有使用土地的自由，导致争相利用基地内靠近路边的空闲地块自行种植蔬菜、豆类等作物，影响了规范生产的完整性，甚至出现水稻收割时当地农民哄抢稻穗的情形。与此同时，在进行常规传统水稻生产过程中大量化肥农药的投入，不仅造成基地土壤板结、水稻产量下降，而且也对基地周边的农业生态环境造成了较大的压力。为了加强公司对水稻生产的规范化管理，提升其经营城郊保留农田的经济利润，促进土地流转和公司经营管理模式的转型优化，同时更好地保护农田生态环境，该公司在本课题研究的支持下对现有的生产经营管理模式进行转型优化，探索新条件下以公司为经营主体的城郊保留农田服务功能转型发展新模式。

1.4 数据来源与处理

1.4.1 数据来源

所需基础资料包括图形资料、统计资料等。

地形图：中国科学院科学数据库提供 30 m 分辨率数字高程和坡度资料；

遥感数据：MODIS 数据（分辨率 500 m 和 250 m）、ASTER 影像和 TM 影像数据；数据来源于美国宇航局所属的戈达德空间飞行中心的数据分发存档中心（NASA GSFC DAAC）和中科院 MODIS 共享平台（http：//www.nfiieos.cn）；

气象数据：中国气象科学数据共享服务网中的中国地面气候资料年值数据集和月值数据集，包括：月（年）均降水量、月（年）均温度、年蒸散发资料以及各站点的经度、纬度和高程；

其他资料：各示范区区域社会经济统计类数据；

其他获取方法：实地考察、问卷调查、人物访谈。

1.4.2 数据处理

主要包括 Excel、SPSS 社会科学统计软件包、ArcGIS 和 Arcview 等应用软件，对获取的数据采用统计分析方法进行分析，主要包括描述性统计分析方法和统计检验方法，并辅以 GIS 空间分析和表达等。

空间数据处理方法：用来表示空间关系的数据为空间数据。空间数据格式有两类，一类是矢量数据，另一类是栅格数据或网格数据。为便于与其他系统兼容，本研究中所有的矢量数据均采用 ArcGIS 的矢量格式 SHP 文件。空间数据的坐标系统采用正轴等面积双标准纬线圆锥投影（Albers）方式。具体投影数据如下：

➢ 中央经线： 105°00′00″E

➢ 单位： meters

➢ 第一标准纬线： 25°00′00″N

➢ 第二标准纬线： 47°00′00″N

➢ 椭球体： KRASOVSKR

➢ *X* 坐标偏移量： 0.0 m

- *Y* 坐标偏移量： 0.0 m
- 格网大小： 500 m

数据资料中遥感图像的处理采用最大值合成法（Maximum Value Composite），计算逐旬的 AVHRR-NDVI 数据，并生成各月的最大化 NDVI 图像，尽可能消除云层的影响。

植被、地质、土壤及土地利用图等矢量数据直接加载到 ArcGIS 软件中，用来分析生态系统服务功能在不同植被、土壤和土地利用方式等的差异性比较。

2　国内外相关研究概况

2.1　城乡一体化生态安全格局研究综述

目前，城乡一体化的研究主要集中在理论研究如动力机制研究、发展模式研究、发展测评研究以及实现途径研究等方面。而近几十年来，随着城乡经济的发展，城乡的生态环境严重失衡，城乡生态环境一体化成为城乡一体化发展的一个重要方面。人口学、地理学、生态学以及规划学等学科学者开始注重城乡一体化发展与生态安全的研究。本研究主要关注城乡一体化大背景下如何构建区域生态安全格局的问题。

2.1.1　城乡一体化研究进展

城乡一体化是一个国家和地区在生产力水平或城市化水平发展到一定程度的客观必然选择。城乡一体化的内涵非常丰富，首先城乡一体化的发展目标是一致的，破除城乡间孤立发展的“二元模式”，使城市和乡村在社会、经济、自然多方面协调发展，在融合发展中寻求一种最适状态——一体化发展，马世骏先生将其称为复合生态系统演替的顶级状态。城乡一体化是一种关系，是城市与乡村的关系，同时也是工业与农业的关系，城乡一体化必须摒弃以往以城市和工业为主的发展观，通过以城带乡、以乡促城来推进城乡平等融合发展。城乡一体化是一个大的体系，它把城市与乡村放到一个完整的系统中，因而强调整体性，首先是经济一体化发展，其次是政策措施一体化实施，再次是空间一体化布局等。随着城市化进程的不断加快，城市对周边地区的影响力也不断增大。城乡之间的经济联系越来越紧密，城乡互动发展的态势日益明显。在推进城乡一体化进程中，如何保护城市、乡村以及城市与乡村结合区之间的生态环境、维护生态平衡、建立安全的生态格局，对提升城市化的质量，促进城乡协调发展至关重要。

20 世纪 90 年代以来，世界上许多国家特别是发展中国家的工业化和城市化进程明显加快，中心城市的空间范围迅速扩张，在城市边缘出现了规模庞大的城乡交接地带，这些区域既非城市，也非农村的空间形态，但又同时具有城乡两方面的特点，因此被学者称为“灰色区域”或者“被扩展的都市区”。20 世纪 80 年代后期，西方学者在工业地理学中用到的一个术语——Urban/Rural Composition 即指 20 世纪后半期以来西方国家的一些制造业中心从原来的大都市中心向较小的聚落或者尚未工业化的乡村地区迁移，形成了一些城市活动和乡村活动相混合的新型区域。发达国家的学者将其称为“逆城市化”，我国有的学者将其称为“城乡一体化”。

城乡一体化是社会经济发展的必由之路。1984 年《中共中央关于经济体制改革的决定》中提出，“要充分发挥中心城市的作用，逐步形成以大、中城市为依托的、不同规模的、开放式、网络性的经济区。”上海、天津、江苏、辽宁等经济相对发达的地区开始了对中心城市与周边乡村地区发展全面考虑的城乡一体化发展战略（林巍，2006），珠三角地区城市空间规模和经济形式的扩张，被认为是 “城乡一体化发展模式”，李克华（1997）对这一模式提出了“六个一体”的战略选择，重点解决“五个不足”，采取“六条措施”的对策。杨荣南（1997）建立了城乡一体化评价指标体系基本框架，包括城乡经济融合度、城乡人口融合度、城乡空间融合度、城乡生活融合度、城乡生态环境融合度五个方面，共 35 个具体指标来测度城乡一体化水平。杜肯堂等（1997）专门研究城乡一体化中的劳动力市场，认为农村劳动力向市场转移是推进城乡一体化的重要环节。杨培峰（1999）把城乡一体化作为一个自然经济社会复合系统，提出城乡一体化是“自然—空间—人类”的良性循环系统。车生泉（1999）从景观生态入手，认为景观生态学与城乡一体化过程联系较为密切的有景观的多样性、景观的空间格局、景观中廓道效应三个方面。所谓景观的多样性，是指城市与乡村的融合要维持一定丰富的景观类型与景观格局，以适应不同地区经济发展水平与人文地理特点；景观空间格局要求把农业绿地、林业用地、环保绿地、游憩绿地等统一到城乡生态绿地空间中来；城乡廓道系统是连接能流、物流和信息流的通道，是实现人类活动以及生物、非生物运动的关键所在。王海霞（2000）分析了盲目的乡村城市化伴生的严重后果：耕地锐减、环境恶化等，而小城镇进一步发展也存在很多问题，如规模问题、功能问题。黄伟雄（2002）根据区域发展理论指出珠三角城乡一体化进程可借鉴的城乡布局模式，提出珠江三角洲城乡一体化应采取环形珠链状带模式，并对珠三角发展格局的三大主环轴线、三小辅环轴线和九大放射轴线进行了分析。景晋秋、张复明（2003）认为，城乡一体化在我国的提出与发展大致经历了三个时期：一是改革开放后到 20 世纪 80 年代中后期，是城乡一体化的提出与探索阶段；二是 20 世纪 80 年代末期到 90 年代初期开始对城乡边缘区进行研究；三是 20 世纪 90 年代中期至今，城乡一体化理论框架与理论体系开始建立、研究内容日臻完善时期，剖析了我国城市化与城乡一体化的辩证关系，以此为基础对我国城乡一体化的地域进行了类型划分，研究了不同地域类型城市化对城乡一体化的作用方式。林巍（2006）在总结发展中国家城乡一体化发展过程的经验中，提出城乡一体化发展是强调改革和创新等具有良好的生产和生活环境，以生态农业为主，强调生态自然保护，维持生态平衡的新农村。同时要以提高人的素质为目的，使人们都认识到人与自然的关系，增强可持续发展的意识。张艳玲（2006）认识到在不同经济发展水平的国家其研究重点是不一样的：发达国家的趋势是城市向乡村的产业与居住转移，所以在研究中更注重空间环境的城乡融合设计；而在我国，小城镇与乡镇企业有一定程度的发展，重点是要通过城乡一体化推动小城镇与乡镇企业更快更好发展的问题。城乡一体化的基本含义是：按照统筹城乡经济社会发展的要求，调整城乡经济社会发展战略，实现城乡资源共享、人力互助、产业互补，逐步实现城乡工业一体化、市场一体化，以工业化带动城镇化，最终实现城乡一体化。同时大力推动制度创新，逐步建立起有利于废除城乡二元结构的现代农村制度，给农民真正的国民待遇，建立城乡互动、体现公平、良性循环、共同发展的一体化体制。王开泳等（2008）以成都市双流县为例，在充分认识城乡一体化协调发展模式内涵的基础上，深入分析双流县目前的城乡一体化发展特征，制定了推进双流县城乡一体化协调发展的发展模式，即“空港带动，组团发展；圈层推进，轴线带动；资源整合，产业联动；环境保育，生态支撑；渐次扩展，分区管治”。在推进城乡一体化的过程中，重视生态环境的保护，以优越的生态环境做支撑。张世全（2008）以某市区城乡地籍一体化管理为例，以地籍信息学的理论、技术和方法为基础，从城乡一体化地籍信息系统的理论层面、技术层面和应用层面上进行系统研究。刘琼琪（2009）列举了 5 个较为先进的城乡一体化模式，它们分别是苏南“乡镇企业带动”模式、上海“城乡统筹规划”模式、珠江三角洲“以城带乡”模式、北京“工农协作，城乡接合”模式以及成都模式。还分析了各个模式的优势、特征以及缺点，同时列举了类似这五大模式的其他地区的模式。黄国胜（2010）选取空间一体化、经济一体化、社会文化一体化和生态环境一体化四个功能指标层，运用层次分析法（AHP）构建了城乡一体化发展的评价指标体系，对西安—咸阳一个大都市地区县域范围的城乡一体化发展水平进行测度和评价。

可见城乡一体化既是一种发展目标，也是一种发展过程，只有树立了城乡一体发展的指导思想，才可能引导城乡走上协调、统一、共同发展的道路。就我国经济社会发展的历程和现状而言，城乡一体化已经成为必然选择。

2.1.2 生态安全格局研究进展

2.1.2.1 生态安全研究现状

迄今为止，国内外学术界对生态安全尚无统一的定义和权威的度量方法及指标。一般认为比较有代表性的生态安全定义包括广义和狭义两个层面，前者以 1989 年美国国际应用系统分析研究所（IASA）提出的定义为代表：生态安全是指在人的生活、健康、安乐、基本权利、生活保障来源、必要资源、社会次序和人类适应环境变化的能力等方面不受威胁的状态，包括自然生态安全、经济生态安全和社会生态安全，组合成一个复合人工生态安全系统。狭义的生态安全是指自然和半自然生态系统的安全，即生态系统完整性和健康的整体水平反映（肖笃宁等，2002）。综合来看，生态安全是指人与自然的整体免受不利因素的存在状态及其保障条件，并使系统的脆弱性不断得到改善（崔胜辉等，2005）。生态安全研究已成为当前生态学、地学以及资源与环境科学研究的前沿课题和重要领域。

城乡并非独立存在，而是由一系列具有特定结构与功能的生态系统所组成，由于环境背景与组成结构的差异，随着人口集聚、经济成长及外部竞争压力，城乡不断朝向多元化、专业化的趋势演进，在功能定位与区域协调的发展过程中，衍生出不同的关系结构与空间结构。总体而言，理想的城乡生态系统应具有和谐性（董宪军，2002；李承宗、谢翠蓉，2005）、高效性、可持续性和结构合理、关系协调等特征，因而当前的城乡景观除了满足城乡居民基本生活需要外，更需通过土地的合理利用、物质能量的高效运转、环境质量改善等方法，不断寻求生态、环境、经济与社会等综合效益的提升。

区域生态安全包含了区域生态环境安全与区域未来发展安全两个层面。当前，区域发展遭遇的生态安全问题主要体现在环境质量下降与自然生态破坏，其中，环境质量下降包括水资源缺乏、大气污染、水污染、固体废物和生活垃圾污染、噪声污染等；自然生态破坏则包括生物多样性降低、微气候改变等。由于现代城乡的物理结构和生态过程比较脆弱，且对外界依赖性大，社会经济活动产生的污染、废弃物代谢链长，在生态保护意识、环境技术与应变能力尚未健全的情况下，便产生生态风险，进而影响城乡可持续发展（王如松、欧阳志云，2002）。

基于对城乡生态系统与城乡可持续发展的认识，人类社会的维系与成长是城乡生态系统生态安全研究的基础，也是影响城乡生态安全的关键。因此，目前相关研究与空间优化的内容主要涉及人类对城乡自然生态系统与生活环境不当的影响，大气、水、土壤和生物多样性等要素的动态响应以及为了减少负面影响所付出的技术与资金成本（周文华、王如松，2005）。

城乡生态安全也可以理解为城乡生态系统健康与稳定。从生态学观点出发，一个安全的生态系统在一定的时间尺度内能够维持它的组织结构，也能够维持对胁迫的恢复能力（郭秀锐等，2002；谢花林、李波，2004）。城乡生态系统的负荷承载能力是有限的，超过负荷则生态平衡遭受破坏。由于城乡生态系统是由自然、经济、社会等各方面要素所组成的复合生态系统，在城乡生态安全的研究与优化方案中，必须融合社会、经济、技术与文化生态等方面的内容，塑造人与自然相互适应、协同进化、共生共存的生态系统运作关系（赖奕铮，2003）。因此，城乡生态安全可视为一定地域范围内的城乡与其周边自然支持系统之间形成的长期稳定的反馈调控机制，在预见到人类干扰对自然造成的冲击及其不利后果的基础上，城乡人文因素能有效约束和调整人类活动方式，使城乡的持续发展能力与生态系统结构、功能的完整性得以维持稳定的状态（张浩等，2007）。

生态环境恶化对社会经济影响的严重性引起了人们的广泛重视。史培军的“人地系统动力学与生态安全建设”是我国较早的一篇生态安全研究论文。史培军等发表了“深圳市土地利用覆盖变化与生态环境安全分析”、尹希成发表了“生态安全：一种新的安全观”、中科院把“国家生态安全的监测、评价与预警系统研究”作为 2000 年的重大研究项目。曲格平等在讨论了生态安全的概念后，分析了一些我国生态安全的问题及其特点，提出了我国生态安全的战略和措施。有关生态安全的研究开始成为多学科与可持续发展研究的一项重要内容（周国富，2003）。

2.1.2.2 生态安全评价技术研究

通常认为，生态安全评价是对生态系统完整性以及对各种风险下维持其健康的可持续能力的识别与判断研究；也有的指在生态环境质量评价成果的基础上，按照生态系统本身为人类提供服务功能的状况和保障人类社会经济与农业可持续发展的要求，对生态环境因子及生态系统整体，对照一定的标准，进行的生态安全状况评估。

在国外，生态安全评价是伴随着生态风险评价（Ecological Risk Assessment）和生态系统健康评价（Ecological System Health Assessment）的发展而产生的，并适应于 20 世纪 80 年代出现的环境管理目标和环境管理观念的转变。国外学者在具体工作中从不同角度关注和探讨生态安全问题，并取得了不少卓有成效的实践。如哥伦比亚河流域的生态安全性评估，从生态安全的角度建立了区域尺度上安全评价的指标体系；在加拿大魁北克省采用综合水生系统模型（CASM）对有害化学品给河流、湖泊和水库造成的生态风险进行评估，选用活力、恢复力、组织结构、维持生态系统服务、管理、减少投入、对相邻系统的危害和人类健康等八项指标评价生态系统健康；美国国家环保局、华盛顿研究与发展办公室等单位联合对美国亚特兰大的生态健康进行了综合评价，分析各类干扰对草原生态系统的抵抗力和恢复力的影响，并提出抵抗力和恢复力可以作为衡量生态系统健康的一个重要度量指标等。由此可见，在国外的生态安全及其相关研究中，与生态安全研究相关的生态风险评价和生态健康评价具有较为完整的概念体系和系统的操作方法。

随着全球变化的不断加速，生态安全研究已成为国内外研究的热点。国外对生态安全的研究始于 20 世纪 70 年代末，按照时间顺序和研究内容可以分为安全定义的扩展、环境变化与安全的经验性研究、环境变化与安全的综合性研究及环境变化与安全内在关系研究四个阶段，当前已进入环境变化和安全内在关系的探讨。表 2-1 是国外生态安全研究不同阶段的主要内容。

表 2-1　国外生态安全研究不同阶段的主要内容

不同阶段	时间	代表人物/国家/组织	主要观点
安全定义的扩展	1977—1990 年	莱斯特 · R. 布朗	提出要对国家安全加以重新界定，并在《建立一个持续发展的社会》中指出：“目前对安全的威胁，来自国与国间关系的较少，而来自人与自然间关系的可能较多”
		联合国裁军和安全委员会	明确了集体安全（Collective Security）和共同安全（Common Security）的区别
		Westing	扩展了“全面安全”的概念（Westing，1989），指出其包括两个相互联系的内容：政治安全和环境安全，前者由军事、经济和人道主义等组成；后者包括保护和利用环境
		Ullman	明确了对安全带来威胁的定义
		世界环境与发展委员会（WCED）	报告《我们共同的未来》中明确指出：“安全的定义必须扩展，超出对国家主权的政治和军事威胁，包括环境恶化和发展条件遭到的破坏”

不同阶段	时间	代表人物/国家/组织	主要观点
环境变化与安全的经验性研究	20 世纪 90 年代初期	环境变化和剧烈冲突项目（Environment and Acute Conflict Project，EAC）（Ullman，1983，Homer，1991，1993，1994）	许多发展中国家环境资源亏缺已经导致暴力冲突。由于发展中国家较贫穷落后，难以应付环境资源的枯竭及由此引发的社会危机，所以极易受到暴力行为的影响
		环境与冲突项目（The Environment and Conflict Project，ENCOP）	证明了 EACP 关于环境资源缺乏和国内暴力冲突之间关系的假设。 ENCOP 的结论强调了环境识别和环境变化的不同作用
环境变化与安全的综合性研究	20 世纪 90 年代后期	美国、英国、德国和加拿大等国家以及北约、欧洲安全与合作组织等国际组织	主要围绕环境变化与安全的相互关系。 学术界与公共政策界对环境变化与安全是如何联系在一起的都存在相当多的争论
		发展中国家	基于本国国情，对生态安全进行定义、响应和适应。一些研究者将安全政治化，甚至推翻了原先提出的安全的整个逻辑
环境变化与安全内在关系研究	21 世纪以后	William C. Clark 等所做的《评价全球环境风险的脆弱性》	提出了脆弱性评价的综合框架并对制定改善和减缓脆弱性的战略提出建议
		美国国家环保局的环境监测和评价计划（EMAP）以及瑞典斯德哥尔摩环境研究所（SEI）的风险和脆弱性研究计划	过去对全球变化风险的科学评价大都集中在剖析发生的全球环境变化上，最近有关社会和生态系统脆弱性的问题已成为研究的中心

目前，中国的生态安全评价研究还处于探索阶段，尚未形成系统、综合的评价指标体系，对于生态安全评价也缺乏长期定点监测的数据。但由于不少学者做了大量的研究，中国生态安全评价已呈现出以空间尺度为主流，时间尺度为支流，区域生态安全评价为核心，流域、国家安全评价辅之的研究格局。

2.1.2.3 城乡生态安全格局与功能研究

城乡格局特征分为物理性质与功能两个层面，物理性质涉及城乡的空间结构，功能则是指其承载的活动密度与类型复合度，在两者的相互作用下，深刻影响城乡的可持续力（Thinh et al.，2002）。近年来，大量的城乡问题被归因于城乡的空间格局不当（王如松、胡聃，2002），城乡化的影响在世界各个地区产生了不同的环境矛盾（Vitousek et al.，1997；Marzluff et al.，2001；Alberti et al.，2003）。因此，城乡生态安全格局应是在城乡可持续发展的理念下，寻求人类经济系统对生态系统间的和谐关系的保持与延续（Kates et al.，2001），是在不破坏生态系统健康与完整的范围内获取资源（Norton，

1992），使城乡功能更臻于完善，人类个体可以繁衍且文化可以发展。

（1）功能类型的健全与多元化

面对日益严峻的经济竞争与人口压力，城乡的发展须同时满足各项要求，空间格局功能的多样性成为其必要条件。城乡需具备支持社会经济发展、维持生态环境、满足居民的心理需要等功能。城乡系统在传递能流、物流、信息流的同时还存在着资金流的循环与转移（沈清基，2001），因而维持系统的长效运转，是保障城乡社会经济成长的首要任务；而城乡景观由于承载人口数量大、生态需求强烈，更需注重改善公共健康和提高城乡居民生活质量的生态功能，包括改善空气质量、削减噪声等（Bolund，1999；宋治清、王仰麟，2005）；另外，城乡也须为居民提供休闲游憩、环境教育及科学研究等活动的空间及防灾避难的场所，满足人们对美好、舒适及安全生活环境的追求（施鸿志，1997；黄美纯，1999；胡玮婷，2003）。

（2）物质的循环与服务的流通

城乡的发展需要一定的物质与能量作支撑，其积聚的程度越高城乡的规模与发展潜力越大，因此完整的城乡景观除建成区及交通用地所构建的城镇景观外，也包括了周边的农地景观、林地景观，整体形成完善的物质、能量流通网络，而由于物质能量积聚的空间差异，城乡景观也展现出等级的关系。城乡内部经济活动的强度与功能中心水平距离息息相关（Schrijnen，2000），因此加强各区域相同功能点的联系，有助于提升城乡功能。目前在规划或格局优化上，皆强调网络的应用（薛东前、姚士谋，2000；Taylor et al.，2002；姜国杰，2002），景观单元间透过网络体系产生分割、组合、关联、梯度及极化效应（宗跃光，1993），使城乡功能单元间的结合更为紧密，整体功能效应亦相对增加。

（3）不同功能结构间的协调与共生

协调是指在各个相互矛盾的目标间进行冲突的分析和调解，其具体的内容应包括判定主导因子解决关键问题，调整系统的结构与功能，增加系统自组织、自协调的能力（王如松等，2000）。随着对景观经济、社会与生态功能要求的日益提高，如同生态系统走向分化与整合一般，城乡生态系统的维系必须符合功能专业化、结构组织化及整体协调的要求。由于功能的分化使城乡景观的异质元素增加，不同功能景观间的关系更为复杂，冲突的产生不可避免，这样的情况在城乡景观生态系统中更为凸显，严重时将阻碍城乡发展。功能空间的协调是指城乡各个方面要相互适应、共同发展，包括经济、社会、城乡、区域等不同方面和群体的利益及功能皆稳定成长，获得整体功能最大化。

2.1.2.4 基于生态安全的城乡空间优化研究

基于生态安全的城乡空间优化目标是通过城乡空间结构的调整，解决或降低目前所面临的环境问题，维系城乡生态系统的运转，提高城乡生态服务功能，最终达到可持续发展的目标。

为解决当前城乡安全面临的拥挤与污染等环境问题、提高城乡用地的社会经济与生态功能、维持城乡的可持续发展，提出符合城乡生态安全的空间格局之前，需结合城乡自然环境、社会经济现状就城乡基础结构的空间特征及作用、功能进行评价，进而结合不同功能流的空间传播与延续网络进行分析，就个别功能流与不同功能流的空间作用、矛盾进行了解，划定城乡空间结构中存在的敏感区域，并根据敏感区的特性，提出优化策略。

（1）基础景观功能结构评价

城乡空间结构与土地利用方式息息相关，其具体反映为城乡景观的功能差异，其功能单元的类型、面积、形状及相同功能单元间的联系直接影响城乡整体功能的发挥。依据城乡功能与结构特征，本研究将城乡空间结构分为红色景观、灰色景观、蓝色景观及绿色景观加以讨论。

红色景观包括城乡工业、商业、居住及其他政府社团用地，是城乡居民生活与生产等社会经济活动的场所以及社会经济功能的主要载体。红色空间依据功能等级及影响范围的差异有所不同，因此金融中心与小商场、高层住宅与低层住宅存在功能差异。

灰色景观包含连接城乡内外的对外交通用地及城乡内部的各级道路，灰色空间为人类活动的主要动线，也是城乡社会经济活动中能源、资金、产品与信息传播、流通的有形途径，除了社会经济活动中心点间的联系外，港口、机场、客运站也是灰色空间中重要的功能单元。

绿色景观则包含城乡绿地及耕地、园地、林地或其他农用地。其中绿地包含向公众开放、有一定游憩功能的公共绿地，及用以园林生产与具有隔离、卫生、安全防护功能的生产防护绿地。在城乡中，耕地主要功能是提供农产品，同时也具有调节区域环境的功能，体现在对降水的拦截、存蓄和下渗，减小地表径流量、缩短径流汇集的时间，减少了洪水和干旱的发生；林地和园地的生态服务功能包括固碳释氧、调节气候、保持水土、净化环境、减弱噪声等。

蓝色景观包含城乡中的河流、湖泊、水库等水域及湿地。其中，水域具有调节气候、净化环境及工农业供水、水力发电、内陆航运、水产品生产、休闲娱乐等功能（赵同谦等，2003），而湿地的功能则体现在保持生物多样性、防止盐水入侵和防止自然力侵蚀等。

在城乡空间的规划中，除了整体生态安全的考虑外，不同的功能景观也有不同的理论基础与政策依据。绿色景观在景观生态学领域和相关规划领域中特指生态廊道或设施，其空间结构包含了 3 种元素，即已经存在的自然区域、自然开发区及生态廊道，这 3 种元素是可持续发展的基础。灰色景观则是以交通动线为主，公共交通不仅是物资交流，其节点也是商业与居住发展的重心，是城乡发展的基础。而红色景观则是基于空间经济学概念，来源于与经济相关的政府部门和私人企业组织，是所有高层次经济影响者的相互交流，主要凭借的是基础设施，相关研究有利用廊道的聚集度或可达性来说明商业的区位。蓝色景观则是基于水文学原理，结合水资源政策与空间政策，通过不同的工程措施，完善水生态系统的服务功能。

（2）生态功能流分析

城乡生态系统的健全在于功能的发挥与维系，在空间维度上展现为功能的传播、流通与和谐的相互作用。所谓流动的现象是指生物、物质、能量及服务穿越或经过景观，可能经由空中，也可能经过地面或土壤（Forman and Gordon，1986），进而构建覆盖部分区域的功能网络。景观功能流的规模不一，有些几乎完全在景观中流动，有些则局限于特定的区域或景观类型中（刘一新，1999），因此在景观的分析和设计过程中，需依据研究区特性。为此，景观流分析内容首先需明确景观流的类型、方向、时间及其相应的景观类型，其次则是景观流间的相互关系。

不同的景观流需要不同的景观类型搭配，例如绿色景观功能实现必须通过森林，因此必须就研究区内各用地类型与功能流间的关系进行分析，以作为景观格局优化的依据。六类主要景观类型及四种功能流间的关系相互说明如表 2-2 所示。

为分析不同功能网络的空间结构，依据网络中节点与廊道的连接水平说明决定的景观节点间联系的便捷程度。首先，基于景观功能网络拓扑图，将两节点间连接关系制成功能网络的连接性矩阵（孙以丰，1983；刘家壮，1987；朱英明，2004）。通过最少径道矩阵与耗费矩阵，评价节点间联系强度，由网络通达性差异，反映功能网络完善程度。

表 2-2 景观类型与景观流之间的关系

功能流 用地类型	绿色功能流	蓝色功能流	红色与灰色功能流
林地	绿带功能流的主体，作为生物栖息地，提供繁衍、迁徙的场所，同时净化环境，提供居民休闲活动空间	具有涵养水源、保持土壤及净化水质的作用，有助于水体功能流的功能实现	严重阻碍人流及车流的行进，除提供居民休闲游憩场所外，很少发生其他社会经济活动
灌草地	通常位于林地外围，起着缓冲的作用，避免外界干扰直接冲击绿带功能区	与林地相同，有助于景观流功能的实现	中度阻碍交通功能流
耕地	人为的大面积绿地，具有低度的绿带功能	仰赖水体功能流，但因为生产需要，化学物质的施用对水环境的承载造成负担	社会经济活动的基础，轻度阻碍交通功能流
建成区	迫切需要绿带功能，但通常基于短期经济效益造成绿带消失或破碎	强烈威胁水体的功能发挥，硬铺面、污染物质及人类活动皆造成功能流的干扰	居住及商业等社会经济活动发生的主要场所，也是交通功能流产生的驱动力
道路	阻隔、切割绿带，使其自身功能及连通性降低的主要景观类型	强烈阻隔水体的功能联系，为满足交通建设的需要，水体常被置于地下	交通功能流的主体，联系着空间上不同的社会、政治及商业中心
水体	通常伴随绿带出现，轻度阻隔绿带在空间上的联系，但不妨碍其功能	水体功能流的主体，具有提供农业区灌溉及城乡区域休闲游憩空间的功能	严重阻碍人流及车流的行进，但通过桥梁的建设该问题已被克服

为了将景观功能网络应用于空间中，在方法上则采用耗费距离（Cost Distance）模型。耗费距离模型是基于图论原理，通过计算最小累积耗费距离（Accumulative Cost Distance）来识别与选取功能源点之间的最小耗费方向和路径的方法。通过 ArcGIS 软件中 GRID 模块的 Cost Distance 功能循环计算，可得出研究区四种功能最小累积耗费距离表面，并借此判定生态功能在空间中的分布差异。然后，基于 Cost Path 功能，可由景观功能累积耗费表面得到最小功能耗费路径（Least-Cost Distance）。

（3）生态安全格局优化策略

城乡的可持续发展需要良好的生态环境支持。在城乡生态环境保护的过程中，必须涉及城乡绿化、城乡环境质量及相关环境治理成效三个方面，包括环境所拥有的自然生态资源及生存环境现况，另外，政府部门是否能有效宣导、政策是否能真正落实都是影响城乡生态环境保护的关键。

2.1.3 存在的问题与不足

国内外均在生态安全理论、评价方法及应用方面做了大量的研究。从国内外多年的研究过程来看，生态安全研究落实在不同的层面上，大到全球，小到村庄。当前生态安全的研究进入深层次的内在关系研究，不仅考虑外部的压力，而且注意到系统自身的社会与生态脆弱性，强调环境压力与安全的关系是“共振”关系而非因果关系。生态安全研究已成为当前持续性科学研究的一个重要内容，并趋于融合。总之，国内外对于城乡一体化区域生态安全格局的构建技术研究多集中于对区域生态服务功能的保护与恢复、对城镇化过程中遭受的生态代价与风险进行评价预警、对生态安全格局的规划等。总体来说，对于城乡之间的区域生态安全格局的构建技术与方法的研究较为缺乏。

在生态安全评估方面，我国研究主要集中在区域水平上，如西部地区、流域、区域农业和自然保护区上，并对生态安全的监控、评价和保障体系做了初步探讨。针对城乡生态安全评估仍存在以下问题：

（1）生态安全的理论与实践的研究还不够深入。特别是应用研究在国内尚未全面展开，目前还没有系统的生态安全理论、方法和实践的研究报道。

（2）生态安全评价方法上，虽然就各种方法相结合做出了初步的探索，但在实践中仍缺乏成熟、有效、可行的针对城市化不同发展时期关于城乡生态安全的评价方法。

2.2 城乡接合部生态缓冲带研究综述

2.2.1 城乡接合部研究进展

城乡接合部，英文通常为 Urban Fringe、Rural-Urban Fringe 和 Rural Fringe，又被称为城市边缘带、城乡交错带、城乡过渡带、乡村边缘带等。目前由于对城乡接合部的研究角度不同，其概念存在差异，但都强调了城乡接合部的过渡性和变化性。

城乡接合部有广义与狭义之分，从广义上讲，城乡接合部应包括城市与建制镇周围的广大地区；从狭义上讲，城乡接合部是指市中心与周围集镇、乡村交接的地带。关于城乡接合部的范围界定，各学者也给出了不同的观点。一般来说，城乡接合部应该在城市中心 16～80 km 的地方，或者在居住人口超过 5 万的城市 8～48 km 的地方，但这一数字会随着城市人口和面积规模的变化而变化（Dolores Hayden，2004）。Russwurm（1970）基于城乡连续体（Rural-Urban Continuum）的概念，采用非农人口与农业人口的比例这一指标对城乡接合部进行了定量化界定，指出该比例小于等于 0.2 的区域为农村，0.3～1.0 为半农区，1.1～5.0 为半城区，而大于 5.0 则为城市区域，这一划分标准在不同的城市中得到了成功应用。Desai 和 Gupta 采用郊区化指数（Suburban Isation Index，S.I.）对印度西部城市阿默达巴德的城乡接合部进行了界定，S. I.是将到 CBD 的距离、人口密度、公交线数目、公交车频率和日通勤者数量等指标进行加权平均的一个综合指数，将 S.I.大于 50%的区域划为城乡接合部。陈佑启（1996）利用“断裂点”分析法，选用 5 类 20 个指标对北京市城乡接合部的范围进行了尝试性划分。章文波（1999）以遥感影像中城市用地比例为标准，将 1984 年城市用地比例为 14.2%～70.6%和 1996 年城市用地比例为 12.9%～76.3%的区域划定为城乡接合部。赵自胜（1996）在划定城乡接合部的外边界时，基于蔬菜基地配置半径和农副产品基地配置半径，提出城市辐射半径这一指标。此外，也有文章提到一些定量化的判断指标，如建筑密度（王静等，2004）、建设用地比重（陶陶等，1999）、人口密度和非农产业的发达程度（黄公元，1998），但没有给出具体的判断标准，只是说这些指标应该介于城市与农村之间。任荣荣和张红（2008）在总结前人经验的基础上，给出了城乡接合部的界定原则，并从定性和定量两个方面尝试建立具有普遍适用性的城乡接合部的界定方法，从空间特征、人口属性、区域经济和土地利用四个方面共 12 个指标对城乡接合部进行界定（如图 2-1 所示），结果如下：①空间特征：从定性角度看，城乡接合部范围内农田和建筑并存，具有城乡随机融合的景观特征，在城市规划图中应体现为连接建成区与农村之间的过渡区域；从定量角度看，可选用城市的辐射半径对其外边界进行划定。②人口属性：从定性角度看，城乡接合部范围内城镇人口与农业人口混居，居住者大多从事非农职业；从定量角度看，城乡接合部应是居住人口密度、居住人口增长速度、人口流动性、非农人口与农业人口比例等要素指标与市区相比发生突变值的地方。③土地利用：从定性角度看，城乡接合部具有混合的、持续的土地利用模式，土地权属复杂，用地行为不规范、土地市场秩序混乱、交易活跃，有普遍的投机性开发现象；从定量角度看，城乡接合部范围内住宅用地扩张迅速、农用地规模、城市用地比例、建设用地比重和建筑密度应明显区别于城市和农村。④区域经济：从定性角度看，城乡接合部受城市服务功能的渗透，但公共服务设施不完善，商业、工业、城市服务设施的分布较为随机；从定量角度看，可基于区域经济学理论，选取多种代表区域经济发展水平的指标，采用多指标综合评价的方法对城乡接合部的范围进行界定。

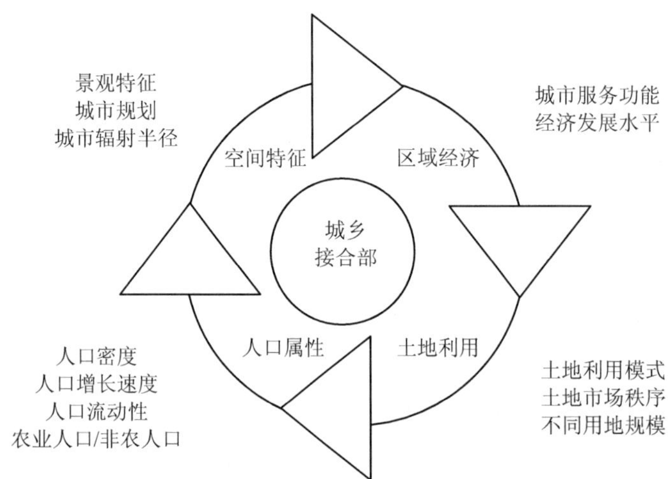

图 2-1 城乡接合部界定角度（任荣荣，张红，2008）

国外虽然对城乡接合部这一区域注意得比较早，但 20 世纪 70 年代以前，对城乡接合部的研究仍处于初级阶段。1826 年，杜能在他所著的《孤立国》一书中提出“杜能环”理论。1964 年辛克莱尔对“杜能环”进行修正以适用于西方经济发达国家的大城市周围地区。1960 年，科曾首先注意到城市边缘带内部的地域结构差异，并且从城市开发的复杂性—有序性角度，提出周期性因素对城市边缘带空间结构变化的影响（陈佑启，1997）。20 世纪 70 年代，城市边缘区的概念得到推广，对他的研究也进入较为系统的阶段。卡特、伊特斯和贝利、戴维 • 克拉克分别对城乡边缘带的空间结构以及演变机制、社区特征、社区结构的形成机制进行了研究。20 世纪 80 年代，城市边缘区开始为世界各国地理界和规划界所接受，对城市边缘区的功能研究开始重视起来。卡特和威特利提出城乡边缘带的土地利用具有综合性特征，要从多方面研究边缘带的演变，尤其应特别注意边缘带人口、社会特征的城乡过渡性。纳尔森和派尔将城市边缘带土地利用与土地市场交易相结合，分析了土地市场对用地分配的作用机制。迈克尔对城乡边缘带建设环境进行了研究，分析了影响边缘带住宅地发展的各种因素。约翰、詹姆斯和约瑟夫对曼谷、雅各达和圣地亚哥三市边缘区的社区进行比较研究，认为城乡边缘带在形态和功能方面的多样性决定了它是一个社会经济的多面体，不能仅仅用经济或严格的空间标准来分类，它们将边缘带作为城乡发展项目中重点解决的目标（陆海英，2004）。

20 世纪 90 年代是国内研究城乡接合部的高潮期。崔功豪和武进（1990）以南京等城市为例，探讨我国城市边缘区发展存在的问题、发展过程、社会经济特征及其内在机制，并对南京等城市边缘区土地利用结构进行分析，着重探讨我国城市边缘区用地形态和空间结构的基本特征及其变化，并指出城乡边缘带呈现出周期性增长的年轮结构。涂人猛（1991）总结出城乡边缘带演变的四个特性，并提出其空间发展模式。张明（1991）从城市规划学的角度，探讨了城乡边缘带的特点与问题，阐述城乡边缘带规划与管理的对策与措施。顾朝林等（1993）的《中国大城市边缘区研究》一书，对中国大城市边缘区的人口特性、社会特性、经济特性、土地利用特性及地域空间特性、空间演化规律进行了系统的论述。陈佑启（2000）以北京市城乡交错带为例，从经济发展的年轮效应、工业化的先导作用、空间区位的边缘效应等 8 个方面分析了北京市城乡交错带的土地利用的主要影响因素，提示其形成机制与作用过程。国内学界还开展了城乡接合部土地利用研究的地区性实证研究，北京（韩光辉、尹均科，1987；吴良镛、刘健，1997；陈佑启，1996）、广州（郑柯炮、张建明，1999）、大连（谢杰、杨俊兰，1994）、南京（陈彩虹等，2000）、重庆（陶陶等，1999；周雪芹等，2007）、郑州等地都作为典型地区被纳入了学者的研究范围。

2.2.2 生态缓冲带建设研究进展

缓冲带（Buffer Strips；Buffer Zones），全称保护缓冲带（Conservation Buffer Strip），是指利用永久性植被拦截污染物或有害物质的条带状、受保护的土地（NRCS，1998）。缓冲带最初是作为一项水土保持技术，其应用实践在 15—16 世纪的欧洲就已经开始，19 世纪成型，20 世纪 30 年代在美国就有规范的缓冲带的设计和应用（史志刚，2006），1998 年，它更是作为一种土地利用保护方式，由美国农业部国家自然资源保护局（NRCS）向美国公众推荐使用（秦明周，2001）。

生态缓冲带具有重要的生态、经济和社会功能。①生态功能：它可以净化空气、保持水土、涵养水源，并且通过植物的蒸腾作用改善城市小气候；缓冲带形成的特定空间是许多植物、动物的栖息地，并可以为野生动植物提供往来和迁徙通道，起到维护生物多样性的功能。②社会功能：缓冲带内丰富的动植物资源，有效地提高了整个生态系统的美学价值；缓冲带为人类提供了优美的环境，可以为游客缓解生活压力，改善人类精神状态和健康状况；缓冲带还具有较高的教育科研价值和防护减灾功能。③经济功能：缓冲带内的动植物资源，可提供满足人类不同需求的各种有形与无形的中间产品及最终产品；缓冲带可以促进其他行业如旅游业和房地产业的增值，拉动经济的发展。

根据已经建成的缓冲带的分布位置与主要作用，缓冲带可以分为以下几种类型（秦明周，2001；董凤丽，2004）：①滨岸缓冲带（Riparian Buffers）；②草地径流带（Grassed Waterway）；③等高缓冲带（Contour Buffer Strips）；④防风带或遮护缓冲带（Windbreak/Shelter Belt）；⑤湿地缓冲带。本书主要研究的是位于城乡接合部的植被缓冲带。生态缓冲带是生态环境的重要组成部分，在维持生态平衡、改善生活质量、提高环境自净能力、提高城市景观功能和生物多样性上发挥着重要作用。

目前对于缓冲带的研究集中在滨岸缓冲带（又称河岸缓冲带）上，对其他方面的研究较少，甚至有些研究人员将滨岸缓冲带称作缓冲带。这种观点是比较狭隘的，它大大缩小了缓冲带的范围，滨岸缓冲带只是缓冲带的一种重要类型，相对于滨岸缓冲带而言，缓冲带发挥了更为重要的作用。

2.2.2.1 物种选择研究进展

缓冲带功能的发挥主要是依靠缓冲带内植被的作用，因此缓冲带物种的选择是缓冲带构建技术的一个重要环节。缓冲带物种的选择适宜与否，关系到缓冲带生态服务功能能否充分发挥，因此，应根据缓冲带的功能要求和该区域的立地条件来选择适宜的物种，确定最优的物种组合，以达到最大的生态效益。

缓冲带内物种的选择，应考虑各物种的生物学和生态学特性，考虑其实用价值和观赏效果，主要原则如下（崔同林等，2005；刘库、李河，2002；李慧、白昕旸，2007）：

1．优先选用乡土种，合理引用外来种

缓冲带植被的选择提倡优先选用乡土种，因为乡土种是经过长期的自然选择才保留下来的，竞争力比较强，并且经过当地气候条件的考验，蕴藏着适宜当地环境条件的大量抗病虫、抗旱、耐寒等优异基因，对环境有着高度的生态适宜性。且与外来种相比，乡土种更接近于当地植物群落，即使经过恶劣的气候条件和人类活动的干扰，通过适当的管护措施，乡土种便可以更快地向稳定化的群落发展，在比较短的时间内恢复到干扰前或达到一种新的稳定状态。乡土种往往会在缓冲带内形成本地区特有的植物群落，形成具有当地文化特色的景观，可避免千篇一律的绿化模式。

基于美学考虑，可以适当引用一些经济价值和观赏价值高的外来种。合理外来种的引入，能丰富缓冲带景观，提高缓冲带的生物多样性。如在南方地区引种一些经驯化的冷季型草种，周围枯草连连，而缓冲带内仍然绿意浓浓，可形成冬季里的一道亮眼的景观。

2．根据缓冲带的建设目的来选择植物类型

缓冲带的建设目的也会影响植物种类的选取和种植。表 2-3 为缓冲带植被类型的选择提供了参考。

表 2-3 不同植被类型对缓冲带作用的影响（诸葛亦斯等，2006）

作用	草地	灌木	乔木
稳固河堤	低	高	高
过滤沉淀物，营养物质，杀虫剂以及附着在它们上面的病原体	高	中	高
从地表径流中过滤营养物质，杀虫剂和微生物	中	低	中
保护地下水和饮用水的供给	低	中	高
改善水生生物栖息地	低	中	高
改善牧场动物栖息地	高	中	低
改善森林动物栖息地	低	中	高
提供经济作物的生产	中	中	高
提供景观视觉影响	低	中	高
抵御洪水	低	中	高

由表 2-3 可以看出，乔木有许多优点：稳定河岸、过滤沉淀物、改善生物栖息地、提供经济作物的生产、提供景观视觉影响、抵御洪水等，但在过滤营养物质、杀虫剂、微生物和改善牧场动物栖息地方面，乔木发挥的作用不如草本植物；而灌木则在稳固河堤方面发挥了很大的作用。

3．常绿物种与落叶物种搭配

常绿物种一年四季郁郁葱葱，给人一种清新的感觉，可以达到四季见绿，增加景观美学价值。但若只有常绿物种，则会造成物种的单一，甚至会影响整个生态链，常绿物种若是大范围长久种植，通常会降低该片林对病虫害的免疫力，给地区生态造成不良影响。同时落叶物种夏天可以遮阴，而到冬天，落叶落尽，阳光透射进来，亦可增加区域的温度。若尽可能地在种植的缓冲带植物中加入一些落叶植物以延长其落叶期，增加落叶种类，也可为陆生和水生植物提供各种食物。

4．生态环境效益和经济社会效益相结合

在对缓冲带植物进行选择时，应优先考虑生态价值较高的物种：吸收有害气体能力强的物种，如加拿大杨、臭椿、榆等；滞尘能力强的物种，如旱柳、榆、加拿大杨等；杀菌能力强的物种，如松树、樟树、柏树等；减噪能力强的物种，如旱柳、桧柏、刺槐、油松等。除此之外，物种本身的经济利用价值也是应当考虑的因素之一。若物种既能产生较大的生态效益，又能提供优良木材、果实、油料、药材等副产品，则一举多得。另外，物种的观赏价值也是可以考虑的因素之一，若物种既有较高的生态价值，又有较高的观赏价值，那么这样的物种适宜推广，如刺槐，刺槐既可以净化空气，降低噪声，同时也是一种重要的观花植物。

5．选择容易养护管理的物种

由于缓冲带环境的特殊性，选择容易养护管理的物种已成为必然趋势。其中包括抗寒能力强，不需要冬季防寒的物种；抗病虫害能力强，不需经常打药的物种；落叶期较集中，清理落叶容易的物种；抗旱能力强，不需要经常浇水的物种等。同时还要注意一些外来物种，即使引种驯化成功，也不能立即大量用于道路绿化，以免引起不必要的损失。

关于物种选择，各学者分别就其研究对象和研究目的，选取了适宜的缓冲带物种。吴彩芸、夏宜平（2006）对杭州水景绿化使用的水生植物及其配置进行了调查研究，结合景观生态学原理，初步探讨了不同种类的应用特点和不同水体环境中的生态配置模式。王伟等（2004）对上海地区水生维管束植物进行过详细的调查分析，车生泉等（1997）调查了上海地区的水生观赏植物资源，并研究和评定了其中有栽培利用价值且尚未应用的种类。蔡建国等（2006）对浙江省河道植物进行了调查，并根据河道植物的适应性、群落亲和度、功能性和景观性原则，筛选出 95 种作为浙江省河道生态整治的推荐植物。

2.2.2.2 群落配置研究进展

合理的群落配置是实现缓冲带生态服务功能的关键。群落配置是指运用乔木、灌木、藤本以及草本植物，根据当地具体自然条件，综合考虑各种生态因子的作用，因地制宜、因时制宜地进行群落镶嵌优化配置组合（濮培民等，2001）。

目前对植物群落配置的研究开展较多。沈年华（2009）对紫金山的主要森林植物群落的特征进行了研究，并对各植物群落进行了综合评价分级；徐晓清等（2006）应用群落生态学方法，对南京滨河绿地植物群落的外貌、组成与结构等进行了调查，对滨河绿地存在的问题提出了改进方案。童丽丽（2007）在对南京森林群落结构进行分析的基础上，提出了南京森林植物群落的优化模式。李英杰等（2004）则针对湖泊水生植被恢复，从群落配置的物种数、群落的空间配置及节律匹配等方面对水生植物群落的优化配置进行了分析和研究。陈自新等（1998）对北京园林绿地的生态效益分树种和绿地类型进行了全面的量化研究，对北京 32 种常用园林植物的叶面积建立了回归模型，并提出了乔、灌、草、绿地配置的适宜比例为 1∶6∶20∶29，即在 29 m^2 的绿地上应设计 1 株乔木、6 株灌木和 20 m^2 的草坪。由乔、灌、草组成的绿地，其综合生态效益为纯草坪的 5 倍。祝宁（2002）认为，相同种植结构的片状绿地其生态效益大于带状绿地，无论是片状绿地还是带状绿地，复层结构的生态效益大于单层结构的生态效益。王成（2002）研究表明，不同类型的绿地在增加生物多样性、改善环境能力、疏导交通、维持群落稳定性等方面具有一定的差异，其中森林绿地的综合生态效益高于草坪。朱文泉等（2003）发现绿地的三维绿量与其初级生产力和生态环境效益密切相关。王晓明等（2005）在《城市公园绿地生态效应的定量评估》一文中以位于亚热带地区的城市公园（深圳市莲花山公园）绿地为例，选取了碳氧平衡、水土涵养和小气候调节 3 个方面的 CO_2-O_2 吸释量、群落蓄水量、保土量、蒸散耗热量等指标，对城市公园植被的不同群落结构类型进行了生态效应的定量评价，结果表明有乔灌草 3 层结构的林地群落的生态效应平均为单层结构的草坪群落的 2～3 倍。

到目前为止，由于缓冲带群落结构的复杂性，尚没有统一的群落配置技术标准，不同的缓冲带，由于其所处环境以及所发挥生态服务功能的差别，其群落配置技术也不尽相同。

2.2.2.3 景观优化研究进展

在景观尺度上构建和发展生态缓冲带被认为是改善生态缓冲带生态价值的一种有效方法（Sandstrom，2006）。Hermy 等（2000）分析了绿地斑块、廊道的多样性、连接性与种群多样性的相互关系；Linehan 等（1995）基于景观生态学、网络理论，提出以绿道建设作为生态网络构建的基本框架，并以鱼貂为目标物种进行了实证分析；Cook（2002）提出利用景观结构指标如斑块类型、面积、周长面积比、自然化程度、孤立性，廊道类型、面积、边缘与内部生境之比，网络网眼密度、网络连接度和网络闭合度等来评价生态网络。

尽管目前绿地廊道是否会有利于生物多样性的保护还存在一些争议，然而增加连接性已被认为是生态网络设计的关键原则（Beier，1998）。周志翔等（2004）以宜宾市中心城区为例对区域空间格局对环境效应的影响进行了研究，在景观总体格局上较均衡的中心商业区中，绿化覆盖率的高低对环境改善起着主导作用，而以大面积绿地斑块占优势、绿地斑块分布均匀、且绿地斑块与绿化廊道共存的绿地景观格局也对环境改善起着重要作用；且绿地斑块平均面积越大、破碎度指数越低、绿化廊道比例越高，则其对环境改善的作用越大。岳文泽（2006）在其博士论文中研究了公园绿地的面积和周长对周边环境的降温效果，并指出研究尺度对结论的巨大影响，尺度选择是今后需要进一步分析和探索的问题；Gill 等（2007）分析了绿地在调节气候中的作用，建议采用城市形态学类型（Urban Morphology Types，UMTs）与斑块—廊道—基质模型相结合的方法来研究相关课题，并指出这方面需要进一步的探索。

2.2.3 存在的问题与不足

当前城乡接合部生态缓冲带研究的不足主要有以下几个方面：

（1）城乡接合部生态缓冲带相关理论及技术研究较少

目前生态缓冲带已有较多研究，但研究较多的仍集中于滨岸缓冲带，关于城乡接合部生态缓冲带的相关理论、构建技术研究较少。

（2）城乡接合部生态缓冲带的定量研究较少

缓冲带特征与生态服务的关系仍停留在定性研究阶段，定量研究受到数据获取、方法局限等原因得不到发展。以缓冲带最优生态服务为出发点的群落配置阈值定量研究更是少之又少。

在以往针对缓冲带群落特征的研究中，对缓冲带特征的描述可以分为三大类：以搭配类型，如乔灌草、灌草等作为研究参比，但没有对搭配类型特征进行量化；或单独以覆盖度等平面指标进行绿地特征的描述；或平面指标（覆盖度、郁闭度）与立体指标（三维绿量）相结合来描述绿地之间的差异。在平面指标与立体指标相结合的研究中，由于样本量太少，不足以总结出缓冲带特征与生态服务的规律，得不到对缓冲带建设具有指导作用的阈值。

（3）较少考虑缓冲带的生态服务辐射效益

在缓冲带特征对生态服务的影响研究方面，仍停留在缓冲带本身的生态服务的发挥上，较少考虑到缓冲带对城市生态环境的改善。缓冲区研究方法存在很多诸如按经验人为确定距离、影响范围与斑块同形状等问题。

2.3 城郊保留农田生态经济服务研究综述

2.3.1 城郊保留农田研究进展

2.3.1.1 城市郊区范围的确定

城市规模大小决定了郊区范围大小。一般城市规模越大，城市辐射功能越强，郊区范围越大。由于距离中心城区的区位不同，郊区有近郊、中郊与远郊之分。城市近郊是指与中心城区边缘交错分布、自然和人文景观及布局、生活方式等受城市影响显著的周围地区。如图 2-2 所示，近郊应该属于准城市带，中郊位于城市和乡村之间的过渡带，远郊属于准乡村带。

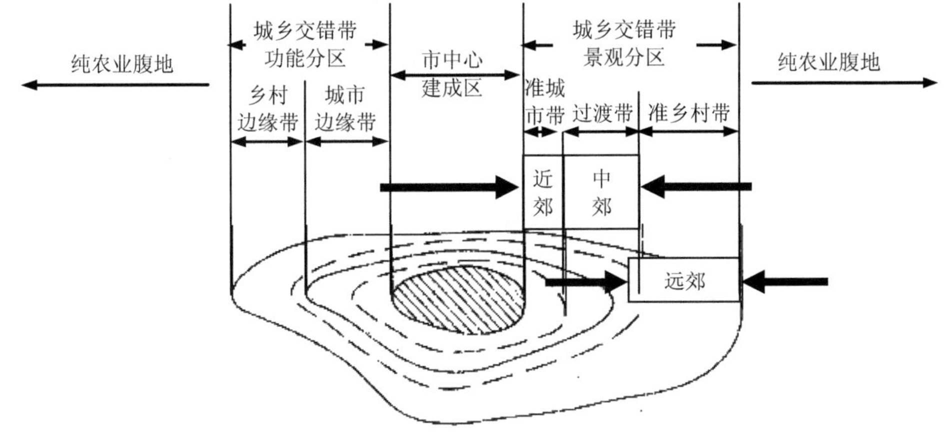

图 2-2 城市郊区的范围划分示意图

背景图片引自：顾朝林. 中国大城市边缘研究[M]. 北京：科学出版社，1995.

近郊和中郊受城市辐射作用强烈，是一个城市功能和农村功能互相渗透、社会经济发展特殊而又十分活跃的地区。由于近郊和中郊能够依托城市功能和城市基础设施，交通便利，经济成分多样，景观与环境的过渡性特征明显。

城市远郊受城市辐射作用已经减弱，且因与中心城区距离较远，农村生产与生活方式特征明显。

2.3.1.2 城郊保留农田的定义

城郊保留农田是城市化发展过程中城市郊区农村保留下来的农业生产用地。在城乡一体化的统筹发展战略下，大中城市农田保护与生态建设、环境保护和农业生产之间的关系统筹协调已成为必然趋势，单纯以耕地保护和粮食生产保护为核心的农田利用目标已经不能适应城乡居民的消费需求，因此，城郊保留农田的利用目标必须以粮食安全、生态安全和社会稳定为基础，实现农田的多功能利用，才能达到高效、生态环境友好的农业土地利用目标。

本书中所指的城郊保留农田主要是指城市化过程中，大中城市郊区保留下来作为农副产品生产及相关活动的耕地、菜地和园地等用于农业生产以及用于与农业和农村发展相关的活动所利用的土地。

2.3.1.3 城郊农田特征

与一般农田相比，城郊农田具有区位优势明显、过渡性特征突出和环境脆弱的特点。

1．区位优势特征

城郊农田得天独厚的区位优势，使其直接接受大都市的辐射，可以充分利用城市相对完善的配套基础设施来发展多种经营。如四通八达的交通设施和通信网络，以及水、电、煤气等基础公共设施配套齐全，方便快捷。有利于物流的运输与交换，从而减少运输、提高产品转化能力，有利于及时传递信息提高其应变能力，有利于技术创新、降低成本，最终促使城郊农业良性循环。

2．过渡性特征

城郊地区由于其所处地理位置的特殊性，处于一个不断演变的动态过程中，具有极为明显的过渡性特征，它既是城市辐射圈的边缘又是城市外部农村辐射圈的边缘。从城市的内圈层到外圈层，城市特征越来越弱，农村特征越来越明显，因而具有从城市景观向乡村景观过渡的特征。就城郊农田利用和农业而言，也具有从城郊型农业向纯乡村农业过渡的特征。

3．脆弱性特征

城郊地区是城市生态系统和乡村生态系统之间的生态流（能流、物流、信息流、人流等）最活跃的地带，更是城市垃圾、污染物的重要处理地带，对于城市产品的调配、燃料的供应、环境污染的防治、污水的处理等都起着重要的作用，维持着城乡两个生态系统的动态平衡，这种生态流规模大、频度高，且复杂多样，表现出极度的不稳定性。因此，生态环境的脆弱性极其突出。

2.3.2 生态经济服务功能研究进展

2.3.2.1 城郊保留农田的生态经济服务功能特征

由于距离城市中心区近，城郊农田除了具有农副产品生产功能之外，还具有观光游憩功能、环境净化功能、生态隔离功能、社会保障功能等，其多功能特征决定了城郊农田利用必须向多功能方向转型，真正实现城乡统筹发展。

1．城郊农田的生产功能

农田的生产功能是指农田作为农业生产的劳作对象直接获取或以农田为载体进行社会生产而产出各种产品和服务的功能。

城郊农田受中心城市的辐射作用，从近郊到远郊农田利用具有明显的圈层特征，距离市区越近，农业生产受城市市场需求的影响越强烈，因而在近郊和中郊大多会形成以花卉苗木、水果、蔬菜生产为主导的产业，因而使郊区农田兼具城市后花园、后果园和后菜园的功能特征。

2．城郊农田的生态功能

城郊农田作为半人工半自然的生态系统，与自然生态系统具有类似的功能，如大气调节、水土保持、养分循环、环境净化等生态功能，这些功能在维持城乡生态环境中发挥着重要作用。

（1）降解城乡污染的环境净化功能

郊区一般是城市垃圾堆放地和废污水的排出区域，因此，郊区具有接纳城市污染物、净化环境的重要功能。而城郊可以有效地消纳或降解一些污染物质。例如，城市许多垃圾都是在城郊进行分类处理，经过处理的废污水进行农田灌溉等，农田生态系统的物质循环利用可以有效地分解畜禽粪便等农业废弃物，减少城市和郊区农村的环境污染压力。

（2）缓解城市热岛效应的调节局地气候功能

由于城市对下垫面吸热快，再加上高楼林立和空气悬浮的阻挡又不易散热的特点，极易形成热岛效应。而周边农田生态系统下垫面由植被和土壤双重界面组成，土壤水分通过蒸发和植物的蒸腾进入贴地层空气，有效地抑制了气温的过度升高，土壤和植被表面温度也较城市水泥地面低 10～20℃，因此，对城市热岛效应具有负驱动性。

3．城郊农田的社会功能

（1）美化城市周边环境的生态景观功能

随着城市化的发展，大量城市居民生活在水泥建筑群中，有回归自然、亲近自然意愿。农田生态系统是一种人类与自然直接接触的经济活动，而且农业形成的田园景观具有很高的美感度。通过观光或直接参与农业活动，人们不仅可得到休闲，还可以获取审美和教育的效果。在得到身心健康的同时，建立与自然和谐发展的价值观。郊区农业是城市生态系统的重要组成部分，其美化城市周边环境景观作用是不可替代的。良好的植被还为生物多样性保护提供了基础。郊区农业的这种景观的生物多样性保持应是拉动旅游业发展的重要基础，由此带来的经济效益往往要超过农产品本身的直接效益。

（2）游憩休闲功能

随着城市化的发展，人们回归自然、释放压力的精神需求越发强烈。城郊农田生态系统尤其是近郊农田因为距离中心城区近，交通便利，构成了城市居民生活圈的重要组成部分，成为城镇居民日常出行游憩休闲的重要场所。通过观光或直接参与农业活动，人们可以游憩休闲，还可以获得享受和农事农情教育的效果。如 2009 年北京的 1 294 个农业观光园，生产高峰期从业人员达 4.95 万人，接待人次 1 597 万人次，经营总收入达 15.24 亿元，是农业产值的 10.8%。可见，城郊农田游憩休闲功能在农田生态系统中开始发挥巨大的作用。

（3）就业和社会保障功能

城郊农业由于多样化的生产方式和专业化、规模化的经营方式，具有吸纳劳动力的巨大潜力，农业生产资料、农业技术与金融服务、农产品贮藏运输和贸易、农产品加工特别是食品工业等涉农产业将带动巨大数量的就业人口。如美国第一产业从业人数仅占总就业人口的 2.57%，涉农产业从业人数所占比重却很高，已达到 19.1%，就业人数最多。

我国农村社区在养老、医疗卫生、救灾、扶贫济困等方面的保障，相当部分还需依靠农民自己解决，在很大程度上要依赖土地、依赖农业生产。农业土地也由此成为广大农民生存发展的基本社会保障。

农业容纳隐性失业的能力很大，大量兼业型农户的存在可以缓冲由非农产业发展的波动引发的就业问题，甚至可以吸引失业市民到郊区创业。

2.3.2.2 国内外农田生态系统服务功能研究现状

1．农田生态系统服务功能的概念及内涵

农田是陆地生态系统中较为重要的生态系统之一。农田生态系统是以作物为中心的农田中，生物群落与其生态环境间的能量和物质交换及其相互作用所构成的一种生态系统。它是人类为了满足生存需要，积极干预自然，依靠土地资源，利用农田生物与非生物环境之间以及农田生物种群之间的关系来进行食物和其他农产品生产的自然与经济的统一体。Matson 等（1997）认为，自然生态系统被转化为人类管理和控制的农业生态系统，在很大程度上改变了陆地生态系统的生物和物理组成与功能。在转化过程中自然生态系统的有些功能被弱化或损害，与此同时其他功能却被强化，如生物多样性可能下降，但食物和原材料生产功能被加强。传统观点认为，农田生态系统是以实现经济产量最大化，满足人类食物和原材料需求为最终目的。

随着社会经济的发展，地球自然植被森林、草地面积不断缩减，人们对农田生态系统多重功能的认识逐步深入。农田生态系统维持区域生态环境安全、农村社区稳定以及提供娱乐休闲等功能越来越受到重视。

2．国外对农田生态系统服务的评估

国外对农田生态系统服务的评估既关注正面的生态服务及功能，也关注农田生产及其方式对生态环境的负面影响。

Costanza（1997）和 Daily（1997）认为，农田生态系统自身所具有的生态系统服务包括食物生产、授粉、生物控制、气体调节、碳吸收等，并估算出农田生态系统服务包括授粉[14 美元/(hm^2·a)]、生物控制[24 美元/(hm^2·a)]和食物生产[54 美元/(hm^2·a)]。Naylor 等（1997）估算出全球农业生产中害虫控制生态系统服务的价值为 540 亿～10 000 亿美元。Pimentel 等（1997）估算出世界和美国生物多样性的经济价值，其中农业生态系统提供的物品和服务的经济价值为：土壤形成（世界 25×10^9 美元，美国 5×10^9 美元）、作物育种（世界 115×10^9 美元，美国 20×10^9 美元）、作物害虫生物控制（世界 100×10^9 美元，美国 12×10^9 美元）、宿主作物抵抗力（世界 80×10^9 美元，美国 8×10^9 美元）、授粉（世界 200×10^9 美元，美国 40×10^9 美元）等。

1998 年经济合作与发展组织（OECD）农业部长会议认为农业生产具有经济、环境、维持乡村社会以及改善生活的效益。Björklund（1999）研究了瑞典农田生态系统服务在 20 世纪 50 年代和 90 年代的变化，指出农田生态系统的服务类型包括：直接生产：光合能力；土壤肥力：有机质和结构、重金属和生物行为；水质量：营养供应；生态因素：栖息地和生态承载能力、授粉、生物管理——无脊椎土壤动物区系、野生动植物。

Wood 等（2000）分析了世界农业生态系统状态的定量信息和定性信息，同时通过评价这一系列物品和服务价值的形式评估了农业生态系统的状态，这些物品和服务包括：食物、饲料和纤维；水服务；生物多样性以及碳储存。评价结果显示，1997 年农业生态系统食物生产的价值为 1.3×10^{12} 美元，提供了人类消耗的 94%的蛋白质和 99%的热量；土壤盐碱化导致的生产力下降的损失为 11×10^{9} 美元；全球 17%的灌溉耕地，生产了全世界 30%～40%的粮食；在高投入的农业生态系统中生物多样性较高，而低投入的生态系统通过不断将自然栖息地转换为耕地导致生物多样性显著损失；农业生态系统分担了全球碳储存的 18%～24%。Daily 等（2000）列举了一个澳大利亚农场收益的组成，其中生产小麦占 40%、生产羊毛占 15%、水过滤占 15%、提供木材占 10%、碳沉积占 7.5%、盐分控制占 7.5%以及生物多样性维持占 5%。Schläpfer 和 Hanley（2003）则强调农田景观为农村和城市居民提供景观愉悦的功能与价值。

Bailey 等（1999）对比了 1992—1995 年集约农业和传统农业某些生态系统服务变化：在集约农业中蚯蚓的生物生产量下降了 278 kg/hm^2，而传统系统增加了 308 kg/hm^2。这导致集约农业的环境成本为 22.24～133.44 元/hm^2，而传统农业的收益为 24.64～147.84 元/hm^2。对于硝酸盐，估计集约农业的损失为 72.21 元/hm^2，而传统农业损失为 149.40 元/hm^2。Donaldson（2003）对南非和澳大利亚自然景观及农业景观生态系统服务进行对比发现：南非的农业景观与自然景观相比，风速增大、生物生产量下降、植被磷转化量增加、动物多样性下降、微生物活性降低、蚯蚓生物生产量和数量下降、土壤周转率增加。澳大利亚农业景观比自然景观的植被和鸟类物种丰度下降、土壤总碳、有机碳和不稳定碳水平下降。Pretty 等（2000）估算了英国农业生产的外部性，包括杀虫剂、硝酸盐、隐孢子虫（水中寄生虫）以及磷对饮用水的污染，野生动植物、栖息地、灌木树篱和干垒墙的破坏，气体排放，土壤侵蚀和有机碳损失，食物中毒以及牛绵状脑病等，农业生产外部性每年总费用是 1.15×10^{9}～3.91×10^{9} 元。

3．国内相关研究

国内对农田生态系统服务进行了深入研究。谢花林（2004）认为，以农田为主的乡村具有提供农产品、保护与维持生态环境平衡以及提供旅游观光资源的重要作用。

刘鸣达等（2008）认为，农田生态系统的服务功能包括为人类的生存与发展提供物质基础和食物保障的产品服务，维持环境质量服务功能价值和生态安全价值。随着城市化进程的加速，农业将为人们较高层次的精神文化追求提供场所和机会，农田生态系统产生的社会功能价值必将日益提高。农田生态系统服务具有动态性、非自律性、可调节性和不确定性的特点，将农田生态系统服务归纳为生产功能、生态功能和生活功能。高旺盛等（2003）以典型黄土高原丘陵沟壑区安塞县为例，运用市场价值法、替代工程法、影子价格法、机会成本法等方法对其境内 7 种不同类型农业生态系统服务进行了价值核算，初步估算出安塞县生态系统各服务功能的价值总量为 3.17×10^{10} 元，是其农林产品服务价值的 170 倍。鲁春霞等（2005）对我国近 20 年来农田生态系统碳蓄积的时空变化特征进行估算分析，结果表明，我国农田生态系统近 20 年来碳蓄积总量持续增大，主要是由于单位面积碳密度持续增大。农田碳密度高值区主要分布在我国东部地区且多大于 3 t/hm^2，低值区主要分布在我国北方农牧交错带地区且普遍小于 1 t/hm^2。而科学管理作物残余物是增强农田生态系统碳蓄积能力的关键。肖玉等（2005 和 2009）通过田间实验，对上海市郊稻田生态系统气体调节、氮素转化形成和累积过程进行了研究与评价，综合评估稻田生态系统服务综合价值，为 4 万元/（$hm^2\cdot a$）。该研究在评价过程中既考虑了稻田产生的经济效益，也认识到了稻田对环境造成的损害，这两者都是稻田生态系统服务的组成部分。Zhang 等（2007）认为，农田生态系统除了为人类社会提供粮食和纤维、水供给、土壤保持以及美学景观等有益的服务（Service），还可能产生栖息地丧失、养分流失、物种丧失等负服务（Dis-service）。杨志新等（2005 和 2007）在评价北京市郊农田对人类社会的影响时，将生态系统服务与生态系统及其过程产生的负效应分开评价，得出如下结论：2002 年农田生态服务价值为 343 亿元，其中提供农产品占比 12%，调节大气占比 39%，净化环境 38%，土壤积累有机质占比 4%，农业观光游憩占比 4%，维持养分循环占比 1%，蓄水占比 2%，保持土壤占比不到 0.1%，同时认为农民承担了保护耕地资源的责任，却没有获得相应的收益。研究结果还显示，农田生态系统负效应价值为 1.57 亿元，它们认为农田净服务价值应该由农田生态系统服务价值扣除农田负效应价值。由此可见，在评价农田生态系统服务价值时，农田产生的负效应不能被忽略，因为它们同样对人类社会产生深远的影响。

从目前情况来看，学术界和公众对农田生态系统的生态服务功能的重要性已经有了较为深刻的认识，农田生态系统服务研究已经成为生态系统服务研究的一个重要方面。农田生态系统的功能已经从单纯的农业生产拓展为除了农业生产外，还能维持区域生态环境质量、维持农村社区稳定、提供休闲娱乐场所等多重功能。

然而，现有的经济计量系统除了对农田生产功能和部分休闲娱乐进行计量外，其他多种功能产生的效益并不能进入经济计量系统，其价值更难以实现。虽然目前的社会发展现实和国家政策正在督促城郊农田承担更多维持区域生态环境平衡以及提供景观愉悦的功能，但并没有针对此项的相关经济补偿政策。农民和农村社会承担保护农田的责任，但没有因此获得相应的收益，所以从农田生态系统保育的角度出发，建立相关补偿或支持政策，对于维护农田生态系统服务功能具有积极作用。

2.3.3 存在的问题与不足

当前城郊保留农田研究的不足主要有以下几个方面：

（1）城郊保留农田范围、功能等界定的研究尚不足

已有相关研究都是从城郊农业角度出发，大多数学者都根据自己的研究需求，提出了城郊农业的概念、内涵和范围，直到目前尚没有关于城郊农业相对完整和统一的概念，也没有确定其包含的范围，更没有结合我国城乡一体化快速推进的现状，来针对城市逐渐挤占郊区农村过程中城郊保留下来的农田进行过研究。这部分城郊保留农田虽本质上仍然属于城郊农田的范围，可以沿用城郊农业的功能特点和方法论，但由于受到城乡一体化冲击，土地面积、土地功能等方面发生改变，因此相比传统城郊农田而言，这部分农田又具有自身特殊性，需要重新界定和研究。

（2）指出了城郊农业发展中的问题与不足，但缺乏有关其优化转型方面的探讨及配套政策支持

对大量研究梳理总结，不难看出，许多学者都非常关注城郊农业在发展过程中的问题和不足，都认识到目前城郊农业面临诸如农业用地萎缩、生态环境问题突出、科技含量和专业化水平低、人力资源缺乏、政府支持力度不够以及监管体系不完善等诸多问题，目前城郊农业发展现状将不利于城郊农业的可持续发展。但即便如此，也并没有学者比较全面地对城郊农业转型及配套支持政策进行过研究，已有的多是对单一模式和相关政策的探讨，推广性不强。

（3）缺乏科学有效的城郊农业生态经济多功能评估体系

从城郊农业的特殊性和未来发展需求上看，对城郊农业生态经济服务功能评估方法的构建具有十分重要的意义，但目前对这方面的研究较少，多是对于单块农田或者某一个地方城郊农业的特例评价，不具有普遍性。而针对整个城郊农业的评价缺乏客

观性和全面性，指标体系过于关注城郊农业的生产功能，对其生态、休闲、社会等体现农业现代发展水平的指标关注不够，因此，不能很好地评价城郊农业的现代化发展水平，更不能为其成功转型提供可靠的参考依据。

（4）缺乏全面系统的城郊农业生产技术及农田生态系统物质循环技术研究

目前已经有不少农业生产技术及农田生态系统物质循环的技术研究及其成果，但针对城郊农田临近城市、有机产品生产有巨大市场潜力的特征，仍然缺少对有巨大市场需求的有机蔬菜等农产品生产技术体系和相关技术规程的系统研究。同时，对农田生态系统物质循环技术的相关研究不足，也没有形成相应的技术规程。这些不足直接影响了对城郊农业有机生产和物质循环的技术规范管理。

（5）缺乏针对城郊农业发展模式的优化与选择研究

学者们针对城郊农业模式已经开展了很多研究，对于其发展模式也是不断推陈出新，从之前只关注城郊农业生产功能的加工农业模式、设施农业模式、精品农业模式到现在的高科技生态园、休闲农场等经营模式；从单一农户组织经营模式到目前的公司经营和合作社组织模式等，学者们试图从不同的角度对这些新型农业模式进行阐述。但不难发现，大多数学者都只从宏观的角度对这些模式的优劣势进行了一些浅显研究，并没有研究出城郊农业可行的优化模式和选择方法，以及促进最优化模式的推广。

3 城乡一体化生态安全格局构建技术

3.1 生态安全评价技术

3.1.1 指标体系构建

综合考虑各种建立指标体系的方法，建立多层次结构的生态安全指标体系。该体系一般分为目标层、系统层（准则层）、指标层（要素层）等若干层次。

指标目标层（O 层）：总体上反映了生态安全的程度和水平，即表征不同城市化程度下城乡一体化生态安全状况；

指标准则层（B 层）：从本质上反映了不同城市化程度下城乡一体化状态的行为、关系、变化等的原因和动力，可以通过相应的要素指标进行度量；

指标要素层（C 层）：从不同城市化程度下城乡一体化地区中选用可测的、可比的、可获得的指标及指标群，对指标变量层的表现给予直接度量，是指标体系的最基本的要素。

3.1.2 生态安全状况指数计算

3.1.2.1 指标标准化方法

建立指标体系后，由于各指标系数量纲不统一，指标之间及指标内部不具有可比性，所以所有的数据都必须先进行无量纲化处理，使各数据标准化而具备比较性。计算方法如下：

（1）正效应指标

设共确定评价指标 m 个，当指标呈正效应时，评价对象为 p，则第 k 项指标的标准值为

$$d_k = \frac{p_k - \min(p)}{\max(p) - \min(p)} \tag{3-1}$$

（2）负效应指标

对于负效应指标，其中第 q 个评价对象第 k 项指标的标准值为

$$d_k = \frac{\max(p) - p_k}{\max(p) - \min(p)} \tag{3-2}$$

式中，d_k——第 q 个评价对象第 k 项指标的标准值。当 d_k=1 时，指标代表的项目达到最佳状态；相反，当 d_k=0 时，达到最差状态。

3.1.2.2 指标权重赋权方法

1．熵权法

权重用来表示各指标变量或要素对于上一层次等级要素的相对重要程度的信息，为尽量减少主观因素对各指标相对重要程度的影响，本书采用熵权法计算。

信息熵权的原理为：对于某项指标，指标值间的差距越大，表明该指标在综合评价中所起的作用越大，如果差异为零，表明该指标在综合评价中不起作用。

第 j 项指标的熵值 e_j 公式为（郭秀云，2004）

$$e_j = -k\sum_{i=1}^{m} y_{ij} \ln y_{ij} \tag{3-3}$$

式中，$k>0$，y_{ij} 为标准化之后的指标值，$k=1/\ln m$，$0 \leqslant e_j \leqslant 1$，如果 y_{ij} 为 0 则用 0.000 01 代替计算。

第 j 项指标的权重 ω_j 公式为

$$\omega_j = \frac{d_j}{\sum_{j=1}^{n} d_j} \tag{3-4}$$

式中，d_j 表示指标 x_j 的差异系数，$d_j=1-e_j$。

进行综合评估，通常需要从不同侧面选择多个反映网络性能的指标，但这些指标之间可能不完全独立。因此，在计算权重时需要将指标之间的相关性进行考虑。相关系数采用 Pearson 提出的积矩相关计算方法得到（罗赟骞，2009）：

$$r_{xy} = \frac{\sum_{i=1}^{n}(x_i - \bar{x})(y_i - \bar{y})}{\sqrt{\sum_{i=1}^{n}(x_i - \bar{x})^2}\sqrt{\sum_{i=1}^{n}(y_i - \bar{y})^2}} \tag{3-5}$$

式中，r_{xy} —— 相关系数；

x_i，y_i —— 指标 x 和 y 的第 i 个样本值；

$\bar{x}$，$\bar{y}$ —— 指标 x 和 y 的均值。

得到指标的相关系数之后，可计算指标间的冲突性。指标间冲突表明了该指标与其余指标之间的冲突程度，指标间冲突性越小，表明两个指标变化时所反映的信息量相似；指标间的冲突性越大，表明两个指标变化时所反映的信息量不同。指标冲突性计算方法为

$$c_j = \sum_{i=1}^{m}(1 - r_{ij}) \tag{3-6}$$

式中，r_{xy}——指标 x 与 y 间的相关系数。第 j 个指标权重由指标自身变化确定权重 ω_j 和指标间的冲突性 c_j 共同决定，指标权重 ω_j 计算方法为

$$\omega_j = \frac{\omega_j c_j}{\sum_{j=1}^{n}\omega_j c_j} \tag{3-7}$$

ω_j 不仅考虑从单个指标变化程度反映该指标在综合评价中的作用，同时也考虑了指标间由于冲突性引起的对综合评估的影响。通过冲突性的引入，强调了具有较强冲突性的指标在综合评价中应具有较强的作用。

2．层次分析法

（1）相对化处理法

设 G_i（i=1，2，3，…，n）为第 i 个评价指标的实测值，S_i（i=1，2，3，…，n）为评价指标的标准值，P_i（i=1，2，3，…，n）为第 i 个指标的安全指数，$0 \leqslant P_i \leqslant 1$，则有：对于正指标：$G_i \geqslant S_i$，则 $P_i = 1$；$G_i < S_i$，则 $P_i = G_i/S_i$；对于逆指标：$G_i \leqslant S_i$，则 $P_i = 1$；$G_i > S_i$，则 $P_i = S_i/G_i$。

（2）层次分析法确定指标权重

1）构造判断矩阵

建立层次结构后，层次之间元素的隶属关系就确定了。假定上一层次的元素 C_k 作为准则，对下一层次的元素 P_1，…，P_n 有支配关系，将下一层次中所有与之关联的元素之间两两比较其重要性，比较结果按 1～9 的比较尺度定量表示标出，构造比较矩阵 P：P=（b_{ij}）$_{m \times n}$ 直至底层。1～9 级比较尺度含义见表 3-1。

表 3-1　1～9 级比较尺度含义

尺度分级	含义
1	2 个指标相比，具有同样重要性
3	2 个指标相比，前者比后者稍微重要
5	2 个指标相比，前者比后者明显重要
7	2 个指标相比，前者比后者影响强烈
9	2 个指标相比，前者比后者绝对重要
2、4、6、8	重要程度分别介于 1、3、5、7、9 之间
上述各数的倒数	若指标 i 与指标 j 重要性之比为 b_{ij}，则指标 j 与指标 i 的重要性之比为 $b_{ji}=1/b_{ij}$

2）层次单排序的一致性检验

Saaty 等定义 CI 为 P（判断矩阵）的一致性指标，CI=0 时，P 为一致阵，CI 越大，P 的不一致性程度越严重。

一致性指标定义为

$$\mathrm{CI}=(\lambda_{\max}-n)/(n-1) \tag{3-8}$$

式中，$\lambda_{\max}$ —— 判断矩阵的最大特征根；

n —— 判断矩阵的阶数。

为了确定 P 的不一致程度的容许范围，需找出衡量 P 的一致性指标的标准，Saaty 等引入随机一致性指标 RI，其随机均值如表 3-2 所示。

表 3-2　RI 取值（n 为矩阵阶数）

n	1	2	3	4	5	6	7	8	9	10
RI	0	0	0.58	0.90	1.12	1.24	1.32	1.41	1.45	1.49

一致性比率定义为

$$\mathrm{CR}=\mathrm{CI}/\mathrm{RI} \tag{3-9}$$

式中，CR —— 层次单排序的一致性比率；

CI —— 一致性指标；

RI —— 随机一致性指标。

当 CR＜0.1 时，判断矩阵通过了一致性检验，并可用其特征向量作为权向量，否则要重新进行成对比较，对判断矩阵加以调整。

3.1.2.3 综合评价指数计算

在确定指标权重的基础上，运用综合评价模型对生态安全状况进行综合评价。目前该方法已在环境污染综合评价研究、生态环境质量评价等领域得到广泛应用，其具体评价模型为

$$\mathrm{ESI}=\sum_{j=1}^{n}\omega_j y_{ij}\times 100 \tag{3-10}$$

式中，ESI —— 综合评价指数；

ω_j —— 第 j 个指标的权重值；

y_{ij} —— 其无量纲量化值；

n —— 评价指标个数。

3.1.3 生态安全的等级划分

3.1.3.1 城市化初期生态安全等级划分

参考国内外生态安全评价标准，依据区域性原则，设置城市化初期生态安全评价分级标准。生态安全水平优级区生态环境基本没受到影响，生态系统结构完整，生态系统服务功能完整，生态安全水平高；良好级区生态环境较少受到影响，或者影响可在很短时间内恢复，生态系统服务功能基本完整，生态安全水平较高；一般级区对人类活动一般敏感，生态环境受到一定程度的破坏，生态系统结构有所变化，但尚可以维持基本功能，生态安全水平一般；较差级区对人类干扰较为敏感，生态系统遭到一定程度的破坏，生态安全现状较差，生态环境可能会受到较长时间的影响，恢复需要较长的时间；差级区对人类干扰极为敏感，生态系统遭到严重破坏，区域生态安全现状差，生态环境很可能遭受永久性、不可恢复的影响。具体见表 3-3。

表 3-3 城市化初期生态安全评价分级标准

生态安全指数	0～2.5	2.5～4.5	4.5～6.5	6.5～8.5	8.5～10
生态安全等级	差	较差	一般	良好	优秀

3.1.3.2 城市化快速发展期生态安全等级划分

城市化快速发展期城乡生态安全分级为不安全、较不安全、一般安全、较安全、高度安全，见表 3-4。各等级的状态特征如表 3-5 所示，据此可以对区域安全系统进行综合判别。

表 3-4 城市化快速发展期生态安全等级划分

等级	状态	生态安全值
I	高度安全（理想状态）	[85，100）
II	较安全（良好状态）	[70，85）
III	一般安全（中等状态）	[50，70）
IV	较不安全（较差状态）	[30，50）
V	不安全（恶劣状态）	[0，30）

表 3-5 城市化快速发展期生态安全状态表征

等级	状态	系统特征
I	高度安全（理想状态）	生态系统服务功能基本完整，生态环境基本未受到破坏，生态系统结构完整，功能性强，系统恢复再生能力强，生态问题不显著，生态灾害少
II	较安全（良好状态）	生态系统服务功能较为完善，生态环境较少受到破坏，生态系统结构尚完整，功能尚好，一般干扰下可恢复，生态问题不显著，生态灾害不大
III	一般安全（中等状态）	生态系统服务功能已有退化，生态环境受到一定破坏，生态系统结构有变化，但尚可维持基本功能，受干扰后易恶化，生态问题显著，生态灾害时有发生
IV	较不安全（较差状态）	生态系统服务功能严重退化，生态环境受到极大破坏，生态系统结构破坏较大，功能退化且不全，受外界干扰后恢复困难，生态问题较大，生态灾害较多
V	不安全（恶劣状态）	生态系统服务功能几近崩溃，生态过程很难逆转，生态环境受到严重破坏，生态系统结构残缺不全，功能丧失，生态恢复与重建很困难，生态环境问题很大并经常演变成生态灾难

3.1.3.3 城市化稳定发展期生态安全等级划分

城乡稳定发展期城乡一体化生态安全格局评估结果等级划分。根据指标体系计算得到的生态安全状况指数 ESI,同时参考相关文献设计了一个 5 级生态安全水平等级划分标准。将区域生态安全状况分为五级，即优、良、一般、较差和差。具体见表 3-6。

表 3-6 城市化稳定期生态安全等级划分

级别	理想状态	良好状态	一般状态	较差状态	恶劣状态
指数	ESI≥0.80	0.70≤ESI＜0.80	0.55≤ESI＜0.70	0.35≤ESI＜0.55	ESI＜0.35
指标体现特征	生态系统服务功能基本完整。生态环境基本未受干扰破坏，生态格局完整，功能性强，生态问题不显著，生态灾害少	生态系统服务功能较为完善。生态环境较少受到破坏，生态格局尚完整，功能尚好，生态问题不显著，生态灾害不大	生态系统服务功能已有退化。生态环境受到一定破坏，生态格局有变化，但尚可维持基本功能，生态问题显现，生态灾害时有发生	生态系统服务功能严重退化。生态环境受到较大破坏，生态格局破坏较大，功能退化且不全，生态问题较大，生态灾害较多	生态系统服务功能几近崩溃，生态过程很难逆转。生态环境受到严重破坏，生态格局残缺不全，功能丧失，生态环境问题很大并经常演变成生态灾害

3.2 生态安全预警技术

3.2.1 预警方式与预警指标

3.2.1.1 预警方式

预警方式主要有指标预警法、统计预警法和模型预警法。指标预警法具有简单、实用和快速的特点，是统计预警法和模型预警法的基础。本预警系统中，以城乡一体化生态安全评估技术为基础，建立指标预警系统，通过各预警指标的警度分析，来向公众发布警情通报。

3.2.1.2 预警指标

本套预警系统是在城乡稳定发展期城乡一体化生态安全评估的基础上进行的预警，选取预警指标时，考虑指标的代表性和实用性，以及生态系统的复杂性，并且按照预警模式进行分类分析，总结出如下预警指标：

（1）警情指标

警情指标是城乡一体化生态安全预警系统研究对象的描述指标，是事物发展过程中出现的异常情况。本套系统采用生态安全状况指数作为警情指标。

（2）警源指标

警源指标是警情产生的根源，根据分析城乡一体化生态安全威胁的主要因素确定出警源指标。

（3）警兆指标

警兆是警源在导致警情爆发前的先兆，警兆指标是预警指标的主体，是唯一能够直接提供预警信号的一类预警指标。根据评估指标在城乡一体化生态安全评估体系中所占的权重大小，选出权重比较大的指标，构建城乡一体化生态安全监测预警系统的主要警兆指标。

3.2.1.3 警限与警度的划分

目前，各类预警系统确定警限多数是根据个人的主观经验，针对这种实际情况，本书警限与警度的划分采用专家确定法。城乡一体化生态安全评估将区域生态安全状况分为五级，分别为理想状态、良好状态、一般状态、较差状态、恶劣状态。从预警角度来看，对应于安全、潜在、轻警、中警、重警。

3.2.2 预警方法

本预警方案要在城乡一体化生态安全评估的基础上进行，具体操作方法如下：

（1）收集待评价区的生态安全评估指标，根据指标利用层次分析法计算当地城乡一体化生态安全指数。

（2）根据生态安全指数分析当地城乡一体化生态安全状况，并且结合警情指标与警度的对应关系做出预警，向公众公布结果。

（3）对引发警情的具体警兆指标进行分析，对比警兆指标与警度的对应关系，做出评价，查看本地警兆指标的具体情况，若警兆指标属于轻警、中警和重警的范围，有针对性地对其进行改造或改善，并向公众公布情况；若警兆指标属于安全和潜在范围的，继续加以保护或维持，并向公众公布情况。

3.3 生态安全景观优化配置技术

在景观生态学、生态服务功能等理论基础上，判别出生态安全格局中的关键区域（如现有的大型生态斑块）和关键节点（如现有的需要改造的或需要新建的生态斑块），并以斑块重要性指标计算关键点的重要程度，得到需要进行生态建设或调整的关键位置及先后顺序。

3.3.1 廊道和节点的位置判定

3.3.1.1 景观类型的划分

1．景观类型具体分类

将城市的陆地景观类型划分为 6 类：建筑用地、耕地、草地、水域与湿地、林地、其他用地。

2．景观类型分类方法

借助遥感软件或地理信息系统软件，获取景观类型现状图，数据格式要求为矢量类型，如*.shp 类型，主要可采取两种方法：

（1）对土地利用现状图进行景观类型划分得到景观类型现状图；

（2）对较高空间分辨率（空间分辨率不低于 30 m×30 m）遥感影像或航拍影像进行遥感解译（推荐目视解译），实地踏勘修正解译误差，获得景观类型现状图。

3.3.1.2 景观生态服务功能空间分布

参考业界认可度较高的生态系统服务功能价值研究结果对各种景观类型进行生态服务功能赋值。具体见表 3-7。

参考 Costanza 等对全球陆地生态系统单位面积生态系统服务价值估算划分方法，以谢高地等对中国不同陆地生态系统单位面积生态系统服务价值估算值为基础数据，对各种景观类型进行生态服务功能赋值。即在地理信息系统中得到的景观类型现状图，为各个景观类型添加生态服务功能值字段，得到本地域的景观生态功能强度值空间分布图。数据格式要求为矢量类型，如*.shp 类型。

表 3-7 景观类型的生态服务功能价值 单位：元/（hm^2·a）

景观类型	建筑用地	耕地	草地	园地	水域	林地	交通用地	其他用地
生态服务功能估值	0	3 547.89	5 241	3 547.89	20 366.69	12 628.69	0	624.25

3.3.1.3 景观阻力面的构建

运用地理信息系统中的字段计算功能，根据景观生态功能强度值空间分布图，为各个景观类型添加生态阻力值字段，对生态服务功能值取倒数，得到各种景观生态阻力值，从而形成本地域的景观生态阻力面。格式要求将矢量类型转换为栅格类型，如*.img 类型。

注意：在此过程中，为避免出现数学计算逻辑错误，可以将建筑用地和交通用地生态阻力值设置为 1。

3.3.1.4 景观格局优化组分识别

1．提取生态源地

根据地理信息系统中得到的景观类型现状图，提取面积大于等于 0.04 km^2 的水域和面积大于等于 0.1 km^2 的林地作为区域内提供主要生态服务功能的源，输出区域生态源地空间分布图。格式要求由矢量类型转换为栅格类型，如*.img 类型。

2．确立潜在生态廊道

在地理信息系统中应用累积耗费距离模型，以生态源地作为输入的源、景观生态阻力为作为输入的阻力，根据得到的景观生态阻力表面，计算每个生态源地斑块到其他各斑块的耗费距离累加值，得到区域景观生态功能累积耗费距离表面，其数据格式为栅格类型，如*.img 类型。

在景观生态功能累积耗费距离表面，生成每两个生态源地斑块之间的最小耗费距离路径。每一条最小耗费即为连接两源地斑块的廊道。通过这一技术方法识别出研究区内潜在生态廊道的位置和长度。

3．潜在生态节点识别

在地理信息系统中，将累计耗费距离栅格图作为地形图，借鉴水文分析方法提取耗费距离表面的最大耗费路径，即阻力面阻隔生态流运行的最大阈值；然后，通过栅格计算，获取最大耗费路径和最小耗费路径的交点集合，即潜在生态节点；依次确定出潜在生态节点的最佳空间分布。

4．景观格局优化方案

在对景观格局组分进行优化的基础上，建立生态源地、生态廊道、生态节点相互结合的生态网络。

3.3.2 热岛控制格局分析

利用遥感影像反演热岛分布格局，确定需要针对热岛进行控制的关键区域。

3.3.2.1 辐射亮温计算

遥感影像数据（如 TM、ETM+等）是以数字像元值（DN）来表示的。DN 值在 0～255，数值越大，亮度越大。以 TM 第六波段、ETM+第六波段为例，求算亮度温度的过程包括辐射定标，用定标系数（增益和偏移系数）把 DN 值转化为相应的热辐射强度值，然后根据热辐射强度推算所对应的亮度温度。

研究采用 NASA 提供的 Landsat 用户手册参数中提供的辐射校正，其特点是计算过程方便且精度较高，公式如下：

$$L_{\lambda}=\text{gain}\times DN+\text{offset} \tag{3-11}$$

$$T=K_2/\ln(K_1/L_{\lambda}+1) \tag{3-12}$$

式中，gain —— 增益系数；

offset —— 偏移系数；

L_{λ} —— 热辐射强度值；

T —— 辐射亮温；

K_1，K_2 —— 校订系数。

3.3.2.2 通过辐射亮温计算地表温度

辐射亮度仅仅代表了黑体的温度，然而自然界中的大部分物体并非黑体，故应该用比辐射率 ε 对其进行校正，使之成为地表温度。采用 Artis 等（1982）给出的如下公式计算：

$$T_s=\frac{T}{1+(\lambda T/\rho)\ln\varepsilon} \tag{3-13}$$

式中，T_s —— 地表温度；

T —— 辐射亮温；

λ —— 有效波普范围内的最大灵敏度值，Markham 等（1985）研究认为：λ=11.5 μm；$\rho=hc/\delta=1.438\times10^{-2}$ kg/m^3。Weng 等（2003）研究认为，ε 的获取非常复杂，导致实际应用十分不便，因此，本研究采用其建议代替值：通常情况下，有植被覆盖的地表取 ε=0.95，没有植被覆盖的地表取 ε=0.92。

3.3.2.3 地表温度分级

为找出高温地区，需要对反演得到的地温图进行分割，通常采用直方图分析密度分割法、直方图拉伸、多级阈值法、统计学方法等。由于密度分割法需要图像的灰度值及其概率分布（直方图）特征，即峰值突变比较明显，而研究中需要得到的高温区范围较广，仅仅凭借若干峰值无法确定，因此在计算过程中，本书参考文献采用基于稳健统计学方法和人体舒适度感知，首先计算出整个区域的地表温度平均值和标准差，然后将整个区域的地表温度分为 5 个温度区间：以地表温度平均值 1 倍标准差范围内的数据作为中等温区范围，以高于平均值 1 倍标准差的数据为高温区和较高温区范围，以低于平均值 1 倍标准差的数据为低温区和最低温区范围。最后将地温分布图用相同颜色不同灰度表达，从而突出判读地物的亮温特征。

3.3.3 水资源保护与滞洪格局分析

水资源保护及滞洪安全格局构建的目标是，通过控制一些具有关键意义的区域和空间位置，消纳城市洪水、减少地表径流、实现雨洪资源化、缓解城市用水压力。有效利用北京市朝阳区现状水系、湖泊、坑塘等水面，贯通区域内外的水过程，保证水循环过程的完整和健康；恢复河道、湖泊等水体的天然形态，提高地表水回补地下水的能力，形成朝阳区水资源保护及滞洪安全格局。

3.3.3.1 水资源保护格局

划定水源保护区是进行水资源保护的一种有效方式。根据《中华人民共和国水法》《中华人民共和国水污染防治法》等法律法规，为保护生活饮用水水源，应划定水源保护区。地表水水源保护区的范围是按照水域特点、水质定量预测及当地具体条件确定的，包括一定的水域面积和陆域面积。一般分为三级，即地表水水源一级保护区、地表水水源二级保护区和地表水水源三级保护区。将地表水水源保护区及地下水补给区，纳入水资源保护格局，限制和管理保护区内土地利用开发，达到保护地表水和地下水资源的目的。

3.3.3.2 蓄滞洪格局

在城市规划和建设中对控制水文过程的关键位置及区域进行保护、改造或利用，可以最大限度地减少和减轻洪涝灾害，实现高效利用土地，维护区域生态安全的目的。

3.3.4 地质灾害防护格局分析

根据研究区地质灾害的发生地域分布特点和时间周期规律，通过对泥石流、滑坡、滑塌、崩塌、矿山地面塌陷、地面沉降、地裂缝和水土流失等多种地质灾害要素的空间位置进行确定，将其作为地质灾害防护安全格局的源。

3.3.5 生态安全网络优化

通过上述针对不同生态过程的格局叠加分析，得到了区域综合生态安全格局。生态安全格局的建设落实到空间上还需结合研究区综合条件进行景观格局总体设计和斑块生态工程建设。

景观生态格局优化是以保护为原则，以提高本地域生态系统的服务功能为目的。其主要措施包括保护生态源地、连通生态廊道、分重点建设生态节点、构建生物群落、完善生态网络。

3.3.5.1 生态源地的保护

生态源地是指具有较高生态功能的景观类型，其生态意义在于维持生态系统稳定、保证景观要素之间生态过程畅通有序、生态功能持续高效地发挥重要作用。因此生态源地的结构、数量、形状以及建立顺序对于保护和优化意义重大。本研究中生态源地是生态服务功能效益大、景观聚集度高、生物多样性丰富、生态环境优良的林地、水域湿地等景观类型区域。首要措施是保护，其次是进行结构的优化和功能的改善。

3.3.5.2 生态廊道的优化

生态廊道的实质是由较为连续的有较高生态服务功能的景观斑块按照一定空间顺序和规则排列组成。生态廊道优化的目的是使廊道斑块的质量和规模、廊道形态满足生态过程需求。

生态廊道一般包括以下几种类型：

1．河流廊道

河流廊道包括河流的水面、河岸带防护林以及河漫滩植被等要素，是生态廊道中最重要的廊道类型。

中国的河流生态廊道建设，受到传统园林思想的影响较多，注重河流廊道与周围地形、其他自然景观和人文景观的衔接与联系，本研究认为进行生态廊道建设时，在生态保护的基本措施能够得到良好实施的情况下，应着重提高河流生态廊道的生态效益。主要途径是通过小流域治理、生态修复、植被建植、水土保持、边坡绿化等技术使河流廊道水质量、植被质量得以提高。

从景观格局优化的角度出发，在城乡整体绿色格局框架下，结合小尺度上的河流特定的生物保护等生态保护目标，恢复河流及其周围的生态环境，维护生态系统的连续性。规划和设计方法应回避人工构筑物的建设，并减少人类开发活动对河流及其周围生态环境的干扰。按照流域和行政兼顾的原则，对拟进行优化的河流廊道进行功能分区。

2．道路生态廊道

道路作为城乡建设中重要的线状构筑物，是人类进入自然区域的重要通道。但是，道路在促进社会经济发展的同时，也给道路沿线以及整个城乡生态系统带来了一定的生态负效应，如加剧环境污染、切割生境、阻隔物种流和基因流、导致水土流失等。道路生态廊道的规划和建设目标，就是通过道路周围的绿化以及部分构筑物的设计，降低道路网络对生态过程的干扰，最典型的是保障物种迁移扩散。道路生态廊道的构建，实质是将低生态服务功能设施高生态功能化。对于城市化快速发展期和稳定发展期区域，其城乡范围内自然保护区相对较少，动物种群的迁移扩散并不是很频繁，道路生态廊道主要通过道路沿线的植物物种的合理配置，维护沿线植物群落的稳定性，在城乡总体布局中起到连接和沟通不同区域生态源地斑块的作用，促进生态斑块之间的生态流。

3．绿带廊道

绿带廊道最明显的表现形式为大城市城郊引向城市中心的楔形绿地，是城乡绿色空间的重要组成。

不同的研究尺度，其主要生态过程不同，加之生态廊道结构与功能的复杂性，使廊道的宽度具有很大的不确定性。生态廊道的宽度由保护目标、植被情况、廊道功能、周围土地利用、廊道长度等多个因素决定。合适的廊道规模应该根据对廊道内主要生态过程的研究来确定。

一般来说，廊道规模在满足其最小宽度的基础上越宽越好。美国马里兰州绿色基础设施网络研究表明，生态廊道（陆地、湿地和水域）宽度至少为 350 m。生态廊道中，相对于地面构筑物，植被面积占据比例较大。河流廊道植被宽度一侧至少在 30 m 以上，能有效降低温度、提高生境多样性、增加河流中生物食物供应、控制水土流失和过滤污染物等。道路廊道（铁路、高速公路、城市快速路）植被宽度一侧至少 60 m 以上，可满足动植物迁移、传播以及生物多样性保护等。绿带廊道（楔形绿地、组团隔离带）植被宽度应为 600～1 200 m，至少为 500 m 以上，越宽越好，以创造自然化物种丰富的景观。高压走廊两侧防护林带宽度严格按照国家规范执行建设，满足《城市电力规划规范》（GB 20293—1999）对高压走廊的控制。卫生隔离带规划工业区与居民生活区之间卫生防护林带，一类、二类工业园区与生活居住区之间原则上建设宽度不低于 20 m。

3.3.5.3 生态节点等级划分

生态节点的本质是生态斑块，但是生态节点作为踏脚石，通常位于生态廊道的最薄弱处，对于建立两个或多个生态源地之间的生态联系具有控制意义和关键作用，同时对于增强区域景观连接度和生态系统连通性具有不可替代的作用。可依据生态节点重要性分析得到生态节点重要性等级，并结合实地状况进行生态节点斑块水平的结构调整与功能优化。

仅明确生态节点的空间位置不足以支持在生态规划和建设实践中的应用，还需要兼顾当地土地利用性质、建设周期、经济可行性等因素，从技术上对生态节点作进一步的筛选，以便较为准确地判别出生态节点建设的先后顺序和建设规模。以景观连接度重要性指数判别生态节点对地区生态系统景观连接度的影响程度，进行生态节点斑块的重要性分析。

采用斑块重要性指标（dI）表示生态节点的重要程度，整体连通性指数（IIC）表示景观连通性。

斑块重要性指标：

$$\mathrm{d}I=(I-I')/I \tag{3-14}$$

式中，I —— 去除某一生态要素前的景观连通性指标值；

I' —— 去除某一生态要素后的景观连通性指标值。

整体连通性指数（IIC）：

$$\mathrm{IIC}=\left[\sum_{i=1}^{n}\sum_{j=1}^{n}(a_i\times a_j)/1+nl_{ij}\right]/A_L^2 \tag{3-15}$$

式中，N—— 景观中的斑块总数；

a_i，a_j—— 斑块 i 和斑块 j 的面积；

nl_{ij}—— 斑块 i 和斑块 j 之间的连接数；

A_L—— 景观的面积。

在节点重要性分析的基础上，参考生态斑块的服务半径进行设置。其中城乡绿地生态系统规模生态节点建设等级、规模可以参考表 3-8。

表 3-8 城乡绿地生态系统生态节点建设规模

斑块类型	最小面积/hm^2	服务最小半径/m
住宅绿地		150
近邻绿地	1	400
地区绿地	10（包括 5 hm^2 公园）	800
市区级绿地	30（包括 10 hm^2 公园）	1 600
城市绿地	60	3 200
城市森林	＞300	5 000

3.3.5.4 构建生物群落

物种选择应建立在对乡土物种充分调研和了解的基础上，有节制地引进外来物种，保护乡土物种。以满足物种习性、发挥物种生态功能为主，兼顾美学价值；植物群落配置应根据植物习性的不同、生态功能侧重点不同来组合搭配不同的植物。

3.3.5.5 完善生态网络

通过以上对生态源、生态廊道和生态节点的构建与选择，利用生态廊道把各个生态源地紧密地联系起来，构成点、线、面相互交织、有机结合的生态网络体系。生态安全格局布局模式可以归纳为环城绿带布局模式、楔形放射布局模式、廊道网络布局模式。

3.4 生态安全斑块建植技术

3.4.1 物种选择

3.4.1.1 乡土植物调查

（1）本地域植物种类调查：为增强本项工作的有效性，主要调查方式为资料调查。

（2）生态廊道与关键生态节点建设项目原地表植物现状调查，包括树种、胸径、数量、占地面积等基本信息。

3.4.1.2 本地常见植物生态效益测定

根据植被调查结果，选取生态工程中常用的植物进行典型类型生态效益测定和分析。

（1）固碳释氧效益，表征指标：单位叶面积二氧化碳吸收量、单位叶面积蒸腾量。

（2）滞尘效益，表征指标：单叶片滞尘量、单位叶面积滞尘量。

（3）降温增湿效益，表征指标：日蒸腾总量、单位叶面积日蒸腾释水量、单位叶面积日吸热量。

（4）减污能力，表征指标：减少二氧化硫、减少氯。

3.4.1.3 不同环境特点下植物选择依据

1．城乡建设中心城区绿地植物选择

城市中心城区绿地按照功能主要包括公共绿地（公园、林荫道）、居住区绿地、专用绿地、防护绿地（卫生隔离带、道路防护绿地、高压走廊绿带）等。

（1）以植物的综合生态效益测定指标为基础，配置公园、居住区绿地植物。

（2）以抗污染性、减污能力为主要参考因素，结合其他生态效益，配置受污染区绿地植物。

（3）以减菌、杀菌能力为主要参考因素，结合其他生态效益，配置卫生、医用绿地植物。

（4）以滞尘能力为主要参考因素，结合其他生态效益，配置精密产品产业区绿地植物。

2．郊区绿地植物选择

郊区绿地包含楔形绿地、河流生态廊道、城乡交通防护绿地、组团隔离带、农田林网、防护林等。使用的植物应是抗性强、养护管理粗放、具有较强抗污染和吸收污染能力，同时有一定经济应用价值。有条件的地段，在作为群落上层的乔木类中，适当注意用材、经济植物的应用；中层的灌木类植物中，可选用药用植物、经济植物；而群落下层，宜选用乡土地被植物，既可丰富群落的物种、丰富景观造成乡村野趣，也可降低绿化造价和养护管理的投入。

3.4.2 群落配置

3.4.2.1 水平维度

常见方法是先对工程区进行功能分区，针对不同功能分区定位，根据不同物种的生态功能侧重点不同，进行水平维度植物群落物种组合分区，以充分发挥不同植物组合的综合生态效益。

3.4.2.2 垂直维度

（1）适合在上层栽植的植物应具有较高的观赏性，较强的抗污性，喜阳，冠型端正，树形俏丽，枝下较高且枝叶较为稀疏（透光性好，便于中层、下层植物生长）等条件的高大乔木。

（2）适合在中层栽植的植物以植物耐荫性及光合作用特性为选择依据，兼顾植物在杀菌、蒸腾、吸收 CO_2、滞尘等方面的表现并具有较高观赏性及管理粗放的灌木为主。可分为适合于林下遮阴条件下的植物、适合于林下半荫或全光照条件下的植物、适合于林缘或疏林空间栽植的植物等。

（3）适合在下层栽植的植物多为耐荫地被（包括低矮灌木及草本植物）。相对于中层植物，要求下层植物耐荫性较强，可分为适合于遮阴林下栽植的地被植物、适合于生长在林缘及林间空地或在乔木—草两层配置结构半遮阴条件下生长的地被植物等。

3.4.3 土壤改良

3.4.3.1 土壤基质状况分析

根据不同的生境条件设置采样点，在每一个样地取 0～10 cm、10～20 cm 两层土样。将同一样地分层后的土样混合后用自封袋装好，风干后用于测定土壤机械组成、有机质、全氮、全磷、全钾、碱解氮、速效磷、速效钾、pH。

机械组成采用吸管法测定，按照国际制划为 3 个粒径等级：沙粒（0.2～0.02 mm）、粉粒（0.02～0.002 mm）、黏粒（<0.002 mm）；全氮采用半微量开氏法测定；有机质的测定采用重铬酸钾容量法；全磷的测定采用熔融-比色法；全钾采用熔融-火焰光度法；碱解氮采用碱解扩散法；速效磷采用浸提-比色法；速效钾采用浸提-火焰光度法；pH 采用酸度计测定法。

分别从土壤基质构成、基质容重和三相比以及土壤类型等方面对土壤进行分析，确定土壤是否需要改造以及确定生态修复所使用的植物类型。

3.4.3.2 土壤改良施工技术

根据土壤基质调查分析，进行土壤改良，添加土壤改良剂、保水剂、环保型的有机肥，确保给植物生长所必需的养分。

土壤改良材料：客土、环保有机肥、保水剂及土壤生物改良剂，具体施工方式如下：

（1）平整和清理杂物（清除大石块等，坡面局部平整）；

（2）客土要求质地均匀、无砾石、建筑垃圾等不利于植物生长的杂物；

（3）在覆盖客土表面上按照施加环保有机肥 300 kg/亩、保水剂 20 kg/亩、土壤生物改良剂 5 kg/亩的用量要求，在客土表面均匀撒施；

（4）在撒施后，使用翻耕机对客土进行翻耕，翻耕作深度在 10～15 cm，然后平整耙耧平土壤便于种植；

（5）在种植苗木前，若无降水，建议先浇水，让土壤自然沉降几天再混播种。

3.4.4 土壤保持

3.4.4.1 水土流失防治工程技术

水土流失防治工程技术应用的目的在于通过拦蓄和导引的方式，达到对水土资源的阻滞和疏导作用。针对不同地貌类型和水土条件要采用不同的工程技术措施，其中陡峻且起伏大的山地要以导引为主；起伏和缓的丘陵地要以拦蓄为主。导引工程主要有溢水坝、暗洞、暗渠、排洪渠等；截蓄工程主要有拦水坝、拦泥坝、分流堰、梯田、条田等。

3.4.4.2 水土流失防治生物技术

水土流失防治中应用生物技术的目标在于采用不同乔、灌、草配置方案和建植方式，以求达到对水土流失进行防范和治理效应。针对不同地貌类型和水土条件要采用不同技术措施，如平缓沙丘及丘间低地，采用迎风坡前方下部种植灌木或每隔 1 个沙丘进行乔灌混交的种植模式；对盖沙土梁峁坡及沟坡，采用在沟坡配置灌木纯林，梁峁坡为乔灌混交的模式；沟谷地川滩地地势平坦，坡度较小，以农田防护林带建设为主；盐碱土河滩地主要选择耐盐渍的树种和草种，与河水主流方向成 30°～45°交角栽植林带，采取行间混交或带状混交。

在植物物种选择上，边坡上部主要种植根系发达，串根能力强的植物，以达到良好的护坡效果；为提高水土保持效果，防止水土流失，在边坡中部不同位置移栽铺地能力强、水土保持效果好的多年生灌木状草本，用以隔离坡面，形成小部分块状坡地，以使水土保持效果更好；边坡下部采用自然式群植种植低矮灌木，灌木下种植耐荫能力强的草本，不仅增加生物多样性，还可进一步发挥其保持水土的作用。

3.4.5 荒漠化防治

首先根据“以固为主，固阻结合”的基本原则，迎着主导风向，在高亢的流动沙丘上设立高立式栅栏组成的阻沙障；沙障下风向设置半隐蔽式麦草方格沙障，并在沙障内按一定密度栽植固沙植物。其次，采用“六结合、六为主”的综合治沙措施，即沙障固沙与植物固沙相结合，以植物固沙为主；乔木和灌木相结合，以灌木为主；植树造林和直播造林相结合，以植树造林为主；生产与科研相结合，以生产为主；水路造林与旱路造林相结合，以旱路造林为主；造林与管护相结合，以管护为主。防沙治沙区内，通过栽植苹果、葡萄、梨、桃等品种，获得一定的经济效益。

3.4.6 盐渍化防治

以农田排灌为主的水盐调控技术——以明沟排水为主，结合暗管排水、井渠灌溉的现代节水技术，进行盐碱地水盐调控；以脱硫废弃物施用为主的碱土型盐碱地土壤改良技术——以脱硫废弃物施用为主，配合秸秆还田、有机肥施用、改良剂等技术，中和土壤碱性成分，改善土壤理化性质，提高盐碱地的肥力水平；以快速培肥为主的土壤改良技术——针对土壤肥力贫瘠的土壤，以重施化肥，有机无机配合为主，结合水肥施用技术，进行土壤快速培肥。

3.4.7 湿地修复

湿地具有保护水源、净化水质、蓄洪防旱、调节气候、维护生物多样性以及碳汇等重要生态功能，同时具有观光旅游、教育科研等社会效应和重要的经济效益。主要的湿地和利用技术措施有：

3.4.7.1 湿地修复技术

清淤清堵，疏通河道，连通湖泊，减少湿地严重分割的现象；通过明渠或暗渠，将大部分湿地连通，形成一个完整的湿地系统；通过退塘还湖和退田还湖，扩大湿地面积并增强湿地完整性，在水域内预留部分陆地营造鸟类生境岛；通过人工调水补水等改善水环境，促进湿地的自然修复。

3.4.7.2 湿地补水、节水技术

湿地补水来源主要有大气降水、地下水、地表水（河流、沟渠）等，为不同的湿地补水来源和过程不同。湿地技术补水是在明确湿地水文过程、水文和水环境动态、水平衡规律基础之上，通过营建调控、蓄排、调水、分水工程进行湿地水质水量调节控制；湿地节水技术是通过湖底防渗、再生水补灌和转移用途水补给等技术措施减少生态用水。

3.4.7.3 湿地生态与生境修复技术

通过选育培植湿地植物、建构和优化配置湿地植物群落，调控和诱导群落演替等措施，加快湿地生态与生境修复的技术，具体包括植被恢复的土壤种子库保护、植物移植与回归、适度干扰促进生长，湖滨带立坡改缓坡、湖滨带植被条带状建植等。

3.4.8 雨洪利用

由于建设中心区内建筑物和硬化地面的比例很大，难以集中入渗回灌，但回用的途径条件较好，同时较高的防洪涝标准又要求雨水尽快排除，因此雨洪利用与滞洪措施是针对区域内不同下垫面所产生的降雨径流，采取相应的措施，或贮存利用，或渗入地下。一方面削峰蓄谷，减小排水系统的负担和降低排水收集管道工程投资，减轻了防洪的压力，使之成为资源利用于灾害防范之中的系统工程；另一方面通过蓄渗过程，可去除一部分污染，减少区域污染负荷，改善小区域的生态环境。从机理上可以分三种基本形式：拦蓄利用、渗入地下、调控排放。

3.4.8.1 拦蓄利用

“拦蓄利用”是将利用集雨设施收集起来的雨水再利用的方式，主要措施有雨水樽收集利用、屋顶集雨利用、蓄水池收集利用、人工湖收集利用、景观湿地收集利用等。

3.4.8.2 渗入地下

1. 下凹式绿地

下凹式绿地是一种区域暴雨最佳管理措施，近年来在许多发达国家被广泛地应用于雨洪控制与径流污染控制，它是指在低洼区域种有灌木、花草乃至树木等植物的工程设施，主要通过土壤、植物和微生物的物理、化学及生物作用净化雨水，同时通过将雨水暂时储存而后慢慢渗入周围土壤来减少外排径流量。其净化雨水的机理包括沉淀、吸附、过滤、挥发作用、离子交换、分解作用、植物修复、生物修复等。

2. 地形水收集系统

在地形地貌分析的基础上，对建设区进行现状调查，找到相对低洼地形，其四周坡度一般小于 1∶3，表面宽度和深度的比例约为 6∶1。利用天然低洼地或起伏地形接纳道路径流，进行蓄水渗透最为经济，只要对其做些简单处理，如铺设砂卵石等透水性材料，其渗透过滤性能就会大大提高。入渗洼地的充水表现为季节性充水，水位变化很大，因此洼地种植植物应在承载径流之前成型，并且所种植物应既能抗涝又能抗旱，可适应池中水位变化。

3．渗透地面

可在人行道、步行街、自行车道、郊区道路、居民区和公园等受压不大的地方，采用具有渗水性能材料和具有透水性能结构的面层铺装。渗透地面是指在较大降雨情况下，能够较快地下渗雨水、使地表不积水或少积水的地面。其渗透效果主要依赖于地面铺装材料的透水性能。

（1）渗透铺装

渗透性铺装地面是指在较大降雨情况下，能够较快地下渗雨水、使地表不积水或少积水的铺装地面。所采用的面层材料有透水砖、草坪砖、透水沥青、透水混凝土等。

（2）透水路面

如具有排水性的全生态透水沥青路面。路面具有降温降噪、防滑排水、安全不反光等功能，以及降低城市热岛效应、减缓地表沉降、改善生态环境等显著的生态效应。

（3）草坪砖地面

草坪砖是带有各种形状空隙的混凝土块，开孔率可达 20%～30%，在空隙中可种植草类。可用于城区各类停车场、生活小区及道路边。

4．生态停车场

居住区、单位、公园等处停车场采用园林式绿化造景方式，利用车位间的绿化区域列植较高大的乔木，乔木的分支点要满足不同车辆的高度，小型汽车为 2.5 m，大中型客车为 3.5 m，树距一般可定为 8 m 左右。将乔灌木树池设计成鱼骨结构，2～3 个停车位相对间隔分布。在树池内铺植耐荫草坪或低矮草本、花卉，灌木层可采用大叶黄杨、小叶女贞等抗性强的植物，达到美化周围环境的效果。停车场采用透水砖铺装地面，以降低夏季地表高温对车辆的蒸晒，并促进雨水回收，增加地下水补给。停车场采用透水铺装能够有效减少雨水径流量和污染物的排放量，在一定程度上起到优化城市环境的作用。

5．增渗设施

增渗设施是将雨水引入较深层地下入渗的专用设施，包括渗水管沟、渗水井、回灌井等。将雨水经过适当处理，满足回灌标准后，引入透水性较强的砂层或沙砾层，快速地使径流渗入地下。

渗水管沟是在地下浅层建设的能够暂时滞留雨水和下渗雨水的沟槽，一般采用透水性管道将雨水引入沟槽内，属于条状或带状渗水设施渗水井是一种点状增渗设施，深度可比管沟深一些，雨水主要通过渗井底部渗入地下，回灌井的深度更深，底部通常与较大的粗沙或沙砾层接触，渗水能力更强。

3.4.8.3 调控排放

雨洪的调控排放是在雨水排放系统下游，排出区域之前的适当位置建设调蓄池、流量控制井和溢流堰等设施，使区域内的雨洪暂时滞留在地下管道和调蓄池内，按照设定的下泄流量控制排放到下游管道。如果径流小于溢流堰的设计标准，系统内积水的最大水位不会超过溢流堰，所滞蓄的雨水会逐渐以低于限定流量的标准排走。如果径流大于溢流堰的设计标准，将会通过溢流堰溢流到外部市政管道。这样排入外部市政管道的流量通常会被控制在较小范围内，从而减少了下游管道的排水压力。

3.5 城乡一体化生态安全格局构建技术应用

3.5.1 湖南长沙生态安全格局构建

3.5.1.1 长沙城乡生态安全格局评估

1．评估指标体系与指标分析

在长沙市-长沙县生态安全评估中，主要考虑生态服务功能、经济发展以及农业安全，根据生态安全指标的选取原则，以及数据的可获得性，构建了长沙市-长沙县生态安全评估指标体系（见表 3-9）。

表 3-9 长沙市-长沙县生态安全评估指标体系

目标层	准则层	指标层
目标层	人口压力	人口自然增长率
		人口密度
资源环境压力	资源压力	人均日生活用水量
		人均粮食消费量
		人均住房面积
	生态环境压力	水土流失面积/土地面积
资源环境状态	资源状态	人均公共绿地面积
		人均生态用地面积
		农业人口人均耕地
		人均水资源量
	经济状态	人均可支配收入
		恩格尔系数
人文环境响应	经济响应	人均 GDP
		基尼指数
		第三产业产值占 GDP 的比重
	社会响应	房地产开发占 GDP 的比重
		工业废水达标排放率
		建成区面积/总人口数
		生活污水处理率
		工业固体废物综合利用率

通过生态安全值的计算可以得到 1999—2009 年逐年的长沙市-长沙县生态安全值，绘制图表可见长沙市-长沙县生态安全值呈逐年上升趋势，但现状仍不乐观，对照生态安全等级划分表，1999—2004 年长沙市-长沙县生态安全值一直处于不安全状态；2004—2007 年生态安全值上升到了一般安全，这表明长沙市-长沙县生态系统服务

功能仍旧严重退化，生态环境受到极大破坏，生态系统结构破坏较大，功能退化且不全，受外界干扰后恢复困难，生态问题较大，生态灾害较多；2007—2009 年生态安全值处于较安全状态。其生态安全值年际变化见图 3-1。

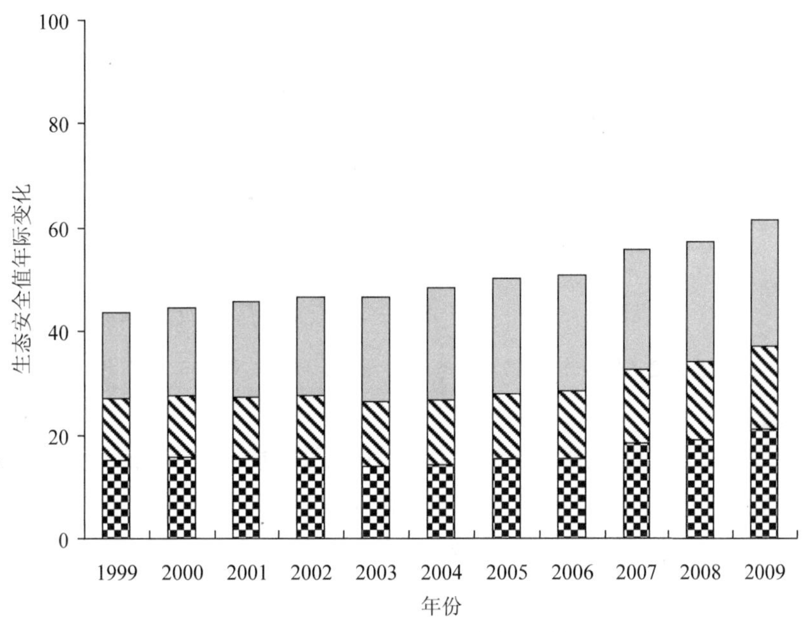

图 3-1 长沙市-长沙县生态安全值年际变化

从压力值、状态值和响应值的变化情况来看，人文环境响应的增长比较显著，从 16.6 增长到 24.3，2009 年达到了 1999 年数值的 1.5 倍，对生态安全值的贡献率最大。相较而言，资源环境压力值出现了波动状态，数值从 1999 年的 15.1 持续上升到 2002 年的 15.4，接着出现了回落，2003 年降到 14，2009 年资源环境压力值又达到 21.1。由于人类的开发活动等对资源环境的影响具有阶段性，因此资源环境压力也呈现出阶段性波动的趋势。长沙市-长沙县资源环境状态值一直处于稳定的增长趋势，资源环境状态作为区域发展的基础条件，为区域的可持续发展提供支持，见图 3-2。

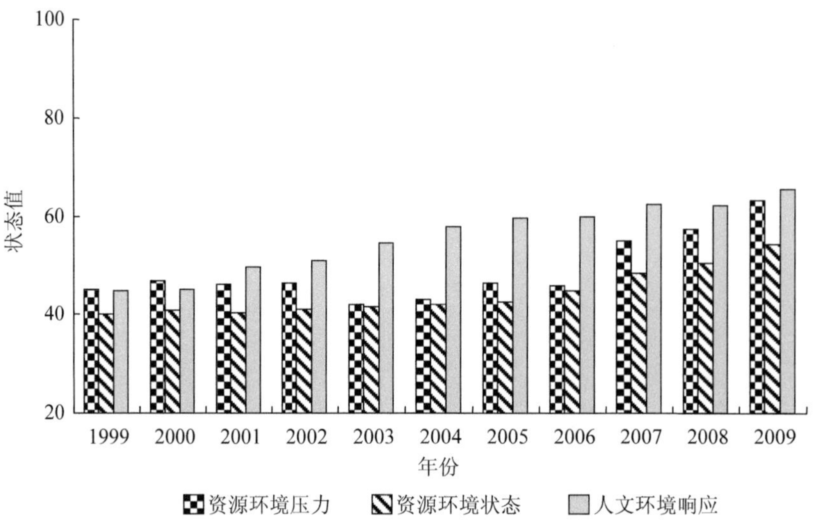

图 3-2 长沙市-长沙县生态安全压力、状态、响应年际变化

分别计算资源环境压力值、资源环境状态值、人文环境响应值与生态安全值的拟合，见图 3-3，拟合程度较好的是人文环境响应与生态安全值，为说明 1999—2009 年人文环境响应对长沙市-长沙县生态安全值的提升做出了重要贡献。

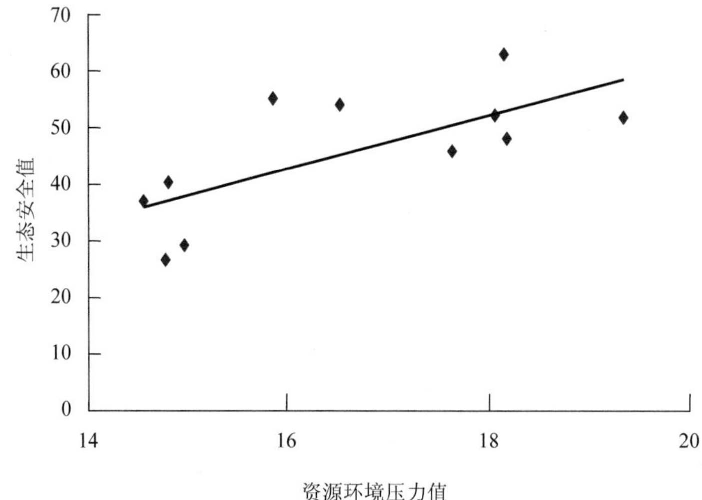

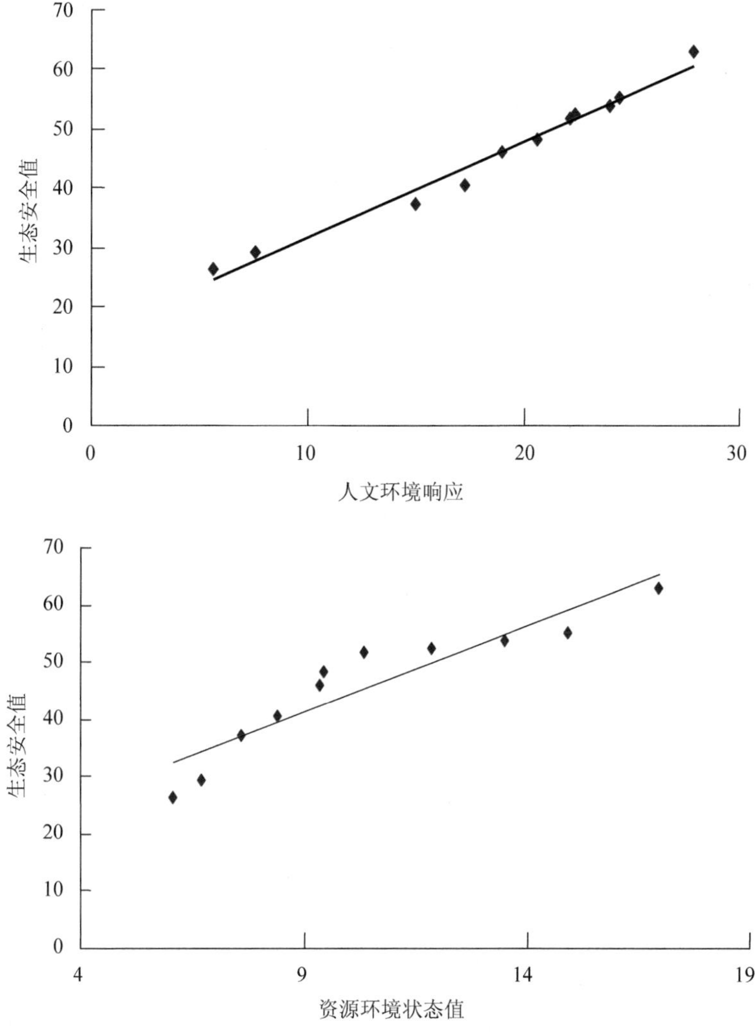

图 3-3 压力、状态、响应值与生态安全值的拟合分析

2．长沙城乡生态安全分析

从目标层只能粗略看出长沙市-长沙县生态安全的总体趋势，不能深入分析长沙市-长沙县生态安全的具体指标变化情况，因此下文从生态安全指标体系的准则层和指标层分析长沙市-长沙县生态安全的优势影响因子及薄弱环节。

长沙生态安全值水平总体处于一般安全状态，生态安全综合指数由 43.6 上升至 61.4，生态安全呈现上升趋势，这主要得力于长沙良好的自然资源基础以及城乡建设过程中重视生态保护。优良的自然生态环境是长沙生态建设的战略性资源，也是长沙发挥核心竞争力的载体。主要有 4 方面因素：①优越的自然条件。长沙生态资源丰富，城内岳麓为屏，湘江为带，江心浮洲，城郭错落有致，凭借独特的自然条件形成了“山、水、洲、城”的布局。②有扎实的生态建设基础。2010 年城市建成区绿化覆盖率为 33.55%，绿地率为 38.38%，先后获得“国家森林城市”“国家园林城市”“全国绿化模范城市”称号。③有良好的环境保护。长沙通过实施“环保三年行动计划”，统筹城乡环境保护，城乡环境明显改善。城乡污水处理体系建设实现跨越，率先在主城区基本实现污水“全截污、全收集、全处理”，71 家乡镇污水处理厂及配套管网启动建设。大气污染防治取得成效，2010 年城市空气质量优良率达到 93.86%。④难得的政策机遇。长沙获批“两型社会”建设，被原环境保护部确定为全国生态建设试点城市、全国第一批农村环境综合整治目标责任制考核试点城市之一，为长沙市加强生态建设提供了绝佳的政策机遇和资金支持。见图 3-4。

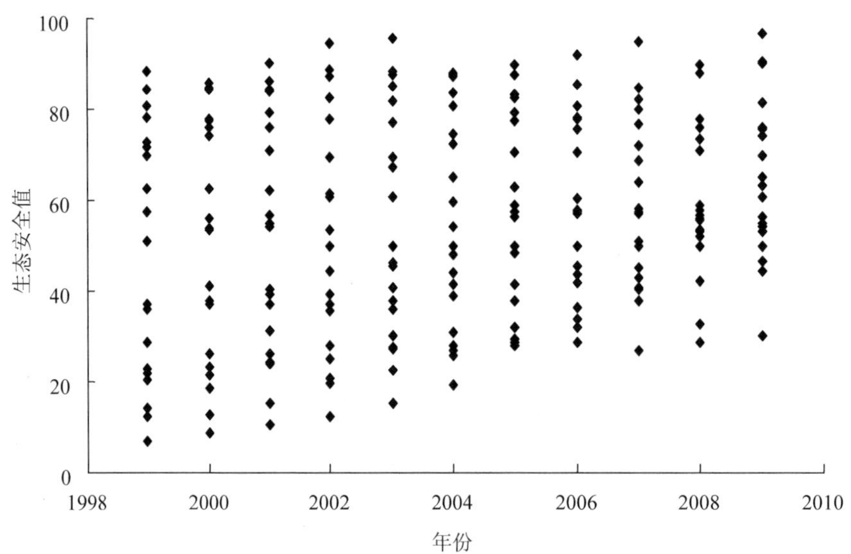

图 3-4 年际指标生态安全状态对比

从支撑长沙城乡长远发展的战略资源力来看，水资源以及以水为中心的地理资源是长沙独具的发展优势。一个城市的发展，其战略资源力的支撑条件将决定区域的发展前景与方向。从可持续发展战略来看，水资源、耕地、森林、草地、矿产品等资源是一把“双刃剑”，既是经济长期发展的基础，又可能成为经济发展的障碍。目前，我国水资源紧缺状况日益严重，全国600多个城市中，400多个城市缺水，100个城市严重缺水。水土流失、土地荒漠化、环境污染日益恶化、人口提前老龄化、人口增长的巨大压力等问题已对经济长期稳定发展造成严峻考验。仅从水资源情况看，西南、西北地区是我国水土流失最严重的地区。充沛的水资源是长沙发展重要的战略资源，也是长沙重要的比较优势之一。同时，长沙独特的“山、水、洲一体”地理风貌，在全国内陆城市中，甚至在世界内陆城市中都是极为罕见的。以橘子洲为中心，一江两岸，可以说集中了湖湘文化精粹和城市风格的主题。长沙的生态水平高居六市之首位，说明长沙在这一方面具有突出的特点。

长沙属亚热带季风气候，春末夏初多雨，夏末秋季多旱，全年雨量充足，多年来，年平均总降水量1 422.4 mm。长沙多年平均水资源总量为96.19亿 m^3，扣除蒸发、渗透等因素，据水务部门估计，长沙每年雨水总量在32.98亿 m^3 左右。如果把这32.98亿 m^3 流失的雨水有效收集利用，可以满足长沙人耗用的水资源。因此，在长沙进行雨水收集的潜力非常大。

3.5.1.2 长沙城乡生态安全格局构建

据统计，2009年长沙园林绿化覆盖面积9 304 hm^2，占市区总面积的9.75%；2009年长沙县林业用地90 801 hm^2，占长沙县总面积的44.9%。长沙县良好的绿地资源可作为长沙市天然生态屏障，由长沙城乡生态安全评估可知，2009年长沙市-长沙县生态安全水平处于较安全的状态。因此，长沙市-长沙县生态安全格局构建尽量保持原有生态格局，在此基础上进行一些优化调整。

1．长沙城乡区域生态功能分区

根据功能区划分原则以及区域生态格局的基本特征与土地利用现状，提出四类生态功能分区。前两类为自然生态功能区，后两类分别为自然人文交错过渡区、人文生态功能区。

（1）盆地周边低山丘陵水土保持与水源涵养林生态区。该区以恢复地带性原生植被为主，建立合理的植物群落结构，提高水土保持与水源涵养能力，增强森林景观的生态环境功能，使之成为区域环境功能的保护屏障。

（2）湘江河谷生态区。该区以水景观建设为主，集生态绿化、防洪堤建设、水污染治理、江心洲防护、湿地保护为一体，应综合规划、分段布局，使滨江地区成为一个环境优美，集休闲娱乐、旅游观光、自然保护为一体的景观生态区。

（3）盆地内部丘间低地与缓岗丘陵农业生产及人文生态交错过渡区。丘间低地以农业利用为主，发展生态农业经济；缓岗丘陵以发展经济园林为主，辅之以速生用材林。在树种选择上，应注意物种多样性与经济效益相结合，速生林与原生林相结合，风景林与生态林相结合；在空间布局上，应使不同林种的植被相间分布，注意相对集中与适当分散的关系、方便生产与美化居住环境的关系、人居环境建设与生态建设之间的关系，以提高抗御各种自然灾害的能力，改善生产与生活环境。

（4）人文生态区。该区分别位于长沙盆地的中部，濒临湘江两岸，是人口高度集中、社会经济发达的人文景观区。该区生态建设的重点是充分利用区内自然地物的结构特征，合理规划布局公共绿地系统，增加区域绿地面积，改善区域生态环境。应避免“摊大饼”式的城市发展模式，在合理调整功能分区的同时，以合理的生活圈为组织框架，走“组团”式发展道路。

2．长沙城乡生态安全空间布局

按照“城乡一体，林水相依，生态和谐”的理念和系统论、景观生态学理论，由既具有区别又相互联系的包括基质、廊道和特色斑块在内的若干子系统，有机建构长沙市-长沙县生态安全格局。以区域中部人文发展区为核心，核心区内部及周边农田、绿地、水体生态系统作为缓冲，区域外围森林生态系统作为自然生态屏障，构建以自然生态作为大的基底的生态安全格局体系。

在空间布局上，首先满足保障长沙市-长沙县生态安全的需要，构建完善的林业生态体系，形成天然生态屏障。其次，以市区过境湘江及长沙县内捞刀河、浏阳河流域森林生态系统为建设重点，以城区、城镇及农村居民点绿化为斑块，以路网、水网和农田林网绿化为廊道，构建完整的自然生态安全体系。

以生态网络体系点、线、面、体布局理念为指导，按照“林网化-水网化”的林水结合构建理念，以长沙市区及长沙县星沙镇为核心，通过建设森林体系，结合湿地系统的保护与恢复，全面整合森林、道路、水系、农田防护各类防护林、城区绿地、城镇村庄绿化等多种模式，建立“一屏两核三脉多网多点”的生态空间布局。

（1）一屏

一屏指长沙县境内森林生态系统的建设。在综合分析相关因子的基础上将县境内的森林生态系统划分为森林生态保护区（禁止开发）、森林生态控制区（限制开发）和森林产业经营区（重点开发与优化开发）三个类型优化生态屏障（见图 3-5）。

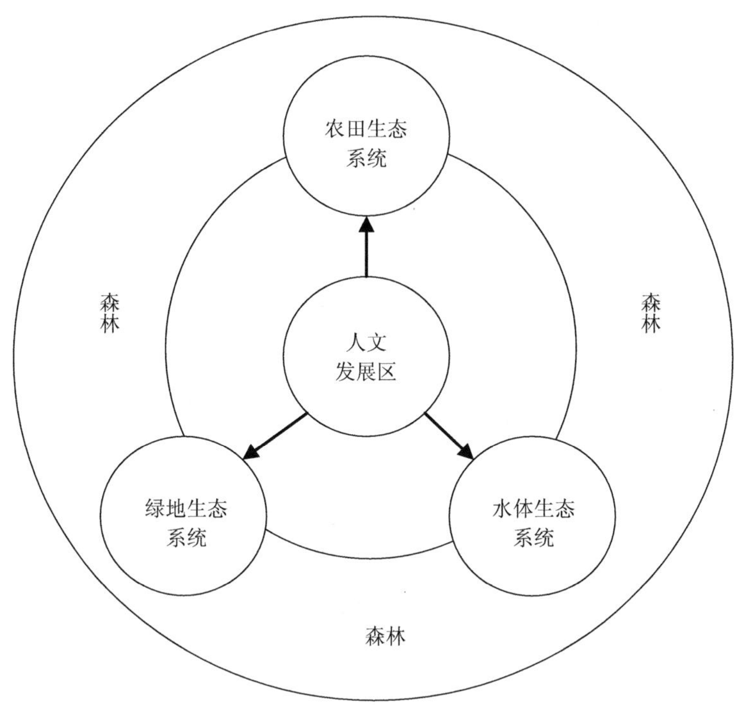

图 3-5 长沙市-长沙县生态安全空间布局

（2）两核

长沙市主城区与长沙县星沙镇两个人文建设核心区。这两个区域是整个研究区中经济最为发达、人口最为密集、人为活动最为强烈的地带，对整个区域的生态安全的影响最大，因此在核心区建设发展的同时，必须注重生态环境的保护，实现区域人与自然的和谐。

（3）三脉

长沙市城区境内湘江以及捞刀河、浏阳河三条河流蓝脉，要通过沿河风光带建设和河流湿地生态工程建设实现河流生态安全，使水质达到功能区标准。

（4）多点

城区重要节点以及各乡镇、村的生态建设。在科学定位、合理规划的基础上，城区重要节点建设的同时要把保护好乡村原有自然景观、人文景观与村容村貌政治结合起来，实现城乡一体发展，促进全市和谐发展和全面建设小康社会。

（5）多网

水网、林网、道路网、农田网等组成的生态网络建设。在生态安全点、线建设的基础上，将空间布局扩展到面网上。

3．长沙城乡生态斑块的构建

（1）重要生态斑块

研究区内重要生态斑块主要是长沙县境内大型山体斑块、公园以及区域内一些重要的湿地，见表 3-10、表 3-11、表 3-12。

表 3-10　长沙市-长沙县重要公园列表

序号	名称	总面积/hm^2	建设地点
1	石燕湖森林公园	1 195.76	长沙县跳马乡
2	嵩山寺植物园	529.8	长沙县跳马乡嵩山村、复兴村
3	白泉郊野公园	50.6	长沙市岳麓区坪塘镇
4	白竹郊野公园	382.42	长沙市跳马乡白竹村

表 3-11　长沙市市区重点湿地名录

湿地名称	所在位置	湿地类型	湿地面积/hm^2
樱花湖	雨花区	景观水面	1.21
岳麓天湖	岳麓区	景观水面	1.07
年嘉湖	开福区	景观水面	47.85
跃进湖	芙蓉区	景观水面	16.18
青竹湖	开福区	景观水面	12.24
月湖	开福区	景观水面	29.97
同升湖	雨花区	景观水面	28.27
麓谷湖	岳麓区	景观水面	3.24

表 3-12　长沙县重点湿地名录

湿地名称	所在位置	湿地类型	湿地面积/hm^2
桐仁桥水库	长沙县	水库	97.16
金井水库	长沙县	水库	139.03
团结水库	长沙县	水库	68.57
乌川水库	长沙县	水库	63.81
松雅湖	长沙县	景观水面	324.72
石燕湖	长沙县	景观水面	28.19

（2）重要生态斑块的构建

1）长沙市-长沙县重要公园发展定位（见表 3-13）

表 3-13 长沙市-长沙县重要公园发展定位

序号	名称	发展定位	备注
1	石燕湖森林公园	以芳香类植物为特色的森林生态休闲和水上游乐活动的公园	扩建，近期为省级森林公园，远期升级为国家级
2	嵩山寺植物园	以珍稀植物和药用植物等栽培、展示为特色的植物园	升级为省级森林公园
3	白泉郊野公园	以栽植多种果树为特色的观光生态休闲公园	3A 级旅游区
4	白竹郊野公园	以栽植多种果树为特色的观光生态休闲公园	3A 级旅游区

2）湿地保护等级的确定

在重点湿地确定的基础上，进一步划分长沙市湿地保护等级，其原则是：①已经列入《中国湿地保护行动计划》和《湿地公约》名录的国际重要湿地为保护Ⅰ级；②国家级自然保护区内的重要湿地为保护Ⅱ级；③已经列为省级自然保护区和自然保护小区的湿地及国家级森林公园，国家级名胜古迹内的湿地以及面积大于 500 hm^2、库容大于 1 亿 m^3 的水库为保护Ⅲ级；④省级公园、森林公园内的湿地为保护Ⅳ级；⑤凡面积大于 30 hm^2 的湿地，为保护Ⅴ级。

调查研究表明：长沙市没有列为Ⅰ级、Ⅱ级的重点湿地；列为Ⅲ级保护的湿地有岳麓山国家森林公园的岳麓天池、雨花区的樱花湖；列为Ⅳ级保护的湿地有烈士公园的年嘉湖、跃进湖等；列为Ⅴ级保护的湿地有面积大于 30 hm^2 的蓄水区和天然湖泊共 10 个（见表 3-14）。

表 3-14 长沙市-长沙县重要湿地保护等级

湿地名称	樱花湖	岳麓天湖	年嘉湖	跃进湖	青竹湖	月湖	同升湖	麓谷湖	桐仁桥水库	金井水库	团结水库	乌川水库	松雅湖	石燕湖
保护等级	Ⅲ	Ⅲ	Ⅳ	Ⅳ	Ⅴ	Ⅴ	Ⅴ	Ⅴ	Ⅴ	Ⅴ	Ⅴ	Ⅴ	Ⅴ	Ⅴ

4．长沙城乡生态廊道的构建

（1）主要生态廊道

长沙城区主干道有五一大道、芙蓉路、韶山路、中山路、黄兴路、湘江路、潇湘大道、人民路和“六桥三环”。

长沙市区属湘江水系，湘江自湘潭韶山流经长沙县西南边境，然后由南向北纵贯市区，经望城县乔口出境，经过市境的长度有 74 km。长沙县境内诸河均属湘江水系，浏阳河、捞刀河自东向西注入湘江。浏阳河是湘江的一级支流，浏阳河纳长沙县内 30 条溪港之水，呈脉状自东向西横穿县境，至开福区马厂以南入湘江，长 22.5 km，流域面积 611.043 km^2。捞刀河为湘江一级支流，由浏阳北乡永安镇入长沙县境，经捞刀河镇入长沙市而注入湘江，全长 141 km，流域面积 1 296 km^2。在县域内流程 28.6 km，流域面积 1 458 km^2。

（2）重要生态廊道的构建

1）河流廊道的建设

目前河流廊道存在以下问题：①廊道宽度不够，生态功能未能有效发挥；②部分河段缺乏植被，防护效能差；③河流廊道景观效果由于没有进行科学、合理的规划，致使景观单一、不连续、不完整。针对以上问题，河流廊道的建设主要从以下两方面着手：

Ⅰ．河流驳岸绿化工程

a. 自然原型驳岸

自然原型驳岸建设模式为：从河流水面→沉水植被→挺水植被→湿生草甸→灌草地→多行乔木林带→湿草甸或沼泽→农业生产用地。

建设要点：主要考虑生态功能的发挥和原生态景观的营造。

b. 自然型驳岸

自然型驳岸建设模式为：河流水面→石头或树桩护堤（石笼、树桩、浆砌石块）→灌草地→少行乔木林→灌草地→多行乔木林带→湿草甸或沼泽→农用地。

建设要点：在考虑防洪同时，主要考虑生态功能的发挥，同时兼顾景观效果的营造。

c. 人工自然型驳岸

人工自然型驳岸建设模式为：从河流水面→钢筋混凝土为主体的自然型护岸→攀援植被→灌草地→乔木林带→其他用地。

建设要点：在考虑防滑坡的同时，考虑生态功能的发挥，同时兼顾景观效果的营造。

d. 刚性驳岸

刚性驳岸建设模式为：河流→钢筋混凝土护堤（墙式或斜坡）→护岸护栏→花岗岩铺地→花岗岩台阶（斜坡灌草）→人行道或车行道→灌草地→乔木林→斜坡灌草地→道路或房屋。

建设要点：在充分考虑防洪要求的同时，也要考虑生态功能的发挥和景观效果的营造，更要考虑休闲、游憩的需求。

e. 亲水型驳岸

亲水型驳岸建设模式为：河流水面→自然驳岸、人工自然驳岸或沙滩→亲水台阶、栈道、灌草地→少行乔木林→人行道或车行道→斜坡灌草地→道路或房屋。

建设要点：充分考虑生态功能的发挥和景观效果的营造，尤其要考虑休闲、游憩的需求。

根据河岸带周边地形地貌实际情况，综合运用多种生态手段，科学选用生态环保型材料，合理布局亲水活动空间，利用以上五种形式的驳岸，打造"水清、岸绿、景美、生态、安全"的河流景观。

Ⅱ. 沿河林带绿化工程

平地两岸防洪堤外各 30 m 范围内或自然地形第一层山脊线内。一级支流平地两岸因地制宜 5～10 m 内或自然地形第一层山脊线内建设沿河林带。在平地两岸，在不影响行洪的前提下，建设 5～10 m 的沿河林带。在靠近居民点 1 km 范围内建设以观赏为主的林带，在远离居民区，人烟稀少地带建设以生态效能为主的林带。在植物配置上，采取常绿乔木和落叶乔木相结合的配置方式。常绿乔木选择香樟、杜英、广玉兰、雪松、含笑、竹子等。落叶乔木选择枫香、桂花、马褂木、二乔玉兰、合欢、樱花、垂柳、红枫、龙爪槐、鸡爪槭等。

2）道路生态廊道的建设

长沙市、长沙县内的铁路、高速公路两侧建设 50 m 宽的防护林带；国道两侧建设 20 m 宽的防护林带；省道两侧建设 10 m 宽的防护林带；县乡道两侧 5 m 宽的防护林带。

在树种搭配上按照乔、灌、花相结合的原则，力争把道路生态廊道建成一条绿化线、风景线、观光线和农民增收的致富线。

道路生态廊道的建设要和道路防护等公车设施以及沿线城镇、乡村的绿化结合起来，既要绿化美化环境，又要能够保障安全，提高工程的防护性能。

3）环城林带的建设

长沙市规划在绕城线两侧各控制 100 m 用地（其中河东南绕城线内侧 100 m，外侧 400 m）进行环城林带建设，全长 97 km，涉及面积 2 000 hm^2。其布局形式采用长藤结瓜式，在沿线用地条件较好的地方适当放宽，规划布置大型公园，50 m 以内规划以乔木为主的开放性纯林带。长沙市的环城林带虽然在总体骨架上与其他城市存在相同点，但其内容强调了自己的特色，环城林带经过地区历史人文景观（遗址）多，重点突出长沙历史文化和山体、江河滨水、洲等景观特色地带，并按“城市与自然共存”的原则，重视城乡接合和环境绿化。

长沙市的环城林带宽度规划在 200～500 m。根据生态学家克萨提（Csuti）提出森林的边缘应有 200～600 m 宽，最好大于 1 200 m。长沙市的环城林带宽度仅符合森林的边缘宽度，比上海环城林带宽度小，但长沙作为中等级的大城市，这种宽度基本符合要求。

3.5.2 北京市朝阳区生态安全格局构建

1．关键生态结点和廊道位置判定

（1）城乡景观类型分类

在 ArcGIS 中，对北京市朝阳区 2009 年 9 月 QuickBird 遥感影像进行了目视解译，在 GPS 支持下，多次到控制点进行实地踏勘，确定实地地物类型，提高遥感解译精度。建立了北京市朝阳区景观类型分类规则，六类景观及其所对应的土地利用类型为建筑用地、耕地、草地、水域、林地和其他用地等。

（2）城乡景观格局分析与功能评价

1）景观格局分析

本书通过对遥感影像解译、分类，分别在景观水平和斑块水平计算研究区的景观指数。以 2009 年 9 月数据为例分析，朝阳区景观破碎化严重；景观形状较不规则。建筑用地各斑块的距离最小，聚集度高，斑块破碎度小，其他自然斑块都存在不同程度的破碎化情况，连通性较差，见表 3-15。

表 3-15 朝阳区景观结构指数

景观类型（TYPE）		耕地	草地	林地	水域	建筑用地	其他用地
面积密度指数	斑块类型面积（CA）	27 342	6 112.25	315	2 906.25	1 754.75	5 243.25
	斑块密度（PD）	0.232 1	0.526 1	0.050 8	0.486 3	1.173 7	0.110 5
	最大斑块占景观面积比例（LPI）	17.827 8	3.186 9	0.164 1	0.717 3	0.351 5	1.580 5
	总边缘长度（TE）	1 283 100	718 900	507 650	366 900	43 550	43 050
	边缘密度（ED）	28.362 2	15.890 9	11.221 3	8.110 1	0.962 6	0.951 6
形状指数	景观形状指数（LSI）	20.182 8	23.399 4	6.408 5	21.611 1	31.113 1	12.848 3
	标准化景观形状指数（NLSI）	0.088 2	0.144 3	0.156 8	0.193 3	0.364 7	0.082 5
	平均边缘面积比（PARA_MN）	287.247 6	473.270 2	599.348 7	156.887 4	438.252 5	243.063 5
	平均形状指数（SHAPE_MN）	1.759 3	1.560 3	1.945	1.914 7	1.370 4	1.374 2
蔓延度指数	聚集度指数（AI）	94.176 7	85.569 6	84.320 1	80.672 1	63.525 6	91.751 5
	斑块所占景观面积比例（PLAND）	60.438	13.510 8	0.696 3	6.424 1	3.878 8	11.589 9
	相似毗邻百分比（PLADJ）	93.891 7	85.021 9	46.430 8	91.117 2	84.612 7	81.944 4
	散布于并列指数（IJI）	87.504 4	72.409	63.080 6	70.664 4	70.961	71.391 2
	分离度指数（SPLIT）	22.226	576.281	32 060.231	1 278.384 9	69 294.949	206 574.31
	景观分割度（DIVISION）	0.955	0.998 3	1	0.999 2	1	1

2）城乡景观生态服务功能强度分布

根据研究区的景观空间格局特征，以谢高地等对中国不同陆地生态系统单位面积生态系统服务价值估算值为基础数据，对朝阳区各种景观类型赋值，得到朝阳区景观生态功能强度值空间分布图。

3）高功能景观生态服务区域功能分析

①城乡绿地

本书基于 2009 年朝阳区现状，以绿地服务半径来表征绿地的影响范围。首先按照面积规模将城乡范围内绿地划分为住宅绿地、近邻绿地、地区绿地、市区级绿地、城乡绿地、城乡森林，再分别以其服务半径为缓冲区半径进行缓冲区分析和叠加分析，在假设绿地空间连通、生态流畅行的前提下，空间上判别朝阳区现有城乡绿地生态服务能力（见表 3-16）。

表 3-16 朝阳区城乡绿地服务范围

斑块类型	最小面积/hm^2	服务的最小半径/m	缓冲区面积/hm^2
住宅绿地		150	20 735.414 7
近邻绿地	1	400	41 395.641 4
地区绿地	10（包括 5 hm^2 公园）	800	27 190.586 75
市区级绿地	30（包括 10 hm^2 公园）	1 600	16 905.882
城乡绿地	60	3 200	11 201.874 55
城乡森林	＞200（小城市） ＞300（大城市）	5 000	1 657.487 7

在这一假设条件下，分析结果表明：朝阳区现有城乡绿地服务国土比率达到 99.16%。这说明在理想条件下，即景观流连通性不受任何阻碍的情况下，朝阳区现有绿地生态服务范围能够基本涵盖行政区域空间，绿地的总体规模基本能够满足城乡居民生活。

然而，从现状来看，朝阳区绿地景观的破碎化程度较为严重，显然前边的假设是不完全成立的。那么提高整个城乡绿色空间的服务质量，更重要的途径是改善其总体格局、局部绿地的质量，以保障生态流的良性运行、提高整个区域生态质量，正向影响区域的生态安全。

②水域与湿地

朝阳区地表河湖水系较多，水系密度较大，河网丰富，生态服务功能较强。境内的北运河水系是唯一发源于北京的水系，其上游有温榆河、通惠河、凉水河等支流。朝阳区北部大致以清河为界，东北部大致以温榆河为界。坝河与南来的亮马河、北来的北小河相交后汇入温榆河。凉水河、萧太后河、通惠灌渠等局部河段流经朝阳区南部。区内河流总长度为 151 km。另外，区内还有朝阳公园湖、窑洼湖、红领巾湖、高碑店湖等湖泊以及鱼塘、水池洼地等 70 多处，总面积 980 hm^2。本书基于 2009 年朝阳区现状，以水域与湿地服务半径来表征城乡绿地的影响范围。将水域与湿地服务半径分为四个梯度：250 m、500 m、750 m 和 1 000 m。在 GIS 中对朝阳区规模水域与湿地（面积≥4 hm^2）进行缓冲区分析（见表 3-17）。

表 3-17 各梯度水域与湿地服务国土比率

缓冲区半径梯度/m	250	500	750	1 000
缓冲区面积/hm^2	11 441.92	20 342.93	27 736.28	33 259.55
水域与湿地服务国土比率/%	25.29	44.97	61.31	73.52

结果认为，在居民方便步行就近到达范围（500 m 缓冲区）这一梯度，朝阳区现有城乡水域与湿地服务国土比率为44.97%。这说明朝阳区水域与湿地能够就近提供较高的生态服务价值，但是从实际情况来看，水网密度、水网的连通程度还有待提升。

（3）景观阻力面的构建

不同的生态源地之间景观流的空间运行要克服一定的阻力才能实现。这意味着源生态流运行时，景观生态功能必然会随距离衰减，而对于不同土地利用类型来说其耗费也不同。运用地理信息系统空间分析功能，分别计算各种类型生态功能强度的倒数，得到景观生态阻力面。

（4）景观格局优化组分识别

1）提取生态源地

生态源地指一定地域内达到一定规模的生态服务功能值高、促进生态过程发展的景观类型。本课题提取林地和水体斑块（面积大于等于10 hm^2 的水体、林地）作为区域内提供主要生态效益的源，即生态源地，建立生态源地斑块空间分布图。

2）确立潜在生态廊道

廊道是景观结构中相当特殊的元素，同时起着分割与联系的功能。廊道的断开与否是确定廊道发挥其信道与屏障功能效益的重要因素。而生态廊道指具有保护生物多样性、过滤污染物、防治水土流失、防风固沙、调控洪水等生态服务功能的廊道类型，其主要由植被、水体等生态性结构要素构成。在城市化稳定发展期其主要形式表现为沿河流廊道、沿道路廊道、绿带廊道（包括楔形绿地）等。

廊道的功能效益由中心向外围逐步衰减、遵循距离衰减规律，所以基于廊道的连通度原理以及廊道功能效益的距离衰减规律，可以利用最小耗费距离模型来获得研究区生态网络中的廊道结构。

3）识别潜在生态节点

生态节点是指分布在生态系统的空间中，连接相邻的生态源地，并对生态流起关键作用的景观组分。在景观生态阻力表面，以所有生态源地为对象获得累计耗费距离表面。将累计耗费距离栅格图作为地形图，借鉴空间分析模块中的水文分析方法提取耗费距离表面的“山脊线”，即阻力面阻隔生态流运行的最大阈值；然后，通过栅格计算，获取“山脊线”和最短路径的交集，结合研究区景观特征，确定出潜在生态节点的最佳空间位置。

4）潜在生态节点重要性分析

仅明确生态节点的空间位置不足以支持生态规划和建设实践，还需要兼顾当地土地利用性质、建设周期、经济可行性等因素，从技术上对生态节点做进一步的筛选，以便较为准确地判别出生态节点建设的先后顺序和建设规模。本小节在 600 m 距离约束下，以景观连接度重要性指数判别生态节点对地区生态系统景观连接度的影响程度，针对朝阳区进行生态节点斑块的重要性分析。

5）景观格局优化方案

在对景观格局组分进行优化的基础上，建立生态源地、生态廊道、生态节点相互结合的生态网络。

2．热岛控制格局

（1）热岛效应遥感反演

本书利用 2009 年 9 月 22 日的朝阳区 Landsat5-TM 遥感影像进行了热岛分布格局遥感反演。

（2）朝阳区热岛分布分析

按照遥感反演得到的地表温度梯度将朝阳区热环境分为最低温区、较低温区、中等温区、较高温区、最高温区五类。与朝阳区行政边界进行了空间叠加，划定朝阳区小热岛分布区（空间尺度上热岛效应集中的小区域），以便较为准确地获得热岛效应明显区域的空间位置，探讨影响研究区内热岛效应的主要自然因素、社会因素、经济因素，从而为找到适当地减小城乡热环境压力、缓解热岛效应的方法提供技术支持。

根据 2009 年 9 月朝阳区地表亮温像元统计，地表亮温集中分布于 292.90～303.84 K，即实际地表温度集中分布于 19.75～30.69℃，最大温差达 10.94℃。建成区地表温度比较集中，主要分布在 22.61～28.26℃。小型热岛零散分布，热岛严重的区域主要分布在十八里店、小红门西北、高碑店西南、王四营西部和南部、楼梓庄西北和西南、东坝中心区、崔各庄南部和西北等地区。其中十八里店南部温度最高，达到 30.69℃（此处多汽车修理厂等排热较高的企业）。总体来讲，朝阳区热岛分布呈现多中心特点，热场高温区和下垫面的性质关系密切，四环以内人口稠密、交通密集、绿化少的地区热岛效应十分显著，在这一区域内，城市热岛有成片发展的趋势。

（3）缓解热岛效应对策分析

通过对国内外缓解热岛效应方法的总结和比较研究，提出以下几种改善热岛效应的参考方法：

1）规划建设：通过合理的规划布局（如多中心和离散型布局结构），减少市中心区的人口、建筑和产业密度，减少过度集中的能源消耗，重视绿地分布的均匀度，改善城市辐射的总体状况，降低城市的热岛效应。

2）建成区绿化建设：加强绿地生态建设，增加城市绿地的总量，改善城市下垫面的性质；提倡屋顶绿化和垂直绿化，缓减中心城区的热岛强度；构建合理的植物群落结构，提高单位面积绿地削减热岛的生态服务功能。可以结合代征绿地项目，在街头、小区、单位等地实施见缝插绿、拆墙透绿、屋顶绿化和立体绿化等措施。

3）大型生态斑块保护：保护现有的大面积绿地和水体，逐步提高乔木在绿地面积中的比例，使它们成为控制热岛现象的主体。物种设置以耐受性为主，综合考虑植物生态功能和景观效果。加强通惠河两岸的植被建设，使其成为引导自然风入城的“冷桥”。

3．水资源保护与滞洪格局

（1）水资源保护格局

朝阳区仅有一处地下水水源保护区，位于东直门内大街、首都机场路、南湖渠东路向东北外延 800 m、北小河、北苑路、小关路、昌平路北三环西路范围内。

（2）蓄滞洪格局

朝阳区的主要蓄滞洪区有北部的朝来农艺园、雷桥水库、奥运公园，中部朝阳公园、红领巾公园、工体湖、团结湖，南部萧太后河下游、黑庄户，东部金盏老河弯、坝河下游楼梓庄、沙窝等蓄滞洪区。根据朝阳区的水利规划，还将继续建设清河下游、清羊湖、坝河下游、千亩湖和水牛房等蓄滞洪区。

4．地质灾害防护格局

收集研究区域的地质灾害类型及强度分布，然后进行分级。根据北京市国土资源局提供的相关资料，朝阳区地质灾害类型主要是因地下水的开采引起的缓慢地面沉降，主要沉降中心分布在来广营和八里庄—大郊亭，累计沉降量分别达到565 mm、722 mm。目前，全市平原地区地下水埋深平均为 25 m，2010 年与 1960 年年初相比，地下水位下降 22 m，地下水储量减少 112 亿 m^3。尤其是近 20 年，北京市持续干旱，地下水位下降速度加快，年均下降 1 m 左右，地下水超采严重。

5．综合生态安全格局

通过以上对生态源、生态廊道和生态节点的构建与选择，利用生态廊道把各个生态源地之间紧密联系起来，构成点、线、面相互交织、有机结合的生态网络体系。生态安全格局布局模式可以归纳为环城绿带布局模式、楔形放射布局模式、廊道网络布局模式。

3.5.3 安徽淮北生态安全格局构建

1．重要生态节点的确定

通过生态系统服务价值的空间分布，选取生态服务价值分类中6～12等级的17个生态斑块，抽象为17个生态节点。同时结合淮北水源地敏感斑块空间分布及供水量大小，选取10个水源地作为生态节点，共计27个生态节点，其中大型山体斑块有相山、塔山、龙脊山风景区；公园有南湖湿地公园、北湖公园、东湖湿地公园、乾隆湖公园；湿地湖泊斑块有朔里湖、化家湖；水源地有相山-濉溪岩溶水源地双漏斗区、二电厂水源地（岩溶水保护地）、徐楼水源地和二电厂-青谷-赵集水源地等。将这27个生态节点依据生态功能价值高低、供水量大小及空间分布分为一、二两个等级。一级生态节点作为生态源地，二级生态节点作为生态目的地。

2．最小耗费距离模拟重要生态廊道

基于最小耗费距离方法的潜在生态网络模拟是通过计算源与目标之间的最小累积阻力值来获取的，景观阻力是指物种在不同景观单元之间进行迁移的难易程度，斑块生境适宜性越高，物种迁移的景观阻力就越小。通过对淮北生态系统服务功能价值的评价及参考相关文献，对不同土地利用类型的景观阻力进行赋值，见表3-18。通过ArcGIS中GRID模块的Cost Distance功能生成各一级生态节点至17个二级生态节点的最小耗费距离表面及路径。

表3-18 不同土地利用类型的景观阻力值

土地利用类型	建设用地	裸地	草地	水域	风景名胜及特殊用地	园地	农田	林地
景观阻力（取值范围1～100）	100	70	60	60	50	30	20	5

3．景观生态安全格局优化策略

将10个一级生态节点所生成的最小耗费路径进行叠加，形成淮北生态功能网络结构图，与淮北现有生态廊道对比分析。

通过对模拟的重要生态廊道和现有主要廊道进行分析比较，可以看出以下几点问题：首先，从区域整体上看，城乡森林（山体斑块）在空间上衔接性不高，没有在城市外围形成一个完善的生态网络。其次，模拟运算得出的廊道路径与现有廊道相比，建成区内生态功能节点质量较低，廊道最小耗费路径往往选择绕开建成区而间接通过其他节点衔接，这将导致生态流无法进入城乡生态系统中的生态薄弱区域，现有廊道中建成区虽然交通廊道密集度相对其他区域较高，但连接度还不够，孤立的生态廊道无法实现生态流的连续。另外，研究区中某些生态服务功能较强的重要生态节点尚无现有廊道连接，或者仅仅是横向或纵向的单一连接。

针对发现的问题，完善和优化城乡生态安全网络，构建城乡生态安全格局。

3.5.4 宁夏沙坡头生态安全格局构建

3.5.4.1 沙坡头区生态安全评价的指标体系

从城市化初级期城乡一体化过程中存在的主要生态环境问题出发，结合景观生态学等相关学科理论，以 RS 和 GIS 技术为支撑，建立基于压力-状态-响应模型（PSR 模型）的城市化初级期生态安全评价指标体系，见表 3-19。

表 3-19 沙坡头区生态安全评价的指标体系

	指标	数据来源	趋向	标准化处理方法
压力	人口密度	统计数据	逆	与标准值贴近度
	居民点压力	遥感调查、地形图	逆	专家赋值
	交通线压力	遥感调查、交通图	逆	专家赋值
	人均可利用水资源潜力	统计数据	正	专家赋值
	耕地压力	统计数据	逆	与标准值贴近度
状态	面源污染	统计数据	逆	极差标准化
	水体污染	统计数据、水系图	逆	专家赋值
	土壤盐渍化强度	统计数据	逆	极差标准化
	景观多样性指数	遥感调查	正	极差标准化
	土地沙漠化强度	遥感调查	逆	极差标准化
	植被覆盖度	遥感调查	正	极差标准化
	水体流失强度	遥感调查	逆	专家赋值
	生态系统价值指数	遥感调查	正	极差标准化

	指标	数据来源	趋向	标准化处理方法
响应	自然保护区建设	相关图件	正	专家赋值
	各乡镇环保投入	统计数据	正	专家赋值

其中，人口压力可能会引发土地资源利用的变化，会产生一系列诸如城市扩张、侵占耕地、破坏植被等问题，其结果必然会危及区域生态安全，这一点在生态脆弱区更加凸显。选取人口密度和居民点压力两个指标反映区域人口压力；交通线压力反映了人类经济活动对生态环境的压力；人均可利用水资源潜力和耕地压力指标反映了区域资源压力；面源污染和水体污染指标反映了区域环境污染压力；盐渍化强度、土地沙漠化强度和水土流失强度指标反映了区域自然生态环境所处的状态；景观多样性指标在一定程度上可表征生物多样性。一般来说，景观多样性指数越高，生态系统结构就越复杂，生态系统就越稳定并且生物多样性越丰富；生态系统价值指数用于表征区域生态服务功能水平的高低；自然保护区建设、各乡镇环保投入两个指标反映了人类为了保护和改善环境所做的努力。

数据分级原则采用 Jenks' Natural Breaks Classification，即自然分割法，此方法是地理信息系统中主题图分级所广泛采用的方法。引用统计学的理论，首先将所有数据按照从小到大的顺序排列，采用所有可能的方式进行分组，由式（3-16）计算比较各组数据的离散程度，选择每组 SSD 值（the Sum of Squared Differences of Values from the means of their classes）最小的分割点进行划分。通过这种方法分组后，可以保证每组数据中的数值最相近，而组与组之间的数据跳跃性最大，使划分出的等级层次分明。

$$\mathrm{SSD}_{i\ldots j}=\sum_{n=i}^{j}(A[n]-mean_{i\ldots j})^2=\sum_{n=i}^{j}A[n]^2-\frac{\left(\sum_{n=i}^{j}A[n]\right)^2}{j-i+1} \tag{3-16}$$

式中，A —— 按照顺序排列的某一个数据组；

$mean_{i\ldots j}$ —— 第 i 个数据到第 j 个数据的平均值；

n —— 数据总个数，$1\leqslant i<j<n$。

3.5.4.2 建立沙坡头区 PSR 数据库

根据指标体系和数据来源，可将沙坡头区生态安全评价指标数据库分为以下四部分：基础要素数据库、生态安全压力数据库、自然环境状态数据库和社会响应数据库。

1. 基础要素数据库

本书基础要素数据可分为三部分，一是各类图件，包括沙坡头区地形图(1∶50 000)、行政区划图、交通图、土壤类型图、水系图、自然保护区分布图等；二是沙坡头区 12 个乡镇统计数据，包括人口自然增长率、各乡镇人口数、农药、化肥等施用情况等；三是沙坡头区 2009 年 TM 遥感影像、土地利用类型数据和 DEM 数据等。

2. 生态安全压力数据库

（1）人口密度

人口密度在一定程度上可以反映区域人口压力对生态安全的影响程度。根据人口普查数据统计沙坡头区 12 个乡镇人口密度。对数据进行标准化后，采用 Natural Breaks 方法分成低、较低、中等、较高、高 5 个等级，分别赋值 1，3，5，7，9。

（2）居民点压力

人类活动一般以聚集区（居民点）为中心往外辐射，随着距离的增加，人类活动强度逐渐减弱，居民点内部人类活动最强烈。据此，我们利用缓冲区分析和专家赋值法对沙坡头区不同级别居民点对生态安全产生的压力进行定量分析。

通过遥感影像和地形图判读沙坡头区居民点，按照行政等级划分为县城居民点、乡镇居民点和农村居民点三大类，结合左伟等（2002）、龚建周等（2008）的研究成果，同时结合沙坡头区社会经济发展的现状，对沙坡头区居民点产生的压力进行赋值。其中，由于沙坡头区居民点是整个中卫市政府所在地，因此内部压力都赋值为 10，以居民点为中心以 1 000 m 作为缓冲区半径进行 3 层缓冲区划分，依次从内到外赋值 8，6，4，0；乡镇居民点以 500 m 为半径进行 3 层缓冲区划分，依次从内到外赋值 7，5，3，0；农村居民点以 250 m 为半径进行 3 层缓冲区划分，依照从内到外赋值 6，4，2，0；将三大类居民点的缓冲区结果进行叠加，用 max 命令取居民点压力最大值，即可得到沙坡头区居民点压力。

（3）交通线压力

道路建设对生态安全的影响，主要包括占用土地、诱发地质灾害、有害物质排放、噪声和生物多样性等方面。

依据沙坡头区 2009 年 TM 遥感影像、1∶50 000 地形图、2009 年县域行政区划图等提取沙坡头区交通道路数据，然后依据道路级别与距离交通线远近进行赋值。铁路以 2 000 m 进行 3 层缓冲区分析，从内到外依次赋值 10，7，4，0；高速公路以 1 500 m 作为缓冲区半径进行 3 层缓冲区划分，从内到外分别赋值 9，6，3，0；国道以 1 000 m 作为缓冲区半径进行 3 层缓冲区划分，从内到外依次赋值 8，5，2，0；省道以 500 m 作为缓冲区半径进行 3 层缓冲区划分，从内到外依次赋值 7，4，1，0；县乡级公路以 250 m 作为缓冲区半径进行 2 层缓冲区划分，从内到外依次赋值 6，3，0。将这几类交通线的缓冲区进行空间叠加，用 max 命令取交通线压力最大值，即可得到沙坡头区交通线压力分布。

（4）水体污染

沙坡头境内沿途接纳废水的主干排水沟主要有四条，分别为第一排水沟、第二排水沟、第三排水沟、第四排水沟。其主要功能是接纳全市生活污水、工业废水与农田退排水。四条排水沟水质全为劣Ⅴ类。依据沙坡头区水系图、主要排水沟水质图、1∶50 000 地形图、2009 年遥感影像等提取四条主干排水沟，结合杨圣军（2007）的研究成果，各排水沟以 300 m 为缓冲半径，进行三级缓冲，分别赋值 10，7，4，0，用以表征水体污染对生态安全产生的压力。

（5）面源污染

沙坡头区位于卫宁平原区，近年来随着农业集约化生产和集约化饲养业的迅速发展，农用地膜、化肥、农药、畜禽粪便等导致农业面源污染问题显现出来，影响着城镇环境、湖库与景观水体功能、农田环境质量和农畜产品的质量安全。参考农业面源污染相关研究文献，通过收集沙坡头区各乡镇化肥施用量、固体废物排放量、生活污水排放量、畜禽粪尿排放量及农药施用强度等指标，计算农业面源污染压力，用以表征农业生产活动对生态安全的压力。

（6）耕地压力

耕地是农业生产的物质基础，其在数量和质量上的变化将会影响粮食的产出，进而影响区域粮食自给和粮食安全水平。随着沙坡头区城市化进程加快，耕地资源向其他建设用地转移速度加快，严重影响粮食安全，加上农业面源污染、不合理的灌溉方式和自然灾害等因素，耕地质量下降速度可能加快，会严重影响粮食生产和安全。

耕地压力指数计算公式为

$$K=S_{\min}/S_a \tag{3-17}$$

式中，K—— 耕地压力指数；

S_a—— 实际人均耕地面积；

$S_{\min}$—— 区域最小人均耕地面积。

用人均耕地面积与宁夏“最小人均耕地面积”标准值 0.185 1 hm^2/人进行比较，人均耕地压力指数=10×各乡镇人均耕地面积/标准值，对于人均耕地面积大于 0.185 1 的乡镇，说明本乡镇耕地可以自给自足，人均耕地压力指数设为 10。对于人均耕地面积小于 0.185 1 的乡镇，直接按照上述公式计算，得到沙坡头区耕地压力数据库。

3．自然环境状态数据库

（1）土地荒漠化强度

参考《生态功能区划技术暂行规程》中指定的荒漠化分级指标，依据数据可操作性原则，结合沙坡头区实际情况，最终选取坡度、土壤质地、植被覆盖度和距沙源地距离三个指标对土地荒漠化进行分级。

土壤质地：不同粒度的土壤颗粒具有不同的抗剪切力，黏质土壤易形成团粒结构，抗剪切能力增强；相同条件下，沙质土壤的起沙速率大于壤质土壤的起沙速率；砾质结构的土壤和戈壁土壤的风蚀速率小于沙地土壤的起沙速率；而基岩质地地表的供沙率极低，对风蚀影响不大。土壤质地的确定首先将土壤类型图数字化，然后根据《宁夏土壤》确定各类土壤表土层土壤质地，按照土壤质地诱发土地沙漠化的程度，分为五类，一类为中黏土，二类为轻黏土，三类为重壤、砾质壤土、砾质轻壤土，四类为轻壤、中壤、沙壤土，五类为紧沙土、松沙土，分别赋值 1，3，5，7，9。

植被覆盖：要计算植被覆盖度，可以先计算 NDVI，然后利用 NDVI 与植被覆盖度之间的关系计算。

归一化植被指数：NDVI=（Band4−Band3）/（Band4+Band3）

植被覆盖度：f=（$\mathrm{NDVI}-\mathrm{NDVI}_{\min}$）/（$\mathrm{NDVI}_{\max}-\mathrm{NDVI}_{\min}$）

距沙源地距离：评价区距离沙源地越近，该地发生土地沙漠化的概率越高。先从沙坡头区土地利用图中提取沙源地，然后进行缓冲区分析，以 200 m 为缓冲区半径，进行五级缓冲，从内到外分别赋值 9，7，5，3，1，沙源地内部赋值 1。

分别获得土壤质地、植被覆盖度和距沙源地距离三个指标数据后，首先利用极差法将各指标数据进行标准化处理，然后再将各指标进行等权叠加，分级采用 Natural

Breaks 方法。

（2）土壤盐渍化强度

土壤盐渍化是宁夏农业生产的一项主要限制因子。宁夏土壤盐渍化的形成主要有自然和人为原因。由人为原因产生的盐渍化，称为人为盐渍化，也叫次生盐渍化。

根据指标选取的可操作性原则，选取土壤表层盐分含量指标进行沙坡头区土壤盐渍化分级。选取典型区域建立不同盐渍化程度土壤的光谱特征，基于遥感图像获取沙坡头区盐渍化分布，利用极差法进行数据标准化处理，采用 Nature Breaks 方法进行土壤盐渍化分级。

（3）景观多样性指数

景观多样性指数是用来衡量生态系统结构复杂程度的指数。一般来说，景观多样性指数越高，生态系统结构就越复杂、生态系统越稳定、生物多样性越丰富。景观多样性在一定意义上可以代表生物多样性。

首先从沙坡头区政区图（乡镇）中提取 12 个乡镇的边界，然后利用乡镇边界从土地利用图中提取各乡镇的土地利用图层，在 ArcGIS 10.0 软件中将土地利用图层 shape file 格式转为 grid 格式，导入 Fragstats 3.3 软件计算各乡镇 SHDI。将各乡镇 SHDI 数值进行极差标准化处理并采用 Natural Breaks 方法进行分级。

4．社会响应数据库

社会响应数据主要是用于反映人类对生态安全破坏的积极响应。根据数据的可操作性和层次性原则，选取自然保护区建设、各乡镇环保投入两个指标对生态安全水平进行评价。

（1）自然保护区建设

沙坡头自然保护区 1984 年由自治区政府批准建立，1994 年晋升为国家级自然保护区，主要保护对象为沙漠自然生态系统，特有的沙地野生动、植物及其生存繁衍的环境。保护区位于中卫市城区西部腾格里沙漠的东南缘。东起二道沙沟南护林房，西至头道墩，北接腾格里沙漠，沙坡头段向北延伸 1 000～2 000 m，沿“三北”防护林二期工程基线向东北延伸至定北墩外围 300～500 m，南临黄河，长约 38 km，宽约 5 km，海拔在 1 300～1 500 m，是亚洲中部和华北黄土高原植物区系的交汇地带，为荒漠和草原间的过渡，生物种类及生态过程具有明显的过渡特点。

根据自然保护区功能分区核心区赋值 10，缓冲区赋值 8，试验区赋值 5。

（2）各乡镇环保投入

针对宁夏农村存在的主要环境问题，如饮用水水源地污染和饮水安全保护问题，村庄生活污水和生活垃圾污染等综合污染问题，畜禽养殖污染、乡镇工业企业污染、面源污染、沟渠综合整治等问题，沙坡头区农村环保投资主要集中在垃圾池建设、绿化工程、道路硬化、排水管网建设、垃圾收集转运、乡镇综合整治工程等方面，根据各乡镇统计出的以上环保项目近 5 年投入经费情况，取年平均值，计算各乡镇单位面积（km^2）投入经费，对数据进行标准化后，采用 Natural Breaks 方法分成低、较低、中等、较高、高 5 个等级，分别赋值 6，7，8，9，10，表征各乡镇环保投入水平。

3.5.4.3 沙坡头绿洲区的生态安全格局评价

基于标准化处理后的指标数据，提取 12 个乡镇各指标标准值的平均值，14 个指标 12 个乡镇共形成 12 个数据文件，作为求权重的原始数据。计算结果见表 3-20。

表 3-20 沙坡头区生态安全评价指标权重

指标	权重	指标	权重
人口密度	0.014 6	土壤盐渍化强度	0.054 4
居民点压力	0.109 1	景观多样性指数	0.149 4
交通线压力	0.058 6	土地沙漠化强度	0.113 3
人均可利用水资源潜力	0.029 2	水体流失强度	0.090 8
耕地压力	0.015 1	生态系统价值指数	0.051 4
面源污染	0.091 1	自然保护区建设	0.109 3
水体污染	0.068 5	各乡镇环保投入	0.045 2

依据压力-状态-响应模型构建的指标体系及各指标的权重，运用加法平均综合模型计算研究区每个评价单元（30 m 栅格）的生态安全指数，得到沙坡头区生态安全指数。

按照建立的沙坡头区生态安全等级划分标准，确定各等级水平的面积和比重（见表 3-21），沙坡头区生态安全以一般水平为主，面积为 3 311.80 km^2，占总面积的 61.88%；良好比重占 24.46%，较差占 11.15%；生态安全等级为差的面积较少，占沙坡头区总面积的 2.51%；沙坡头区不存在生态安全水平优的区域。

表 3-21 沙坡头区生态安全评价结果

生态安全等级	面积/km^2	百分比/%
优	0	0
良好	1 309.15	24.46
一般	3 311.80	61.88
较差	596.68	11.15
差	134.28	2.51

3.5.4.4 沙坡头绿洲区的生态安全格局构建

根据沙坡头区景观生态风险和现状生态安全格局，并从城乡统筹生态环境一体化的发展需求出发，以增强景观的连续性和整体性、提升区域的生态安全性为目标，在现状景观生态安全格局模式的基础上，集成构建沙坡头区城乡一体化的生态安全格局。

1．绿洲沟渠林带复合生态长廊

以黄河河道、美丽渠、跃进渠、羚羊角渠、固海扬水灌渠中卫段、卫宁灌区第一、第二排水沟及相关支渠、支沟为依托，扩大现有护岸林和防护林建设力度，营造乔灌草与带状水域综合配置的复合生态长廊，使之成为连接各保护源地的绿色走廊和生态通道。这不仅有助于降低目前沙坡头绿洲区的线状与面状风险源，而且能够增强源的连通性和各类景观类型单元结构的稳定性，也可作为物种迁移的通道，成为沙坡头区生态安全格局构建的核心内容。

2．绿洲边缘生态隔离带和城镇生态缓冲带

在现有的沙坡头防风固沙林带基础上，继续完善和加强绿洲边缘防风固沙林带、农田防护林带、城镇周边缓冲林带等的建设，强化树种的多样性与林带的连通性，构建完善的绿洲边缘生态隔离带与城镇周边生态缓冲带，阻隔与防范风沙侵蚀与水土流失，吸纳废气，调节城乡大气环境与水环境，为物种交流创造更多的路径。

3．六大生态源区

加强沙坡头自然保护区、腾格里湖湿地公园、美丽纸业速生林基地、香山林场、天井山、黄水山六大片林地的保护和建设，使其成为沙坡头区的六大生态“源”，其中对北部的三个“源”区要注重维持和保育；南部的三个源要加大建设和培育力度。充分发挥这六大生态源区的防风固沙、水土保持、生物多样性保护等作用，并将它们作为沙坡头区的郊野公园重点经营，多方面挖掘其潜在的生态服务功能。

4．重点城镇多功能湿地

针对文昌、滨河、柔远等城镇居民点和工矿企业集中、“三废”排放量大及其所造成的生态安全水平较差的情形，改变现在以景观美化为目标的湿地建设和保护策略，重点进行城镇型多功能湿地建设，发挥湿地消纳污染、降落洪峰、调蓄水源、调节气候、旅游休憩等多种生态功能和生态服务功能，将再生水资源转移利用到生态建设领域的成功模式进一步完善和推进，以重点城镇的多功能湿地斑块建设提升城镇的生态安全水平，改善绿洲区生态安全格局状况。

5．生态风险源控制区

沙坡头区周边景观类型相对单一，主要受到土地沙漠化、耕地压力、环保投入等的制约，土地荒漠化问题突出，同时，此区域存在由交通线影响下的生态风险带和以村庄为中心的由农村人类活动引起的零星分布的斑块状生态风险源，应采取相对独立的点线面生态安全防护体系。采取生物措施和工程措施遏制土地沙漠化，改善地表植被状况。生物措施有人工栽植沙生植物，飞播适合沙生的林草种子，增加植被覆盖度，从而建立起以柠条、毛条、杨柴、花棒、黑沙蒿、沙樱等灌木林种树为主和以甘草、苦豆子、麻黄、黄芪、黄沙蒿、沙米等沙生牧草和药材相结合的立体防风固沙系统；针对线状风险区域，沿道路两侧构建灌木为主乔灌混交的生态廊道，进而连通由农村居民点构成的小型斑块状风险源，促进生态斑块之间的生态流，同时继续加强农村连片整治工程的实施，降低生态风险。

通过以上五大类景观尺度上的生态安全格局构建，可以形成以复合型生态廊道和六大生态源区为骨架，多种生态隔离带和多功能湿地为支撑的生态安全格局集成模式，有效地增强沙坡头区城乡一体化景观生态过程中物流和能流的连续性与完整性，提高各类生态斑块的连结度，降低其破碎度，形成城乡一体化的生态安全联动局面。但是从提升整个沙坡头区生态安全水平出发，生态安全格局构建只是其中的规划层面的切入点，还需要环保、水利水务、农牧林业、工业等各部门和相关产业的紧密合作，需要通过一系列经济、技术、政策措施的实施来推动和保障这一目标的实现。

3.6 生态安全格局构建优化推广模式

3.6.1 生态流连通模式

3.6.1.1 模式介绍

由于生态系统本身的结构、社会发展对生态系统有不同的影响，所以不同地域的生态过程存在较大差异，对于处于城市化稳定发展期的不同地域，其生态安全格局构建模式也随之不同，但此类型地域一般可以土地利用地域分区为基础，充分考虑地域的景观生态功能和环境承载力，进行生态功能分区。本课题依托北京市朝阳区城乡建设中心区生态格局建设的优秀经验，总结出“生态流连通模式”，如图 3-6 所示。

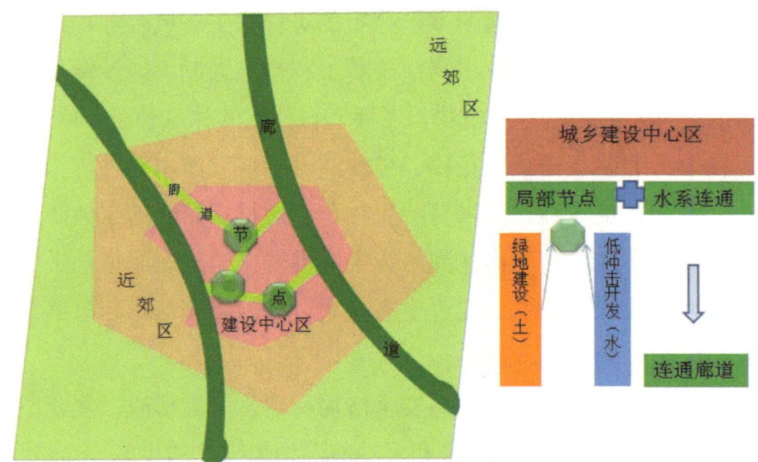

图 3-6　生态流连通模式

根据景观生态学理论，景观生态功能是通过景观要素之间的相互作用，即景观生态流在不同景观单元内部及景观单元之间的运行体现出来的。通过这样的“流”，一种景观要素与其他景观要素产生联系及生态过程交流，更加有利于维持整个景观区域内的生态系统健康和协调。随着城市建设用地大量侵占生态用地、人类对生态系统干扰强度越来越大，使景观要素之间产生阻隔、失去联系，生态连通性降低，从而导致生态功能失调。对于区域整体，通过对景观生态流的模拟，充分利用已有生态基础设施的组成和布局，在此基础上辨识生态源地、生态廊道和生态节点等景观组分的潜在位置，结合实际情况提高景观连接度，使生态过程流畅连续，充分发挥景观的生态功能。

生态流连通模式适用于城乡建设中心区。城乡建设中心区指城市建设中心区和城市边缘组中的居住小区、单位、商业区、工业区、公园、道路及其绿化带、河流及绿化带。从自然—社会—经济系统的角度来看，这类地区是一种完全人工化的生态系统，人口密度、建筑密度和经济密度高，环境、资源压力大。其主要生态环境问题为：大气、噪声等环境问题突出，热岛效应明显，地下水短缺，不具备自我维持能力。

从生态系统格局的角度来看，土地利用类型多样化、景观分异明显、景观破碎度高、生态源地规模小且数量少，生态系统格局和生态过程难以大幅改变。对于这类地区，生态安全格局构建的主要思路为：以生态流连通为目的，在区域景观水平生态安全总体格局下，进行小型生态节点、生态廊道连接的建设，对重要生态节点所在的局部空间的土地利用现状进行适度调节，在确保经济社会稳定发展运行的同时，提高节点局部生态功能、连通区域外圈层高功能生态涵养区，促进正、负向生态流运转，寻求生态系统生态服务功能的提高，从而有助于促进生态安全。

3.6.1.2 关键技术

1．节点绿地建设

城乡建设中心区的绿地是改善城乡生态环境、维持城乡合理空间布局、美化城乡景观的最主要因子，是居民开展游憩、休闲、文化、体育、交流、防灾避灾等活动的主要场所。所以绿地布局要保证城乡空气流、生物流的畅通；绿地布局要满足合理的服务半径和绿地指标的要求，即重要地区、重要节点的绿地总量与布局有所突破。节点绿地质量的提高，一方面需要斑块内不同景观组分结构的调整，即林地、水体等具有较高生态服务功能景观的比例提高；另一方面是绿地植被质量的调整，即以植物生态效益最大化为目标，综合考虑植物物种适宜性、耐受性、经济成本和景观效果等，搭配植物群落。节点绿地建设形式主要有如下几种：

（1）立体绿化

立体绿化是指利用除地面资源以外的其他空间资源进行绿地建设，是城乡增加绿化面积、提高城乡垂直空间利用率和提升植物环境功能的重要绿化模式，包括屋顶绿化、道路立体绿化、立交高架桥体绿化、生态墙等多种形式。作为城乡绿化的重要形式，在拓展城乡绿色空间、美化生态景观、改善气候环境和生态服务功能等方面具有重要作用。据测算，建筑物朝阳面的立体绿化可以降低 10～15℃，墙面和屋顶绿化可以节约建筑 30%的夏季能耗，如图 3-7 所示。

图 3-7 立体绿化应用案例

（2）拆墙透绿

拆墙透绿是将沿街有花园的房屋围墙拆除，改为镂空墙，使墙内绿化透露。住宅区围墙从规划上考虑，最佳的位置应当选择在绿地中，而不是在绿地的边缘。把边界和街道的位置分开来，让围墙后退 3～5 m，既可以使围墙隐现于绿丛之中，提高景观效果，又可以在局部提高景观斑块的连通性，如图 3-8 所示。

图 3-8　拆墙透绿应用案例

（3）代征绿地

代征绿地是一种公共绿化建设机制，是由城市规划行政部门确定范围，由建设单位代替政府征用集体所有土地或办理国有土地使用权划拨手续，并负责拆迁现状地上物、安置现状居民和单位后，交由市、区园林绿化行政部门进行管理（包括公园绿地、河湖绿地、文物绿地、绿化隔离区绿地、交通防护绿地等）的规划城乡公共绿地。

代征绿化用地作为城乡绿化用地的重要组成部分，在改善生态环境、改善民生方面发挥着尤为重要的作用。对于开发商，在政府代征绿地时，整个土地的价格会较低，或者在税费方面给予开发商一定的优惠，或者在付款条件上给予方便，对开发商来说，可以获得一定利润，并且由于配套解决了住区周边的绿化建设，对项目销售是有促进作用。

2．水系连通

从景观生态学角度，连通的景观组分主要包括河流、湖泊、湿地等景观斑块。水是生物体的组成成分和生物体内各种生命过程的介质；水也是生态系统和自然环境的组成部分和媒介物，水分运动的作用还促使与保障其他一些物质在生态系统中运动，参与地表物质和能量的迁移、转化及循环。水的循环过程关系到水资源可持续利用和人类社会可持续发展的重要问题。水系统安全是城乡生态安全的主要组成部分，水系统格局是城乡生态安全格局的有机组件，也是维护城乡生态系统结构、功能完整性的重要方面。

从景观格局优化的角度来讲，对于城市化稳定发展期区域的城乡建设中心地区，宜通过连通地区内的水网、引入外围水系等途径构建蓝色格局。“十一五”期间，朝阳区在城乡建设中心区蓝色格局构建方面进行了较为系统的工作。较为典型的工程如仰山大沟、清河导流渠-奥运景观河道建设，朝阳公园、红领巾公园两湖连通水系-人文河道建设等。

3．低冲击开发

近年来，我国高度城市化地区，尤其是中心建设区暴雨洪涝灾害不断，严重影响了城乡生态安全。应对对策如完善市政排水系统、连通城乡水网是主要举措，同时，其他能够起到正向辅助作用的措施也应该引起重视。

低冲击开发模式起源于排除暴雨产生的径流设计理念，以分散式小规模措施对雨水径流进行源头控制，主旨是让城市与大自然适应性共生。即通过推行模拟和遵循自然规律的规划设计模式，采用生态途径实现雨水的渗透和蓄集，将地表径流的大部分留在原地，对地下水进行补充，变雨水为资源，最大限度地维持水系统的自然生态平衡、减小对水自然循环以至整个生态系统循环的干扰。

低冲击开发模式主要理念包括保护性设计、渗透、径流蓄存、过滤、生物滞留、低影响景观等。与传统雨洪控制利用方法相比，具有可持续、分散化、节省投资、与场地开发和景观设计相结合等特点。实施低冲击开发不但能够减少径流流量，提高径流水质，而且通过采用本地化、生态化、低能耗的雨洪控制利用设施，可实现开发区域可持续的水循环。根据实施条件的不同，低冲击开发模式包含不同配置方案：

（1）小区雨水利用

小区雨水利用模式指依据小区内建筑、绿地和硬化地面的特点，采取适宜的入渗地下、收集回用或调控排放等措施进行雨水利用。

（2）公共区域雨洪利用

公共区域雨洪利用模式指公园、道路、广场等区域，采取滞蓄下渗、集蓄利用或调控排放等设施，或其组合进行雨洪利用。

（3）季节性河道雨洪利用

季节性河道雨洪利用是指建设滞蓄下渗、集蓄利用或调控排放等设施或其组合进行雨洪利用。现在多结合城乡景观建设进行。

低冲击开发模式在北京市朝阳区已经得到运用。近几年，朝阳区已经进行了如北京水利水电学校雨洪利用工程、水碓子社区雨洪利用工程、垡头地区雨洪利用工程等典型示范工程，并取得了良好的效果。

（4）下凹式绿地

下凹式绿地是一种暴雨最佳管理措施，近年来在许多发达国家被广泛地应用于雨洪控制与径流污染控制，它是指在低洼区域种有灌木、花草乃至树木等植物的工程设施，主要通过土壤、植物和微生物的物理、化学及生物作用净化雨水，同时通过将雨水暂时储存而后慢慢渗入周围土壤来减少外排径流量。其净化雨水的机理包括沉淀、吸附、过滤、挥发作用、离子交换、分解作用、植物修复、生物修复等，如图 3-9 所示。

图 3-9　下凹式绿地

下凹式绿地可灵活运用于各种绿地中，尽量与市政雨水管线接近，以便设置雨水溢流口。典型的下凹式绿地结构为绿地高程低于路面高程，雨水口设在绿地内，雨水口低于路面高程，并高于绿地高程。下凹式绿地汇集周围道路、建筑物等区域产生的雨水径流，雨水径流先流入绿地，部分雨水渗入地下，绿地蓄满水后再流入雨水口排走。其系统构架如图 3-10 所示。

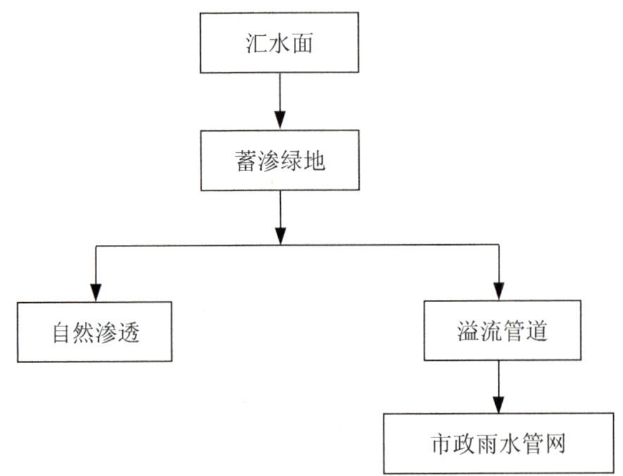

图 3-10 绿地蓄渗系统构架

（5）雨水花园

雨水花园是指在地势较低区域种有各种灌木、花草以及树木等植物的专类工程设施，主要通过天然土壤或更换人工土和植物的过滤作用净化雨水、减小径流污染，同时消纳小面积汇流的初期雨水，将雨水暂时蓄留其中，之后慢慢入渗土壤来减少径流量，雨水花园如图 3-11 所示。

图 3-11 雨水花园

雨水花园的构造主要有4部分（如图3-12所示）：覆盖层、植被及种植土层、人工填料层及砾石层。其中在填料层和砾石层之间可以铺设一层砂层或土工布。根据雨水花园的具体要求可以采用防渗或不防渗两种做法。当有蓄积要求或要排入水体时还可以在砾石层中埋置集水穿孔管。

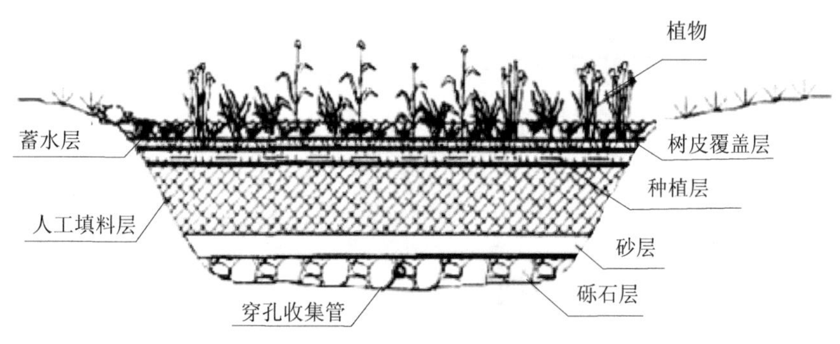

图 3-12 雨水花园构造

3.6.2 “源、廊、环”模式

3.6.2.1 模式介绍

城乡绿地对外界气候变化有着极强的调节能力，能吸收大量二氧化碳，从而改善城乡小气候；绿地具有很好的脱氮、脱硫功能，能够防止环境污染；绿地可以缓解城乡水系的变幅，涵蓄地下水资源，起到改善城乡蓄水环境的作用；绿地还可以改善城乡景观，为城乡生态系统提供理想的游憩场所。“源、廊、环”模式就是通过人为手段，以绿地为载体，通过绿色源地、绿色廊道以及环城绿化带的建设，对目前恶劣的城乡生态环境加以恢复和改善。

“源、廊、环”模式基于城市绿地系统规划，通过“源、廊、环”的各种植物群落建构模式，结合各种绿化形式与生态绿化技术、绿色生态材料的使用，从平面、立面上把握区域的结构美、层次美、色彩美，构建和谐优美的生态人居环境，如图3-13所示。

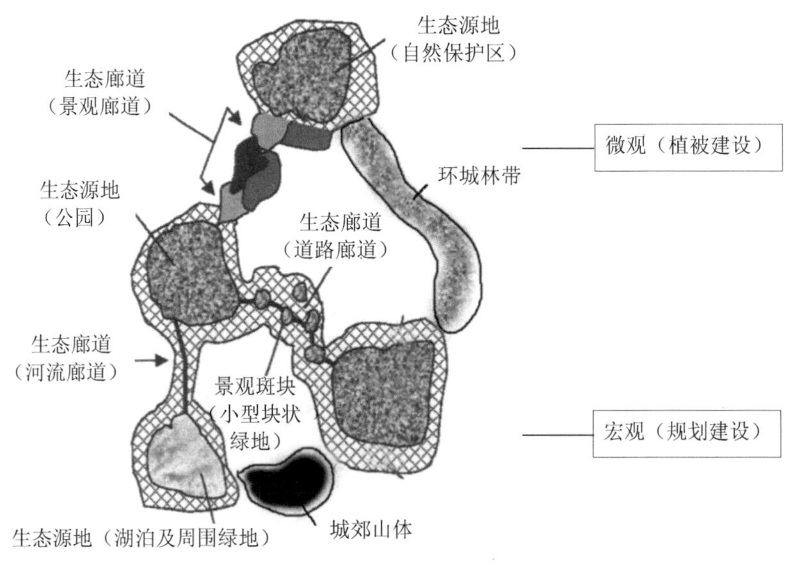

图 3-13 “源、廊、环”模式示意图

3.6.2.2 关键技术

1.“源、廊、环”的界定和识别

源指市区块状绿地，主要包括市区中的公园、风景名胜区、绿化广场等面积较大的绿化园区、湿地连同周围附属绿地；远离城市的自然保护区、风景区以及苗圃、农业园区等斑块状绿地。

廊指道路系统、穿城水系等线性伸展的绿化带。

环指城乡接合部的森林、郊野公园、城郊农田等形成的城乡隔离绿带，包括与市区相连的风景游览区绿地和生产防护区绿地，近郊的自然风景区、森林公园、风沙防护林、水源涵养林、水土保持林以及丘陵漫岗、库渠河滩等，具体界定见表 3-22。

表 3-22 “源、廊、环”部分绿地界定

“源”	公园绿地	“公园绿地”是城市中向公众开放的、以游憩为主要功能，有一定的游憩设施和服务设施，同时兼有健全生态、美化景观、防灾减灾等综合作用的绿化用地。它是城市建设用地、城市绿地系统和城市市政公用设施的重要组成部分，是表示城市整体环境水平和居民生活质量的一项重要指标

"源"	街道广场绿地	"街道广场绿地"中绿化占地比例大于等于65%，这一量化规定的主要依据是：①国家现行标准《城市道路绿化规划与设计规范》（QJ 75）中规定城市公共活动广场集中成片绿地不应小于广场总面积的25%；②对上海、天津、山东等地16个街道场绿地的调查，绿化占地比例的平均值达63.3%，其中最低值为43%（不含水体），最高达81%；③虽然广场绿地中的人流量一般大于普通的沿街绿地，但在满足功能需求的同时，应符合国家现行标准《公园设计规范》（CJJ 48）关于绿化占地比例的规定
	附属绿地	附属绿地的分类基本上与国家现行标准《城市用地分类与规划建设用地标准》（GBJ 137）中建设用地分类的大类相对应，既概念明确，又便于绿地的统计、指标的确定和管理上的操作
	湿地	根据《关于特别是水禽生境的国际重要湿地公约》（《拉姆萨公约》）在序言中的定义，湿地为："沼泽、湿原、泥炭地或水域，其中水域包括天然的和人工的，永久的和暂时的，水体可以是静止的或流动的，是淡水、半咸水或咸水，包括落潮时水深不超过6 m的海域，另外还包括毗邻的梯岸和海滨"
"廊"	带状绿地	常常结合城市道路、水系、城墙而建设，是绿地系统中颇具特色的构成要素，承担着城市生态廊道的职能
"环"	城乡隔离绿带	城市绿化隔离带包括城市绿化隔离带和城市组团绿化隔离带。不同于城市组团绿化隔离带，城市绿化隔离带指我国已经出现的城镇连片地区，有些城镇中心相距10余千米，城镇边缘已经相接，这些城镇应当用绿色空间分隔，防止城镇的无序蔓延和建设效益的降低
	生产绿地	不管是否为园林部门所属，只要是为城市绿化服务，能为城市提供苗木、草坪、花卉和种子的各类圃地，均应作为生产绿地，而不应计入其他类用地
	防护绿地	防护绿地是为了满足城市对卫生、隔离、安全的要求而设置的，其功能是对自然灾害和城市公害起到一定的防护或减弱作用，不宜兼作公园绿地使用。因所在位置和防护对象的不同，对防护绿地的宽度和种植方式的要求各异，目前较多省市的相关法规针对当地情况有相应的规定，可参照执行
	自然风景区	植被覆盖较好，山水地貌较好，不但可以为本地居民的休闲生活服务，还可以为外地和外国游人提供旅游观光服务，有时其中的优秀景观甚至可以成为城市的景观标志

注：参考中华人民共和国行业标准《城市绿地分类标准》（CJJ/T 85—2017）。

2．规划方法

通过对城区重要生态斑块、敏感斑块，如国家级、省级公园，重点景区等城区重要节点绿化，建设城乡重要绿色生态源点，使之散布于城乡内部各个区域；通过实施道路和河道绿化，建设森林生态风景线，形成纵横交错的"绿色长廊"。加强现代农业观光园、国家森林公园、郊野公园的绿化，城郊农田的保护，建设城乡近郊森林生态功能区，保护城市外围的生态永久性农田和永久性生态山林，形成城市的外围生态屏障圈，环绕城市。通过把市区内部的保护区域和郊区景观区（风景名胜区、郊野公园、森林公园、风景林地、野生动植物园等）、生态区（水源保护区、自然保护区、绿化隔离带、垃圾填埋场防护绿地、森林、湿地、水体、农田、园地）等进行有机结合，将城乡绿地系统融入周边大环境中去，最终形成“绿心布城、绿廊穿城、绿环抱城”的“源、廊、环”绿色生态发展模式。

3．建设的具体方法

（1）“源、廊、环”平面植物群落构建基本模式

1）乔木—灌木—草坪

这种种植模式可最大限度地提高叶面积指数、相对高度、相对密度、覆盖度、丰富度、多样性及空间绿量，从而发挥最大生态服务功能及良好景观功能，最有利于植物群落的稳定性，同时景观层次丰富，季相变化明显，如图 3-14 所示。

图 3-14 乔灌草复层植物群落景观

2）乔木—草坪

这种种植模式通常利用乔木优美的冠形、线条作为景观轴心，或利用阔叶乔木茂密的树冠、较好的遮阴效果形成上层空间，在盛夏季节使绿地具有极好的亲和力与游憩性。因缺乏必要的中木（灌木）相联系，无法体现植物配置的层次性及景观过渡和结构的完整，如图 3-15 所示。

图 3-15 乔草复层植物群落景观

3）乔木（群植）—灌木（少量）

落叶期长的针叶乔木突出了冬景特点，作分隔空间、背景或观赏型绿地主景时效果较好。但因缺乏阔叶乔木与之搭配，景观肃然，易形成心理压力，在楼前影响冬季采光，色彩单调，如图 3-16 所示。

图 3-16 乔灌复层植物群落景观

4）突出草坪效果（大草坪）

草种以早熟禾为主（优异、纳苏等），以零星 1～2 株乔木或成片花卉点缀，基本以修剪整齐的草坪为主，视觉效果较好。但忽视了植物配置的生态效益，植物配置结构不稳定（寿命 6～10 年），绿量小，浇水、除杂草、病虫害防治等养护费用较高，应该尽量限制其面积，只适宜在入口空间或广场绿地使用，作为观赏型绿地，如图 3-17 所示。

图 3-17 草坪植物群落景观

5）灌木—草花—草坪

由于无上木遮阴，灌木长势良好，且季相变化明显，开花时容易呈现绚烂的画面，经修剪后有较好图案，景观效果良好。但从居民活动角度考虑，夏季日晒问题较突出，空间层次不突出；绿量小，生态服务功能较差，群落寿命较短，如图 3-18 所示。

图 3-18 灌木—草花—草坪复层植物群落景观

（2）典型“源”点群落构建模式

1）块状绿地典型群落构建模式。按照其服务功能，可分为游憩型、观赏型与生态型。

①游憩型绿地群落模式

游憩型绿地群落的主要特点是市民能够进入绿地，绿地的绿化与硬化比例一般为2～3∶7～8，减少用绿篱大片围合的绿地量，使绿地更具有人情味。评价指标以生态服务功能评价与景观评价并重，平面结构强调上层乔木合理的覆盖度与空间分隔处的密度，垂直结构强调相对高度，季相结构强调四季的景观变化。

②观赏型绿地群落模式

观赏型绿地强调自身作为一个整体的观赏作用，基本不考虑人的游憩行为，是城市广场、服务半径内固定人口较少的单位入口空间、居住区入口及交通干道两侧等区域的主要布局手法。周围铺装均以交通为主要目的，行人较少长时间驻足。因其作为绿地的生态服务功能较差，故在城乡绿地系统中所占比例应该严格控制。评价指标以景观评价为主，生态服务功能评价为辅，强调风景个体要素的形态、色彩、线形优美与质地细腻光滑及外围观赏角度的合理安排。

③生态型绿地群落模式

生态型绿地强调调节小气候、净化空气等生态服务功能的发挥以及与外界的噪声、污染相隔绝，形成一个安静、空气清新的学习、工作、生活环境。主要设置在单位、居住区、公园等绿地类型周围与每一个独立功能区域的周围或市民进入较少的大片绿地中。

2）生产绿地典型群落构建模式

①观光果园生态林模式

将林果生产和休闲观光相结合，建立休闲观光、园艺参与、林果生产相结合的观光果园生态林模式。

②生态苗圃模式

打破苗圃常规的行列式和规则式种植的传统模式，按照苗木的生态学习性，依照自然生境中植物群落模式，阳性、耐荫、地被植物合理搭配，形成具有复合结构的多层次、多功能高效的植物群落体系。

③休闲旅游景观苗木生态林模式

以旅游观光、森林休闲、苗木生产等功能为目标，营造生态保健、观赏、文化、生产等功能的植物群落类型。

（3）典型“廊”道群落构建模式

1）道路林网典型群落构建模式

道路林网因其线形长度，是森林绿地体系中与市民接触面最广的绿地形式，群落模式构建必须满足道路交通功能的基本要求，在此基础上，充分发挥道路林带的隔离防护、生态服务与景观功能，具体包括：视线诱导、遮光和缓冲种植等交通功能；隔离噪声、降尘、吸收污染气体，形成区域生态廊道、维持区域生态平衡等生态服务功能；体现地域特色和城市风格。根据以上功能侧重点不同，可将道路林带分为景观生态林带和生态防护林带两大类型。按照其用地与植物配置的差别，分为群落型复层林带与行道树型简易林带。

2）河流林网典型群落构建模式

①外缘水系绿化防护型

外缘水系，以防护林为主，兼顾景观和经济效益。选择耐湿观赏树种，如柳、毛白杨、槐树等，以形成层次分明、色调丰富的河岸景观，构建景观生态屏障。可在近水边栽植一行杞柳，起到防浪护堤的作用。

②内部水系绿化景观型

内部水系，以营造景观效果为主，兼顾生态效益。尽量保持水系原有形态，绿化建设要密切结合周边道路绿化风格。根据城乡建设的总体要求来选择植物，应选用能够体现滨水景观特点、群众喜爱的乡土树种为基调树种。以湿生乔木为主，营造层次鲜明的绿色景观。下层配以花灌木，形成优美的视觉效果。护堤地的植物应选择荆棘类乔灌木。水面可以放养菱角，以观花为主的荷藕及芡实、睡莲等进行水面绿化。局部可以增设富有情趣的木栈道、木桥、码头等，满足景观性与可达性的双向互动。

（4）典型“环”带群落构建模式

防护型绿地主要包括农田防护林、防风沙林、环境保护林、水土保持林、水源涵养林，应该是具有起伏的林冠线，婉转流畅的林缘线，季相景观丰富的风景林。

1）农田林网典型群落构建模式

①林-果复合农田林带模式

在发挥农田防护功能的基础上，配置一定的经济果树，形成林果结合，产生直接经济效益。

在沿道路一侧规划1～2排落叶高大乔木，沿农田一侧栽植几排经济果树或瓜果、蔬菜。

②景观乡间道路农田林带模式

景观乡村道路农田模式是在发挥农田防护功能的基础上，兼顾道路绿化的景观功能，将生态与观赏相结合，成为构筑特色乡村和田园风光的组成部分。

水平结构：灌木地被为前景，中小乔木为中景，高大乔木为背景。

垂直结构：上层为多排落叶乔木，中下层布置耐荫小乔木或灌木。

③林-圃复合农田林带模式

将农田林带的防护功能和苗木的培育功能相结合，充分利用防护林地，加大密度来发展苗木培育，提高农田防护林带的直接经济效益。

上层为高大乔木，郁闭度控制在0.3～0.5，下层种植常绿树种的小规格苗木，一般高度在50～150 cm。

④水源涵养河渠农田林带模式

在乡村对一些水质要求比较高，或河堤水体需要涵养地段的农田林带设计模式。模式设计将农田防护和水源涵养相结合。

乔、灌、草混交，上层为深根性耐水湿的高大乔木，中层为固土涵养能力强耐荫的小乔木或灌木，下层为固土涵养好的藤本植物和多年生草本植物。

2）防风沙林网典型群落构建模式

①平行配置结构：由相同或不同树种建成的林带、网格，主要为杨树林带，功能以防风为主，大面积施工容易，结构简单，景观较差，应减少使用。

②立体配置结构：主要由耐瘠薄、耐干旱树种杨（柳、沙枣等）和紫穗槐（沙棘、柠条、胡枝子等）行间混交形成的网络，由多条林带构成。

③复合配置结构：由平行配置结构与立体配置结构结合形成的林网，在城乡交错带结合速生丰产林、经济林（果树）、农田防护林等构成大面积的林网结构，最终发展成为一定规模的环城绿带。

3）水土保持、水源涵养林网典型群落构建模式

①自然保护近自然生态林模式

以自然保护、生物多样性维护为目标，建立稳定的人工植物群落和近自然生态系统。树种选择及群落构成主要有侧柏、油松、杜松、白桦、黄刺玫、沙棘和柠条等耐瘠薄、耐干旱的乡土植物。配置方式为斑块状混交。

②游憩型生态林模式

部分林地可结合森林旅游、保健休闲、运动娱乐等功能，以高大乔木或大片的观花、观叶灌木为背景，开辟林间空地，引进适生观赏树种，在大片空地上发展斑块状混交的灌木林与乔灌草结构复层群落。

③黄河湿地生态林模式

结合黄河湿地旅游，扩大现有沙柳、乌柳群落面积，引进耐水湿乔木与芦苇等水生植物群落，有效发挥其生物多样性保护、改善水质、滨水植物景观建设、水土保持和堤岸防护等功能，将水源涵养林的生态功能与景观观赏功能相结合，以高大乔木为背景，斑块状组合，结合森林游赏、保健休闲、运动娱乐等功能，合理配置风景游赏生态林模式。

3.6.3 “五带一体”生态风险防护模式

3.6.3.1 模式介绍

条带状生态防护体系在防范线状或面状的生态风险源危害方面最为有效。“五带一体”生态安全模式（以下简称“五带一体”模式）是中科院寒区旱区环境工程研究所沙坡头沙漠实验研究站创立的一个以护卫铁路为核心的综合治沙工程体系。在中卫沙坡头区迎水桥镇镜内，沿 58 km 东西走向的包兰铁路线，自南向北，由卵石防火带、灌溉造林带、草障植物带、前沿高立式沙障阻沙带、封沙育草带组成的五个防护带依次更迭，顺序延伸，组成五带相互依存，共同发挥固沙治沙作用的防护体系（见图 3-19）。

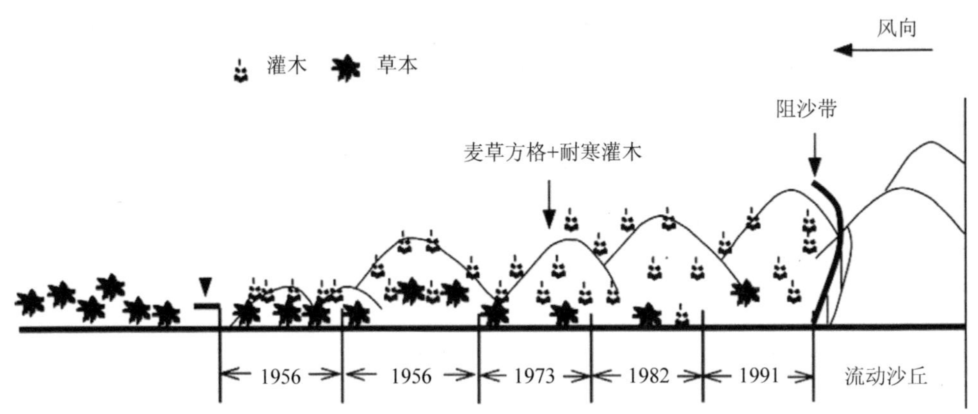

图 3-19 “五带一体”模式结构

（中国—全球干旱区土地通化评估项目，2006）

“五带一体”模式的形成经历了 30 余年的建设历程。1956 年从包兰铁路修筑开始即进行建设，由铁道科学研究院、铁道部第一设计院、中科院林业土壤研究所共同组成中卫铁路防沙工业站（沙坡头沙漠实验研究站前身），开展了以植物固沙为主，以沙障固沙相配合的定位研究。具体技术方法是采用草方格固沙，在草方格中种植旱生、超旱生先锋植物，组成沙生植物群落构成的固沙林草带，并将这一林草带逐渐从路基边往外围推进，植物群落在人工抚育下逐渐经历半自然演替稳定下来（中国科学院兰州沙坡头沙漠科学研究站，1980）。

3.6.3.2 关键技术

首先，根据“以固为主，固阻结合”的基本原则，迎着主导风向，在高亢的流动沙丘上设立高立式栅栏组成的阻沙障；沙障下风向设置半隐蔽式麦草方格沙障，并在沙障内按一定密度栽植固沙植物。其次，采用“六结合、六为主”的综合治沙措施，即沙障固沙与植物固沙相结合，以植物固沙为主；乔木和灌木相结合，以灌木为主；植树造林和直播造林相结合，以植树造林为主；生产与科研相结合，以生产为主；水路造林与旱路造林相结合，以旱路造林为主；造林与管护相结合，以管护为主。

3.6.3.3 生态环境效应

“五带一体”模式在建构之初即显示出一定的生态效益，抗旱灌木植被和沙障有效地减轻了沙面的强烈风蚀，确保了沙面物理环境的稳定，使大气降尘、养分等在沙面沉积，为草本植物的定居和繁衍创造了适宜的生境。随着固沙植被的发展，降水分配受地表结构和植物的影响，浅土层水分条件改善，浅根系植物大量繁衍，植物种也从先锋拓殖种向旱中生生态型种演变，一些荒漠草原种也逐渐开始侵入和定居。

“五带一体”模式在中卫沙坡头区实施 50 多年来，使治理区的生态环境发生了很大变化，风沙日由过去的 330 d 减少至现在的 122 d。逾 50 km^2 的流动沙丘被完全固定，更大面积的流动沙地变为固定沙地。生物多样性也大大增加，原有相对单一的固沙植被系统演变成一个结构和功能相对复杂的荒漠生态系统。目前，在沙坡头林带内生活着 5 纲 28 目 66 科 184 种脊椎动物，400 余种无脊椎动物，800 余种昆虫，许多在宁夏和西北绝迹多年的稀有动物种相继在这里出现。在林区内植被盖度由原来的不足 1%增加到今天的 42.6%，植物由原来 25 种发展到 36 科 215 属 453 种。防护体系建立的人工植被逐渐向人工-天然植被演替，生态系统向良性循环发展。

3.6.3.4 经济效益

沙坡头“五带一体”生态安全模式通过保障铁路安全通畅，每年给铁路带来的直接生态经济效益达 1.8 亿元。防沙治沙区内，通过栽植苹果、葡萄、梨、桃等品种，年产水果 10 多万 kg；利用沙漠地区光热资源丰富的优越条件，在沙漠边缘建起了塑料温棚，种植了蔬菜新品种，大量生产新鲜蔬菜。改良盐碱地 521.3 亩，开发沙地 200 亩，种植宁夏红宝（枸杞）198.04 亩，建日光温室 16 座，形成的直接经济效益在 1 000 万元以上。沙坡头景区 30 年来一直是宁夏的重点旅游区，近年来也成为国家 35 个王牌景点和 5A 级旅游景区，目前每年的直接旅游收入在 1 亿元以上；其他如马场湖、龙湖等正在建设成为沙漠旅游度假之都，已初见经济效益。

3.6.3.5 社会效益

“五带一体”模式作为典型范例，其技术已被广泛应用于国内甘武、兰新、青藏、乌吉、集二等铁路沿线同类地段以及甘肃、新疆塔里木石油公路和农牧区防沙治沙，产生了深远的社会效益和科学效益，每年吸引了日本、韩国、南非等 59 个国家和地区的专家学者前来参观考察并参与沙害治理研究，也成为国家级的爱国主义教育基地，吸引着络绎不绝的青年、学生来此参观学习。20 世纪前期，由于腾格里沙漠南侵，中卫县迎水桥、腾家滩一带的 2 886.67 hm^2 耕地及房屋、道路、水渠等皆被流沙淹埋，数万人为逃避沙漠，背井离乡，腾家大滩的 100 多家农户，只剩 10 余家。治沙工程的实施极大地改善了生存环境，近 30 年来，沙区定居人口增加了 2 万余人。

3.6.4 水资源再生利用的生态维系模式

3.6.4.1 模式介绍

在绿洲区利用再生水进行荒漠化防治，从而营造生态安全格局的有效模式（以下简称再生水造林模式），最有代表性的是宁夏美利纸业有限责任公司（以下简称美利纸业）在沙坡头北部的腾格里沙漠南缘开展的一项林纸一体化项目。2001 年以来，该公司在沙坡头区西风口一带修建了两处大型扬水泵站，筑起引水渠，拉平沙丘，将造纸污水通过一级处理以后，冲兑黄河水后，引水压沙。通过栽种中林 46 杨、欧美 107 杨等品种的速生杨树，建造造纸原料基地。灌水抬升地下水位，致使周边的湖泊（如龙宫湖等）水位上升，然后抽取湖泊蓄水以滴灌方式进行补灌，从而建立了集治污—造林—节水—防沙治沙等为一体的生态安全模式（如图 3-20 所示）。

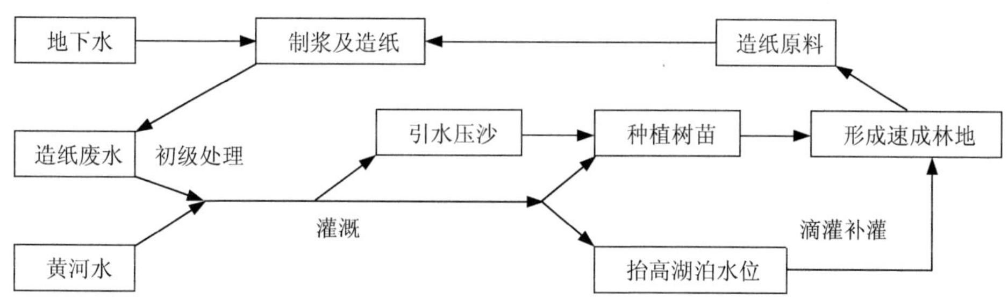

图 3-20　水资源再生利用的绿洲生态维系模式示意

3.6.4.2　关键技术

树种选择，目前在美利纸业选择了抗逆性强的杂交新品种中林 46 杨和欧美 107 杨，但考虑到树种的适应性及外来物种入侵威胁等因素，建议以后该模式选用乡土沙生物种和抗逆性强的乔灌木，如沙柳、小叶杨、花棒、杨柴等。

种植培育，采取挖大坑深栽，栽前对苗木进行修枝、修根，采用“三埋二踏一提苗”的技术要领进行栽植，定点拉线，使行向整齐，栽后要立即灌水、培土。

灌溉方式，采取了滴灌与补灌技术。

管理技术，采用了灌水、修枝、截杆、培土、复踏、病虫害防治等一系列抚育管护工作。

3.6.4.3　生态环境效益

再生水造林模式在中卫市东园乡及紧邻的阿拉善左旗孪井滩一带风沙危害严重的荒漠区域的实施，共营造速生杨林地 22.5 万亩（150 km^2），有效地改善了沙区生态环境，使原来的流动沙地变成郁闭度在 0.9 以上的林地，同时有效地阻挡了腾格里沙漠风沙的南侵，在沙坡头区北侧构筑了一道生态安全屏障。经过絮凝处置以后的造纸污水对于沙地表层土壤结皮和土壤团粒结构的形成都有良好的作用，同时也减少了造纸产业 COD、BOD 等在环境中的排放量。该模式的实施还使项目区地下水位有所抬升，几近干涸的湖沼洼地水位升高，采用抽取湖水进行的节水滴灌工程造林，每亩灌水量由以前大水漫灌的 900 m^3/亩减少到 300 m^3/亩，比大水漫灌亩节水 60%以上，树木成活率比大水漫灌提高 5%～10%。

3.6.4.4 经济效益

将造林、营林、采伐、制浆、造纸等结合起来构建良性循环的产业链，是国际上造纸工业及林业发达国家的普遍做法，使造纸工业木材原料供应由自然状态向集约化、高科技化和基地化方向转变，可以大大降低原料成本并增加优质原料供给，延长造纸工业的产业链，带动林场和农民造林营林的积极性，形成制浆造纸、植树育林的良性循环。

3.6.4.5 社会效益

建立速生林基地，发展木浆造纸，比化学木浆生产减少水资源消耗和污染物排放，具有潜在的资源环境效益；采用了企业与农户联动方式，企业提供良种壮苗，负责技术指导，由农户自己投工、投劳用自己开发的荒山荒地进行造林，全部投资都由农户自己承担，自负盈亏，成材后由企业全部收购，木材价格实行最低保护价，收购时扣回苗木费，带动了农民就业和农村经济。

3.6.5 城乡水域、绿地连通式生态优化模式

3.6.5.1 模式介绍

点—线—面水域、绿地连通式生态调控模式（以下简称点—线—面优化模式）是在长期绿洲灌溉系统发展过程中逐渐形成完善的一种绿洲农业生态安全模式（见图3-21）。点是湖泊、沼泽、园地、苗圃等小片绿地；线是沟渠、农田防护林和公路绿化带，两者有复合分布特征，即林木栽植在沟渠堤岸上；面是农田、大块林地和水域。近年来，绿洲城市扩张中加强了景观水域和公园建设，通过沟渠灌排体系将水域和绿地连为一个整体。该生态安全模式是具有以面状成分为背景，点状成分为重点，线状成分为网格，从而分隔和连通其他成分的空间体系，充分发挥了水域和绿地的生态源与廊道作用，降低了生境破碎化带来的生态风险。

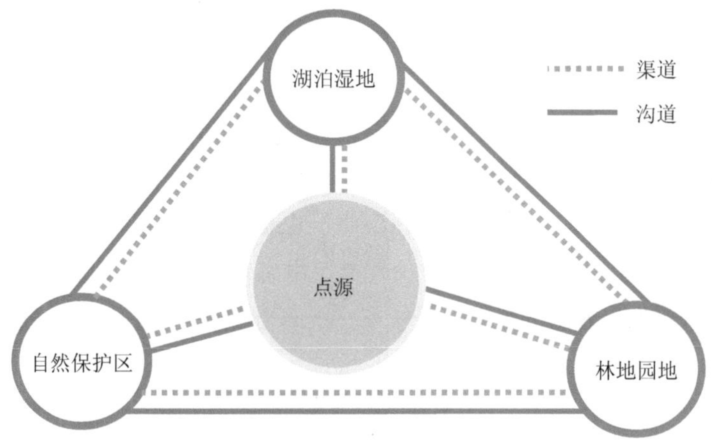

图 3-21 城乡点—线—面水域、绿地连通式生态调控模式

3.6.5.2 关键技术

自流灌排系统建设技术，自汉代起中卫沙坡头区就开始沟渠修筑，这是人工绿洲开发的基础，目前已形成了干、支、斗、农四级排灌体系，主要沟渠均顺着自西向东微倾的地形排列。

点状绿地建设技术，包括湖泊湿地恢复和林地构建技术，湖泊湿地主要分布在黄河沿线和绿洲北缘，属于黄河不同时代的牛轭湖，因泥沙淤积不断缩小，近年来进行人工清淤后逐渐恢复，还有鱼塘等人工湿地。

林网营造技术，采用新疆杨、小叶杨、刺槐、臭椿、旱柳、沙枣、胡杨、柽柳、沙柳等乔灌木进行多种配置和组合，主要栽植在沟渠堤坝上，不同等级的沟渠有不同的配置，形成水系与绿地复合生态网络。

3.6.5.3 生态环境效益

点—线—面生态调控模式是绿洲区域最基本、最重要的生态安全模式，它集农业灌排体系与城乡生态保障体系为一体，是改善农业生产条件和人居环境的重要措施。沙坡头区共有干渠 5 条，干沟 9 条，总长度约为 230 km，沟渠均为干、支、斗、农、毛五级渠系，在灌溉绿洲区，以干支两级渠系为主的水利用地面积约为区域国土面积的 0.10%，但串联着耕地、林地和园地。在沙坡头区，共有园地 6 109.95 hm^2，各类林地 27 830.93 hm^2，分别占到区域国土面积的 1.14%和 5.17%，多依赖于沟渠连接。

3.6.5.4 经济效益

保护现有耕地、提高粮食生产能力本模式是以农田防护林体系建设为基础的生态安全，是国土整治、国土保安和环境保护中最根本、最长效、最经济的手段，是林业作为一种新型产业进入广义农业结构的深化，也是平原农林牧立体结构、循环生产、永续利用又相对稳定的“生物—自然—人类”生态系统的主体。2008 年直接林业收入 3 682 万元，渔业收入 6 898 万元。

3.6.5.5 社会效益

截至 2011 年，沙坡头区的绿洲区 9 个镇的 125 个行政村，全部主干道和巷道都形成了单行、双街乃至林灌结合的绿色廊道，使农村面貌一新；城区则在原来强化林业建设的基础上，通过黄河滨河湿地生态保护工程、腾格里湿地恢复工程等的建设，大大提高了城镇面状绿地规模，使大片水域面积达到 12 500 余亩，并有水道加以连通。整个沙坡头可持续发展实验区基本实现了城乡林网贯通，水域湿地和林地点面呼应，乔、灌、草、作物、水域相结合，多树种、多层次、高效益的生态安全保护体系。

4　城乡接合部生态缓冲带构建技术

以提升城乡接合部生态缓冲带的生态服务为主要目标，开展生态缓冲带的评估技术、缓冲带的空间构建与布局设计、群落优化配置和物种优化选择等技术的研究，并开展相关技术应用研究，在应用研究的基础上提出城乡接合部生态缓冲带建设的优化模式。

4.1　生态缓冲带生态服务功能评估技术

在现有生态服务评估技术研究的基础上，针对城乡接合部生态缓冲带的作用与特点，建立城乡接合部生态缓冲带的生态服务评估的技术方法，并提出生态服务评估指标体系。

4.1.1　评估指标体系的构建原则

评估指标的筛选，应吸收前人研究成果中的优良指标；同时，根据评估对象的结构、功能以及区域特性，提出反映其本质内涵的指标，以便科学、公正地进行评估工作。综合有关研究，提出以下一些评估指标筛选的原则。

（1）可操作性原则。所选取的指标应具有可监测性，指标内容简单明了，概念明确，容易获取。

（2）系统性原则。评估指标体系是一个多属性、多层次、多变化的体系，表现在空间层次上及生态系统类型上；因此，评估标准和指标体系不仅要反映生态系统的机制，而且要反映对区域功能的促进作用，即生态系统与环境、社会经济系统的整体性和协调性。

（3）科学性原则。评估指标体系要建立在科学的基础上，并能反映评估对象的本质内涵。每个指标应含义明确，简便易算，评估方法易于掌握。

（4）可比性原则。评估指标体系中的指标，要具有统一的量纲，以便于在不同区域，对同一类型生态系统效益计量评估时的比较。

（5）全面性原则。评估指标体系作为一个有机的整体，应能够反映和测度被评估系统的主要特征和状况；在时序上，既有静态指标，又有动态指标，以全面正确地评估其综合效益。

（6）独立性与稳定性原则。在全面性的基础上，应力求简洁、实用，指标间应尽可能独立，尽量选择那些有代表性的综合指标和主要指标，辅之以一些次要指标。同时，指标体系内容不宜变动过多、过频，应保持其相对稳定性，这样可以比较容易地分析和比较被评估系统的发展过程与状况。

（7）可接受性原则。应使指标体系中的各项指标能为大多数人所理解和接受。

4.1.2 评价指标的选择

建立科学、合理的指标体系，关系到评估结果的可信性。为了更好地反映城乡接合部生态缓冲带生态系统服务，本研究综合运用频度分析法和专家咨询法。首先采用频度分析法从有关文献中，筛选使用频度较高的指标，然后就指标重要性征询有关专家意见，经 3 次调整—返回—调整后得到城乡接合部生态缓冲带生态系统服务评估的指标体系框架。

4.1.3 指标权重的确定

对于城乡接合部生态缓冲带生态系统服务功能的评价，本研究采用层次分析法研究并确定各指标的相对权重。在评价因子和体系建好后，首先构造判断矩阵，判断矩阵是专家根据自身的知识经验和价值观做出的判断。运用层次分析法确定权重：λ_{max} =5.07；CI=0.019；CR=0.017，见表 4-1。

表 4-1 各评价因子判断举证及权重

评价因子	水源涵养服务	生物多样性服务	区域气候调节服务	空气净化服务	土壤保持服务	旅游观赏服务	权重值
水源涵养服务	1	1/2	1/2	1/3	1	1	0.152
生物多样性服务	2	1	1	1/2	2	1	0.195
区域气候调节服务	2	1	1	1/2	2	1/2	0.140
空气净化服务	3	2	2	1	3	2	0.215
土壤保持服务	1	1/2	1/2	1/3	1	1	0.113
旅游观赏服务	1	1	2	1/2	1	1	0.185

4.1.4 评估指标体系

植被生态系统服务功能通常可划分为提供产品、调节、文化和支持四类功能，由于城乡接合部生态缓冲带多为政府出资建设，其林木不可能作为市场的交易木材而出售，故本研究不涉及该生态系统的产品提供服务功能。结合城乡接合部生态缓冲带实地调研情况和建设根本目的，以生态学理论为基础，并考虑到指标数据获取的难易程度，按照以上七点构建原则，选取了 6 个服务功能类别、10 个评估指标作为城乡接合部生态缓冲带生态系统服务功能及其价值评估的指标体系，见表 4-2。

表 4-2 生态系统服务功能评估指标体系

<table>
<tr><th>目标层</th><th>准则层及权重</th><th>指标层</th><th>指标层权重</th></tr>
<tr><td rowspan="10">城乡接合部生态缓冲带生态系统服务</td><td rowspan="2">水源涵养服务（0.152）</td><td>调节水量</td><td>0.076</td></tr>
<tr><td>净化水质</td><td>0.076</td></tr>
<tr><td>土壤保持服务（0.113）</td><td>植被固土</td><td>0.113</td></tr>
<tr><td rowspan="4">空气净化服务（0.215）</td><td>植被固碳</td><td>0.054</td></tr>
<tr><td>植被释氧</td><td>0.054</td></tr>
<tr><td>吸收污染物</td><td>0.053</td></tr>
<tr><td>滞尘</td><td>0.054</td></tr>
<tr><td>区域气候调节服务（0.140）</td><td>减缓热岛效应</td><td>0.140</td></tr>
<tr><td>生物多样性服务（0.195）</td><td>生物多样性</td><td>0.195</td></tr>
<tr><td>旅游观赏服务（0.185）</td><td>游憩娱乐</td><td>0.185</td></tr>
</table>

4.2 生态缓冲带景观优化配置技术

在城乡接合部生态缓冲带发展受到限制的情况下，只有通过对缓冲带进行科学、合理的配置和布局，才能提高单位面积缓冲带的生态服务，充分发挥缓冲带对生态环境的修复作用，缓和城市化发展与生态环境的矛盾。

生态缓冲带的景观优化配置技术应以缓冲带的主导生态服务维护、提升为主线，运用遥感和地理信息系统技术分析缓冲带景观组分特征与生态服务的优化关系，在此基础上，分析有无最适的植被盖度和最适的斑块特征（缓冲带的面积、周长、形状等），以使生态缓冲带的主导生态服务发挥最大的效益，并在此基础上提出城乡接合部生态缓冲带的景观优化技术体系。

在区域层面上，以遥感混合像元分解技术提取的植被盖度和同时期同传感器遥感数据获得的缓冲带生态服务为基础，分析植被盖度与生态服务的空间定量关系，获取其空间变化特征，得到生态服务最优化的缓冲带空间格局配置。在区域层面上的分析可以从像元尺度、街区尺度分别研究。像元尺度上可以根据区域发展特点，设置适宜半径的环形剖面线，用于揭示区域圈层发展过程中植被盖度与生态服务的空间分布特征与相关关系。

在像元尺度上，以图像中心为起点，分别在东、南、西、北 4 个垂直方向上设置剖面线，按剖面线方向分别提取像元的植被盖度和地表温度数据。4 条剖面线从不同方向由区域中心向区域外围发展，用以描述 4 个方向上植被盖度与地表温度的分布特征及相关关系。此外，根据区域圈层发展的特点，设置适宜半径的环形剖面线，用于揭示圈层发展过程中植被盖度与地表温度的空间分布特征与相关关系。剖面分析可以直观地揭示地表温度和植被盖度的变化趋势。街区尺度上，可以以主干道作为街区的划分依据，对植被数量和地表温度的关系进行研究。在现实状况中，缓冲带受到道路发展的影响而变得更为破碎，缓冲带被道路划分到一定的区块范围内，其生态贡献随之受到限制和影响。因此，在街区尺度上研究更能反映现实植被和温度的状况，同时，从缓冲带建设的角度出发，街区尺度更具有操作意义。

在斑块层面上，利用遥感数据的光谱特征，结合实地绿地采样，确定归一化植被指数 NDVI 与植被盖度的绿地阈值，用于提取绿地斑块。缓冲带提供的生态服务可以分为两个方面：一方面是缓冲带的生态服务，计算提取的绿地斑块的斑块特征指数，并统计每个斑块范围内的地表温度和植被盖度均值，定量分析绿地图斑内的植被盖度 V、面积 A、周长 P、周长面积比 D 与绿地斑块生态服务的关系；另一方面是缓冲带对周边环境的辐射效益，首先需要确定绿地斑块对周边环境的影响范围，在以往研究中，通常使用不同距离的缓冲区代表缓冲带的影响范围（岳文泽，2006；王雪，2007；孟丹，2010）。在绿地斑块影响范围确定的基础上，计算每个绿地斑块对周边环境的影响面积ΔA 和影响能力ΔT，分析它们与各个绿地斑块特征的定量关系，并用地理遥感信息模型综合分析各绿地斑块特征对周围环境的综合影响。

分析绿地斑块的空间分布特征可以以主干道布局特征为依据，将研究区划分为 124

个街区单元，在此层面上讨论绿地的空间布局与热环境的关系将有助于指导绿地规划和建设，具有实际操作意义。将街区矢量图与绿地斑块图叠加，提取各街区内的绿地斑块，以此作为研究单元，提取街区内的地表温度和植被盖度均值，并分别计算各街区内绿地斑块之间的斑块密度指数 *PD*、平均分维数 *M* 和聚集度指数 AI。通过构建地表温度与这些特征值之间的地理图像信息模型，分析绿地斑块在街区尺度上的空间分布特征与热环境的关系。具体的技术路线如图 4-1 所示：

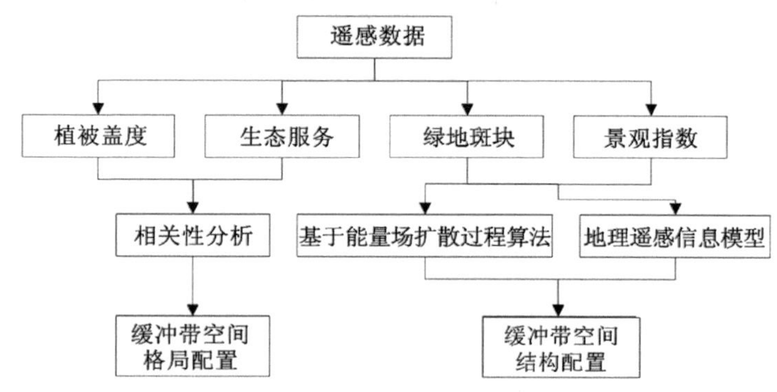

图 4-1 缓冲带景观优化配置技术路线

4.2.1 植被盖度提取

首先用遥感影像为数据源，预处理后，对所有波段进行最小噪声分离变换，剔除具有相关性的波段，将实际数据与噪声分离，提高端元选择的质量。将进行噪声分离后主成分作为端元波谱选择的基准维度，基于 PPI 纯净像元指数在 N 维可视化环境下选择图像终端端元，最后将选择的端元输入线性光谱混合模型完成混合像元分解，提取混合像元内部植被反射率所占的比例，即植被盖度，来获得生态缓冲带的景观格局。具体流程见图 4-2。

4.2.2 绿地斑块提取

本书用基于光谱特征的方法提取绿地斑块。根据混合像元分解方法所得到的植被盖度数据，能够较好地表达缓冲带植被空间分布格局及数量特征。以植被盖度数据为基础，将研究区的归一化植被指数（NDVI）作为辅助分类特征，对研究区内的绿地进行阈值设定，最终提取绿地斑块。用大气校正后的遥感影像计算研究区的归一化植被指数。

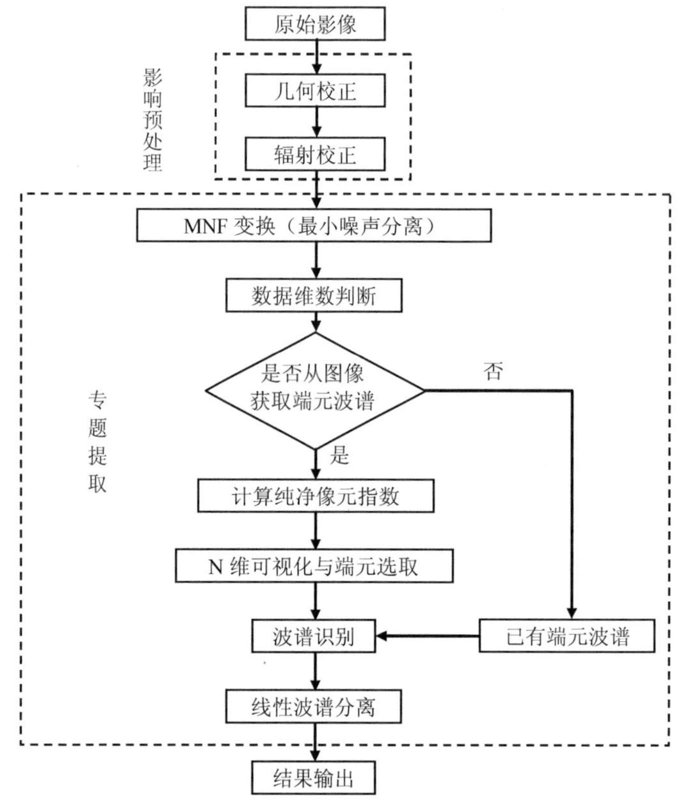

图 4-2　基于混合像元分解的植被盖度提取流程

归一化植被指数能够较好地将研究区内的绿地分布形态表现出来，其数值大小通常被用作判定植被与非植被区，以及不同类型植被区的划分阈值。根据对研究区内缓冲带斑块采样，并与实地情况进行对比后，选取适宜的归一化植被指数和植被盖度条件提取绿地。由于利用光谱特征提取绿地的方法是针对单个像素的，结果中会产生很多小的碎斑，并且在大的斑块中会出现孤立的小漏洞。结合真彩色图像、市区图等辅助图件对图斑进行整饰和综合，最终得到研究区域内的绿地图斑分布图。

4.2.3　斑块景观指数选取

本书中选择对绿地规划和设计有指导意义的景观指数来描述绿地斑块结构特征和

空间分布特征。在斑块层面上，除了使用绿地斑块内的植被盖度 V 表示绿地斑块的植被数量特征外，选取景观生态学中斑块层面的景观指数作为定量描述绿地斑块结构特征的依据。本书使用斑块绿地面积 A、斑块周长 P 和周长面积比 D 来反映斑块最基本的结构特征。

由于在街区单元内重点研究绿地斑块的空间布局对热环境的影响，所以选择景观层面的景观指数来反映绿地斑块的空间布局情况，包括斑块密度指数 PD、平均分维数 M 和聚集度指数 AI。

1．斑块密度指数 PD

$$PD = N / A \tag{4-1}$$

式中，PD —— 每平方千米的斑块数，是衡量单位面积内斑块数量的一个重要指标；

A —— 街区面积；

N —— 街区内绿地斑块数量。

2．平均分维数 M

$$M = 2\ln\left(0.25P\right) / \ln A \tag{4-2}$$

式中，M —— 单个斑块的分维数；

P —— 斑块周长；

A —— 斑块面积。

对街区内所有斑块分维数取平均值即为街区的平均分维数 M。该指标用来衡量绿地综合体的边界复杂程度。

3．聚集度指数 AI

$$\mathrm{AI} = e_{ij} / \left(\max \to e_{ij}\right) \tag{4-3}$$

该指标反映了绿地的空间分布状态，值越大表示绿地越集中，反之绿地分布越分散。这一指数考虑了斑块之间的相邻关系，能够反映绿地斑块间的空间位置关系特征。

4.3 生态缓冲带植被群落配置技术

在城乡接合部生态缓冲带面积、形状均确定的情况下，只有通过对缓冲带进行科学、合理的群落配置，才能提高单位面积缓冲带的生态服务，改善城乡接合部乃至城市的生态环境。

城乡接合部生态缓冲带的群落优化配置技术应从提升缓冲带主导生态服务出发，通过资料收集和研究区群落调查确定研究区乡土植物群落及其类型，选择典型的群落开展野外实验，测定各群落的郁闭度、三维绿量和生态服务，探讨有无最佳的郁闭度和三维绿量，使群落的生态服务发挥的生态效益最大。

4.3.1 乡土植物群落选择

主要方式为资料收集和现场调查，选择典型的乡土植物群落，开展植物群落调查，主要调查指标包括群落结构、盖度、郁闭度和群落内各层物种的分盖度、基径、胸径、树高、冠幅等特征，如表 4-3 所示。

表 4-3 群落调查样表

<table>
<tr><td colspan="7">群落调查表</td></tr>
<tr><td colspan="4">时间：</td><td colspan="3">地点：</td></tr>
<tr><td colspan="4">经纬度：</td><td colspan="3">样方面积：</td></tr>
<tr><td colspan="4">群落结构：</td><td colspan="3">总盖度：</td></tr>
<tr><td colspan="7">乔木层</td></tr>
<tr><td colspan="4">林冠郁闭度：</td><td colspan="3">样本量/株：</td></tr>
<tr><td>植物名称</td><td>分盖度/%</td><td>基径/m</td><td>胸径/cm</td><td>树高/m</td><td>枝下高/m</td><td>树冠幅/m</td></tr>
<tr><td>……</td><td></td><td></td><td></td><td></td><td></td><td></td></tr>
<tr><td colspan="7">灌木层</td></tr>
<tr><td colspan="4">总盖度：</td><td colspan="3"></td></tr>
<tr><td>植物名称</td><td>分盖度/%</td><td colspan="2">多度/棵数或丛数</td><td>冠幅/m</td><td colspan="2">高度/m</td></tr>
<tr><td>……</td><td></td><td colspan="2"></td><td></td><td colspan="2"></td></tr>
<tr><td colspan="7">草本层</td></tr>
<tr><td colspan="4">小样方号：</td><td colspan="3">总盖度：</td></tr>
<tr><td colspan="2">植物名称</td><td colspan="2">分盖度/%</td><td colspan="2">多度/丛数</td><td>高度/m</td></tr>
<tr><td colspan="2">……</td><td colspan="2"></td><td colspan="2"></td><td></td></tr>
<tr><td colspan="7">层间植物</td></tr>
<tr><td colspan="2">植物名称</td><td colspan="3">多度/棵数</td><td colspan="2">在何种植物上</td></tr>
<tr><td colspan="2">……</td><td colspan="3"></td><td colspan="2"></td></tr>
</table>

4.3.2 群落三维绿量和生态服务的测定

4.3.2.1 三维绿量

生态缓冲带的生态功能与环境效益不仅取决于植被的覆盖面积，还取决于树种组成、空间结构以及植被的生长状况等因素，“三维绿量”作为反映植被覆盖面积和空间结构的三维立体指标，是衡量不同缓冲带生态效益及其绿化水平的重要参数，日益引起人们的重视（李伟等，2008）。

三维绿量（Tridimensional Green Biomass，TGB），简称“绿量”，又称三维绿色生物量、绿化三维量，是指所有生长植物的茎叶所占据的空间体积，单位一般用立方米（m^3）表示，是绿化指标体系的第一立体指标。它是以生长中植物茎叶所占据的空间来反映绿地生态功能水平的一个量化指标，是衡量不同绿地生态效益及其绿化水平的重要参数。

物种的三维绿量采用树冠方程来计算（见表 4-4）。植被的形态不仅因树种而异，同一物种也会因其立地条件、生长环境等的差异而不同。为了较准确地计算三维绿量，必须为不同的树种选配最接近该树种典型树冠形态的规则立体几何图形。将树冠形态归纳为卵形（包括宽卵形、广卵形）、圆锥形、球形、半球形、扁球形、球扇形、球缺形、长方体等几类形态。对每一树种，统计分析不同区域、不同生长阶段的样本数据，建立主要树种的绿量模型。

表 4-4　树冠几何立体形态及树冠方程（张杭，2007；郭雪艳，2009）

序号	几何图形	树冠绿量方程
1	卵形	$\pi x^2 y/6$
2	圆锥形	$\pi x^2 y/12$
3	球形	$\pi x^2 y/6$
4	半球形	$\pi x^2 y/6$
5	球缺形	$\pi(3xy^2-2y^3)/6$
6	球扇形	$\pi(2y^3-y^2\cdot\sqrt{4y^2-x^2})/6$
7	圆柱形	$\pi x^2 y/4$
8	长方体	abh

注：x——冠径，y——冠高，a——长，b——宽，h——高；地被植物以长方体来计算。

按照群落调查中实际测得的各树种的冠径、冠高值，选配适合的立体几何图形，通过树冠绿量方程，计算群落内单株植物的三维绿量。

确定群落的面积和主要物种的种类、数量，计算出各群落的实际三维绿量和三维绿量密度。

4.3.2.2 生物多样性维持服务

在广泛查阅文献资料的基础上，选择如下指数进行生物多样性的测度：

1．丰富度指数

物种丰富度是指群落所包含的物种数目。可选用的物种丰富度指数较多，本书采用物种数 S 和 Margalef 指数（Margalef，1958）来计算：

$$d_{Ma} = (S - N) \tag{4-4}$$

式中，d_{Ma} —— Margalef 指数；

S —— 样方的物种总和；

N —— 样方的所有物种的个体数之和。

2．多样性指数

物种多样性指数是用来表示群落内种类多样性的程度的指标，反映了群落的异质性程度，可以用于判断群落或生态系统的稳定性程度。具有代表性的多样性指数有两种：Simpson 指数和 Shannon-Wiener 指数，本书的生物多样性以 Shannon-Wiener 指数来表征，公式如下：

$$H' = -\sum_{i=1}^{S} P_i \log P_i \tag{4-5}$$

式中，H' —— Shannon-Wiener 指数；

P_i —— 物种 i 的个体数占所有种个体数的比率，$P_i=N_i/N$；

S —— 样地的物种总和，即丰富度指数。

在 Shannon-Wiener 指数中，包含两个成分：一是种数 S；二是各种间个体分配的均匀性。种类数目多，可增加多样性；同样，种类之间个体分布的均匀性增加也会使多样性增加。如果每一个个体都属于不同的种，多样性指数就最大，为 $\log S$；如果每一个个体都属于同一种，则其多样性指数最小。

由于植物多样性涉及了乔木和灌木的多样性以及草本植物的多样性，而草本植物的种类和数量均远远超过乔灌木，若将样方内的所有植物一起考虑，则会引起乔灌木多样性的损失，故本书将其分为两部分：乔灌木多样性和草本多样性。所有植物种类的多样性可以通过乔灌木的多样性指数与草本植物的多样性指数来进行加权平均算出（陈波，2003）。

$$H'_p = \frac{H'_{tr} n_{tr} + H'_{he} n_{he}}{n_{tot}} \tag{4-6}$$

式中，H'_p —— 样地内所有植物种类的多样性指数；

H'_{tr} —— 乔灌木的多样性指数；

n_{tr} —— 木本植物样方的数量；

H'_{he} —— 草本植物样方的数量；

n_{he} —— 草本植物样方的数量；

n_{tot} —— 样方的总数。

3．均匀性指数

均匀度是指一个群落或生境中全部物种个体数目的分配状况，反映的是各个物种个体数目分配的均匀程度。物种均匀度越大，其多样性越高。Pielou 把均匀度（J）定义为群落的实测多样性（H）与最大多样性（$H_{\max}$，即在给定物种数 S 下的完全均匀群落的多样性）之比率。以 Shannon-Wiener 指数为例，Pielou 均匀度指数（J）为

$$J = H' / H'_{\max} = H' / \ln S \tag{4-7}$$

式中，J —— 均匀度指数；

H' —— Shannon-Wiener 指数；

S —— 丰富度指数。

4．优势度指数

采用 Simpson 优势度指数 D 来测定群落内不同物种所起的作用和所占的地位。优势度指数所反映的是各物种种群数量的变化情况。与均匀度指数相反，生态优势度越大，说明群落内物种数量分布越不均匀，优势种的地位越突出。

其计算公式为

$$D = \sum_{i=1}^{S} P_i^2 \tag{4-8}$$

式中，D —— Simpson 优势度指数；

P_i —— 种 i 的个体数占所有种个体数的比率，$P_i=N_i/N$；

S —— 样地的物种总和，即丰富度指数。

4.3.2.3 降温增湿服务

对所测数据进行降温率、增温率的计算（祝宁等，2002）：

降温率
$$T=\left(\frac{T_1-T_2}{T_2}\right)\times 100\% \tag{4-9}$$

式中，T —— 降温率；

T_1 —— 对照点温度测定值；

T_2 —— 群落温度测定值。

增湿率
$$F=\left(\frac{F_2-F_1}{F_2}\right)\times 100\% \tag{4-10}$$

式中，F —— 增湿率；

F_1 —— 对照点温度测定值；

F_2 —— 群落湿度测定值。

4.3.2.4 固碳释氧服务

1．单株树种的固碳释氧量

在植物的光合作用日变化曲线图中，其同化量是净光合速率曲线和时间横轴围合的面积，所以设植物净同化量为 P，可以用以下公式来进行计算（刘海荣，2009）：

$$P=\sum_{i=1}^{j}(P_{i+1}+P_i)\div 2\times(t_{i+1}-t_i)\times 3\,600\div 1\,000 \tag{4-11}$$

式中，P —— 测定日的同化总量；

P_i —— 初测点的瞬时光合作用速率；

P_{i+1} —— 下一测点的瞬时光合作用速率；

t_i —— 初测点的瞬时时间；

t_{i+1} —— 下一测点的时间；

j —— 测定次数；

3 600 —— 每小时 3 600 s；

1 000 —— 1 mmol 为 1 000 μmol。

用测定日的同化总量换算为测定日固定 CO_2 量为

$$W_{CO_2}=P\times 44\div 1\,000 \tag{4-12}$$

式中，44 —— 二氧化碳的摩尔质量；

W_{CO_2} —— 单位面积的叶片固定 CO_2 的质量。

根据光合作用的反应方程

$$CO_2+4H_2O \longrightarrow CH_2O+3H_2O+O_2$$

可计算出该测定日植物释放氧气的质量为

$$W_{O_2}=P\times 32\div 1\,000 \tag{4-13}$$

式中，W_{O_2} —— 单位叶面积的日释氧量。

由于植被绿量的差异，即使某物种单位叶面积的日固碳释氧量较高，也不能说明该物种的固碳释氧能力较其他物种更好，物种的叶面积大小就显得尤为重要。因此，引入叶面积指数的概念，计算单株植物单位土地面积上的日固碳释氧量，对于衡量该物种的固碳释氧功能具有更大的意义。

单株植物单位绿地面积上的日固碳释氧量为

$$Q_{CO_2}=\mathrm{LAI}\times W_{CO_2}，Q_{O_2}=\mathrm{LAI}\times W_{O_2} \tag{4-14}$$

式中，Q_{CO_2}，Q_{O_2}—— 分别为单株植物单位绿地面积上的日固碳量和日释氧量；

W_{CO_2}，W_{O_2} ——分别为单株植物单位叶面积的日固碳量和日释氧量；

LAI —— 植物的叶面积指数。

2. 群落的日固碳释氧量

在进行群落固碳释氧功能的研究时，对群落日固碳释氧量的计算采取代巍（2009）的计算方法：

$$K=P\times m\times N \tag{4-15}$$

式中，P —— 单位面积固碳释氧量；

m —— 冠幅面积；

N —— 群落内个体数。

4.3.2.5 水源涵养服务

在选定的防护林类型内设置标准地，以空旷地为对照。在每个样地中挖掘土壤剖面 3 个，分 0～20 cm 与 20～40 cm 土层，土壤含水量测定用铝盒取土，用酒精燃烧法或烘干法测定土壤重量含水量（%）；土壤物理性状采用渗透筒法测定土壤渗透性，环刀法测土壤容重、毛管孔隙度、非毛管孔隙度、土壤总孔隙度等土壤物理性状指标，然后根据土壤孔隙度和土层厚度计算毛管最大持水量、土壤饱和含水量等土壤贮水指标，测定土壤层的涵养水源作用；采用十分法取各层混合土样约 1 kg，实验室内风干后用干筛法测定土壤的颗粒组成。上述测定指标每个层次重复 3 次，测定结果求平均值为最终计算用值。

采用环刀法测定不同年龄的饱和蓄水量，单位面积（hm^2）林地的最大蓄水量为

$$Q=0.2\times 10\,000\times\left(B_T+B_D\right)\times t \tag{4-16}$$

式中，Q—— 防护林生态系统涵养水源量；

0.2—— 土层厚度；

t—— 水的密度；

B_T—— 土壤上层总孔隙度；

B_D—— 土壤下层总孔隙度。

4.3.2.6 水质净化服务

1. 森林净化水量计算方法

将降雨林地土壤稳定λ渗量作为净化水量（吴刚等，2000），公式如下

$$W^{\lambda}=h^{\lambda}\times A\times t\times 10r \tag{4-17}$$

式中，W—— 林地土壤稳定λ渗量；

h—— 林地土壤稳渗率；

A—— 林地面积；

t—— 入渗时间；

r—— 水的比重。

2．森林净化水质总量

$$森林净化水质总量=林区总面积\times（年降水量\times10）\times 森林覆盖率\times（1-林冠截留率） \quad (4\text{-}18)$$

4.4 生态缓冲带物种优化选择技术

生态缓冲带生态服务功能的发挥主要是依靠植被的作用，因此缓冲带物种的选择是缓冲带构建技术的一个重要环节。在城乡接合部生态缓冲带面积、形状、内部群落结构均确定的情况下，对群落内物种进行选择也是提高缓冲带生态服务的一种有效方式。

选择一个地区的物种应优先考虑乡土种。乡土种更接近于当地植物群落，即使经过恶劣的气候条件和人类活动的干扰，通过适当的管护措施，乡土种也可以更快地向稳定化的群落发展，在比较短的时间内恢复到干扰前或达到一种新的稳定状态。乡土种往往会在缓冲带内形成本地区特有的植物群落，形成具有当地文化特色的景观，可避免千篇一律的绿化模式。

除了乡土种之外，还应考虑物种的生态服务功能。不同物种发挥的生态服务功能也不一样。鲁敏（2005）针对绿化树种对大气氯、氟污染物的吸滞能力进行研究，吸滞大气氯污染能力较强的有榆树、京桃、枫杨、皂角、卫矛、美青杨、桂香柳；吸滞大气氟污染能力较强的有榆树、花曲柳、刺槐、旱柳。赵萱（2009）选择青岛市城阳区 11 种主要地被植物，利用 Li-6400 便携式光合测定系统进行了光合生理生态指标的测定，对其固碳释氧与降温增湿效应进行了量化研究。结果表明，11 种地被植物的固碳释氧量较高的有火棘、黄花鸢尾、鸢尾，较低的有金叶女贞、五叶地锦和大叶黄杨；降温增湿能力较高的有五叶地锦、金银花、金焰绣线菊，较低的有金叶女贞、大花萱草、鸢尾。

在具体操作过程中，首先应通过实地调查和资料收集，明确当地生态缓冲带主要的乡土种和用于绿化的外来物种；结合物种选择的相关原则，确定较适用于当地生态缓冲带的乡土物种；通过野外实验测定这些物种的三维绿量和生态服务功能，选择三维绿量高、生态服务功能强的物种用于城乡接合部生态缓冲带的建设。

4.4.1 乡土植物选择

通过查阅当地植物志、相关书籍、文献及研究区植物调查，确定可用于城乡接合部生态缓冲带建设的植物，通过植物调查得到其胸径、数量、冠幅等特征。

4.4.2 三维绿量测定

通过树冠绿量方程计算得到物种的三维绿量。

4.4.3 生态服务测定

4.4.3.1 大气净化服务

采用人工模拟熏气实验，对部分主要绿化树种每平方米叶面积每小时对大气污染物的吸收能力进行测定。熏气实验是在动式熏气箱中常温、常压下进行，箱内气体交换每分钟 3 次。实验气体的浓度根据其对植物毒性的大小而不同：二氧化硫为 1.8 mg/m^3，氯气为 0.6 mg/m^3，氟化氢为 0.5 mg/m^3。植物暴露时间皆为 8 h。供试植物完全暴露实验后便进行采样、分析测定。采样后的供试材料混合均匀后取样，在室内经过清水冲洗、晾干，并经粉碎机粉碎，再一次均匀采样后，置于 60℃烘箱中烘至恒重。植物样品灰化采用充氧燃烧法。用去离子水加上少量过氧化氢为吸收液，以相同植株的枝条置于无毒实验室内作为对照。

物种对二氧化硫的吸收能力：将吸收液中各种形式的硫氧化成硫酸根的形式后，用 EDTA 络合滴定法进行全硫量的测定。

物种对氯元素的吸收能力：氯的测定采用中和滴定法。

绿化树种对氟化氢的吸收能力：吸取液的提取同二氧化硫，采用原子吸收法测定氟的含量。

4.4.3.2 水质净化服务

采取盆栽试验方法，以未被污染的土壤作为基质（高楠等，2009）。选择直径 1.0 cm 左右、树高 1.5 m 左右的树种苗木作为试验对象，每个树种设 2 组重复试验。由于盆栽基质对灌溉污水中的物质具有一定的吸收作用，所以另外再设一组无植物的（仅有相同基质）作为空白对照，所有数据均需扣除无植物空白对照后的植物本身对污染物的吸收率。同时设一组清水浇灌的对比试验，用以比较污水浇灌与清水浇灌植物的生长情况。将试验桶置于定做的推车上，推车上层放置水箱，水箱底端设置一出水管，可利用重力作用为下层各植物布水。模型构建后，稳定两天，其间加自来水试运行 2～3 次，并测定其实际容积和有效容积，检验其完好性。试验在室内进行。

为求接近现实情况，寻找出最具耐湿性的树种，可另外进行耐水湿试验比较。试验步骤：选择长势相同的每种植物各一棵，每盆浇灌清水 1 L，关闭出水阀门，观察每盆植物的生长情况，比较各植物耐水湿的表现。

用药剂磷酸氢钾（KH_2PO_4）、碳酸氢钾（$KHCO_3$）、氯化氨（NH_4Cl）、乙酸钠（CH_3COONa）、葡萄糖配制污水，分析总氮、总磷、化学需氧量的浓度，其中化学需氧量采用重铬酸钾氧化法测定，总氮采用碱性过硫酸钾消解和紫外分光光度法测定，总磷采用过硫酸钾消解和钼锑抗比色法测定。按浓度配制污水，至少浇灌三次，浇灌 10 天后取出水水样进行污染物浓度测定。

树种污染物去除率可按下式计算：

$$污染物去除率=（C_1-C_0-C_2）/C_1\times100\% \quad （4-19）$$

式中，C_1 —— 浇灌进水污染物浓度；

C_0 —— 出水取样浓度；

C_2 —— 空白样取样浓度。

4.4.3.3 固碳释氧服务

采用 Li-6400 测定单位叶面积的二氧化碳吸收量和氧气释放量得到物种的固碳释氧服务，方法见 4.3.2.4 节。

4.4.3.4 降温增湿服务

降温增湿服务的测定方法同固碳释氧服务。

降温增湿量则是在蒸腾速率测定的基础上进行，各种植物在测定当日蒸腾总量的计算公式为

$$E=\sum_{i=1}^{j}(e_i+e_{i+1})\div2\times(t_{i+1}-t_i)\times3\,600\div1\,000 \quad （4-20）$$

式中：E —— 测定日的蒸腾总量；

e_i —— 初测点的瞬时蒸腾作用速率；

e_{i+1} —— 下一测点的瞬时蒸腾作用速率；

t_i —— 初测点的瞬时时间；

t_{i+1} —— 下一测点的时间；

j —— 测试次数。

$$W_{H_2O}=E\times 18 \tag{4-21}$$

式中，18——水的摩尔质量。

设 1 m^2 叶片在一天中因蒸腾作用散失水分而吸收的热量为 Q，则

$$Q=W_{H_2O}\times L \tag{4-22}$$

式中，Q —— 单位叶面积每日吸收的热量；

L —— 蒸发耗热系数（L =2 495−2.38×t，t 为测定日的温度）。

由此可计算出各植物 1 m^2 叶片在测定日吸收热量的值。

4.4.3.5 滞尘抑菌服务

1．叶面积指数（r）的测定

采用面积为 1 m^2 的正方形木框，放置在几种植物枝叶分布的平面上，记录木框范围内叶片总数 C，并在植物不同部位随机选取叶片 20 枚，测量叶片面积，计算出叶片平均面积 s，则边框范围内所有叶片总面积 S=s×C，叶片总面积 S 再除以边框面积就得到植物叶面积指数 r= s×C/1。

2．杀菌作用试验

采用自然沉降法测定。在每个供试植物周围离地面 1.5 m，距绿化墙面或棚架水平距离 30 cm 处，放 3 个直径 12 cm 的盛有牛肉膏—蛋白胨细菌培养基的培养皿，开盖暴露 5 min，然后封盖放入恒温培养箱，28℃条件下培养 48 h，计算处理菌落数，以无绿化空地相同的方法处理得到的培养皿做对照计算对照菌落数。

杀菌效果=（对照菌落数−处理菌落数）/对照菌落数×100%　　（4-23）

植物杀菌作用的测定时间为 2002 年 4 月 29 日、5 月 7 日、5 月 15 日上午 9 点至 11 点，天气晴朗，无风，气温分别为 23℃、25℃、29℃。选择晴朗无风的上午主要是

因为要把天气情况的影响降到最低，并且上午 9 点至 11 点植物的光合蒸腾作用等生理活动正处在高峰期，所分泌的杀菌物质也最多。

3．滞尘效应研究

植物的滞尘能力是指单位叶面积单位时间内滞留的粉尘量，通过对 4 种垂直绿化植物单叶片的滞尘量的测定，计算植物个体单位叶面积及单位绿化面积滞尘能力。

有关研究表明，雨量 15 mm 以上的降雨便会将叶子上的灰尘淋洗干净，叶片就开始下一次灰尘积累。查阅资料得到当地城市平均日降雨量大于 15 mm 的天数，由于降雨基本上集中在植物的生长期内，计算植物生长季内平均降雨量大于 15 mm 的降雨周期，即灰尘积累周期。选择连续降雨量较大，叶片上的灰尘已基本上被雨水冲洗干净时开始计时，假定此时叶片灰尘积累量为零，在一个灰尘积累周期后测定叶片含尘量，共测定三次。每个灰尘积累周期内应无超过 15 mm 的降雨。具体做法是在植株不同部位随机摘取叶片 10 枚，在尽量不抖动的情况下密封带回实验室，先用精确到万分之一的电子天平称量一片叶重量，然后用干净的棉纱将叶片擦拭干净，再称量叶片重量。因为所选的植物叶片都光滑无毛，故把两次称量差值近似地认为是叶片含尘量，同时测量植物每个被称重叶片的面积，根据所取叶片的叶面积求出单位面积滞尘量。

根据三次测量所得到的植物叶片灰尘积累量及叶面积计算出植物单位叶片面积滞尘量以及三次测量的平均值，再根据降雨出现的频率及植物的叶面积指数，计算出单位绿化面积一年中所积累的灰尘总量。单位面积全年滞尘量的计算，可用实际测定的三次滞尘量的平均值乘以实际积累灰尘的周期数。

4.5 城乡接合部生态缓冲带构建关键技术示范

4.5.1 生态缓冲带景观优化配置技术示范

以北京市为例，以热岛削减功能作为城乡接合部生态缓冲带的主导功能，开展生态缓冲带景观优化配置技术的应用研究。由于城乡接合部的研究尺度过小，因此，将研究尺度扩大至北京市五环以内的所有绿地。

为了科学合理地描述绿地空间格局与热环境的关系，分别在像元尺度、格网尺度和街区尺度上对二者的分布和关系进行讨论。

4.5.1.1 绿地空间格局特征与热环境关系分析

1．像元尺度绿地与热环境的空间关系

由于水体低植被盖度、低表面温度的特殊性，在本次研究中将水体进行了掩膜处理。

在像元尺度上，以位于图像中心的宣武艺园为起点，分别在东、南、西、北 4 个垂直方向上设置剖面线（见图 4-3），按剖面线方向分别提取像元的植被盖度和地表温度数据。4 条剖面线从不同方向由中心向城市外围发展，用以描述 4 个方向上植被盖度与地表温度的分布特征及相关关系。根据北京市圈层发展的特点，设置以 2 500 km 变化为半径的环形剖面线，用于揭示北京市圈层发展过程中植被盖度与地表温度的空间分布特征与相关关系。剖面分析可以直观地揭示地表温度和植被盖度的变化趋势。

（1）垂直方向

图 4-3 中描述了从研究区中心至东、南、西、北 4 个垂直方向上的地表温度和植被盖度的分布规律，在各条剖面线上，均反映出沿剖面线方向地表温度和植被盖度此消彼长的关系。除了中心—东方向外，其余方向上都曾显出，随着远离城市中心区，植被盖度高值点呈现出增多的趋势。地表温度分布曲线在城市中心区出现（四环内）范围较广的高值区，微弱波谷基本由道路绿地、小区绿地等影响而形成。在中心—南方向地表温度与植被盖度分布图中，剖面线在经过二环后，植被盖度高值和地表温度低值点明显增多，直观地反映了北京发展过程中，南城相对较为缓慢，绿色植被破碎化不如其他方向严重，硬化地表相应较少的状况。

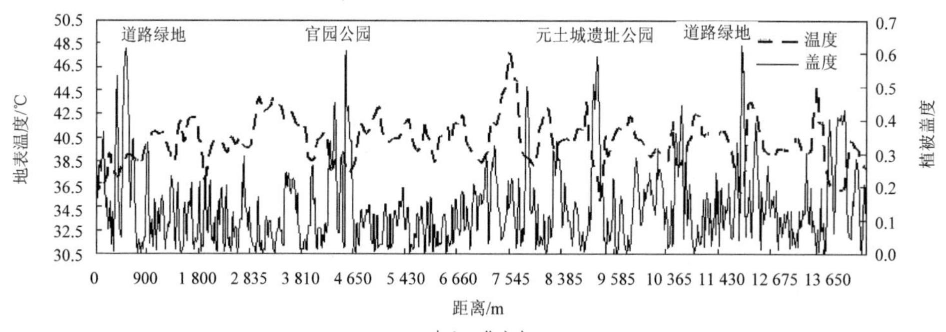

中心—北方向

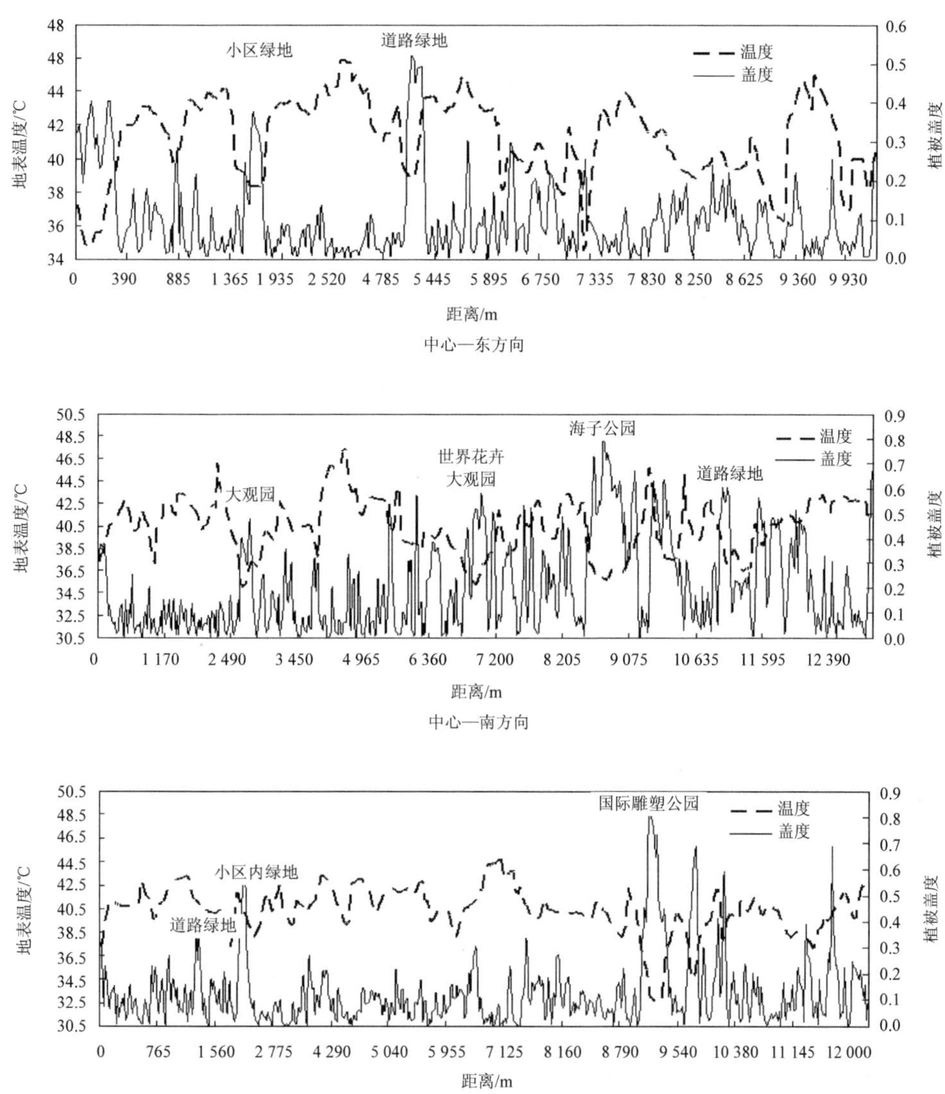

图 4-3 从研究区中心到四个垂直方向剖面线上地表温度与植被盖度分布特征

分别对四条剖面线上像元的地表温度和植被盖度进行相关性分析，结果表明，植被盖度与地表温度在像元尺度上存在负相关关系，植被盖度越大的区域地表温度就越低。如表 4-5 所示，北京市城北和城东发展最为迅速，地表植被破碎化严重，植被盖度较低，地表覆盖类型较为复杂，相应地导致了 Pearson 相关系数低于其他两个方向，而城南发展缓慢，其 Pearson 相关系数也最高。

表 4-5 研究区四个垂直方向上剖面线上地表温度与植被盖度的相关性

	东	南	西	北
样本数量	720	873	818	959
相关系数	−0.439 3	−0.529 2	−0.485 4	−0.404 9

（2）圈层发展方向

以研究区中心为圆点，2 500 km 变化幅度为半径，设置 6 条按北京市圈层发展的环形剖面线，剖面线以正北方向为起点，顺时针方向取值。表 4-6 记录了每条环形剖面线上地表温度和植被盖度的负相关程度，Pearson 系数的提高与城市发展方向相符合。由于 2 号剖面线穿过二环内和西三环，这条线上拥有 4 个较大的城市公园和一些面积较大的附属绿地（见图 4-4），使 2 号剖面线上地表温度和植被盖度的 Pearson 系数为−0.51。这说明，大面积均一地表的存在，使影响地表温度的因素相对减少，绿地植被盖度与地表温度的相关性增大。

表 4-6 研究区圈层发展方向环形剖面线地表温度与植被盖度的相关性

	1	2	3	4	5	6
样本数量	746	1 465	2 214	3 011	3 731	3 724
相关系数	−0.321 5	−0.508 4	−0.387 2	−0.409 3	−0.518 3	−0.570 3

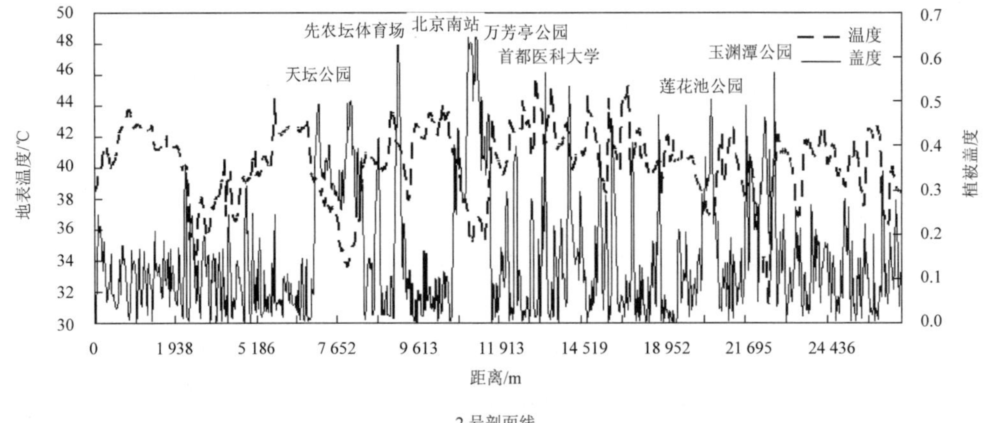

图 4-4 2 号环形剖面线上地表温度与植被盖度的分布特征

在像元尺度上讨论地表温度和植被盖度的关系受到太多随机因素的影响，如植被盖度小于 0.3 的像元，掺杂着大量的其他地表类型，如水泥地表，各种颜色的屋顶、裸土、水体等，它们均对地表温度分布以及热岛的形成产生影响。同时，剖面线只能反映特定方向上，特定像元之间的温度与盖度的关系，虽然能够表达在此剖面线方向上的分布规律，但这种关系不足以代表整个研究区范围。只有在更大的尺度上探讨植被盖度与地表温度的关系才有意义。

2．格网尺度绿地与热环境的空间关系

以 1 200 m×1 200 m 的移动窗口作为研究单元，在其移动的过程中计算不同区域二者的相关系数。在不同的空间范围二者的相关系数在不同区位存在明显的差异。对于四环内的区域来说，城乡建设导致地表覆被类型相对复杂，影响地表温度变化的主要因素也较多，在大面积硬化地表、人为热排放等因素的影响下，植被对缓解城市热岛的作用受到抑制，导致植被盖度与地表温度的相关性减弱，有少数格网内甚至达到微弱的正相关关系。对比来看，四环外五环内的区域发展相对较缓，绿地斑块完整性相对较高，使地表覆被类型单一的区块比四环内多，在这个区域内，植被盖度的差异是导致地表温度变化的主要原因，所以它们之间的相关性明显高于发展迅速的区域。然而，在快速发展区域中同样存在相关性较高的区块，这主要是由于区块内大型绿地公园能够起到控制地表温度的主导作用，如二环内的天坛公园。

将各个格网内的地表温度均值和植被盖度均值进行相关性分析，根据二者的分布散点图发现，它们之间具有很好的线性关系，拟合的线性模型如图 4-5 所示。在模型

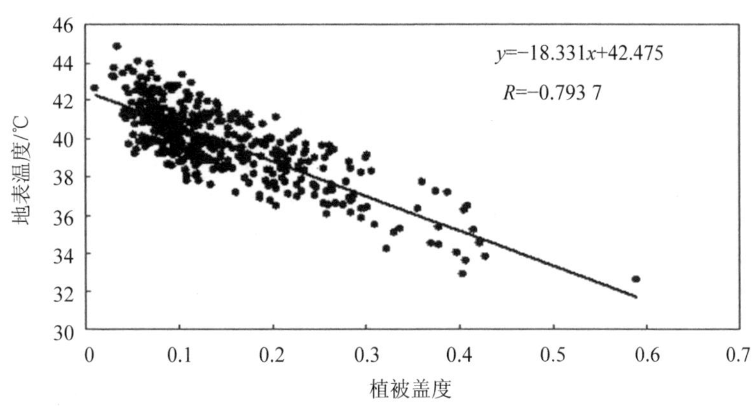

图 4-5 格网尺度上地表温度与植被盖度的回归分析

中，x 代表植被盖度，y 代表地表温度。二者之间经过相关系数检验、F 检验都是显著的，与像元尺度上二者的关系相比，Pearson 相关系数提高到−0.793 7，尺度的扩大有助于减弱非植被因素对二者关系的干扰。

综上所述，绿地空间格局与地表温度的关系受到不同区位之间的相互作用，以及样本区内地表组分的复杂程度的共同影响。虽然在格网尺度上描述二者的关系有明显的优势，但它毕竟是人为划定的均等研究范围，缺乏现实意义。

3．街区尺度绿地与热环境的空间关系

在像元尺度和格网尺度分析的基础上，继续进行尺度上推。在城市的形成过程中，交通道路的发展起着至关重要的作用，道路将原本完整的土壤基质地表隔离成不同的区块，在这些不同的区块中由于发展的差异又形成了不同复杂度的地表覆被特征。以主干道围合成的街区作为基本的空间单元，研究区共有 124 个街区研究样本，在这个尺度上研究地表温度与植被盖度的关系更贴近现实格局，同时与用管理层面的街道行政边界作为研究尺度相比，街区划分在描述二者关系上也更为科学。

以 124 个街区研究样本为基础，分别提取各个街区内地表温度和植被盖度的像元值，统计各个街区内地表温度和植被盖度的均值。均值反映了样本分布的一般状况，对二者在空间上的相关性分析才能反映在街区尺度上，各研究样本之间的空间格局特征差异，及其对热环境带来的不同影响。

街区尺度上比较了植被盖度与地表温度的空间分布特征，二者的分布格局基本一致，越接近城市中心，街区的植被盖度就越低，相对的地表温度也越高，但拥有较多或较大公园的街区除外，如天坛公园和龙潭湖公园所在的街区，这两个公园基本上占据街区面积的 60%以上。从各街区植被盖度的数值来看，在研究时段内北京市五环内各街区的植被盖度都不高，街区平均最大值仅为 0.26，植被数量总体偏低。

在植被盖度偏低的区域，盖度与温度的相关性也明显变小。这是由于在平均盖度小的街区内，整体地表温度会受到如硬化地表、水体、裸土、建筑物阴影等各种因素的影响，覆被类型状况变得复杂，使植被对温度的影响作用被削弱，植被不再是改善热环境的主导因素，地表温度的变化变得复杂而不稳定。

定量描述了地表温度和植被盖度在街区尺度相关性的空间分布。在快速发展的中东部地区，存在 9 个地表温度和植被盖度为微弱正相关的街区，这些街区的植被盖度均未超过 0.1（见表 4-7）。通过街区与绿地斑块叠加发现，这 9 个正相关关系的街区中，有 6 个是没有面积大于 0.81 hm^2 的街区（1～6 号街区），且都位于二环内。这表明，在高速发展区域，由于地表覆被影响，地面温度的因素变得复杂，从而导致植被数量与温度的关系不再明显。而相关性能达到 0.5 以上的单元，都是平均盖度在 0.9 以上的街区。

表 4-7 地表温度与植被盖度呈现正相关的街区特征

街区号	1	2	3	4	5	6	7	8	9
平均盖度	0.072	0.064	0.067	0.040	0.029	0.072	0.067	0.057	0.080
相关性	0.012	0.058	0.199	0.015	0.108	0.018	0.072	0.037	0.089

从整个研究区域的角度来看，街区尺度上地表温度和植被盖度呈现出较高的负相关性，整体的 Pearson 系数达到−0.720 8。根据各街区单元上地表温度和植被盖度的分布散点图，发现二者具有较好的对数关系，其线性回归模型如图 4-6 所示。

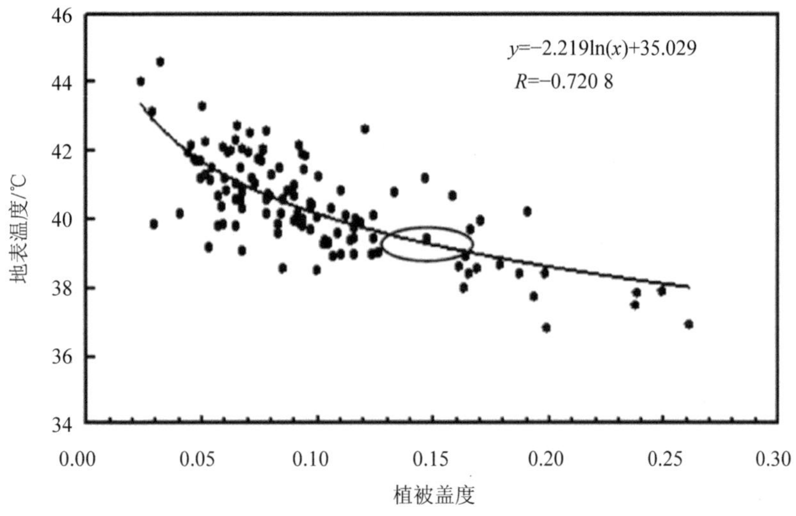

图 4-6 街区尺度上地表温度与植被盖度的回归分析

街区地表温度随着植被盖度的增加而降低，从拟合的对数曲线图上可知，当街区植被盖度为 0.15 左右时，为该曲线的斜率变点处，即街区地表温度快速下降与平缓下降的交界点。也就是说，在进行街区绿地规划时，应至少保证街区绿地植被盖度为 0.15，绿地才能起到有效的温度调节作用，同时也能够解决城市发展与绿地面积被侵蚀的矛盾问题。

街区尺度上地表温度和植被盖度的相关性虽然不如网格尺度的相关性高，但它们二者的关系在街区尺度上仍然是显著负相关的，相关性都大于像元尺度。在网格尺度上，将研究区划分为均等大小的单元，忽略了区域的真实格局，本研究认为，依据与区域发展密切相关的主干道作为尺度划分的依据，能够反映出人类活动对城市绿地及环境的影响。在这种尺度下才能真实反映区域发展、绿地空间格局与热环境的关系，同时也更具有现实操作意义。

4.5.1.2 绿地斑块空间结构配置对热环境的影响研究

1．绿地结构特征对其内部温度的影响

根据对研究区内绿地斑块采样，并与实地情况进行对比后，将 NDVI 大于 0.3，并且植被盖度大于 0.16 的区域作为提取绿地的条件。结合 ASTER 真彩色图像、北京市市区图等辅助图件对图斑进行整饰和综合，最终得到研究区域内的 518 个绿地图斑分布图。

对 518 个绿地斑块的植被盖度、面积、周长和周长面积比进行相关分析，结果如表 4-8 所示，绿地内部温度与绿地斑块的植被盖度显著负相关，Pearson 系数为−0.77，它与绿地斑块面积、周长、周长面积比也存在负相关性，相比植被盖度而言，相关程度稍低，说明影响绿地斑块内部温度的主要因素为斑块的植被盖度，其次才为斑块面积和形状。

表 4-8 绿地斑块植被盖度、空间特征与其内部温度相关系数

	面积（A）	周长（P）	周长面积比（D）	盖度（V）	温度（T）
面积（A）	1				
周长（P）	0.925 2	1			
周长面积比（D）	0.810 9	0.556 9	1		
盖度（V）	−0.470 3	−0.424 3	−0.438 5	1	
温度（T）	−0.602 8	−0.540 3	0.567 9	−0.77	1

分别将绿地斑块内部温度与植被盖度、斑块面积、斑块周长及周长面积比 4 个绿地特征指数进行曲线回归分析，分析结果直观地表达了它们之间的关系。

根据 518 个绿地斑块内部温度和植被盖度的散点图与回归曲线可知（见图 4-7），二者之间存在良好的线性拟合关系，绿地斑块的内部温度随着斑块内植被盖度的增加而降低。

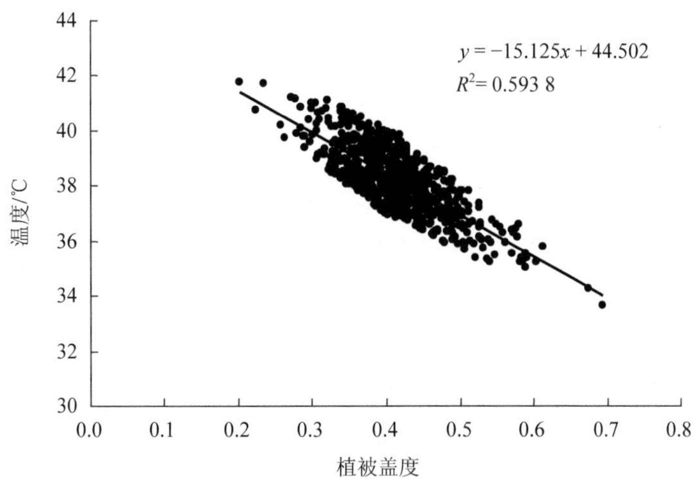

图 4-7 绿地内部温度与其植被盖度的关系

绿地斑块内部温度与其斑块面积之间的散点图及回归曲线如图 4-8 所示。总体趋势上绿地斑块内部温度随着绿地面积的增大而减少，两者的关系可用对数方程拟合，但拟合程度 R^2 偏小，仅为 0.363 3，可靠性得不到保证。在研究区范围内，小面积绿地斑块占绝大部分比例，同时它们温度的变化幅度较大，这有可能是由于城市地表类型复杂，导致各绿地斑块周边环境的差异较大，对绿地发挥其生态功能的影响也不一样。仅从拟合曲线的斜率变化情况来看，5 hm^2 绿地面积可以视为温度—面积曲线的斜率变点处，即温度快速下降与平缓下降的交界点。这与吴菲等（2007）对北京市园林绿地温湿效应进行研究后，得出发挥温湿效应最佳绿地面积为 5 hm^2 的结论相符合。同时，应天玉（2010）以哈尔滨市的 TM 影像和 1∶10 000 彩色航空摄影正射影像图，探讨热力场空间格局影响因素和绿地缓解热岛效应机制的研究中，得到了类似的结论，即当绿地面积小于 5 hm^2 时，地表温度变化范围较大，绿地面积大小对地表温度影响所占的比重较小，温度的主要决定因子为绿地覆盖特征。只有当绿地面积大于 5 hm^2 时，地表温度才由绿地面积与绿地覆盖特征共同决定。

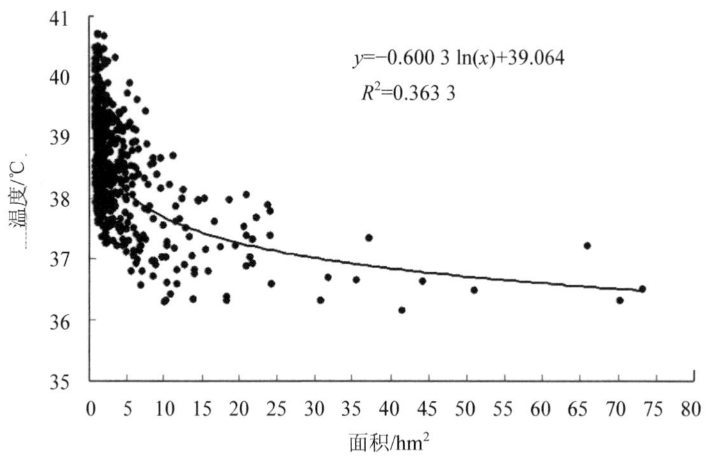

图 4-8 绿地斑块内部温度与其面积的关系

虽然绿地斑块内部温度与绿地周长之间存在负相关关系，绿地周长的增加能够促进绿地内部温度的降低，但它们的关系用对数方程进行拟合的 R^2 仅有 0.291 9（见图 4-9），绿地周长对温度的变化起不到主要作用。周长面积比与绿地斑块内部温度之间用幂函数进行拟合的效率比其他函数高，但其 R^2 也仅为 0.322 5（见图 4-10）。对公园周长面积比与对应的热环境温度做散点图，得出周长面积比越小，温度越低，随着周长面积比的增加，即斑块的形状越复杂，对应的温度也越高。这与孟丹、李小娟等（2010）对北京地区热力景观格局及典型景观的热环境效应研究所得结论一致。

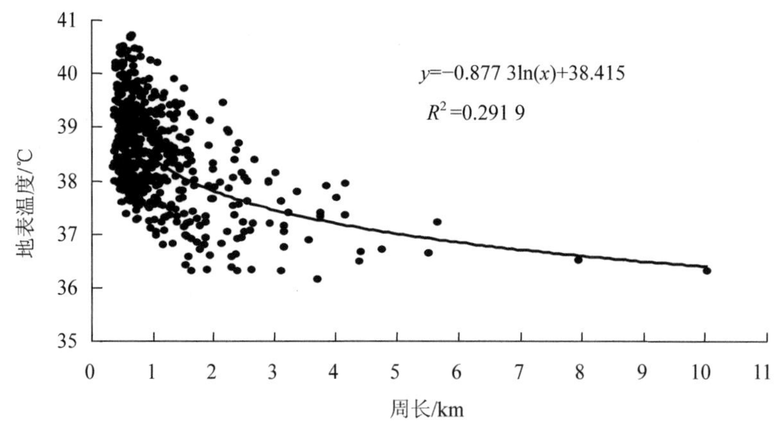

图 4-9 绿地斑块内部温度与其周长的关系

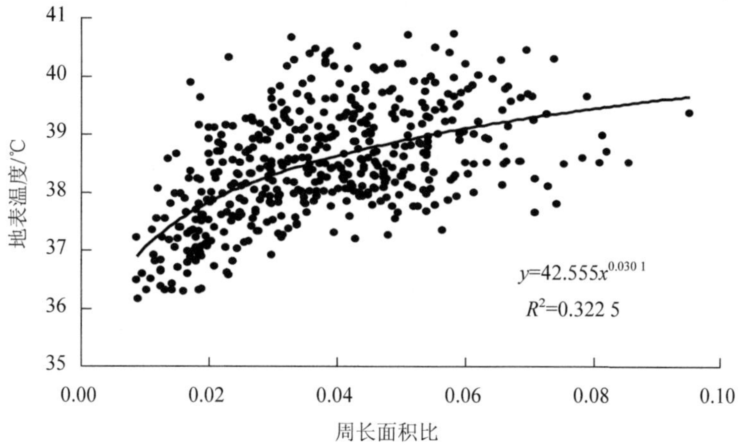

图 4-10 绿地斑块内部温度与其周长面积比的关系

综上所述，绿地斑块内部热环境的形成与其植被盖度、面积、周长和周长面积比都存在着负相关关系，这些特征指标的增大都会带动绿地斑块内部温度的降低，但在 4 个影响因子中植被盖度与温度的关系最密切，也就是说，在城市发展对绿地面积有所限制的情况下，增加绿地内部的植被盖度，提高绿地的绿量是改善绿地生态功能发挥最有效的方式。

对比前人的研究成果发现，岳文泽在研究上海外环线以内 110 个公园斑块的空间结构及其对热环境的影响时，对数函数和幂函数同样是温度—面积、温度—周长和温度—周长面积比关系拟合效率最优秀的函数，本书对绿地斑块特征与温度关系研究的结果与之趋势相同，不同的是上海市 110 个公园斑块与面积、周长和周长面积比的拟合关系都比本书的高，除了研究地域的差异外，很有可能是由于其公园斑块是通过市区图人工数字化得到的，而本书的绿地斑块是基于遥感光谱特征提取获得，两种绿地斑块获取方式在面积，特别是周长上会产生很大的差异，从而导致绿地斑块与热环境直接关系强弱的结果差异。

2．绿地结构特征对外围热环境的影响

应用 1.2.4 节提出的基于能量场扩散过程判断绿地斑块降温能力的方法，在研究区绿地斑块分布图上共选择了具有能源中心的 147 个斑块，进行绿地斑块特征对外围热环境影响的研究。绿地斑块冷源中心的降温幅度为 0.397～8.394℃，影响范围大小为 0.2～2.93 hm^2。面积最大的前五个斑块对应的降温幅度依次为：8.32℃、6.94℃、

7.81℃、6.61℃、5.30℃；对应的影响范围依次为：2.79 hm^2、2.93 hm^2、2.43 hm^2、2.75 hm^2、2.89 hm^2。总趋势为面积越大的绿地图斑其对外围热环境的影响越大，但这同时受到其周长等因素的影响。具体分析如下：

（1）绿地斑块面积与降温能力ΔT的关系

图 4-11 显示了绿地斑块面积与其降温程度的关系，随着绿地面积的增大，其降温能力也相应增强。它们之间的关系可用对数函数进行拟合，拟合 R^2 达到 0.706 6，相关性较好。通过曲线特征可以明显发现，在绿地斑块面积为 5 hm^2 左右的地方，降温能力随绿地面积增大而增强的趋势变缓，与影响绿地内部斑块温度的最佳面积阈值相当。

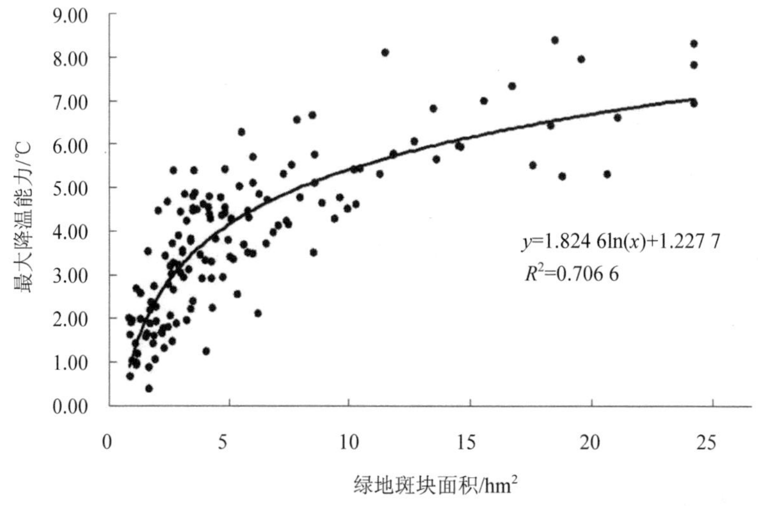

图 4-11 绿地斑块面积与最大降温能力的关系

在研究区所有绿地图斑中，有相当一部分的图斑没有冷源中心，这可能是由于斑块面积太小或者植被盖度太低等原因，使绿地斑块相对于其周围其他地表覆盖类型来说，对热环境没有明显的影响。在提取的 147 个绿地斑块中，面积最小的为 0.836 hm^2，对比绿地斑块生成过程中对小于 0.81 hm^2 的碎斑进行删除的原则，可以看出，绿地面积过小并不是影响绿地对周边温度影响能力的唯一原因。

（2）绿地斑块周长与降温能力ΔT的关系

与面积对最大降温能力的影响一样，周长与最大降温能力的关系也可以用对数函数进行模拟（图 4-12），拟合程度虽然较面积稍弱，但仍具有较高的可靠性，R^2 达到 0.629 5。

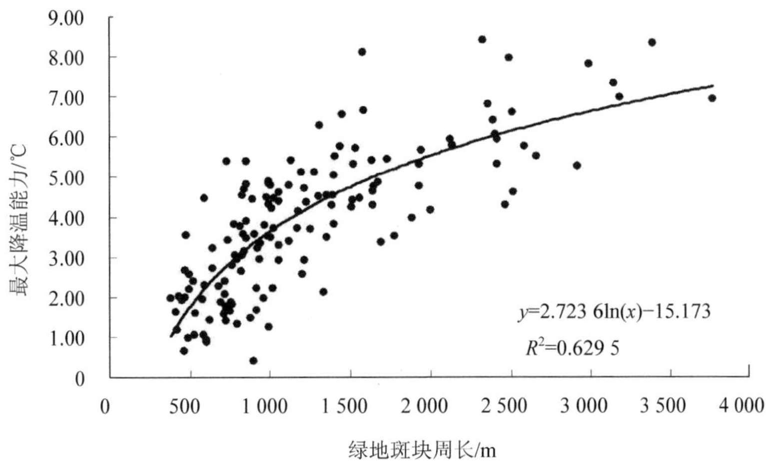

图 4-12 绿地斑块周长与最大降温能力的关系

（3）绿地斑块面积与最大降温影响范围的ΔA 关系

由图 4-13 可知，绿地斑块对周边热环境的影响范围随着绿地面积的增大而增大，用对数函数进行拟合 R^2 为 0.710 4，模型对关系的表达具有较高的可靠性，对该曲线进行分析发现，影响范围随绿地面积而增大的速度在绿地小于 5.8 hm^2 时最快，当绿地大于 5.8 hm^2 时，增长速度区域平缓，这说明在该面积处绿地对周边温度的影响范围产生的效应最大。

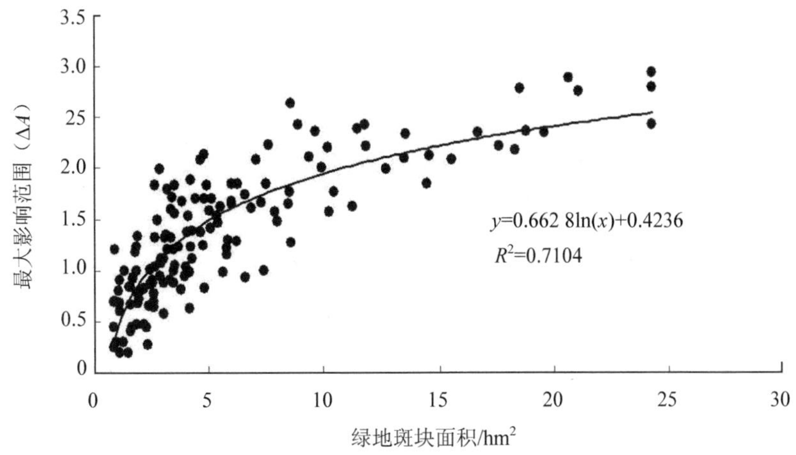

图 4-13 绿地斑块面积与最大影响范围的关系

3．绿地斑块空间特征与热环境的关系

以街区为单元，讨论绿地斑块空间布局方式对热环境的影响。根据在街区尺度上绿地空间格局与地表温度的关系可知，街区内植被盖度的高低与街区地表温度呈显著负相关。除此之外，街区内绿地布局的分散与聚集、绿地形状的差异都会对热环境带来影响。

分别计算各街区的斑块密度指数 *PD*、平均分维数 *M* 和聚集度指数 AI。综合考虑植被盖度 *V* 对热环境的影响，借鉴地理遥感信息模型构建方法，讨论它们之间的函数关系。

首先，明确遥感信息模型中各变量的含义，确定变量个数。本书中因变量为地表温度 *T*，自变量共有 4 个，分别是植被盖度 *V*、斑块密度指数 *PD*、平均分维数 *M* 和聚集度指数 AI。可得：

$$T = a_0 V^{a_1} PD^{a_2} M^{a_3} AI^{a_4} \tag{4-24}$$

为方便方程求解，将上式两边取对数：

$$\ln T = \ln a_0 + a_1 \ln V + a_2 \ln PD + a_3 \ln M + a_4 \ln \mathrm{AI} \tag{4-25}$$

这是一个普通的多元线性回归方程，通过选择样本，进行回归分析，求解系数 a_1、a_2、a_3、a_4 和代表其他影响因素的地理系数 a_0，以此确定上述各指标对热环境的影响。研究区内所有 124 个街区中，包含有绿地斑块的街区单元共有 96 个，随机抽取 76 个街区的数据进行回归分析，求解上述参数，剩余 20 组街区数据用于模型检验，计算结果见表 4-9。

表 4-9　街区尺度地理图像信息模型计算结果

相关系数	R^2	ln（a_0）	a_1	a_2	a_3	a_4
0.791	0.626	3.657	−0.101	−0.015	−0.151	−0.025

将表中的各系数代入多元线性回归方程中，得到北京市街区尺度的地理遥感信息模型：

$$T = 1.297 V^{-0.101} PD^{-0.015} M^{-0.151} \mathrm{AI}^{-0.025} \tag{4-26}$$

将 20 组用于检验的数据代入模型中对街区温度进行模拟，结果如图 4-14 所示，街区的模拟温度与街区内地表温度平均值的关系较好，线性拟合结果中 R^2 为 0.652 2，平均绝对偏差 MAD=2.65℃（检验街区的地表温度范围：36.79～40.30℃）。模型拟合的相关性较为可靠。

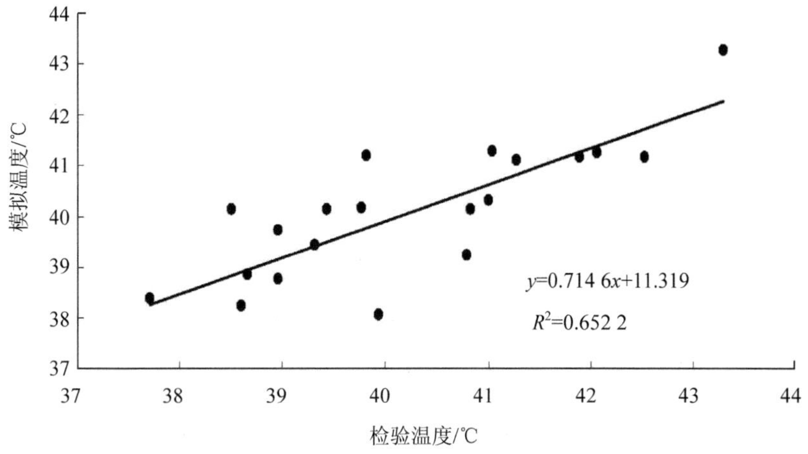

图 4-14 模型拟合温度与待检验温度的比较

从模型中的各个指标拟合参数（a_0、a_1、a_2、a_3、a_4）的意义可知：a_0 表示在街区地表温度预测模型中，还存在一些未被考虑的因素，其他参数意义分别为：

（1）在所有指数中绿地平均分维数指数（a_3=−0.151）对地表温度的影响在四个指数中最大，它代表了绿地斑块综合体的形状复杂程度，街区内绿地斑块的形状越复杂则街区地表温度越低。

（2）绿地的植被盖度（a_1=−0.101），代表了绿地植被的多少，也可以说是绿量的大小，即街区内绿量越大，地表温度就越低。

（3）绿地斑块的聚集度指数（a_4=−0.025）为负相关，它对街区内地表温度的影响不如前两个特征大。聚集度指数表示在街区尺度上，绿地越集中街区内温度越低，这表示在此尺度上应发挥绿地斑块面积对周围热环境影响的优势来改善街区环境。

（4）绿地斑块密度表示街区内绿地斑块的数量，它对街区内温度的影响较小，趋势为绿地斑块越多温度越低。但在街区有限的范围内过多的斑块又意味着斑块面积较小，所以斑块数量对温度的影响会受到其他影响因素的制约。

4.5.1.3 北京市朝阳区城乡接合部生态缓冲带景观优化方案

1．绿地空间格局

植被盖度和地表温度之间有着较高的负相关性。若以 Pearson 值等于−0.5 作为相关性高低的划定，需要街区单元的平均植被盖度达到 0.15 以上。

2．绿地结构特征

绿地面积与绿地降温效应之间存在一个大约 5 hm^2 的面积最佳阈值点，当绿地面积小于该值时，绿地内温度变幅较大，降温能力的波动也较大。这说明当绿地面积小于 5 hm^2 时，面积大小对地表温度影响所占比重较小，绿地的降温能力主要由绿地植被数量特征决定。在斑块空间布局方面，各特征指标与温度之间均存在负相关关系，不同的是，表征街区植被数量和质量的平均盖度，与表征斑块形状复杂程度的平均分维数对温度的影响最大，其次才为表征斑块之间聚集或分散状态的聚集度指数，表征街区内绿地斑块数量的斑块密度指数对温度的影响最小。当在城市中心区，无法实现单个绿地斑块面积大于 5 hm^2 时，可以通过多个绿量大、形状复杂的小斑块集中布局方式提高绿地的生态服务功能（见图 4-15）。

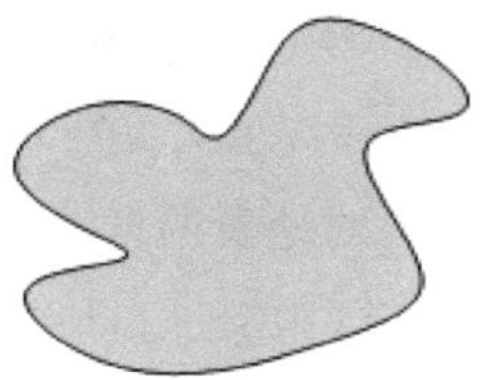

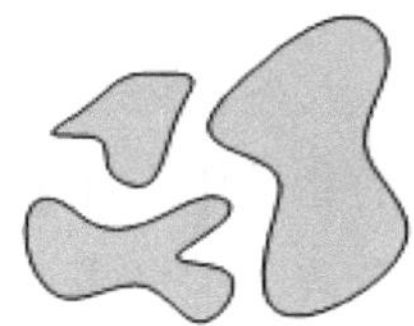

图 4-15 街区尺度最佳绿地布局模式

4.5.2 生态缓冲带植被群落配置技术示范

以北京市朝阳区生态缓冲带为例开展生态缓冲带植被群落配置技术的应用研究。

4.5.2.1 三维绿量

通过对北京市朝阳区 34 块样地植物绿量的全面研究，为定量化分析不同群落配置模式的生态服务提供基础参数。

1. 不同群落的三维绿量密度比较分析

不同群落的三维绿量密度不同（见表 4-10)。三维绿量密度最大的是古塔周边的圆柏样方，其三维绿量密度达到 16.23 m^3/m^2，其次为古塔周边的大叶黄杨样方，三维绿量密度为 15.93 m^3/m^2。三维绿量密度＞10 m^3/m^2 的有 5 个样方，均为落叶乔灌草或乔草型样方；5 m^3/m^2＜三维绿量密度≤10 m^3/m^2 的样方有 9 个，多为落叶乔灌草或乔草型样方；1 m^3/m^2＜三维绿量密度≤5 m^3/m^2 的样方有 10 个，多为落叶乔草或乔灌草样方；三维绿量密度≤1 m^3/m^2 的样方也有 10 个，多为草地样方、灌草样方、常绿乔灌草或乔草样方。

表 4-10　各样方的三维绿量和三维绿量密度

样点名称	样方名称	群落结构	郁闭度/%	三维绿量/m^3	三维绿量密度/(m^3/m^2)
北五环片林	旱柳	乔+草	62	4 099.73	10.25
东坝公园	苜蓿	草	0	6.73	0.07
东坝公园	蒲公英	草	0	12.80	0.13
东坝公园	鸢尾	草	0	31.50	0.32
东坝公园	毛白杨	乔+草	65	4 357.65	10.89
东坝	圆柏	乔+草	35	253.37	0.63
东坝	油松	乔+灌+草	30	589.94	1.48
东风	草甸羊茅	草	0	38.60	0.39
东风	金鸡菊	草	0	35.20	0.35
东风	旱柳	乔+草	70	3 695.70	9.24
东风	构树	乔+草	78	1 731.26	4.33
东风	毛白杨	乔+灌+草	67	3 953.54	9.88
杜仲	丁香	灌+草	10	29.10	0.29
杜仲	鸢尾	乔+草	80	1 569.41	3.92
杜仲	芍药	乔+灌+草	76	1 307.56	3.27
古塔公园周边	圆柏	乔+灌+草	40	6 491.92	16.23
古塔公园周边	大叶黄杨	乔+灌+草	60	6 372.55	15.93
金田	锦带花	灌	70	738.90	7.39
金田	沙地柏	灌	80	55.00	0.55
金田	丁香	灌	38	219.13	2.19
金田	毛白杨	乔+草	65	2 950.29	7.38
金田	白扦	乔+草	30	283.32	0.71
金田	银杏	乔+草	35	878.57	2.20

样点名称	样方名称	群落结构	郁闭度/%	三维绿量/m^3	三维绿量密度/（m^3/m^2）
金田	枣林	乔+草	79	2 040.71	5.10
金田	新疆杨	乔+灌+草	30	619.34	1.55
七棵树	油松	乔	42	1 206.51	3.02
七棵树	龙爪槐	乔	40	246.29	0.62
七棵树	臭椿	乔	40	2 697.10	6.74
七棵树	旱柳	乔	40	2 629.35	6.57
七棵树	金银木	乔+灌	20	1 608.46	4.02
西坝河	洋槐	乔	92	919.45	2.30
小井村	旱柳	乔	45	2 063.79	5.16
小井村	毛白杨	乔	55	3 198.09	8.00
小井村	洋白蜡	乔	60	5 396.73	13.49

样方内有乔木的群落，其三维绿量密度较大，如古塔周边的 2 个样方，小井村的 3 个样方，其三维绿量密度均在 5 m^3/m^2 以上；而只有灌木和草本的样方，其三维绿量密度较小，基本都在 1 m^3/m^2 以下，如杜仲公园的丁香样方，其三维绿量密度为 0.29 m^3/m^2，东坝公园的蒲公英和苜蓿样方，三维绿量密度分别为 0.13 m^3/m^2 和 0.07 m^3/m^2。

三维绿量密度较大的样方，样方内的优势种多为阔叶乔木，三维绿量密度＞1 m^3/m^2 的样方有 24 个，优势种基本为阔叶乔木；而优势种为针叶乔木的金田公园的白扦样方和沙地柏样方、东坝公园的圆柏样方、七棵树的龙爪槐样方，其三维绿量密度均在 1 m^3/m^2 以下，分别为 0.71 m^3/m^2、0.55 m^3/m^2、0.66 m^3/m^2 和 0.62 m^3/m^2。且在阔叶乔木中，三维绿量密度前 10 位的样方，除金田公园的锦带花样方外，样方内的优势种均为大叶黄杨、毛白杨和旱柳，其中优势种为大叶黄杨的样方，三维绿量密度最高，其次是毛白杨，旱柳排第三，见图 4-16。

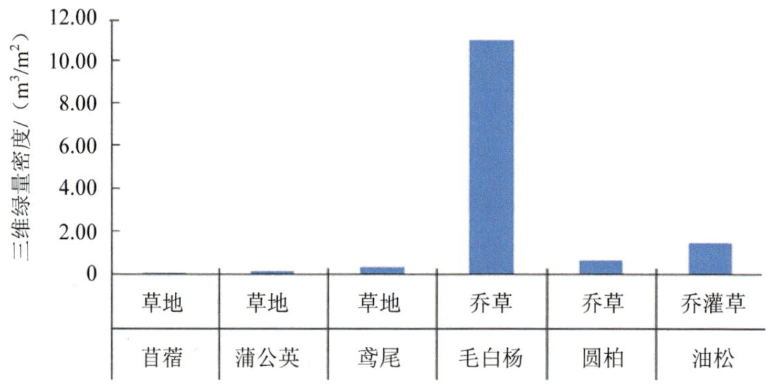

东坝公园样方三维绿量密度

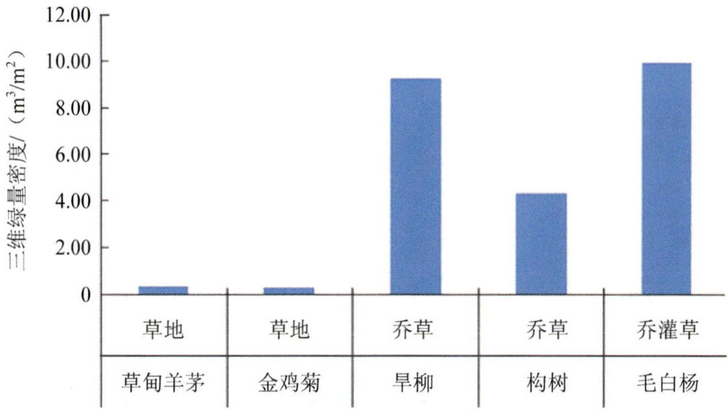

东风公园样方三维绿量密度

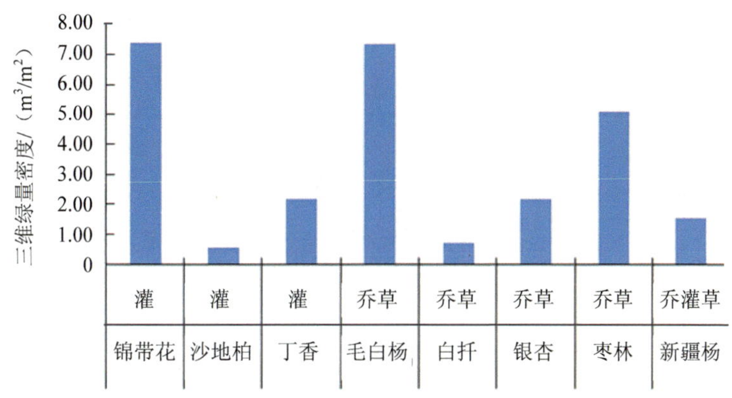

金田公园样方三维绿量密度

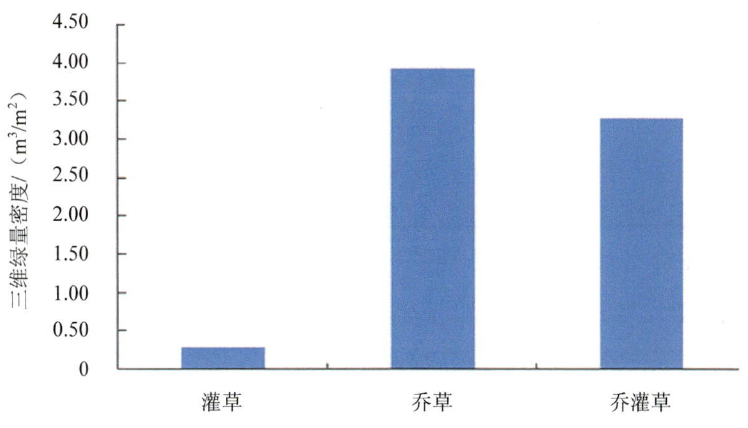

杜仲公园样方三维绿量密度

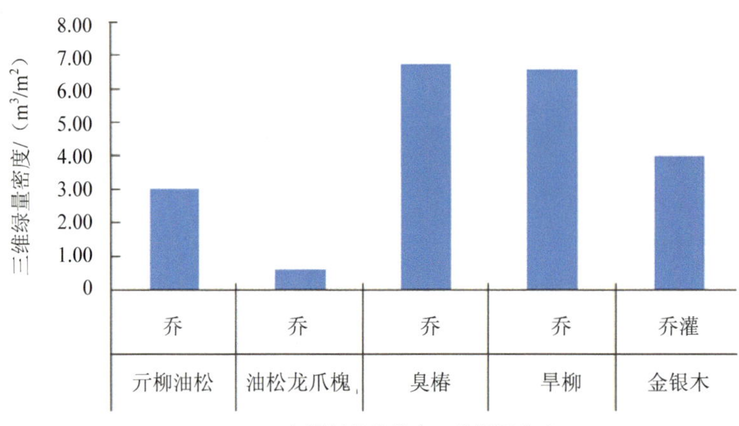

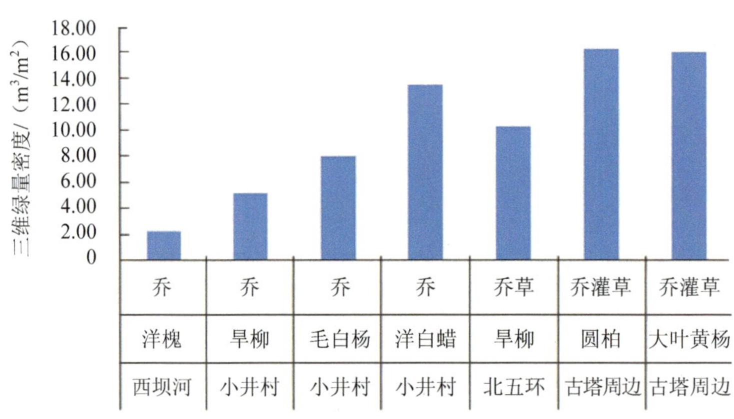

图 4-16　各样方的三维绿量密度

2．不同群落配置模式的三维绿量密度比较分析

群落结构不同，群落的三维绿量密度也不同（见表 4-11 和图 4-17）。总体来看，乔灌草型或乔灌型＞乔草型或乔木型＞灌草型或灌木型＞草地型。对其做方差分析（见表 4-12），F＝3.47，P＝0.028 4＜0.05，可以看出群落结构不同，群落的三维绿量密度有显著差异。乔灌草型或乔灌型由于其层次较多，且乔木的三维绿量较大，故其三维绿量密度最高，为 7.48 m^3/m^2；乔草型或乔木型仅次于乔灌草型或乔灌型，为 5.59 m^3/m^2；灌木的三维绿量远远小于乔木，故灌草型或灌型群落排第三位，其三维绿量密度为 2.61 m^3/m^2；草本植物的三维绿量最低，故草地型群落的三维绿量最小，为 0.25 m^3/m^2，

仅为乔灌草型或乔灌型群落的 3.34%。由此可以看出，增加种植层次可以增加群落的三维绿量。

表 4-11　不同群落结构的三维绿量和三维绿量密度

群落结构	样地面积/m^2	三维绿量/m^3	三维绿量密度/（m^3/m^2）
草地	100	24.97	0.25
灌草	100	260.53	2.61
乔草	400	223 430	5.59
乔灌草	400	2 991.91	7.48

表 4-12　群落结构的方差分析

方差来源	*SS*	*df*	*MS*	*F*	*P*
群落结构的影响	184.116	3	61.372 2	3.47	0.028 4
随机因素的影响	531.206	30	17.706 9		
总和	715.322	33			

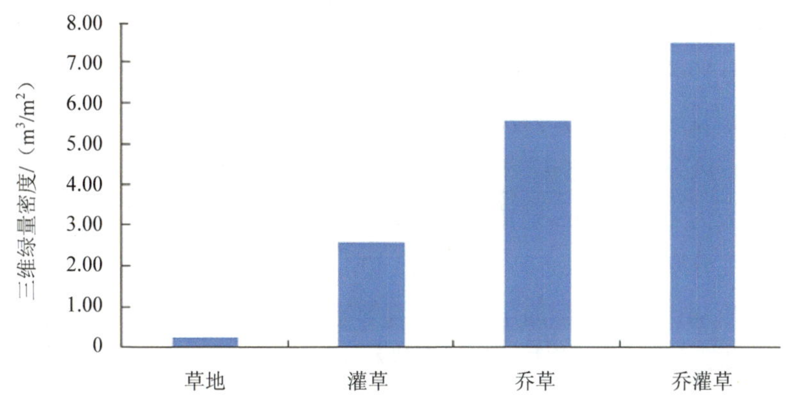

图 4-17　不同群落结构的三维绿量密度

但并非所有的乔灌草型群落的三维绿量密度都高于其他群落结构。例如，东坝公园毛白杨样方为乔草型群落，但其三维绿量密度为 10.89 m^3/m^2，而油松所在乔灌草型群落的三维绿量密度为 1.48 m^3/m^2，仅为毛白杨样方的 13.5%。因毛白杨样方的优势种为毛白杨，而油松样方的优势种主要为油松，毛白杨的三维绿量为 144.58 m^3，远远大于油松的三维绿量（17.13 m^3），故此乔草型群落的三维绿量密度大于乔灌草型群落。

3．不同群落三维绿量的影响原因分析

（1）物种

样方内优势种的差异可影响群落的三维绿量密度。所有样方中，三维绿量密度＞10 m^3/m^2 的样方有 5 个（2 个乔灌草型样方，3 个乔草型样方）。这 5 个样方内的优势种均为旱柳、毛白杨或加拿大杨。三维绿量密度＜1 m^3/m^2 的样方有 10 个，基本为草地型样方、灌草型样方或优势种为常绿物种的乔草型样方。东风公园旱柳样方和构树样方虽都为乔草结构，但旱柳样方的三维绿量密度是构树样方的 2.14 倍；乔灌草型毛白杨样方，三维绿量密度为 9.88 m^3/m^2，和旱柳样方相差不大，但远远大于构树样方。金田公园的锦带花样方和沙地柏样方虽然都是灌草型群落，但沙地柏样方的三维绿量密度仅为 0.55 m^3/m^2，为锦带花样方的 7.4%。由此可见，物种的差异对群落的三维绿量密度造成的影响较大，若样方内优势种的三维绿量较大，则群落的三维绿量密度也较大，反之亦然。

（2）郁闭度

郁闭度的差异也对群落的三维绿量密度造成影响。杜仲公园乔草型样方的三维绿量（3.92 m^3/m^2）大于乔灌草型样方的三维绿量（3.27 m^3/m^2），两样方内种植的乔木优势种相同，可排除物种的影响，但由于乔草型样方的郁闭度大于乔灌草型样方，且乔灌草型样方内杜仲的郁闭度为 40%，而乔草型样方内杜仲的郁闭度达到 80%，故乔草型样方的三维绿量较高。样方内优势种同为旱柳，北五环旱柳样方的三维绿量密度为 10.25 m^3/m^2，东风公园的旱柳样方为 9.24 m^3/m^2，小井村的旱柳样方为 5.16 m^3/m^2，七棵树金银木样方为 4.02 m^3/m^2，造成这些样方三维绿量密度差异的主要原因是郁闭度的差别，其郁闭度分别为 62%、70%、45%和 40%，而北五环的旱柳样方的郁闭度较小，其三维绿量密度却比东风公园的旱柳样方大的原因是北五环的旱柳样方内有毛白杨，毛白杨的高三维绿量拉高了样方整体的三维绿量密度值。

从整体来研究三维绿量密度和郁闭度的关系，可发现郁闭度对三维绿量密度的影响小于物种对三维绿量密度的影响。如图 4-18 所示，样方的三维绿量密度和郁闭度相关性不显著，其相关系数仅为 0.46，这是样方内优势种的差异造成的。七棵树的油松龙爪槐样方、臭椿样方和旱柳样方，其郁闭度同为 40%，但三维绿量密度却差别较大，分别为 0.62 m^3/m^2、6.74 m^3/m^2 和 6.57 m^3/m^2，油松龙爪槐样方仅为臭椿样方的 9.1%。若样方内优势种相同，群落的三维绿量密度随郁闭度的增大而增大，如图 4-19 所示，其相关系数为 0.78。郁闭度为 20%的旱柳样方，三维绿量密度为 4.02 m^3/m^2，而郁闭度为 60%的旱柳样方，三维绿量密度为 13.49 m^3/m^2。

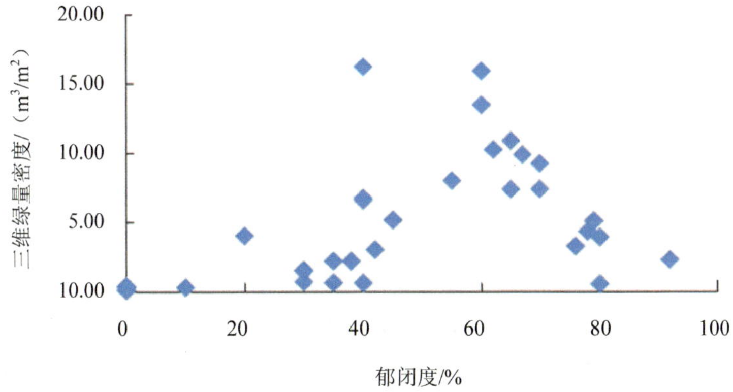

图 4-18　三维绿量密度—郁闭度关系

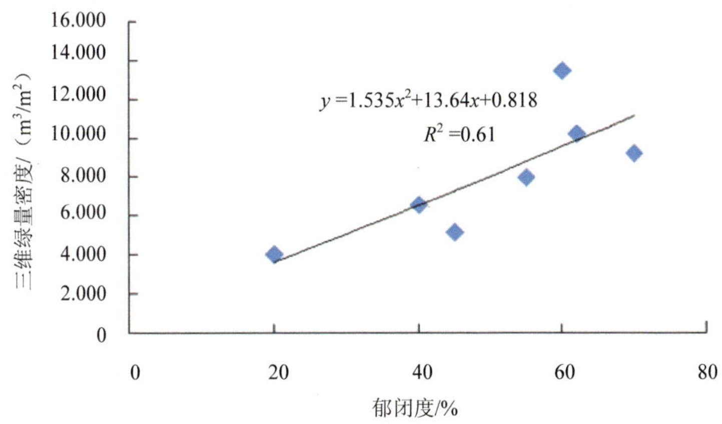

图 4-19　旱柳样方三维绿量密度—郁闭度关系

4.5.2.2　生物多样性维持功能

1．植物多样性比较分析

（1）乔灌多样性分析

1）不同群落的乔灌多样性比较

通过对北京市朝阳区缓冲带的详细调查，结果表明：缓冲带植物种类相对单一，高大乔木占优势，缺乏灌木和草地，且群落结构简单，乔灌草结构、灌草结构和草地结构的缓冲带较少。

表 4-13 和图 4-20 列出了不同样方的乔灌木的多样性指数。个体总数最多的是古塔周边的大叶黄杨样方和金田公园的锦带花样方，*N* 分别为 1 154 和 700，远远超出其他样方的个体总数。但因灌木样方的样方面积为 100 m^2，故样方内乔灌木密度最大的样方为金田公园的锦带花样方，密度为 70 棵/m^2。*N*>100 的样地有 5 个，均为乔灌草或灌草结构，乔木盖度较大，不能大量种植，故其密度较低。草地型样地无乔灌木，故其个体数最少，*N*=0。

表 4-13　不同样方的乔灌木多样性

样地名称	样方名称	群落结构	*N*	*S*	*H'*	*J*	*D*	*dma*
北五环	旱柳	乔草	16	2	0.27	0.90	0.57	0.36
东坝	蒲公英	草地						
东坝	油松	乔灌草	28	4	0.40	0.67	0.46	0.90
东坝	毛白杨	乔草	37	3	0.44	0.93	0.38	0.55
东坝	圆柏	乔草	29	1	0	0	1	0
东坝	苜蓿	草地						
东坝	鸢尾	草地						
东风	毛白杨	乔灌草	67	4	0.57	0.94	0.29	0.71
东风	旱柳	乔草	12	1	0	0	1	0
东风	草甸羊茅	草地						
东风	构树	乔草	21	3	0.37	0.77	0.46	0.66
东风	金鸡菊	草地						
杜仲	鸢尾	乔草	28	1	0	0	1	0
杜仲	芍药	乔灌草	146	3	0.31	0.66	0.60	0.40
杜仲	丁香	灌草	16	1	0	0	1	0
古塔周边	大叶黄杨	乔灌草	1 154	7	0.23	0.28	0.75	0.85
古塔周边	圆柏	乔灌草	57	2	0.29	0.96	0.53	0.25
金田	毛白杨	乔草	35	2	0.06	0.19	0.94	0.28
金田	白扦	乔草	41	2	0.28	0.93	0.55	0.27
金田	锦带花	灌木	700	1	0	0	1	0
金田	沙地柏	灌木	130	1	0	0	1	0
金田	丁香	灌草	102	2	0.27	0.90	0.57	0.216
金田	银杏	乔草	40	1	0	0	1	0
金田	新疆杨	乔灌草	60	3	0.47	0.99	0.34	0.49
金田	枣林	乔草	19	2	0.15	0.49	0.81	0.34
七棵树	金银木	乔灌	35	4	0.34	0.56	0.56	0.84

样地名称	样方名称	群落结构	*N*	*S*	*H'*	*J*	*D*	*dma*
七棵树	臭椿	乔草	12	1	0	0	1	0
七棵树	旱柳	乔木	27	1	0	0	1	0
七棵树	油松	乔木	25	2	0.26	0.86	0.60	0.31
七棵树	龙爪槐	乔木	29	3	0.44	0.92	0.39	0.59
西坝河	洋槐	乔木	19	1	0	0	1	0
小井村	洋白蜡	乔木	70	2	0.3	0.998	0.50	0.24
小井村	旱柳	乔木	18	1	0	0	1	0
小井村	毛白杨	乔木	37	2	0.293	0.974	0.52	0.28

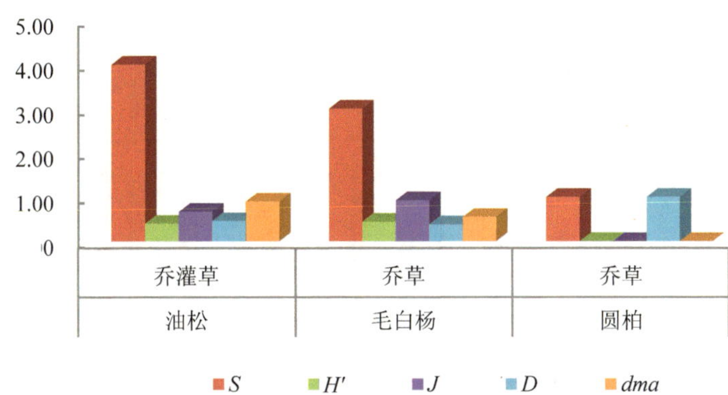

东坝公园样方乔灌木多样性

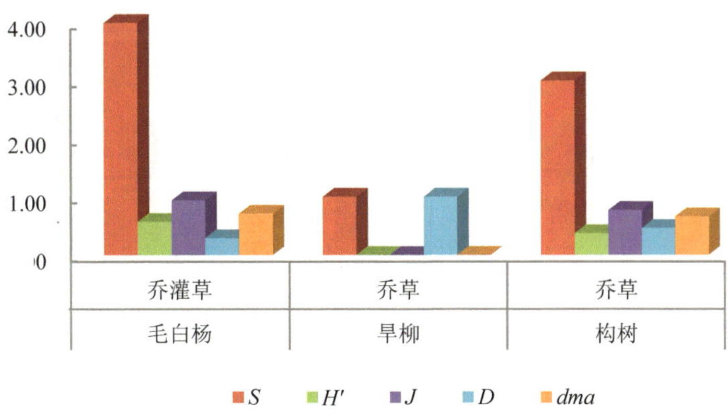

东风公园样方乔灌木多样性

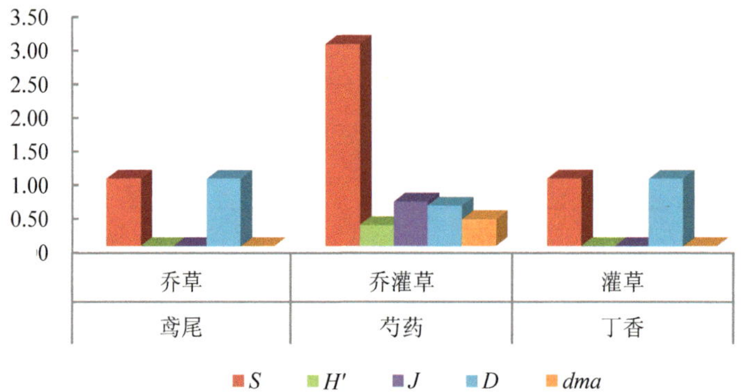

杜仲公园样方乔灌木多样性

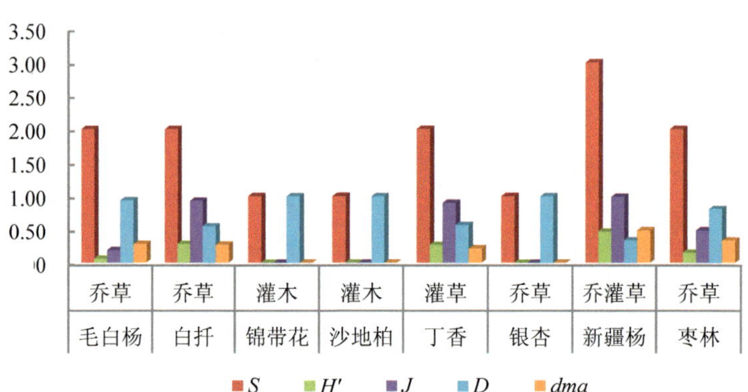

金田公园样方乔灌木多样性

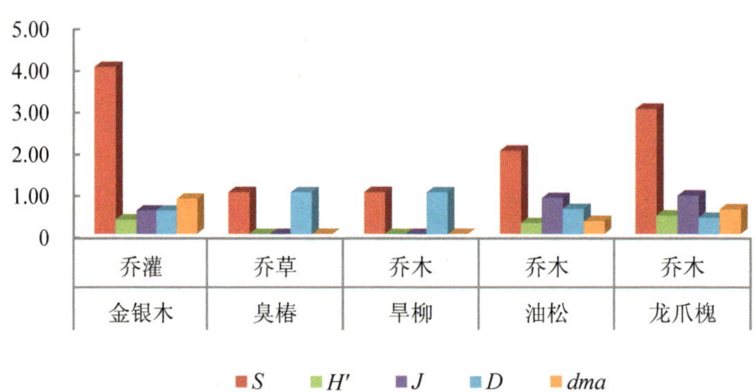

七棵树片林样方乔灌木多样性

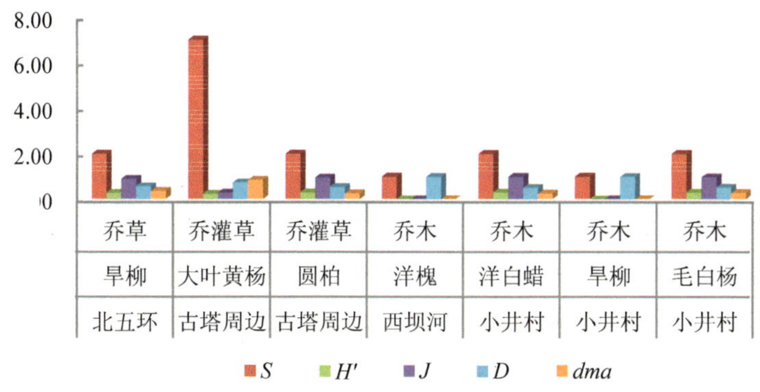

其他片林样方乔灌木多样性

图 4-20 各公园不同群落配置的乔灌木多样性

物种丰富度 S 最大的样方为古塔周边的大叶黄杨样方，含有 7 个物种，东坝公园的油松样方、东风公园的毛白杨样方和七棵树的金银木样方，均含有 4 个物种。含 3 个物种的样方有 5 个；含 2 个物种的样方有 9 个；含 1 个物种的样方有 11 个，均为单一的乔木或灌木林。其中 $S \geqslant 3$ 的样方均为乔草或者乔灌草结构。草地型样地无乔灌木，其物种丰富度为 0。Margalef 指数最大的为东坝公园的油松样方，其值为 0.900；$dma>0.50$ 的样方一共有 7 个，均为乔草或乔灌草结构。$dma>0.5$ 的样方，其 $S \geqslant 3$，Margalef 指数与 S 趋势大体一致，但因古榙周边的大叶黄杨样方的物种个体总数为 1 154，远远大于东坝公园的油松样方（$N=28$），故其 Margalef 指数排在第一位。

Shannon-Wiener 指数 $H'>0.50$ 的样方只有 1 个，为东风的毛白杨样方，$0.40<H'<0.50$ 的样方有 4 个，$0.30<H'<0.40$ 也仅有 4 个，由此可知样方的生物多样性均不高。

均匀度指数 J 最大的为小井村的洋白蜡样方，达到 1.00，其次为金田公园的新疆杨样方，$J=0.99$，与洋白蜡样方相差甚小。$J \geqslant 0.9$ 的样方有 9 个，当 $S>1$ 时，大部分样方的均匀度均在 0.50 以上。由此可见，样方内物种的均匀度是相当高的。当 $S=1$ 时，物种分布最不均匀，均匀度指数为 0。

优势度指数 D 反映群落内物种分布的不均匀程度。D 越大，群落内物种分布越不均匀。D 最大的样方是当 $S=1$ 时，群落内优势种的地位最为突出。而 D 最小的样方为东风公园的毛白杨样方，为 0.29，差异还是比较明显的。

群落的乔灌木多样性与群落内的物种数和物种分布的均匀程度有关。对群落内乔灌木的物种数 S、Margalef 指数 dma、均匀度指数 J、优势度指数 D 与多样性指数 H'

作相关性分析，多样性指数与物种数 S 的相关系数为 0.690，与 Margalef 指数的相关系数为 0.83，与均匀度的相关系数为 0.91，与优势度呈负相关，其相关系数为−0.99。物种多样性与物种均匀度的相关系数大于其与物种丰富度的指数，产生这种分异的原因是，由于所调查群落多为人工种植且干扰过于频繁，导致物种相对较为单一，因而群落多样性的大小多以物种分布的均匀程度来度量，多样性指数与均匀度指数密切相关。

物种数相同，群落的生物多样性指数取决于群落的均匀度，例如当 $S=2$ 时，H' 与 J 相关系数为 1.00。金田公园的 4 个乔草样方，除银杏样方仅含 1 个物种外，其他 3 个样方均含 2 个物种，排除物种数的影响，其生物多样性与均匀度有关。白扦样方的均匀度较高（J=0.93），毛白杨样方的均匀度最低（$J=0.18$），故其生物多样性大小为：白扦样方＞枣林样方＞毛白杨样方。

均匀度相同，群落的多样性取决于其所含物种数目，例如当 $J>0.90$ 时，H'与 S 的相关系数为 0.99。东风公园的毛白杨样方和古塔周边的圆柏样方均匀度差别较小（均匀度指数分别为 0.94 和 0.96），且群落结构均为乔灌草，故排除群落结构带来的影响，仅考虑其物种数，毛白杨样方含 4 个物种，而圆柏样方仅含 2 个物种，其生物多样性指数差别较大，分别为 0.57 和 0.29。

物种数一样，分布的均匀程度也相差不大时，物种的多样性也相差不大。小井村的洋白蜡样方和毛白杨样方、古塔周边的圆柏样方以及金田公园的白扦样方，均含 2 个物种，且分布都较为均匀（其均匀性指数分别为 1.00、0.97、0.96 和 093），其生物多样性指数相差不大（分别为 0.30、0.29、0.29 和 0.28）。

用完全多项式建立多样性与物种数和均匀度的回归模型：

$$y=-0.031\,2x_1^2+0.610\,9x_2^2+0.304\,7x_1-0.481\,6x_2-0.278\,1 \qquad (4\text{-}27)$$

式中，y —— Shannon-Wiener 指数；

x_1 —— 物种数 S；

x_2 —— 均匀度指数 J。

此模型的 $R^2=0.986\,0$，接近于 1，回归效果显著。$F=423.817\,5$，$P=0.000\,0<0.05$，回归模型成立。由此可知，若要增加群落的乔灌木多样性，应考虑两个方面的因素：①群落的物种数；②群落内物种分布的均匀程度。群落的物种数越多，分布越均匀，群落的乔灌木多样性就越高。

2）不同群落配置的乔灌木多样性比较

不同的群落结构对乔灌木的多样性具有明显的影响，如表 4-14 和图 4-21 所示。从灌草型或灌木型群落，乔草型或乔木型群落，到乔灌草型或乔灌型群落，其物种丰富度、多样性、均匀性和优势度逐渐增大，而优势度与均匀度相反，灌草型或灌木型群落的优势度最大，而乔灌草型或乔灌型群落优势度最小。对这些指标作方差分析，可以看出群落结构不同，物种个体总数和均匀度差异不显著（$P>0.05$），而物种丰富度、物种多样性、优势度差异显著（$P<0.05$）。

表 4-14　不同群落配置模式的乔灌木多样性

群落结构	*N*	*S*	*H'*	*J*	*D*	*dma*
灌草（灌）	237	1	0.07	0.22	0.89	0.05
乔草（乔）	29	2	0.16	0.44	0.76	0.22
乔灌草（乔灌）	221	4	0.37	0.72	0.50	0.64
F 值	2.65	13.88	6.53	2.06	4.51	11.46
P 值	0.090	0.000	0.005	0.147	0.021	0.000

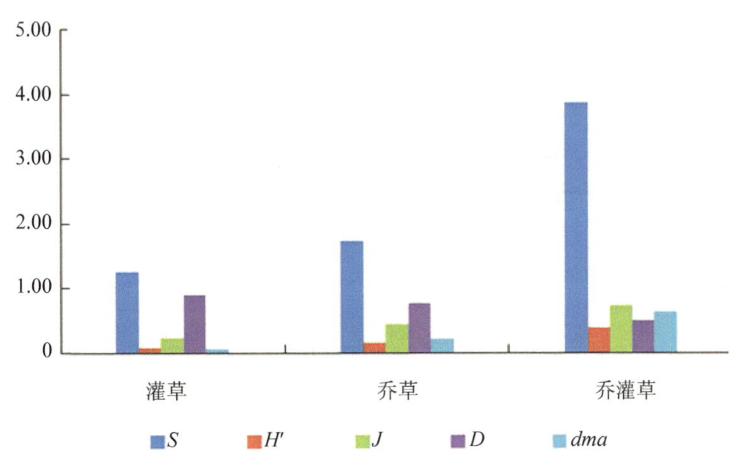

图 4-21　不同群落配置模式的乔灌木多样性

但并非所有的乔灌草型群落的多样性都高于乔草型或灌草型群落。例如七棵树的金银木样方，虽然含有 4 个物种，但除金银木之外，洋槐、臭椿和旱柳均仅有 1 棵，分布极不均匀，其均匀度指数为 0.56，其生物多样性指数也较低，为 0.34，优势度指数较高，为 0.56；而龙爪槐样方虽只含 3 个物种，但这 3 个物种分布得较为均匀，其均匀度指数为 0.92，故其生物多样性指数高于金银木样方，为 0.44，优势度指数较低。东坝公园的油松样方、古塔周边的大叶黄杨样方和圆柏样方也是相同的情况。

群落结构相同，其乔灌木多样性不一定相同。东坝公园的两个乔草型群落，因毛白杨样方内所含物种数较多，而圆柏样方内仅有圆柏一个物种，故毛白杨样方的多样性和均匀度远远高于圆柏样方。东风公园的两个乔草型群落与此相同。金田公园的 3 个灌草型群落，锦带花和沙地柏样方仅有 1 个物种，其多样性和均匀度均为 0，而丁香样方含丁香和沙地柏两个物种，且其分布较为均匀（J=0.90），故多样性指数相对较高（H'=0.27）。

古塔周边的圆柏样方和小井村的毛白杨样方均含 2 个物种，且均匀度差别不大，虽然其群落结构不同（分别为乔灌草和乔草结构），但其生物多样性差别不大（分别为 0.290 和 0.29），由此可知，群落结构并不能直接作用于群落的生物多样性，而是通过增加群落的物种数来达到增加生物多样性的目的。

（2）草本多样性分析

1）不同群落的草本多样性比较

表 4-15 和图 4-22 列出了所有样方的草本多样性指数（其中群落结构为乔或灌的样方无草本植物存在，故为空）。

表 4-15 不同样方的草本多样性指数

样地名称	样方名称	群落结构	N	S	H'	J	D	dma
北五环片林	旱柳	乔+草	492	4	0.24	0.40	0.71	0.44
东坝公园	蒲公英	草	115	7	0.43	0.48	0.57	1.33
东坝公园	油松	乔+灌+草	160	9	0.53	0.56	0.48	1.74
东坝公园	毛白杨	乔+草	365	4	0.18	0.27	0.80	0.54
东坝公园	圆柏	乔+草	74	9	0.82	0.86	0.184	1.92
东坝公园	苜蓿	草	292	5	0.32	0.47	0.64	0.70
东坝公园	鸢尾	草	35	1	0	0	1	0
东风公园	毛白杨	乔+灌+草	63	6	0.48	0.64	0.44	1.23
东风公园	旱柳	乔+草	174	9	0.64	0.68	0.3	1.53
东风公园	草甸羊茅	草	73	11	0.68	0.65	0.31	2.33
东风公园	构树	乔+草	58	4	0.18	0.25	0.82	0.66
东风公园	金鸡菊	草	288	4	0.17	0.28	0.82	0.53

样地名称	样方名称	群落结构	*N*	*S*	*H'*	*J*	*D*	*dma*
杜仲公园	鸢尾	乔+草	292	9	0.52	0.54	0.43	1.47
杜仲公园	芍药	乔+灌+草	163	9	0.51	0.52	0.48	1.58
杜仲公园	丁香	灌+草	117	9	0.71	0.74	0.26	1.69
古塔周边片林	大叶黄杨	乔+灌+草	48	4	0.35	0.65	0.56	0.73
古塔周边片林	圆柏	乔+灌+草	31	4	0.33	0.60	0.60	0.76
金田公园	毛白杨	乔+草	563	8	0.28	0.31	0.71	1.20
金田公园	白扦	乔+草	528	10	0.52	0.53	0.42	1.40
金田公园	锦带花	灌						
金田公园	沙地柏	灌						
金田公园	丁香	灌+草	189	7	0.50	0.61	0.41	1.14
金田公园	银杏	乔						
金田公园	新疆杨	乔+灌+草	321	4	0.19	0.27	0.78	0.59
金田公园	枣林	乔+草	94	4	0.32	0.48	0.61	0.80
七棵树片林	金银木	乔+灌						
七棵树片林	臭椿	乔+草	106	6	0.55	0.81	0.37	1.27
七棵树片林	旱柳	乔						
七棵树片林	油松	乔						
七棵树片林	龙爪槐	乔						
西坝河片林	洋槐	乔						
小井村片林	洋白蜡	乔						
小井村片林	旱柳	乔						
小井村片林	毛白杨	乔						

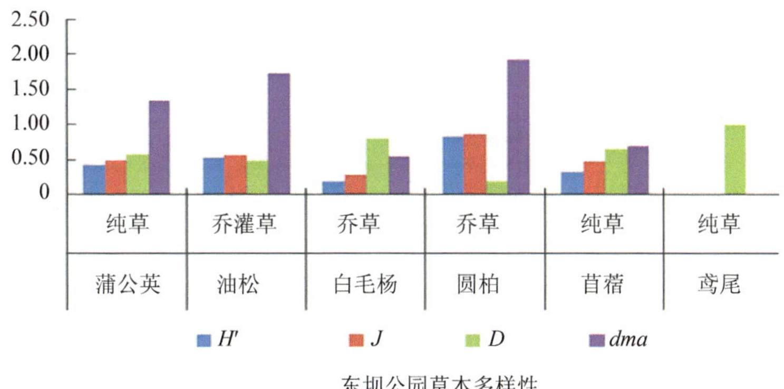

东坝公园草本多样性

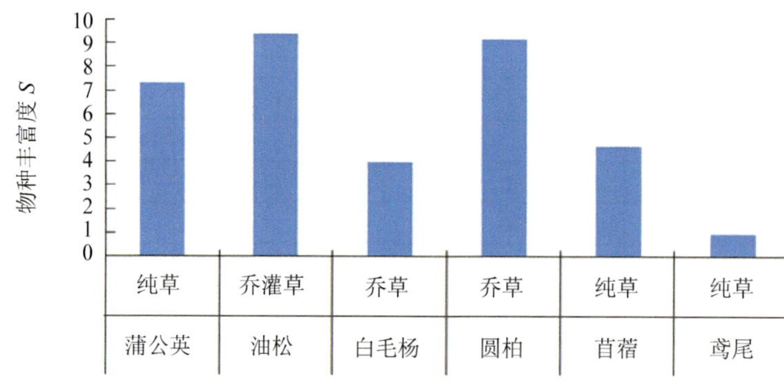

东坝公园草本丰富度

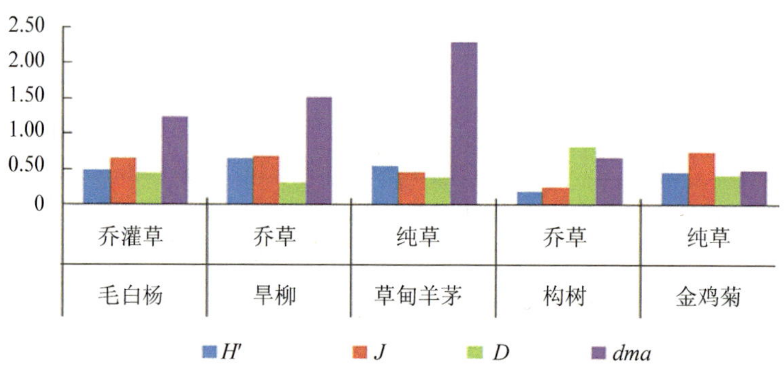

东坝公园草本多样性

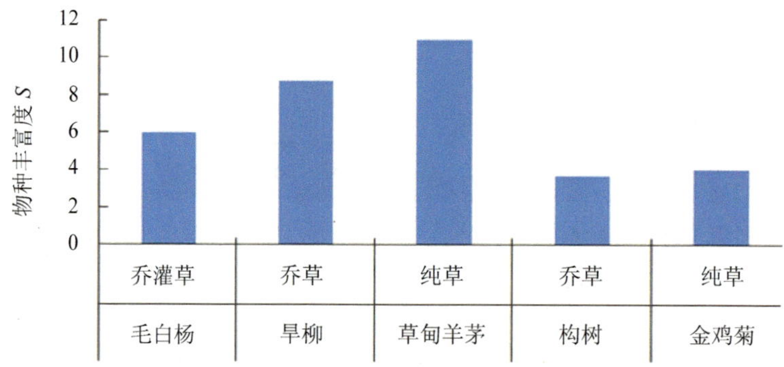

东坝风公园草本丰富度

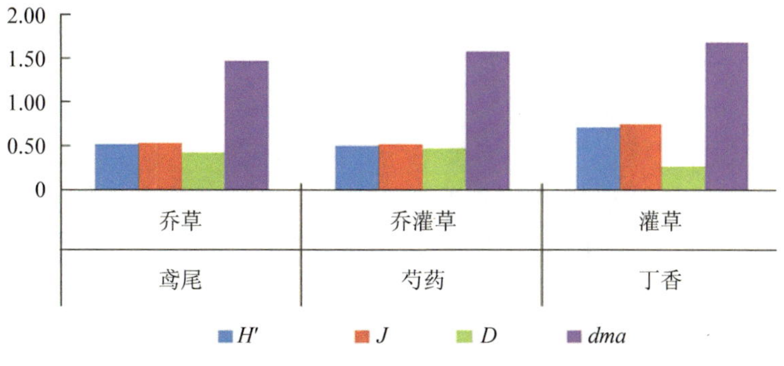

杜仲公园草本多样性

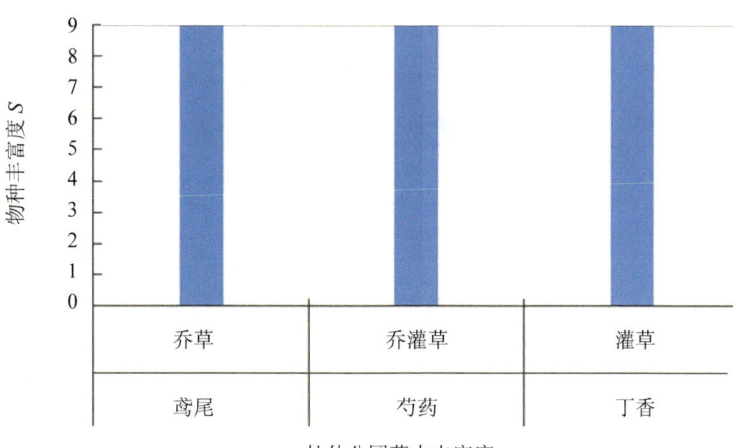

杜仲公园草本丰富度

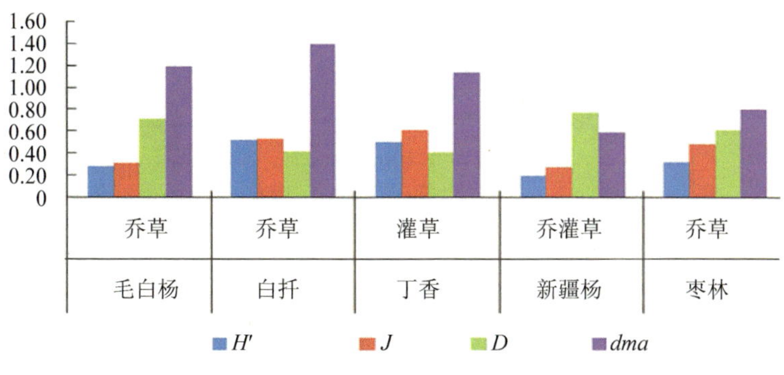

金田公园草本多样性

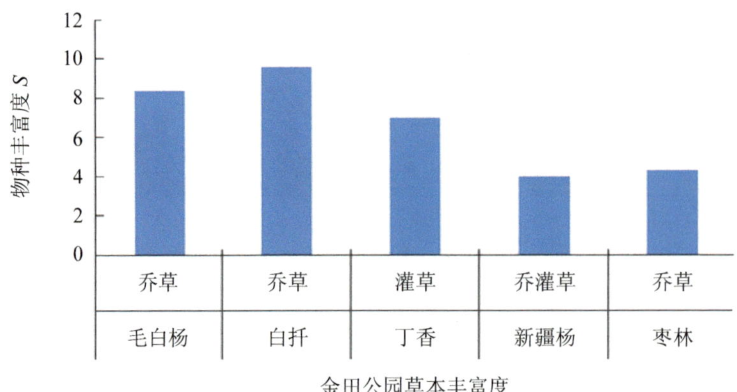

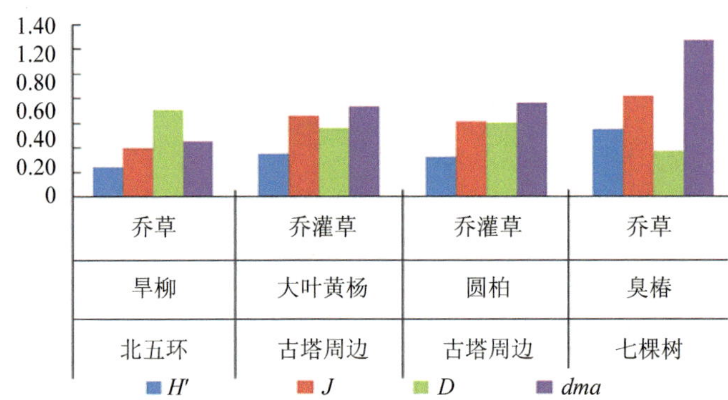

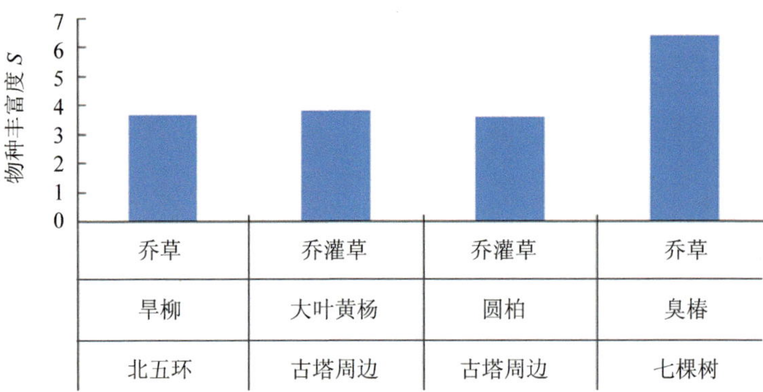

图 4-22　各样方的草本多样性

由表 4-15 可以看出，物种个体总数最大的样方金田公园的毛白杨样方（N=563）达到 563，其密度为 141 棵/m^2，可见其密度之大；其次为金田公园的白扦样方（N=528），密度为 132 棵/m^2，个体数最小的样方为 17 号样方（N=31），密度仅为 7.75 棵/m^2，可见各样方的个体数的差别是很明显的。N>200 的样方共有 7 个，N<100 的样方也有 8 个，N=0 的样方有 11 个，其中金田郊野公园的 2 个样方是因为其乔灌木的郁闭度过高，草本植物无法生存从而无草本植物；其余 9 个样方则是因为管理人员为使乔灌木生长得更好，而将草本植物除去。

物种数最多的样方为东风公园的草甸羊茅样方（S=11）；其次为金田公园的白扦样方（S=10）；S=9 的样方有 6 个，均位于郊野公园内，乔草、灌草或乔灌草结构。S≥5 的样方有 14 个，除 1 个样方外，其他均位于郊野公园内，可见公园的草本物种数高于片林，可能是公园的管理强于片林的缘故。dma 最大的样方是东风公园的草甸羊茅样方，达到 2.33，其次为东坝公园的圆柏样方，值为 1.92，dma>1.00 的样方有 13 个，物种数均在 6 以上，与 S 趋势相似。dma<0.50 的样方只有北五环的旱柳样方，其值仅为 0.44，其 S 值为 4，东坝公园的鸢尾样方由于管理过于频繁，仅生长了鸢尾一个物种，其 S=0，dma=0。

Shannon-Wiener 指数 H'最大的样方是东坝公园的圆柏样方，其值为 0.82；其次为杜仲公园的丁香样方，H'为 0.71。H'>0.50 的样方有 10 个，其中包含纯纯草型的样方 1 个，乔灌草型的样方 2 个，灌草型的样方 2 个，乔草结构的样方 5 个。而且除金田公园的丁香样方的物种含 7 个物种外，其余样方的 S 均在 9 以上，且这 10 个样方的均匀度均在 0.50 以上。H'最小的样方为东坝公园的鸢尾样方，样方内只有鸢尾一种草本植物，H'=0；其次为东风公园的金鸡菊样方，虽然其含有 4 个物种，但大部分植物为同一物种，其他 3 种植物极少，分布极不均匀，H'=0.17。

均匀度指数 J 最大的为东坝公园的圆柏样方，达到 0.86，为乔草结构；其次为七棵树片林的臭椿样方，J=0.81，为乔草结构；排在第三位的是杜仲公园的丁香样方，J=0.74，为灌草结构，可见其均匀性差别之大。均匀性指数在 0.50～0.70 的样方最多，有 10 个，大部分为乔灌草结构。东坝公园的鸢尾样方分布最不均匀，因其只有鸢尾一种草本植物，故 J=0。

与均匀度相反，东坝公园的鸢尾样方只有鸢尾一种草本植物，其均匀性指数为 0，但其在群落内的优势种的地位最为突出，优势度指数 D 达到最大值 1；其次是群落结构为草地结构的东风公园的金鸡菊样方，其 D 值为 0.82，因其样方内大部分为同一物种，故其在群落内的优势种的地位还是较为突出的；D 值最小的是东坝公园的圆柏样方，其物种丰富度较大，且各物种的个体数相差不大，故 D 值最小，为 0.18。

群落内草本多样性与草本的物种数和分布的均匀程度有关。将草本多样性指数 H' 与物种数 S、Margalef 指数 *dma*、均匀度指数 J 和优势度指数 D 作相关性分析，多样性指数与物种数 S 的相关系数为 0.80，与 Margalef 指数的相关系数为 0.85，与均匀度的相关系数为 0.83，与优势度呈负相关，其相关系数为−0.98。草本多样性与物种丰富度的相关性大于其与物种数的相关性。

群落内草本的物种数相同时，群落的生物多样性指数取决于草本分布的均匀程度，如当 $S=4$ 时，H' 与 J 的相关系数为 0.97。金田公园的新疆杨样方和枣林样方，其物种数均为 4，但枣林样方草本植物分布较为均匀，故枣林样方的草本多样性高于新疆杨样方。东坝公园的圆柏样方和油松样方均含 9 个物种，但由于圆柏样方草本分布的均匀程度较高（其 J 分别为 0.86 和 0.56），所以其草本多样性也较高（H' 分别为 0.82 和 0.53）。

当群落草本植物分布的均匀程度相差不多时，群落的多样性取决于其所含物种数目，例如当 $0.60<J<0.70$ 时，H' 与 S 的相关系数为 0.98。东风公园的草甸羊茅样方和毛白杨样方的均匀度相差不大，但因草甸羊茅样方的物种数较多（$S=11$），远远大于毛白杨样方（$S=6$），故其生物多样性也高得多（0.68＞0.48）。

物种数相同，分布的均匀程度相差不大时，物种的多样性也相差不大。古塔周边的大叶黄杨样方和圆柏样方，其 S 均为 4，而且 J 相差不大（分别为 0.65 和 0.60），其多样性指数也相差不大（分别为 0.35 和 0.33）。

用完全多项式建立多样性与物种数和均匀度的回归模型：

$$y = 0.001\,0x_1^2 + 0.454\,8x_2^2 + 0.025\,3x_1 + 0.181\,4x_2 - 0.025\,3 \tag{4-28}$$

式中，y —— Shannon-Wiener 指数；

x_1 —— 物种数 S；

x_2 —— 均匀度指数 J。

此模型的 $R^2=0.975\,7$，接近于 1，回归效果显著。$F=180.761\,6$，$P=0\ll0.05$，回归模型成立。

2）不同群落配置的草本多样性比较

对不同群落结构的多样性指数作方差分析（见表 4-16），无论是个体总数、物种数还是多样性、均匀度、优势度，不同群落结构之间的差异均不显著（$P>0.05$），故群落结构对草本多样性的影响不大。

表 4-16 不同群落配置模式的草本多样性

群落结构	*N*	*S*	*H′*	*J*	*D*	*dma*
草地	161	6	0.32	0.38	0.68	0.98
灌草	153	8	0.60	0.68	0.34	1.41
乔草	275	7	0.43	0.51	0.53	1.12
乔灌草	131	6	0.40	0.54	0.56	1.11
F 值	1.26	0.44	0.97	1.22	1.28	0.26
P 值	0.314 6	0.730 1	0.428 7	0.331 2	0.309 8	0.853 1

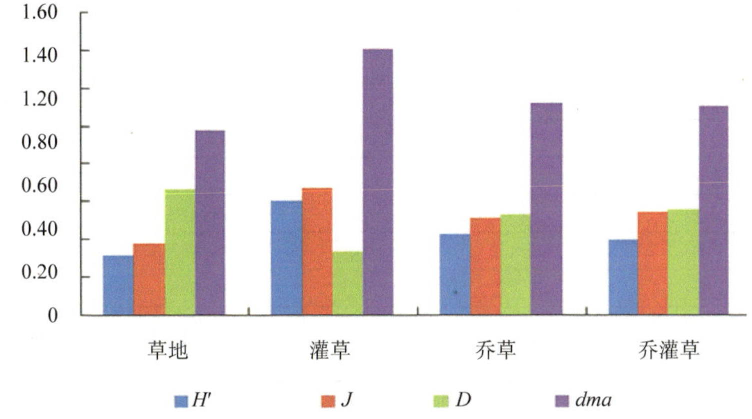

不同群落配置模式的草本多样性

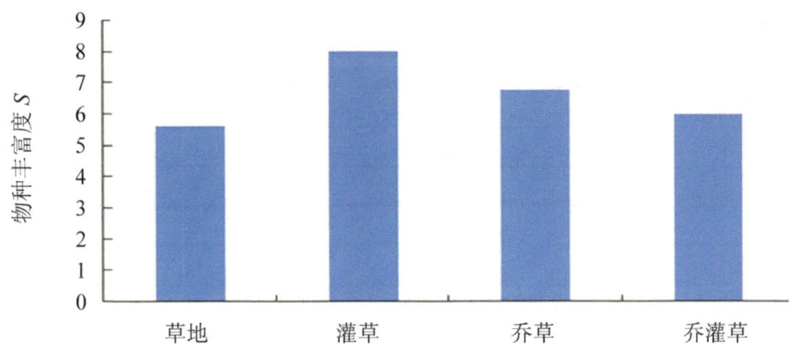

不同群落配置模式的草本丰富度

图 4-23 不同群落配置模式的草本多样性和丰富度

注：不考虑无草本植物的样方。

（3）样方植物多样性分析

1）不同群落的样方多样性比较

由表 4-17 可知，样方多样性指数普遍不高，H'多集中在 0～0.40，$H'\geqslant 0.4$ 的样方仅有 5 个，分别为东风公园的毛白杨样方、东坝公园的油松样方和圆柏样方、杜仲公园的芍药样方、金田公园的白扦样方，其 H'分别为 0.52、0.47、0.41、0.41 和 0.40，由于这些样方内植物多为人工种植，树种单一，且公园管理较为完善，杂草能很快去除，故草本多样性也不高。在 5 个 $H'\geqslant 0.4$ 的样方中，有 4 个样方是乔灌草结构，仅有 1 个样方是乔草结构。

表 4-17　不同样方的样方多样性指数

样地名称	样方名称	群落结构	样方 H'
北五环片林	旱柳	乔+草	0.25
东坝公园	蒲公英	草	0.21
东坝公园	油松	乔+灌+草	0.47
东坝公园	白毛杨	乔+草	0.31
东坝公园	圆柏	乔+草	0.41
东坝公园	苜蓿	草	0.16
东坝公园	鸢尾	草	0.00
东风公园	毛白杨	乔+灌+草	0.52
东风公园	旱柳	乔+草	0.32
东风公园	草甸羊茅	草	0.34
东风公园	构树	乔+草	0.28
东风公园	金鸡菊	草	0.08
杜仲公园	鸢尾	乔+草	0.26
杜仲公园	芍药	乔+灌+草	0.41
杜仲公园	丁香	灌+草	0.35
古塔周边片林	大叶黄杨	乔+灌+草	0.29
古塔周边片林	圆柏	乔+灌+草	0.31
金田公园	毛白杨	乔+草	0.17
金田公园	白扦	乔+草	0.40
金田公园	锦带花	灌+草	0.00
金田公园	沙地柏	灌	0.00
金田公园	丁香	灌+草	0.39
金田公园	银杏	乔+草	0.00
金田公园	新疆杨	乔+灌+草	0.33
金田公园	枣林	乔+草	0.23

样地名称	样方名称	群落结构	样方 H'
七棵树片林	金银木	乔+灌	0.17
七棵树片林	臭椿	乔	0.27
七棵树片林	旱柳	乔	0.00
七棵树片林	油松	乔	0.13
七棵树片林	龙爪槐	乔	0.22
西坝河片林	洋槐	乔	0.00
小井村片林	洋白蜡	乔	0.15
小井村片林	旱柳	乔	0.00
小井村片林	毛白杨	乔	0.14

2）不同群落配置的样方多样性比较

总体来说，乔灌草结构的样方多样性要高于其他结构的样方，这个结论由图 4-24 可以看出。对不同群落结构的样本多样性指数作方差分析，得 $F=3.25$，$P=0.035\,5<0.05$，可知群落结构不同，样本多样性指数差异显著。无论是东坝公园、东风公园还是杜仲公园，乔灌草结构样方的植物多样性均高于其他群落结构，而金田公园和七棵树的乔灌草结构的样方例外，可能是由于人工管理过于频繁，无草本植物或草本物种过于单一，从而降低了样地的植物多样性。

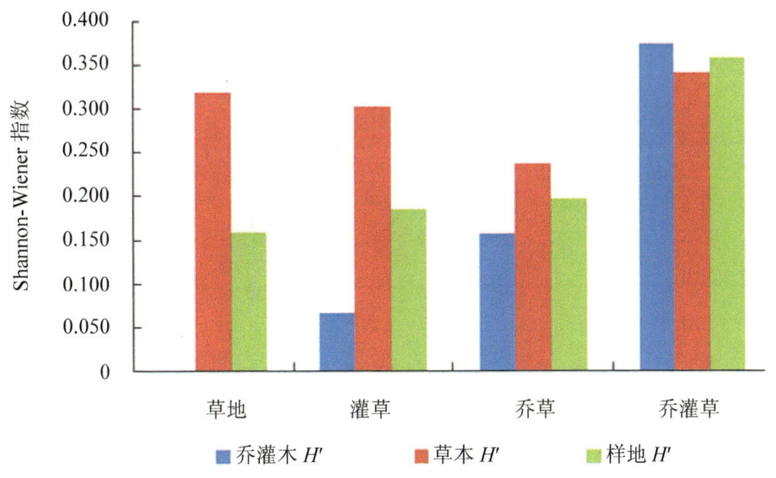

图 4-24　不同群落结构模式的植物多样性指数

3）不同群落的样方多样性的影响因素分析

① 三维绿量密度和郁闭度

模拟样地多样性与三维绿量密度和郁闭度的关系（图 4-25），可以看出三维绿量密度对样地多样性影响不显著，而随着郁闭度的增大，样地多样性有一定程度的降低，但降低程度有限，可能是郁闭度的增大导致草本多样性下降的缘故。

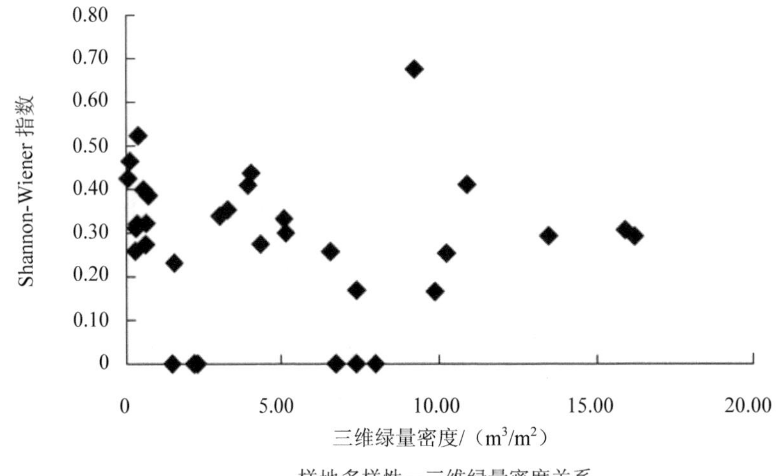

样地多样性—三维绿量密度关系

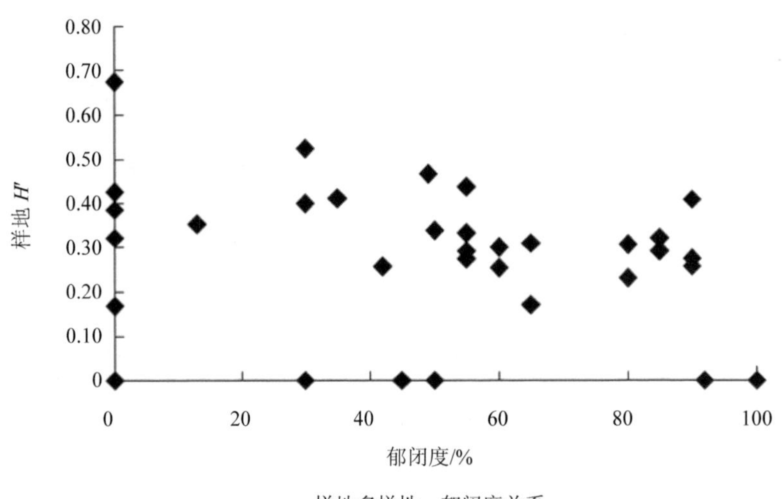

样地多样性—郁闭度关系

图 4-25　样地多样性与三维绿量密度和郁闭度的关系

② 人工管理

大多数研究认为，频繁的干扰活动是造成生物多样性下降的原因。尤其本书所调查群落样方多为人工种植群落，故人工的管理对样方的生物多样性的影响就显而易见了。若人工种植的群落树种单一，那么群落的乔灌木多样性和均匀性就会相对较差。整地和抚育措施可使草本植物的种子随土壤的翻松而埋至较深层次中，使种子的发芽率降低。另外，人工管理去除杂草对群落的影响也较大。例如，七棵树的 5 个样方均因人工管理去除乔木下杂草，使样方内无草本植物生存，从而草本多样性为 0，降低了样方的植物多样性。

2．鸟类多样性比较分析

（1）不同样方的鸟类多样性比较

不同样方的鸟类多样性存在差别（如表 4-18 所示）。郊野公园的鸟类多样性指数多在 0.5～0.7，将府公园的鸟类种类最多，多样性指数最高，为 0.86，杜仲公园的鸟类种类最少，多样性最低，为 0.55。鸟类多样性指数 H'在 0.80 以上的公园有 2 个：将府公园和鸿博公园，分别为 0.86 和 0.80；在 0.60～0.70 的公园有 4 个，分别为平房森林公园、东坝郊野公园、老君堂公园和片林；在 0.50～0.60 的公园有 4 个，分别为古塔郊野公园、兴隆公园、金田公园和杜仲公园。

表 4-18　各样方的鸟类多样性

样方	N	S	H'	J	D	dma	水域所占比例/%
古塔	112	10	0.58	0.580	0.35	1.91	3.20
老君堂	115	9	0.61	0.64	0.30	1.69	0
杜仲	58	7	0.55	0.65	0.33	1.48	0
金田	111	11	0.56	0.54	0.36	2.12	3.55
鸿博	156	14	0.80	0.700	0.24	2.57	6.23
平房	105	17	0.69	0.56	0.32	3.44	4.76
兴隆	77	9	0.57	0.60	0.33	1.84	4.42
将府	292	19	0.861	0.67	0.20	3.17	10.00
东坝	508	16	0.67	0.56	0.31	2.41	3.71
片林	171	13	0.60	0.54	0.33	2.33	0

鸟类多样性的影响因素，主要有水域所占面积、公园面积、植被类型等。

鸟类多样性与样方内水域所占比例相关（图 4-26）。将水域所占比例与个体总数、物种数、多样性指数、均匀度指数、优势度指数分别作相关分析，得出水域所占比例与 *N* 的相关系数为 0.33，与 *S* 的相关系数为 0.72，与 *H'*的相关系数为 0.82，与 *J* 的相关系数为 0.37，与 *dma* 的相关系数为 0.70，与 *D* 呈负相关，其相关系数为−0.71。可以看出，水域所占比例对鸟类物种数、鸟类多样性和优势度影响较为显著，而对个体总数和均匀度的影响较小。

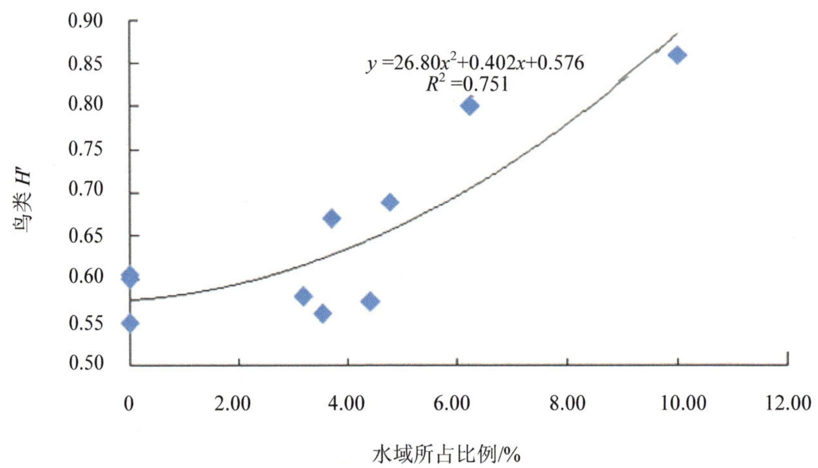

图 4-26　鸟类多样性—水域所占比例关系

将府公园和鸿博公园水域所占比例较大，*H'*值最高，数量分布并不均匀（*J* 值较低，分别为 0.67 和 0.70），反映了此公园中不同种鸟类的个体数量有很大差别。东坝公园面积最大，水域面积也较大，植被类型多样，且果树较多，因此其鸟类数量最多，种类也多，但鸟类多为喜鹊、树麻雀、家鸽等伴人类鸟类，数量分布不均匀，故其 *H'*值处于中上水平，为 0.67。古塔郊野公园和兴隆公园开放时间最长，前身也为公园，人工景观显著，游人较多，人为干扰较大，鸟类种类和数量均较少，但因其公园内有水源，适合各种鸟类的生存，其 *H'*值和 *J* 值均属于中等水平。杜仲公园面积小，无水域存在且乔木多为杜仲，群落结构单一，不适合多种鸟类的生存，故鸟类种类少，数量也低，*H'*值最小，为 0.55。

（2）不同生境的鸟类多样性比较

鸟类多样性调查了 9 个郊野公园和 5 个片林，将其调查记录按照生境分为 6 类：乔木、灌木、草地、湖面、水沟和天空（见表 4-19）。

表 4-19　不同生境的鸟类多样性

生境	*N*	*S*	*H′*	*J*	*D*	*dma*
乔木	868	18	0.63	0.50	0.33	2.51
灌木	57	5	0.20	0.29	0.79	0.99
草地	360	13	0.39	0.35	0.55	2.04
湖面	48	11	0.82	0.79	0.20	2.58
水沟	19	9	0.67	0.70	0.32	2.72
天空	344	20	0.79	0.61	0.23	3.25

调查结果显示：生境不同，其鸟类群落结构存在明显差异（见表 4-19）。6 种生境的鸟类多样性均较低，可能是位于公园内或五环边上，人为干扰对其造成影响较大所致。可能是由于高大乔木上筑巢和藏身均较容易，干扰较少，而且乔木的生境要复杂一些，并能为鸟类提供丰富的食物，因此，乔木生境鸟类数目最多，种类也较多；天空中的鸟类种类最多，但因其不能作为鸟类栖息地，数量仅有 344 只，比乔木中的鸟类（868 只）少得多；湖面在公园中属于人工景观，由于人为因素的影响，食物丰富、水源丰盛，适合多种鸟类的生存，各种鸟类均得以发展，但因其面积不大，故数量较少，其多样性和均匀度均最高，其 *H′*值和 *J* 值分别为 0.82 和 0.79；水沟的面积较小，鸟类数量最少，其种类也少，分布较为均匀，因此其 *H′*值和 *J* 值均处于中上水平；灌木丛的生境较为单一，鸟类种类最少，仅有 5 种，为天空中鸟类的 1/4，*H′*值最低，分布也最不均匀，伴人类鸟类树麻雀占了绝对优势，因此 *J* 值最低，*D* 值最高。

4.5.2.3　降温增湿功能

1．不同群落配置模式的降温效应比较分析

（1）不同群落的降温效应比较

不同群落的降温效应有所不同（如表 4-20 和图 4-27 所示）。

表 4-20 各样方降温增湿率

样地名称	样方名称	群落结构	日均温/℃	日均湿度/%	降温率均值/%	增湿率均值/%
东风公园	毛白杨	乔+灌+草	33.59	45.49	3.77	8.62
东风公园	构树	乔+草	33.65	45.31	3.59	7.49
东风公园	草甸羊茅	草	34.42	42.59	1.42	0.35
东风公园		对照	34.90	42.68		
杜仲公园	芍药	乔+灌+草	30.43	71.24	4.19	7.98
杜仲公园	鸢尾	乔+草	30.25	71.31	4.74	7.99
杜仲公园	丁香	灌+草	31.43	67.1	0.94	1.82
杜仲公园		对照	31.73	65.92		
金田公园	沙地柏	灌	27.73	71.83	1.27	7.29
金田公园	丁香	灌+草	27.36	72.06	2.50	8.03
金田公园		对照	28.08	67.04		
金田公园	枣林	乔+草	28.76	53.08	4.24	10.43
金田公园	白扦	乔+草	29.42	50.45	2.02	5.38
金田公园	新疆杨	乔+灌+草	28.69	52.92	4.33	12.00
金田公园		对照	30.01	47.80		
金田公园	银杏	乔+草	26.26	74.85	1.53	3.08
金田公园		对照	26.66	72.66		
北五环片林	毛白杨	乔+草	29.17	58.82	4.32	8.13
北五环片林		对照	30.47	54.50		
七棵树片林	金银木	乔+灌	33.11	67.14	3.36	3.84
七棵树片林	油松	乔	33.70	67.45	1.59	4.52
七棵树片林	龙爪槐	乔	33.84	66.26	1.22	2.76
七棵树片林		对照	34.28	64.73		
西坝河片林	洋槐	乔	32.45	78.38	3.67	6.00
西坝河片林	毛白杨	乔	32.85	78.53	2.48	6.23
西坝河片林		对照	33.70	74.00		
小井村片林	洋白蜡	乔	25.19	70.42	7.10	14.73
小井村片林	旱柳	乔	26.09	68.73	3.78	11.62
小井村片林	毛白杨	乔	25.58	66.77	5.58	8.47
小井村片林		对照	27.19	62.16		

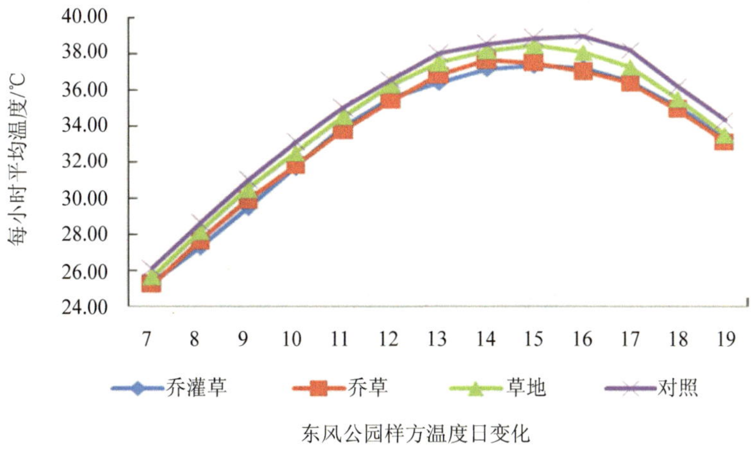

东风公园样方温度日变化

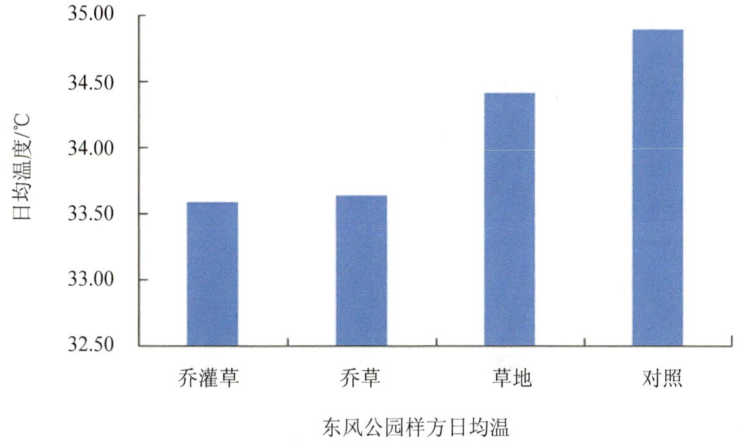

东风公园样方日均温

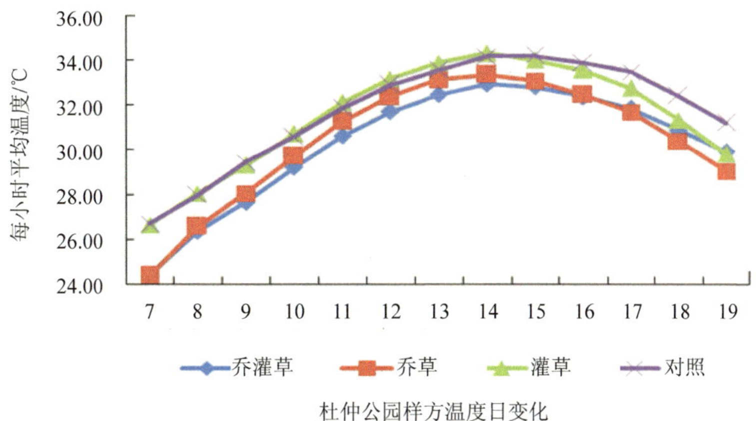

杜仲公园样方温度日变化

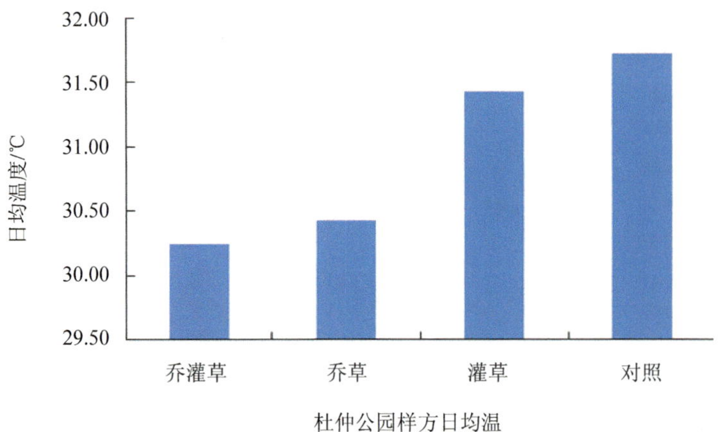

杜仲公园样方日均温

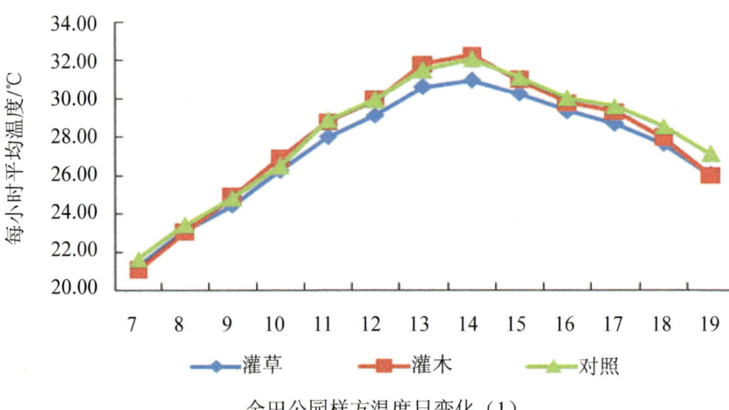

金田公园样方温度日变化（1）

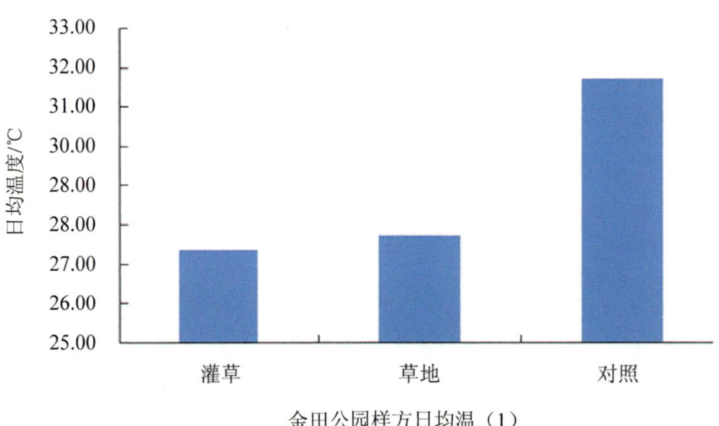

金田公园样方日均温（1）

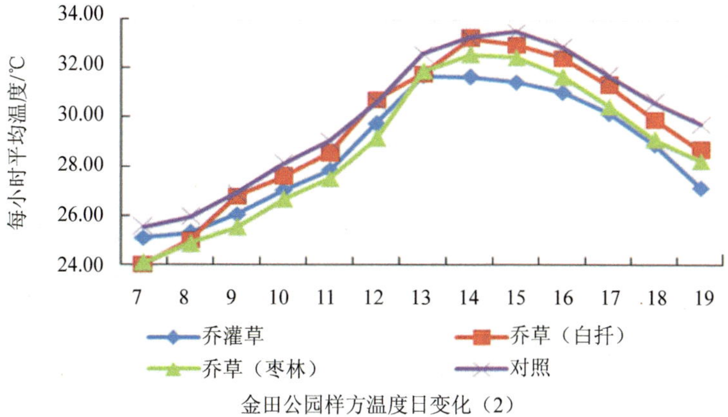

金田公园样方温度日变化（2）

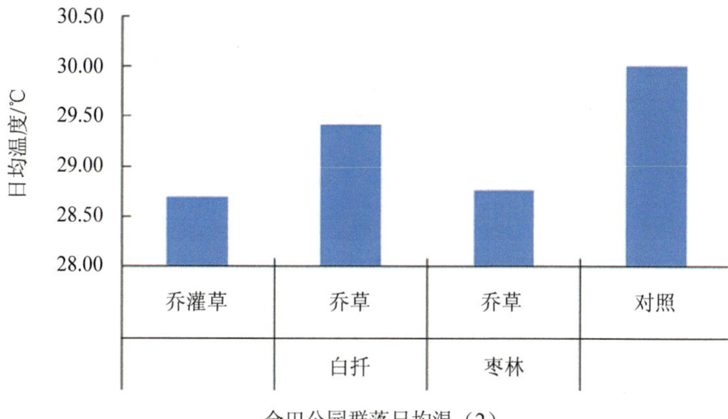

金田公园群落日均温（2）

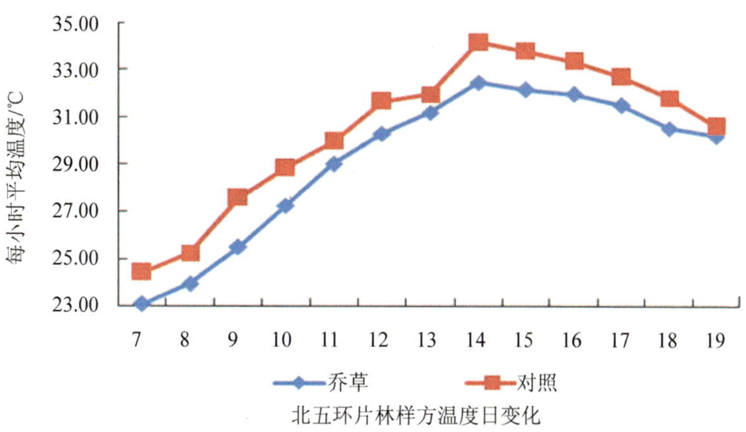

北五环片林样方温度日变化

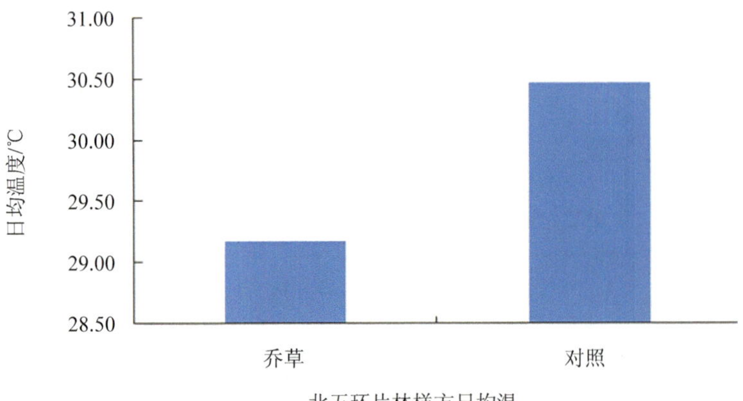

北五环片林样方日均温

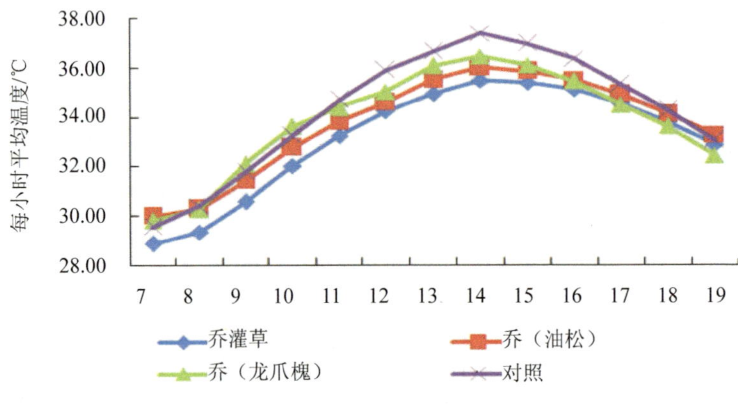

七棵树片林群落温度日变化

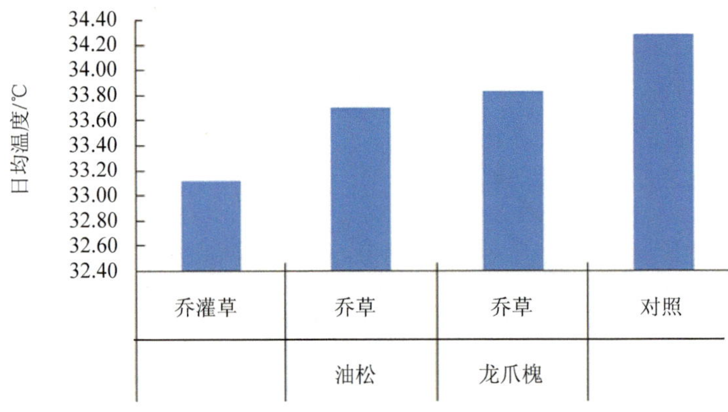

七棵树片林群落日均温

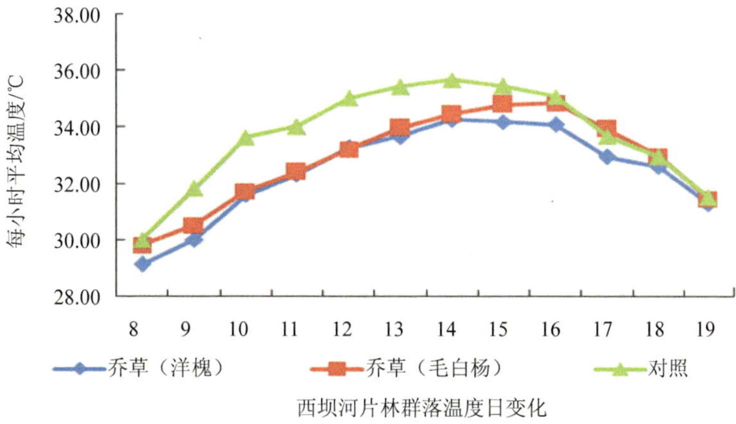

西坝河片林群落温度日变化

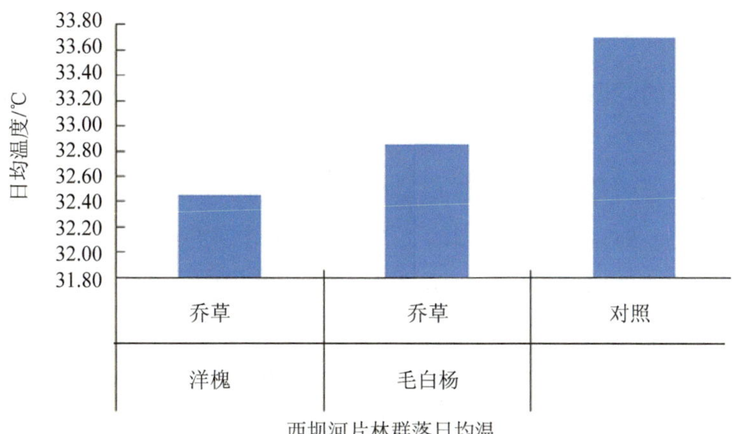

西坝河片林群落日均温

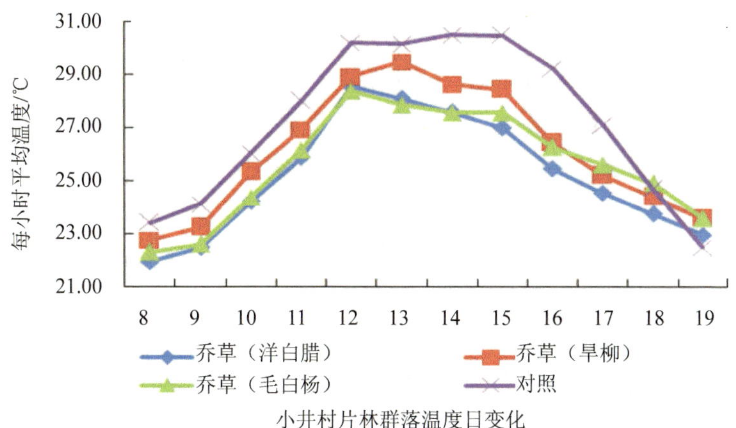

小井村片林群落温度日变化

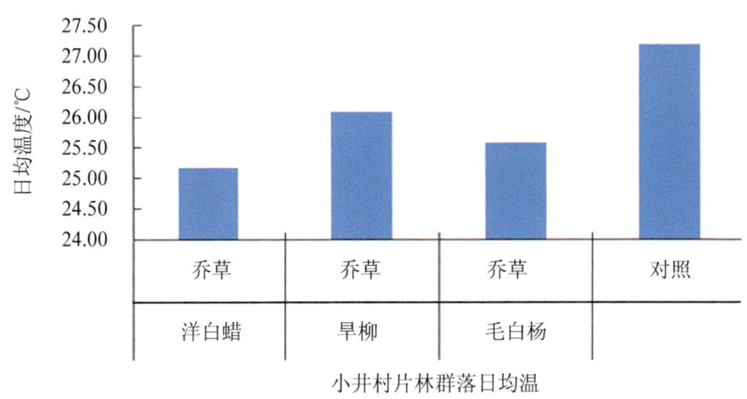

图 4-27 各样方温度日变化与无植被区域比较

仅有 2 个样方的降温率在 5%以上，大部分样方的降温率均在 3%～5%，占总样方数的 47.6%。

降温效应最显著的是小井村的洋白蜡样方，日降温率为7.10%，其次为小井村的毛白杨样方，日降湿 5.58%；杜仲公园的丁香样方日降温效应最小，日降温率为 0.64%，其次为金田公园的沙地柏样方，日降温率为 0.98%。

由样方温度日变化曲线可知，缓冲带的降温效应在一天中的作用存在差异。温度越高，其降温幅度越大。除东风公园外，所有样方的温度均是在 14 点前后达到最高值，同样也是 14 点前后的降温幅度最大，早 7 点和晚 19 点的温度最低，降温幅度也最小。这一点说明植被的降温效应主要是通过树冠的遮蔽作用而减少了太阳直接辐射热和植物蒸腾冷却作用实现的（李辉，1999）。

（2）不同群落配置模式的降温效应比较

缓冲带具有明显的降温效应，但不同群落配置模式的缓冲带，其降温效应不相同（图 4-28）。过去的研究表明，乔灌草型缓冲带的降温效应最好，而草地型缓冲带的降湿效应最差，这与本书的研究结果相符。乔灌草型或乔灌型群落，其日平均气温较之对照组下降了 3.91%，乔草型或乔木型群落下降了 3.66%，灌草型或灌木型群落下降了 1.57%，草地型群落降温幅度最小，仅下降了 1.42%。但对其做方差分析，$F=2.17$，$P=0.129>0.05$，可知不同群落配置的缓冲带之间的降湿效应差异并不显著。但乔灌草和乔草与灌草和草地之间的差异是显著的（$F=6.96$，$P=0.0162$），由此可知，乔灌草型或乔草型对环境的降温效应较为显著，而灌草型和草地型对环境的降温效应不显著，其中乔木发挥的作用最为突出。因为降温效应是通过树冠的遮蔽作用来减少太阳的直接辐射和植物蒸腾冷却作用。在炎热的夏季，植物枝叶不仅反射了太阳的直接辐射，而且挡住了来自墙面和其他相邻物体的反射热，减少了地面的长波辐射热（李辉等，1999）；同时高大乔木有强烈的蒸腾作用，它可以消耗太阳直接辐射的 60%～75%，甚至 90%（李辉等，1999），故林荫下的温度要比非林荫下的温度低得多。

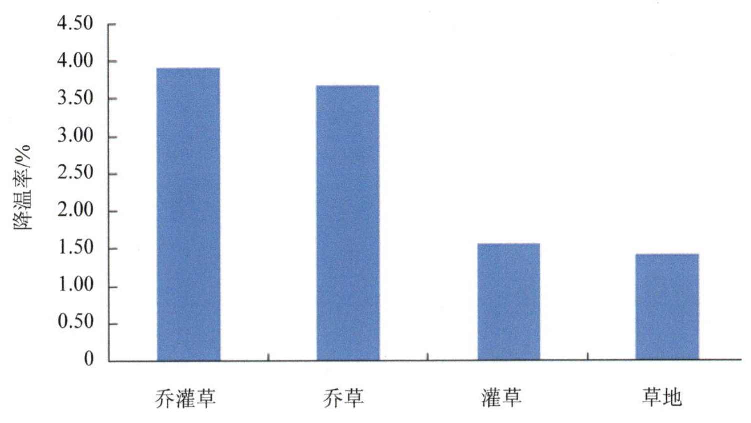

图 4-28 不同群落配置的缓冲带日均降温率比较

各实验点的样方温度日变化也证明了这一结论。东风公园的三种群落的气温均比无植被区域低，尤其是乔灌草型群落，其日平均气温较之无植被区域下降了3.77%，乔草型绿地和草地型绿地分别比无植被区域下降了 3.59%和 1.62%；金田公园的乔灌草型群落，与无植被区域相比，其日平均气温下降了 4.327%，而乔草型结构的白扦样方和枣林样方则分别下降了 2.02%和 4.24%；七棵树样方的结论也是如此，乔灌草型群落下降了 3.36%，而乔草结构的油松和龙爪槐样方则分别下降了 1.59%和 1.22%。

但并非所有的乔灌草型群落的降温效应均高于其他群落结构。杜仲公园的乔灌草群落比无植被区域下降了 4.19%，而乔草型群落下降了 4.74%，这是因为乔草群落的三维绿量密度和郁闭度都比乔灌草型群落高。小井村的洋白蜡样方，其降温率达 7.10%，远高于所有的乔灌草型样方。样方内含旱柳和洋白蜡两种落叶乔木，群落内有分层，三维绿量较高，导致群落的降温效应较为显著。

相同群落结构的样方，其降温效应也不相同。金田公园的白扦样方和枣林样方同为乔草结构，但与无植被区域相比，枣林样方下降了 4.24%，而白扦样方仅下降了

2.024%，这可能是因为枣林样方的郁闭度和三维绿量密度均大于白扦样方的缘故（枣林样方的郁闭度为 79%，三维绿量密度为 5.10 m^3/m^2，而白扦样方的郁闭度仅有 30%，三维绿量密度仅有 0.71 m^3/m^2）。

（3）不同群落降温效应影响因素分析

群落的郁闭度和三维绿量密度对群落的降温效应影响较大（图 4-29）。对降温率与郁闭度和三维绿量密度作相关性分析，其相关系数分别为 0.87 和 0.84。由此可见，郁闭度和三维绿量密度越大，群落的降温效应越明显。假设将降湿率在 3%以上的样方看作降温显著，那么其郁闭度至少需达到 50%以上，而三维绿量密度至少需达到 4 m^3/m^2 以上。

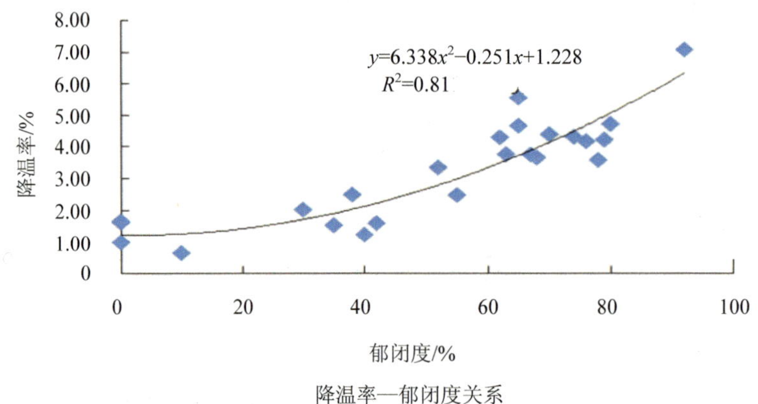

降温率—郁闭度关系

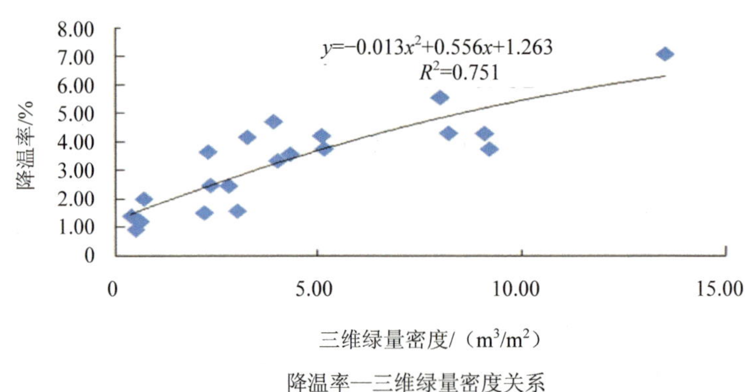

降温率—三维绿量密度关系

图 4-29 群落降温率与郁闭度和三维绿量密度的关系

杜仲公园乔草结构的鸢尾样方，其降温效应优于乔灌草结构的芍药样方，样方内优势种均为杜仲，但前者杜仲的郁闭度达到 80%，而后者杜仲的郁闭度仅为 40%，杜仲和牡丹的郁闭度仅为 76%，低于前者，故与鸢尾样方相比，芍药样方的降温效应要差一些。

小井村的 3 个样方的郁闭度相差不大，但其降温效应却有较大差异，洋白蜡样方为 7.10%，旱柳样方为 3.78%，毛白杨样方为 5.58%，造成这一现象的原因是样方的三维绿量密度不同。洋白蜡样方的三维绿量密度为 13.49 m^3/m^2，旱柳样方为 5.16 m^3/m^2，毛白杨样方为 8.00 m^3/m^2，这与降温效应相符。

小井村洋白蜡样方的三维绿量密度最高，为 13.49 m^3/m^2，其降温效应也最好（降温率为 7.10%），杜仲公园的丁香样方，其三维绿量密度仅为 0.29 m^3/m^2，其降温效应最差，降温率为 0.94%，东风公园的草甸羊茅样方，虽然其三维绿量密度仅为 0.39 m^3/m^2，但由于其草本的盖度较大，且可能受到周围高大乔木的影响，其降温率达到 1.42%。

乔灌草型群落的降湿效应优于其他群落，则是因为乔灌草群落的三维绿量密度要高于非乔灌草群落。乔灌草型群落的三维绿量密度平均为 7.48 m^3/m^2，远远高于乔草型（5.59 m^3/m^2）、灌草型（2.61 m^3/m^2）和草地型群落（0.25 m^3/m^2），故其降温效应要比其他群落好一些；草地型群落的三维绿量密度最低，其降温效应也最差。

模拟降温率与郁闭度和三维绿量密度的关系模型，得到：

$$y = 4.769\,3x_1^2 - 0.002\,4x_2^2 - 0.881\,4x_1 + 0.226\,9x_2 + 1.150\,4 \tag{4-29}$$

式中，y —— 降温率；

x_1 —— 郁闭度；

x_2 —— 三维绿量密度。

对其进行检验，得此模型的 $R^2=0.895\,9$，接近于 1，回归效果显著。$F=34.432\,6$，$P=0\ll 0.05$，回归模型成立。由此回归模型，可以根据群落的郁闭度和三维绿量密度得到群落的降温率。

2．不同群落配置模式的增湿效应比较分析

（1）不同群落的增湿效应比较

缓冲带内植被使风速减小，乱流交换变弱，土壤和植物蒸腾的水汽不易扩散，故缓冲带的空气相对湿度较无植被区域有所提高。各样方的相对湿度及相对湿度日变化见图 4-30。

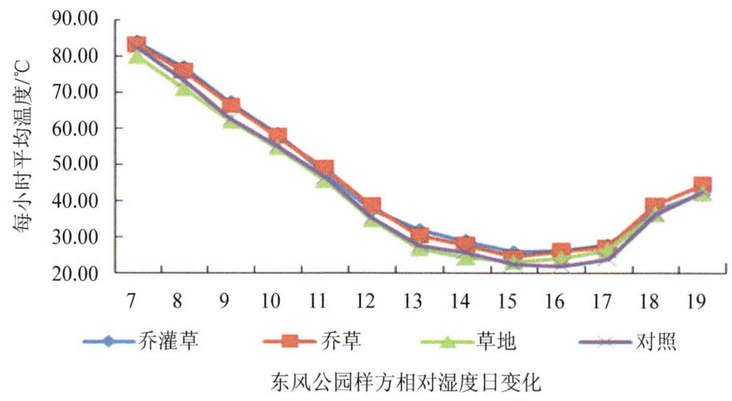

东风公园样方相对湿度日变化

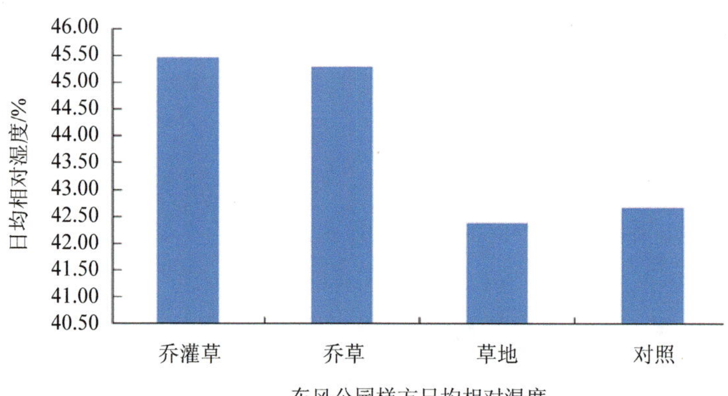

东风公园样方日均相对湿度

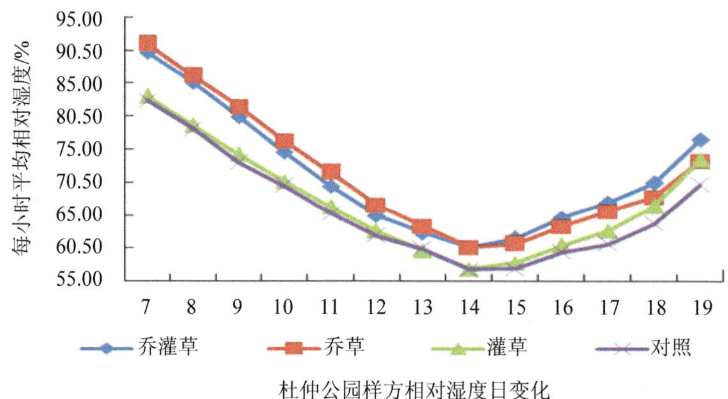

杜仲公园样方相对湿度日变化

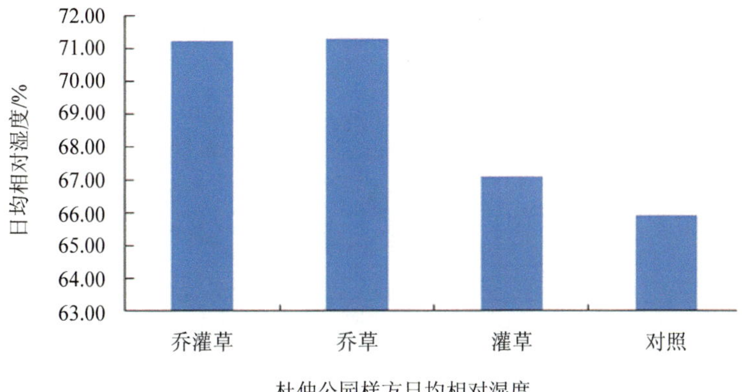

杜仲公园样方日均相对湿度

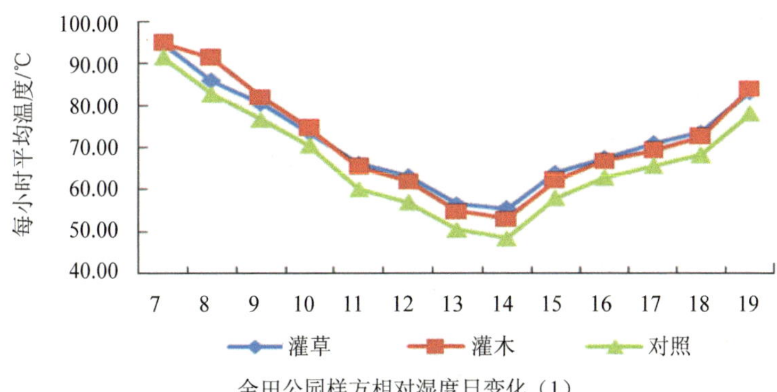

金田公园样方相对湿度日变化（1）

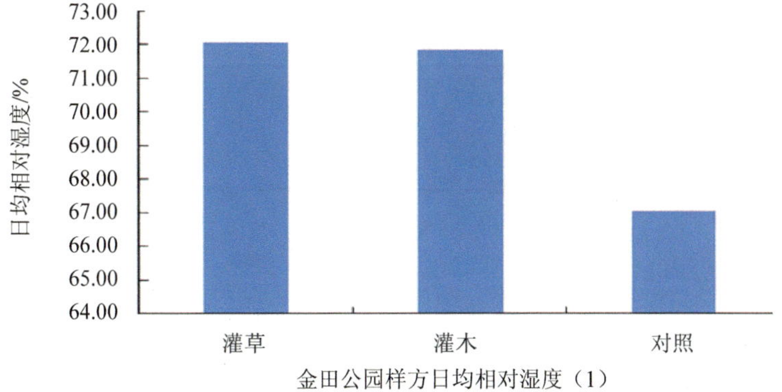

金田公园样方日均相对湿度（1）

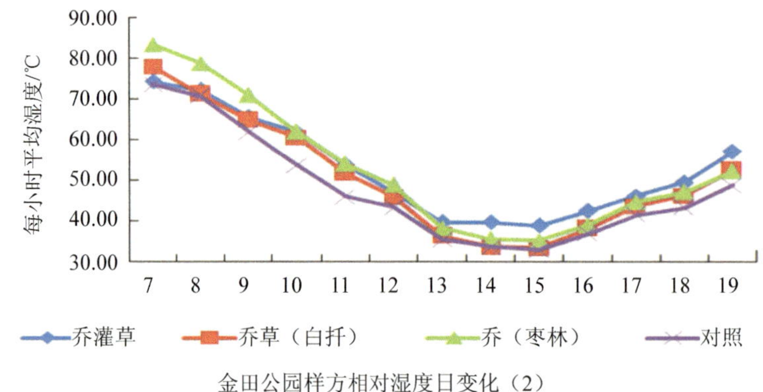

金田公园样方相对湿度日变化（2）

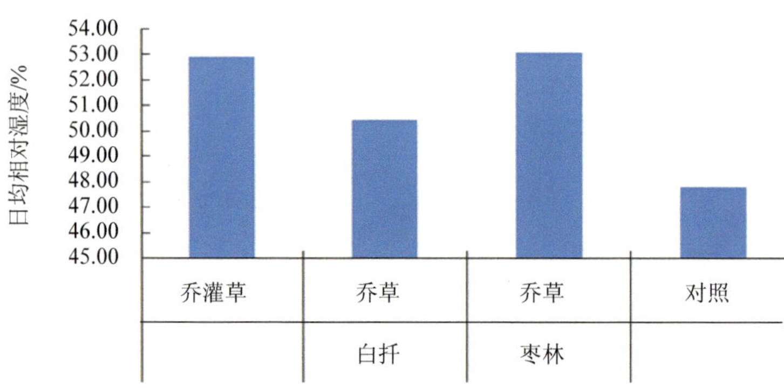

金田公园样方日均相对湿度（2）

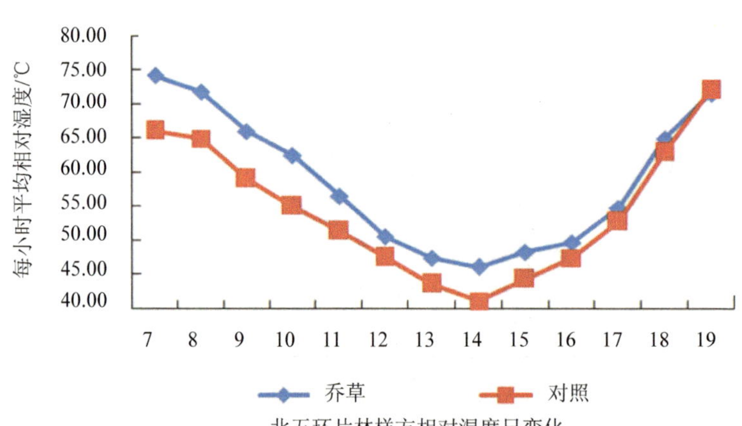

北五环片林样方相对湿度日变化

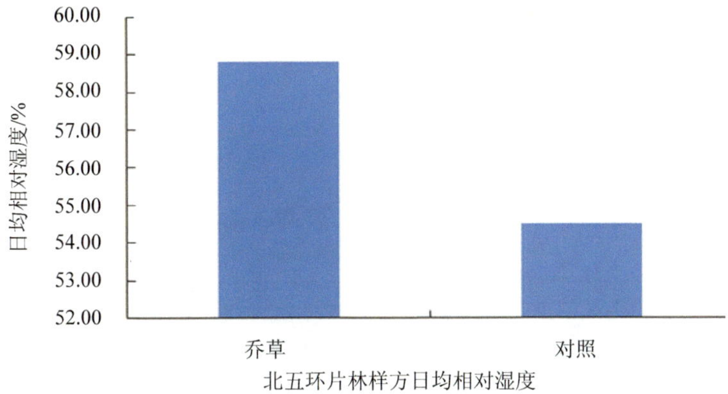

北五环片林样方日均相对湿度

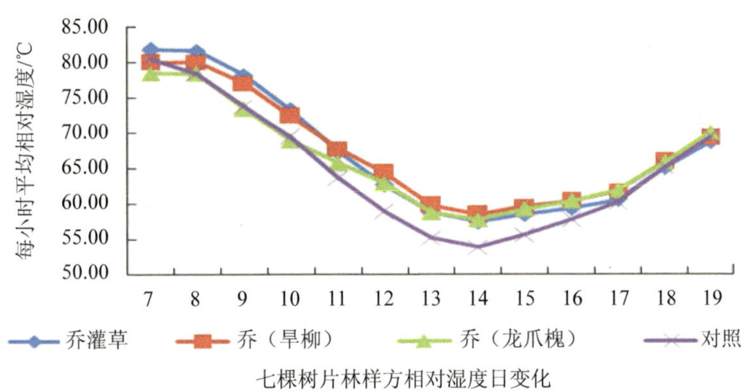

七棵树片林样方相对湿度日变化

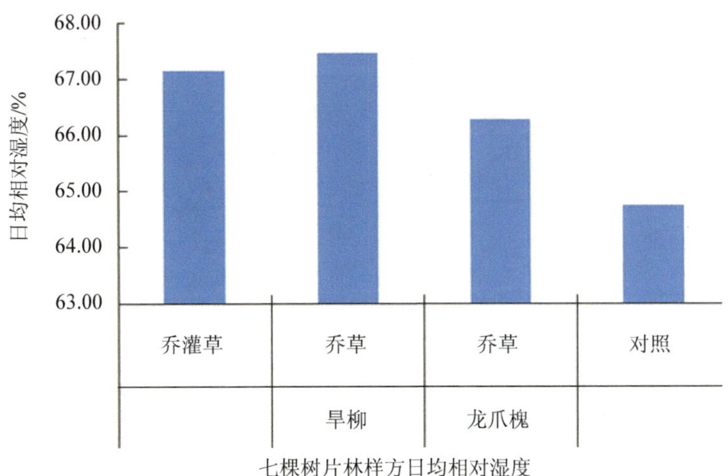

七棵树片林样方日均相对湿度

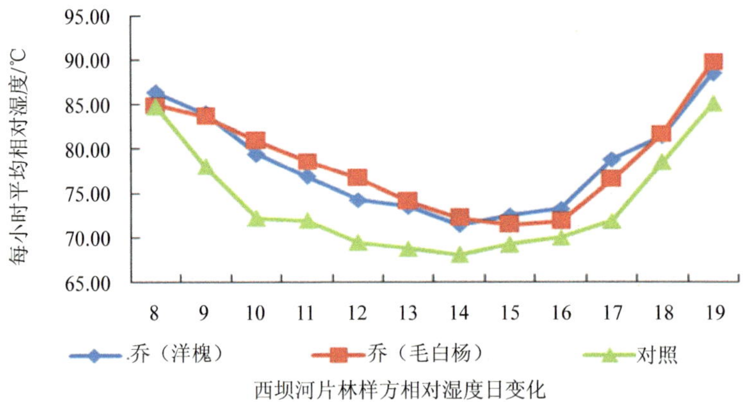

西坝河片林样方相对湿度日变化

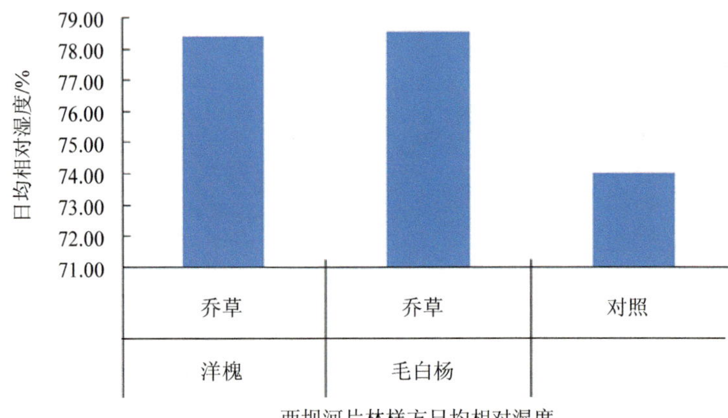

西坝河片林样方日均相对湿度

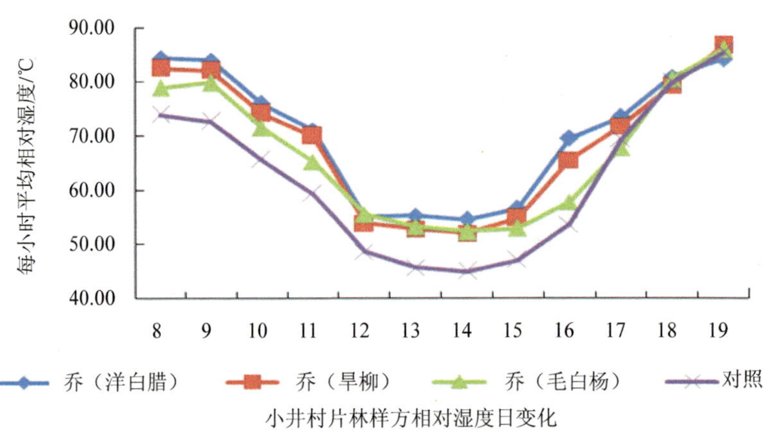

小井村片林样方相对湿度日变化

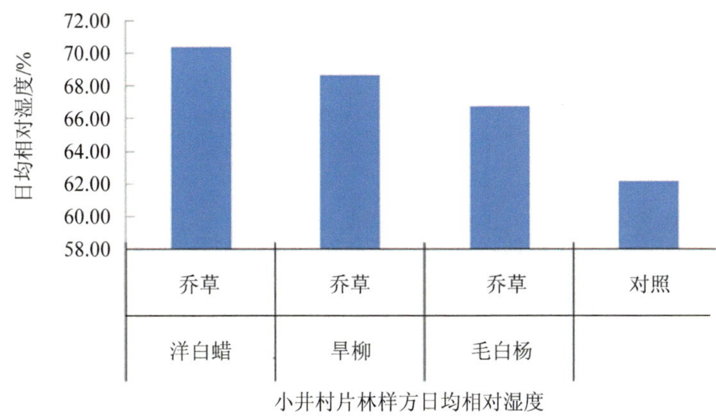

图 4-30 各公园样方湿度日变化与无植被区域比较

由表 4-20 可知，缓冲带的增湿效应要强于其降温效应。71.4%的样方增湿率在 5%以上，而仅 9.5%的样方降温率在 5%以上。

增湿效应最明显的样方是小井村的毛白蜡样方，其增湿率为 14.73%，其次为金田公园的新疆杨样方，其增湿率为 12%，增湿率＞10%的样方有 4 个，占总样方数的 19.0%，这 4 个样方的增湿效应非常显著；大部分样方的增湿率均在 5%～10%，占总样方数的 52.4%；仅有 6 个样方的增湿率＜5%，占 28.6%，增湿效应不显著。

由样方相对湿度日变化曲线可知，缓冲带的增湿效应在一天中的作用存在差异。大部分样方的相对湿度均是在 14 点前后达到最低值，而此时的增湿幅度也最大，与降温效应相符。李辉等（1999）的研究表明，群落中的植物使风速减小，乱流交换变弱，土壤和植物蒸腾的水汽不易扩散，再加上植被的降温作用，使缓冲带的空气相对湿度较之无植被区域有所提高。植被的降温效应在 14 点前后最好，所以其增湿效应也最好。

（2）不同群落配置模式的增湿效应比较

缓冲带具有明显的增湿效应，但由于群落配置模式的不同，缓冲带的增湿效应有一定的差异。由图 4-31 可以看出，乔灌草型群落的增湿效应最好，较之无植被区域，其日平均温度增加 8.11%，乔草型群落次之，增加 7.45%，灌草型群落稍差，增加 4.92%，草地型群落增湿效应最差，仅增加 0.35%。方差分析结果表明，$F=1.47$，$P=0.257\,5>0.05$，四种类型缓冲带的增湿效应差异不显著。但究其平均值来看，仍是乔灌草型群落的增湿效果优于其他群落类型。

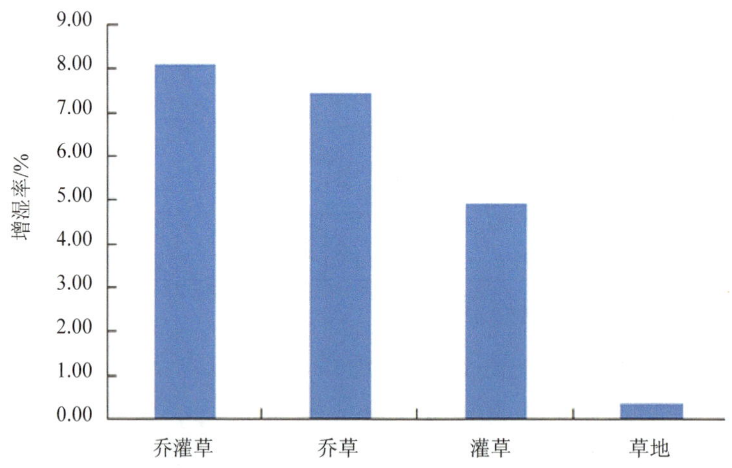

图 4-31 不同群落配置模式的缓冲带日均增湿率比较

东风公园各样方湿度日变化也证明了这一结果。乔灌草型群落的日均相对湿度为45.49%，乔草型群落的日均相对湿度为45.31%，草地型群落的日均相对湿度为42.39%，分别比无植被区域增加了8.62%、7.49%和0.35%。

但并非所有乔灌草型群落的增湿效应均优于其他群落类型。杜仲公园乔灌草型群落的日均相对湿度为71.24%，乔草型群落为71.30%，略高于乔灌草型群落；金田公园的乔灌草型群落的日均相对湿度为52.92%，而乔草型枣林样方则为53.08%，也略高于乔灌草型群落；七棵树片林的乔灌草型群落的日均相对湿度为67.14%，而乔草型旱柳样方则为67.45%，仍然略高于乔灌草型群落。这可能是由于乔草型群落的郁闭度高于乔灌草型样方的缘故。

相同结构的群落降温效应也不相同。金田公园的丁香样方和沙地柏样方均为灌草型群落，但丁香样方的日均相对湿度为72.06%，而沙地柏样方为71.83%；白扦和枣林样方同为乔草型群落，但其日均相对湿度差异较大（白扦样方的日均相对湿度为50.45%，而枣林样方则为53.08%，相对湿度相差2.63%）。

（3）不同群落增湿效应影响因素分析

群落的郁闭度和三维绿量密度对群落的增湿效应有一定的影响（图4-32）。将增湿率与郁闭度和三维绿量密度作相关分析，其相关系数分别为0.77和0.79，相关性显著。由此可见，郁闭度和三维绿量密度越大，群落的增湿效应越显著，且三维绿量密度对增湿率的影响高于郁闭度。假设将增湿率大于 5%看作增湿效应显著，那么群落的郁闭度至少要达到 50%以上，而三维绿量密度至少要达到 2.5 m³/m² 以上。综合降温效应和增湿效应，若要降湿增湿效应显著，那么群落的郁闭度至少要达到 50%以上，而三维绿量密度要在 4 m³/m² 以上。

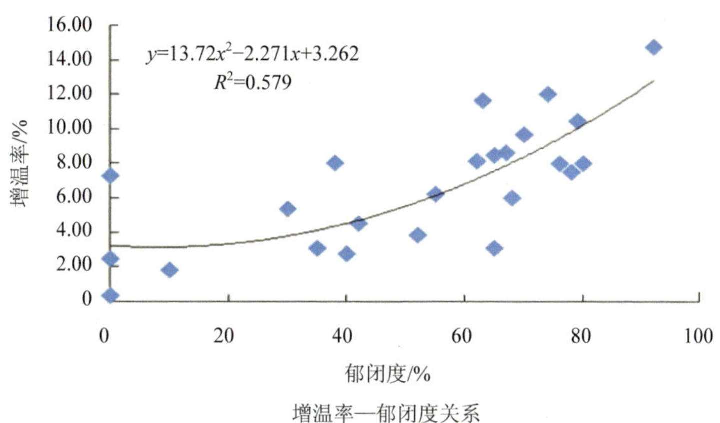

增温率—郁闭度关系

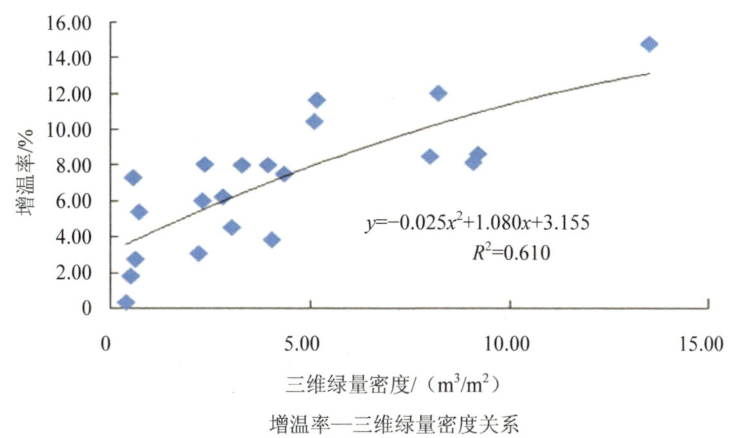

增温率—三维绿量密度关系

图 4-32　群落增湿率与郁闭度和三维绿量密度的关系

金田公园枣林样方的日均增湿率远远高于白扦样方，杜仲公园、金田公园和七棵树片林的乔草样方的增湿效应强于乔灌草样方，其主要原因是后者的郁闭度远远大于前者，故造成样方的日均相对湿度的差异。

小井村片林的三个群落郁闭度相差不大，但其三维绿量密度相差较大，造成三个群落的日均相对湿度的显著差异。七棵树旱柳和龙爪槐样方也是如此。

模拟增湿率与郁闭度和三维绿量密度的关系模型，得到：

$$y = 5.3661x_1^2 + 0.0081x_2^2 - 0.8546x_1 + 0.0016x_2 + 2.2517 \quad (4\text{-}30)$$

式中，y—— 增湿率；

x_1—— 郁闭度；

x_2—— 三维绿量密度。

对其进行检验，得此模型的 R^2=0.495 6，F=3.929 5，P=0.020 8≪0.05，回归模型成立。由此回归模型，可以根据群落的郁闭度和三维绿量密度得到群落的增湿率。

4.5.2.4 固碳释氧功能

1．不同群落的固碳释氧功能比较分析

不同群落的固碳能力有所不同（见表 4-21 和图 4-33）。单位面积固碳释氧量最高的是西坝河的洋槐样方，其单位面积日固碳量和单位面积日释氧量分别为 77.44 g/（m^2·d）和 56.32 g/（m^2·d）；其次为小井村的洋白蜡样方，其单位面积日固碳量和单位面积日释氧量分别为 75.28 g/（m^2·d）和 54.75 g/（m^2·d），第三为东风公园的构树样方，分别为 74.23 g/（m^2·d）和 53.98 g/（m^2·d），这三个群落的日固碳量和单位面积日释氧量差别不大。在所有样方中，单位面积日固碳量在 50 g/（m^2·d）以上的有 5 个，全部为乔草或乔木型群落；在 40～50 g/（m^2·d）之间的有 5 个，大多为乔灌草或乔灌型群落；在 20～40 g/（m^2·d）的有 7 个，大多数为乔木型群落；在 20 g/（m^2·d）以下的有 5 个，多为灌草型群落。

由公式 $W_{CO_2}=P\times 44\div 1000$ 和公式 $W_{CO_2}=P\times 32\div 1000$ 可知，$W_{O_2}=W_{CO_2}\div 44\times 32$，故单位面积日释氧量的趋势与日固碳量类似。

表 4-21　不同样方单位面积日固碳量和单位面积日释氧量

样地名称	样方名称	群落结构	单位面积日固碳量/[g/（m^2·d）]	单位面积日释氧量/[g/（m^2·d）]
北五环片林	旱柳	乔+草	48.12	34.99
东风公园	草甸羊茅	草	27.91	20.30
东风公园	构树	乔+草	74.23	53.98
东风公园	毛白杨	乔+灌+草	47.68	34.67

样地名称	样方名称	群落结构	单位面积日固碳量/[g/（m²·d）]	单位面积日释氧量/[g/（m²·d）]
杜仲公园	鸢尾	乔+草	57.66	41.94
杜仲公园	芍药	乔+灌+草	48.41	35.21
杜仲公园	丁香	灌+草	15.65	11.38
金田公园	新疆杨	乔+灌+草	27.26	19.83
金田公园	沙地柏	灌	23.90	17.38
金田公园	丁香	灌+草	16.97	12.35
金田公园	白扦	乔+草	11.63	8.46
金田公园	枣林	乔+草	34.02	24.74
金田公园	银杏	乔+草	19.18	13.95
金田公园	红瑞木	灌+草	8.57	6.23
七棵树片林	金银木	乔+灌	48.36	35.17
七棵树片林	臭椿	乔	54.65	39.75
七棵树片林	旱柳	乔	21.23	15.44
七棵树片林	油松	乔	46.69	33.95
七棵树片林	龙爪槐	乔	38.69	28.14
西坝河片林	洋槐	乔	77.44	56.32
小井村片林	洋白蜡	乔	75.29	54.75
小井村片林	旱柳	乔	22.93	16.67

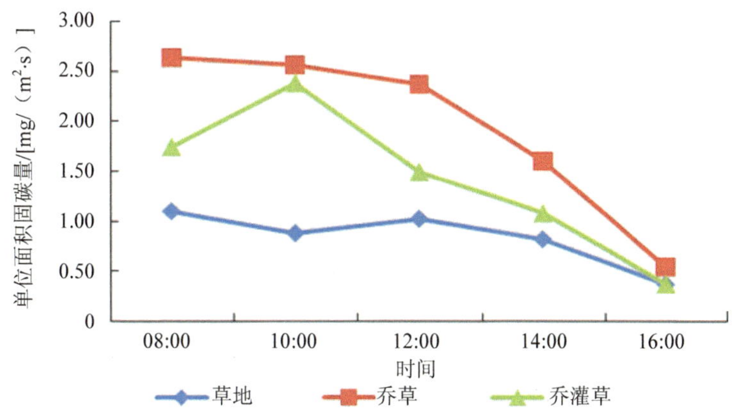

东风公园单位面积固碳量日变化

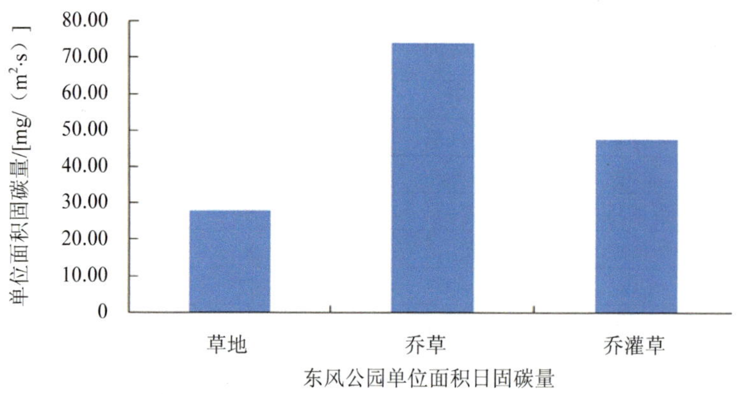

东风公园单位面积日固碳量

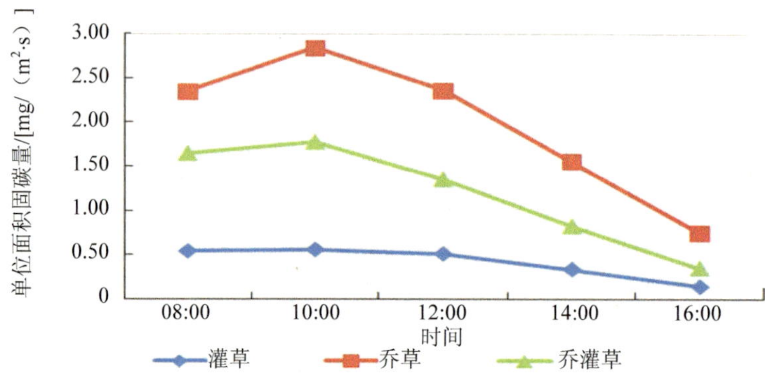

杜仲公园单位面积固碳量日变化

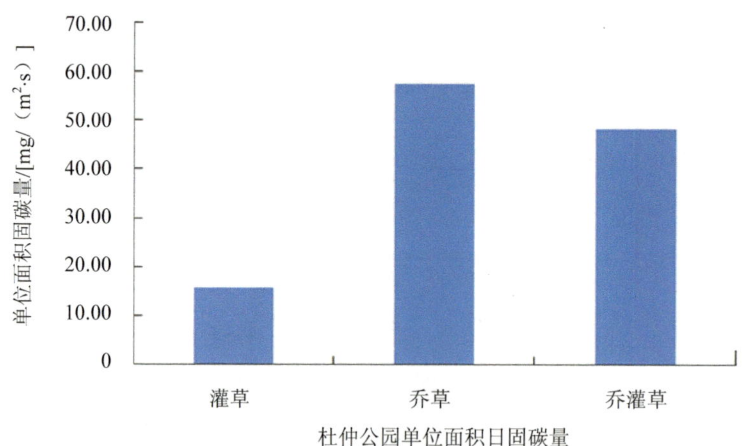

杜仲公园单位面积日固碳量

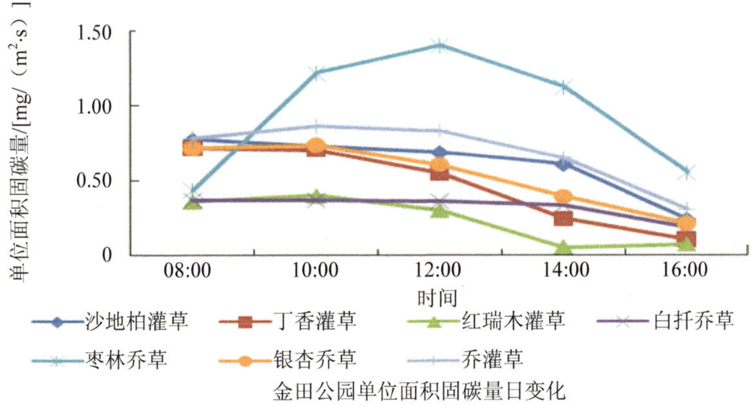

金田公园单位面积固碳量日变化

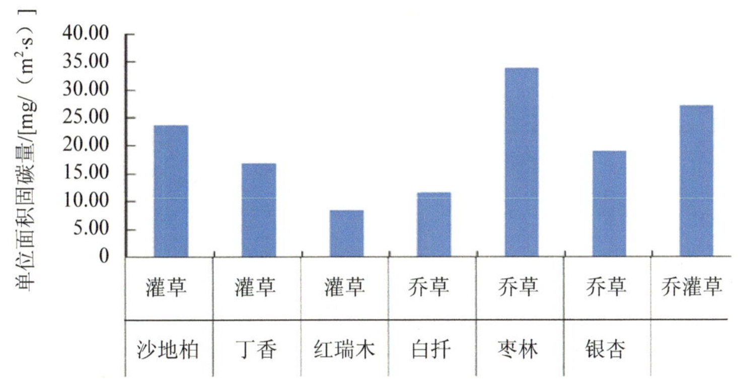

金田公园单位面积日固碳量

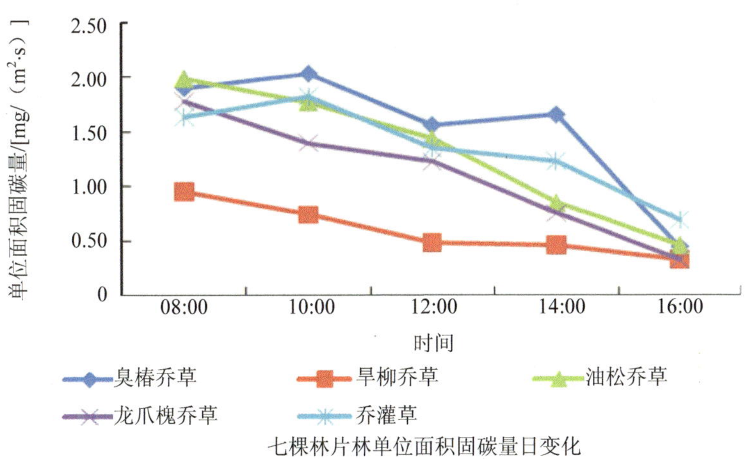

七棵林片林单位面积固碳量日变化

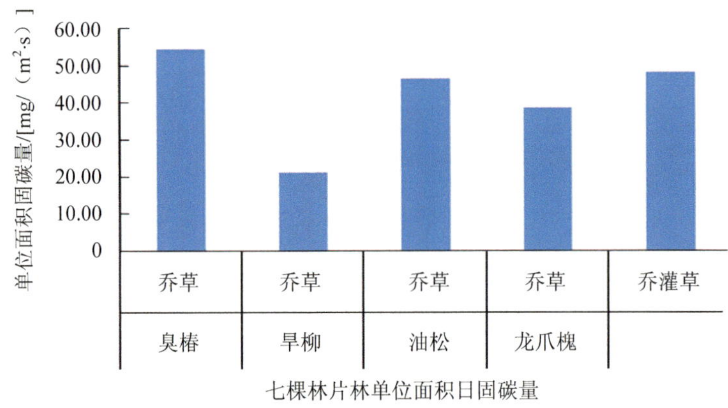

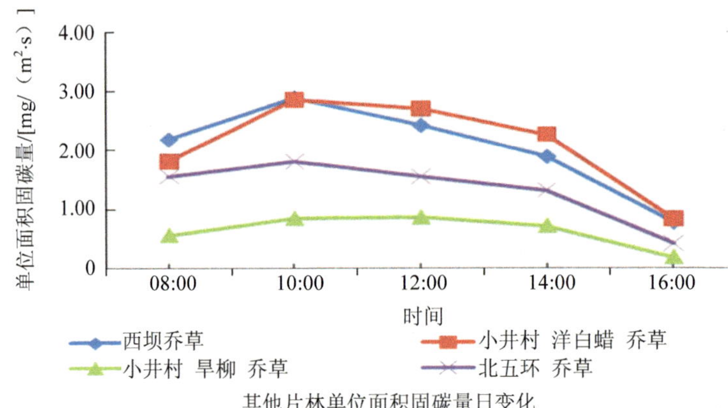

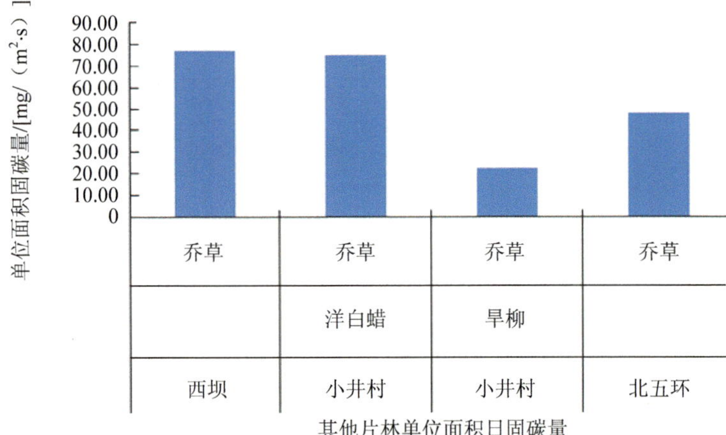

图 4-33 各样方单位面积固碳量日变化

缓冲带的固碳释氧量在一天内有较大差异，如图 4-33 所示（由于释氧量可由固碳量计算得出，故只列出单位面积固碳量的日变化，释氧量日变化趋势与固碳量相同）。一天中随着光合有效辐射和温度的升高，植物光合作用逐渐增强，固碳释氧能力提高，一天中的最大值出现在 10—12 点，可能是这个时间段的光照和温度条件最适合植物进行光合作用。中午随着光合有效辐射的增强，多数植物出现光合午休现象，这是由于中午光照过强，温度过高，叶子的蒸腾速率增高，叶子失水严重，造成气孔关闭，CO_2 供应不足，光合作用下降，固碳释氧功能减弱。

2．不同群落配置模式的固碳功能比较

如图 4-34 所示，不同类型缓冲带的固碳释氧功能不同。

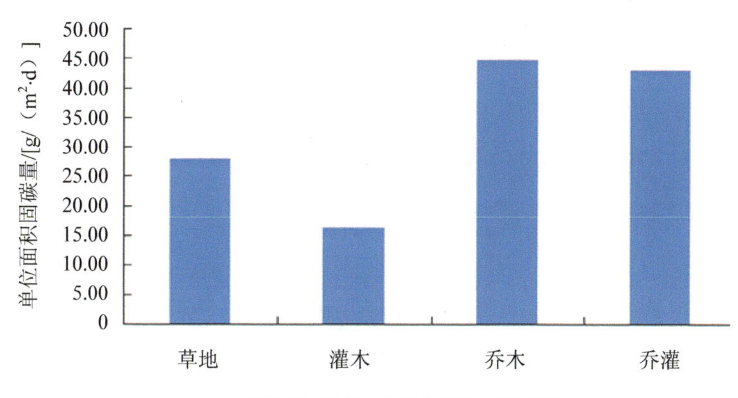

不同类型缓冲带单位面积日固碳量

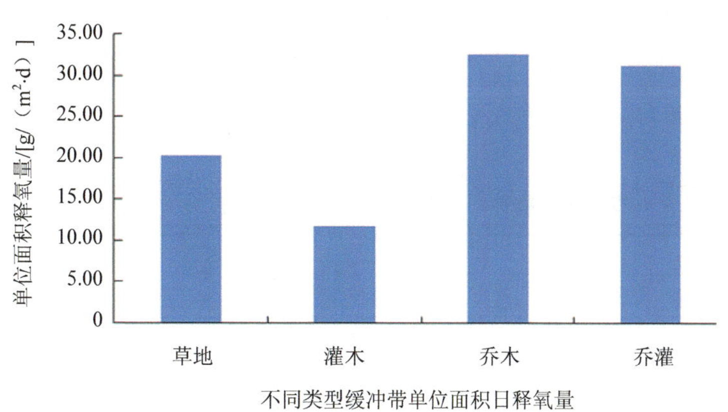

不同类型缓冲带单位面积日释氧量

图 4-34 不同类型缓冲带单位面积日固碳量和单位面积日释氧量

乔木型缓冲带的固碳能力最强，其固碳量和单位面积日释氧量分别为 44.75 g/（m^2·d）和 32.55 g/（m^2·d）；乔灌型缓冲带次之，分别为 42.93 g/（m^2·d）和 31.22 g/（m^2·d）；草本型缓冲带固碳释氧能力较弱，分别为 21.91 g/（m^2·d）和 20.30 g/（m^2·d）；灌木型缓冲带固碳量和单位面积日释氧量能力最弱，分别为 16.27 g/（m^2·d）和 11.84 g/（m^2·d）。对四种类型群落的日固碳量作方差分析，F=2.28，P=0.1161＞0.05，可知四种类型的缓冲带固碳量和单位面积日释氧量能力差异并不显著；但若将乔灌草型和乔草型合为一类，再对其作方差分析，F=3.56，P=0.0498＜0.05，可知乔灌型或乔木型与灌草型、草地型差异显著，而乔灌型和乔木型的固碳量和单位面积日释氧量能力无显著差异。这与李辉等（1999）的研究结果相同，即乔灌草型绿地的固碳量和单位面积日释氧量能力要优于其他群落，但草地型绿地优于灌草型绿地。

就其均值来看，乔木型和乔灌型缓冲带单位面积日固碳能力差别不大，灌木型和草本型缓冲带单位面积日固碳能力远低于乔灌型或乔木型缓冲带，可见在群落的固碳功能上，乔木发挥的作用远远大于灌木和草本。

3．不同群落固碳释氧功能影响因素

（1）物种

群落优势种的差异可影响群落的固碳释氧能力。不同物种的单位面积日固碳量和单位面积日释氧量不一样（见表 4-22）。西坝河的洋槐片林固碳释氧能力最强，因其样方内乔木全部为洋槐，而洋槐的单位面积固碳量和单位面积日释氧量在所测物种中是最强的，其单位面积日固碳量和单位面积释氧量分别为 79.45 g/（m^2·d）和 57.79 g/（m^2·d）。构树的单位面积日固碳量和单位面积释氧量分别为 62.88 g/（m^2·d）和 45.73 g/（m^2·d），排在第二位，故东风公园的构树样方的固碳释氧能力也较强，仅次于西坝河的洋槐样方和小井村的洋白蜡样方。

表 4-22　常见物种的单位面积日固碳量和单位面积日释氧量

乔木			灌木			草本		
植物名称	单位面积日固碳量/[g/（m^2·d）]	单位面积日释氧量/[g/（m^2·d）]	植物名称	单位面积日固碳量/[g/（m^2·d）]	单位面积日释氧量/[g/（m^2·d）]	植物名称	单位面积日固碳量/[g/（m^2·d）]	单位面积日释氧量/[g/（m^2·d）]
洋槐	79.45	57.79	丁香	32.87	23.90	草甸羊茅	68.27	49.65
洋白蜡	48.78	35.47	红瑞木	31.07	22.60	鸢尾	38.51	28.01
构树	62.88	45.73	珍珠梅	23.08	16.79	土麦冬	12.53	9.11

乔木			灌木			草本		
植物名称	单位面积日固碳量/[g/（m^2·d）]	单位面积日释氧量/[g/（m^2·d）]	植物名称	单位面积日固碳量/[g/（m^2·d）]	单位面积日释氧量/[g/（m^2·d）]	植物名称	单位面积日固碳量/[g/（m^2·d）]	单位面积日释氧量/[g/（m^2·d）]
杜仲	57.32	41.69	金银木	11.61	8.45			
臭椿	51.88	37.73						
旱柳	36.77	26.74						
龙爪槐	31.25	22.72						
银杏	31.07	22.59						
毛白杨	31.05	22.59						
枣树	26.20	19.05						
白皮松	58.11	42.26						
油松	31.34	22.79						
白扦	41.03	29.84						
圆柏	18.10	13.17						

从植物类型来看，固碳量和单位面积日释氧量能力从大到小依次为：落叶乔木、草本、常绿乔木和灌木。

落叶乔木的单位面积平均日固碳量和单位面积平均日释氧量分别为 45.67 g/（m^2·d）和 33.21 g/（m^2·d），常绿乔木分别为 37.15 g/（m^2·d）和 27.02 g/（m^2·d），由此可见，落叶乔木的固碳量和单位面积日释氧量能力强于常绿乔木，而样方的固碳量和单位面积日释氧量功能也是如此，优势种为落叶乔木的样方，其固碳量和单位面积日释氧量功能较强，而样方内仅有常绿乔木，如金田公园的白扦样方，其单位面积日固碳量和单位面积日释氧量仅有 11.63 g/（m^2·d）和 8.46 g/（m^2·d）。

草本的固碳能力稍弱，但东风公园的草甸羊茅样方的固碳释氧能力却较强，分别为 27.91 g/（m^2·d）和 20.30 g/（m^2·d），这与样方内的优势种草甸羊茅的固碳释氧能力较高有关，其单位面积日固碳量和单位面积日释氧量分别为 68.27 g/（m^2·d）和 49.65 g/（m^2·d），仅次于洋槐，而远远高于所有灌木，故在固碳量和单位面积日释氧量方面，草地型缓冲带高于灌木型缓冲带。

由于群落的固碳量和单位面积日释氧量功能与群落内的优势种有关，因此若要提高群落的固碳量和单位面积日释氧量能力，应当选择固碳释氧能力较强的物种，如洋槐、构树等，灌木植物可选择丁香和红瑞木，而草本植物可选择草甸羊茅或鸢尾。

（2）郁闭度和三维绿量密度

为了探讨郁闭度和三维绿量密度对群落的固碳释氧能力的影响，将群落的日固碳量和日释氧量与郁闭度作相关分析，单位面积日固碳量和日释氧量和三维绿量密度作相关分析，其相关系数分别为 0.81 和 0.54，由此可知，郁闭度对群落的固碳量和日释氧量能力影响较显著，而三维绿量密度对群落的固碳量和日释氧量能力影响不显著，但仍可以看出，随着三维绿量密度的增大，群落的固碳量和日释氧量能力有增大的趋势，见图 4-35、图 4-36。

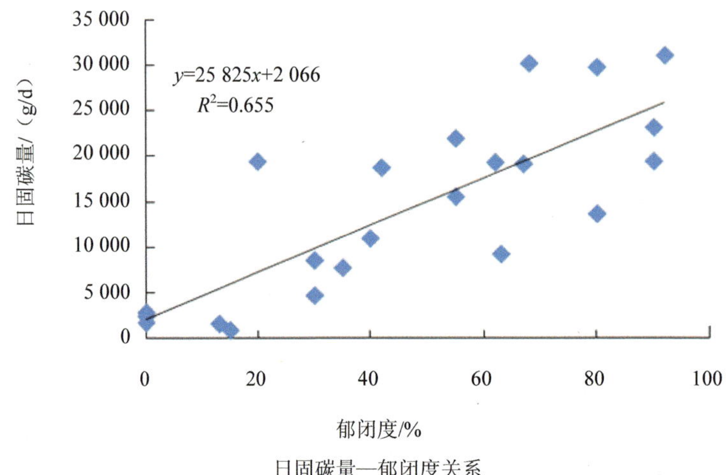

日固碳量—郁闭度关系

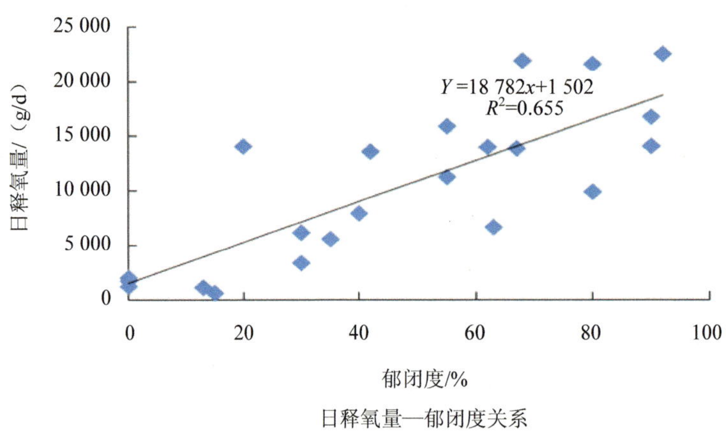

日释氧量—郁闭度关系

图 4-35 单位面积日固碳量和单位面积日释氧量与郁闭度的关系

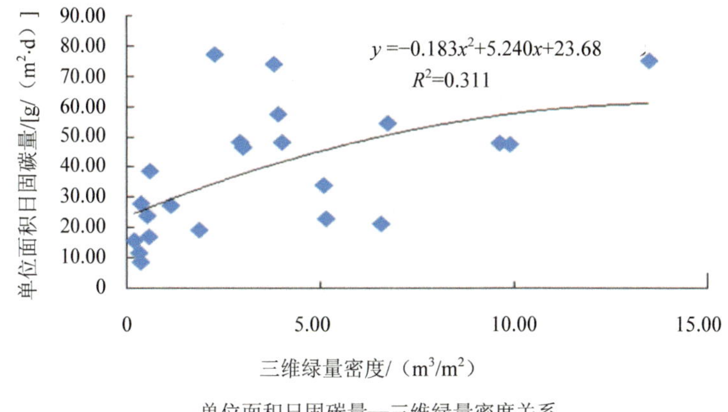

单位面积日固碳量—三维绿量密度关系

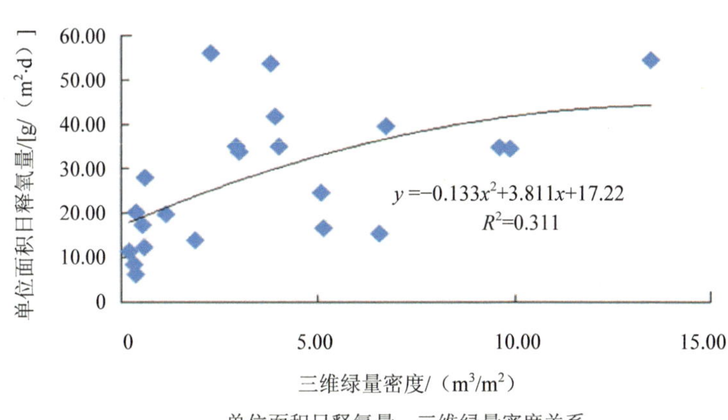

单位面积日释氧量—三维绿量密度关系

图 4-36 单位面积日固碳量和单位面积日释氧量与三维绿量密度的关系

杜仲公园的鸢尾样方和芍药样方，其优势种均为杜仲，但由于杜仲的郁闭度不同，造成两个样方之间日固碳量和单位面积日释氧量能力的差别。虽然芍药样方为乔灌草样方，而鸢尾样方为乔草样方，但由于鸢尾样方杜仲的郁闭度达到 80%，而芍药样方仅有 40%，鸢尾样方的单位面积日固碳量仍比芍药样方高 19%。

小井村的洋白蜡样方，其优势种旱柳的日固碳量和单位面积日释氧量能力不强，但是由于间种洋白蜡，而且群落内部形成分层，三维绿量大大增加，群落的日固碳量和单位面积日释氧量能力也随之增强，仅次于西坝河的洋槐样方。

由于三维绿量和郁闭度均会影响群落的固碳释氧能力，所以在样方内优势种相同的情况下，增大群落的郁闭度和三维绿量，会使群落的日固碳量和单位面积日释氧量功能增强。

但相对于样方内优势种的影响，群落的郁闭度和三维绿量的影响要小得多。例如，西坝河的洋槐样方，其三维绿量密度仅为 2.30 m^3，但其日固碳量和单位面积日释氧量能力却最强。七棵树的臭椿样方，其郁闭度仅为 55%，但由于臭椿的固碳释氧能力较强，其群落的固碳释氧能力仍排在前列。

4.5.2.5 群落配置建议

1．北京朝阳区的群落选择

综合考虑北京朝阳区生态缓冲带的三维绿量、生物多样性维持功能、降温增湿功能和固碳释氧功能，朝阳区生态缓冲带生态服务功能较好的群落有北五环片林的旱柳群落、杜仲公园的鸢尾群落和芍药群落、东风公园的毛白杨群落和构树群落、金田公园的枣林群落和新疆杨群落、小井村片林的洋白蜡群落以及西坝河的洋槐群落。

2．提高群落的郁闭度和三维绿量密度

群落的生态服务与郁闭度和三维绿量密度有关，郁闭度和三维绿量密度越高，群落的生态服务功能越强。当郁闭度＞50%，三维绿量密度＞4 m^3/m^2 时，群落可发挥较为显著的降湿增湿功能。

3．以多复层结构代替单层种植结构

4 种不同结构类型的缓冲带中，乔灌草型缓冲带的生态服务最高，其次为乔草型缓冲带，再次为灌草型缓冲带，草地型缓冲带最低。故以乔灌草多复层种植结构为主的绿化形式来代替单层种植结构，可以提高群落的生态服务，进而提高缓冲带的生态效益。

乔木在降温增湿方面优于灌木和草本，且乔木寿命较长，养护管理相对简单，省钱省力。因此在缓冲带建设中，在兼顾美学的基础上，应以乔木为主，辅以灌木和花草组成多层复合结构。

4.5.3 生态缓冲带物种优化选择技术示范

以北京市朝阳区城乡接合部生态缓冲带为例，开展物种优化选择技术研究。

4.5.3.1 乡土植物选择

通过资料收集和野外群落调查，得出北京市朝阳区城乡接合部生态缓冲带的常见物种，其中乔木有毛白杨、加拿大杨、旱柳、洋槐、银杏、枣树、臭椿、油松、白皮松、白扦等；灌木有金银木、珍珠梅、丁香、红瑞木等；草本植物有草甸羊茅、土麦冬、狗尾草、葎草等。

4.5.3.2 三维绿量

测定主要植物的三维绿量，可知物种不同，其冠形、冠幅、冠高、叶面积及叶片密度等形态特征也不同，相互之间的三维绿量差异较大。总体来说，乔木的三维绿量最大，平均为 68.68 m^3，灌木略小，为 5.79 m^3，草本植物的三维绿量最小，仅为 0.02 m^3；而在乔木中，落叶乔木的绿量平均为 92.70 m^3，而常绿乔木的绿量仅有 8.63 m^3，落叶乔木的三维绿量远远大于常绿乔木。因此在缓冲带绿化建设中，多种植落叶乔木可以大大增加缓冲带的三维绿量，见表 4-23。

表 4-23 常见植物的三维绿量

乔木		灌木		草本	
植物名称	三维绿量/m^3	植物名称	三维绿量/m^3	植物名称	三维绿量/m^3
毛白杨	144.58	金银木	11.13	草甸羊茅	0.01
加拿大杨	293.14	珍珠梅	1.09	土麦冬	0.008
旱柳	131.43	丁香	1.20	狗尾草	0.002
臭椿	130.90	红瑞木	9.75	葎草	0.06
洋槐	48.39				
杜仲	47.92				
构树	81.68				
龙爪槐	4.99				
银杏	18.96				
枣树	25.01				
圆柏	1.52				
油松	17.13				
白皮松	9.23				
白扦	6.64				

在落叶乔木中，加拿大杨的三维绿量最大，为 293.14 m^3，毛白杨次之，为 144.58 m^3，旱柳和臭椿的绿量相对较大，分别为 131.43 m^3 和 130.90 m^3，在所测落叶乔木中，龙爪槐的三维绿量最小，为 4.99 m^3；在常绿乔木中，油松的三维绿量最大，为 17.13 m^3，白皮松次之，为 9.23 m^3，圆柏的三维绿量最小，为 1.52 m^3；在所测灌木中，金银木的三维绿量最大，为 11.13 m^3，红瑞木次之，为 9.75 m^3，珍珠梅和丁香的三维绿量相对较小，分别为 1.09 m^3 和 1.20 m^3；在所测草本植物中，葎草的三维绿量最大，为 0.06 m^3，草甸羊茅、土麦冬和狗尾草均较小，分别为 0.01 m^3、0.008 m^3 和 0.002 m^3。所以在选择物种时，在优先考虑物种所处生长环境和生态位的情况下，尽量选择三维绿量大的物种，如加拿大杨、毛白杨、旱柳、臭椿等落叶乔木，油松和白皮松等常绿乔木，金银木和红瑞木等灌木，葎草和草甸羊茅等草本植物，以增加缓冲带的三维绿量。

4.5.3.3 固碳释氧能力

城乡接合部生态缓冲带常见物种的单位面积日固碳量和单位面积日释氧量如表 4-24 所示。

表 4-24 常见物种的单位面积日固碳量和单位面积日释氧量

乔木			灌木			草本		
植物名称	单位面积日固碳量/[g/(m²·d)]	单位面积日释氧量/[g/(m²·d)]	植物名称	单位面积日固碳量/[g/(m²·d)]	单位面积日释氧量/[g/(m²·d)]	植物名称	单位面积日固碳量/[g/(m²·d)]	单位面积日释氧量/[g/(m²·d)]
洋槐	79.45	57.79	丁香	32.87	23.90	草甸羊茅	68.27	49.65
洋白蜡	48.78	35.47	红瑞木	31.07	22.60	鸢尾	38.51	28.01
构树	62.88	45.73	珍珠梅	23.08	16.79	土麦冬	12.53	9.11
杜仲	57.32	41.69	金银木	11.61	8.45			
臭椿	51.88	37.73						
旱柳	36.77	26.74						
龙爪槐	31.25	22.72						
银杏	31.07	22.59						
毛白杨	31.05	22.59						
枣树	26.20	19.05						
白皮松	58.11	42.26						
油松	31.34	22.79						
白扦	41.03	29.84						
圆柏	18.10	13.17						

就植物类型来看，固碳释氧能力从大到小依次为：落叶乔木[单位面积日固碳量和单位面积日释氧量分别为 45.67 g/（m^2·d）和 33.21 g/（m^2·d）]＞草本[单位面积日固碳量和单位面积日释氧量分别为 39.77 g/（m^2·d）和 28.92 g/（m^2·d）]＞常绿乔木[单位面积日固碳量和单位面积日释氧量分别为 37.15 g/（m^2·d）和 27.02 g/（m^2·d）]＞灌木[单位面积日固碳量和单位面积日释氧量分别为 24.66 g/（m^2·d）和 17.94 g/（m^2·d）]。

在落叶乔木中，洋槐的固碳释氧能力最强，单位面积日固碳量和单位面积日释氧量分别为 79.45 g/（m^2·d）和 57.79 g/（m^2·d），其次是构树，单位面积日固碳量和单位面积日释氧量分别为 62.88 g/（m^2·d）和 45.73 g/（m^2·d），然后是杜仲和臭椿，单位面积日固碳量和单位面积日释氧量分别为 57.32 g/(m^2·d)、51.88 g/(m^2·d)和 41.69 g/（m^2·d）、37.73 g/（m^2·d）；在常绿乔木中，白皮松的固碳释氧能力最强，单位面积日固碳量和单位面积日释氧量分别为 58.11 g/（m^2·d）和 42.26 g/（m^2·d），其次是白扦，单位面积日固碳量和单位面积日释氧量分别为 41.03 g/（m^2·d）和 29.84 g/（m^2·d），然后是油松，单位面积日固碳量和单位面积日释氧量分别为 31.34 g/(m^2·d)和 22.79 g/（m^2·d）；在灌木中，丁香的固碳释氧能力最强，单位面积日固碳量和单位面积日释氧量分别为 32.87 g/（m^2·d）和 23.90 g/（m^2·d），其次是红瑞木，单位面积日固碳量和单位面积日释氧量分别为 31.07 g/（m^2·d）和 22.60 g/（m^2·d），然后是珍珠梅，单位面积日固碳量和单位面积日释氧量分别为 23.08 g/（m^2·d）和 16.79 g/（m^2·d）；在草本中，草甸羊茅的固碳释氧能力最强，仅次于落叶乔木中的洋槐和构树，单位面积日固碳量和单位面积日释氧量分别为 68.27 g/（m^2·d）和 49.65 g/（m^2·d），其次是鸢尾，单位面积日固碳量和单位面积日释氧量分别为 38.51 g/（m^2·d）和 28.01 g/（m^2·d），然后是土麦冬，单位面积日固碳量和单位面积日释氧量分别为 12.53 g/（m^2·d）和 9.11 g/（m^2·d）。

在选择物种时，若要提高群落或区域的固碳释氧能力，应优先选择固碳释氧能力较强的物种，如洋槐、构树、杜仲、臭椿、白皮松、油松、白扦等乔木植物，灌木植物不仿选择丁香和红瑞木，而草本植物可选择草甸羊茅或鸢尾。

4.5.3.4 北京市朝阳区生态缓冲带物种选择

选择北京市朝阳区生态缓冲带物种时，应以生态服务和三维绿量为主要评价依据，尽量选择生态服务强、三维绿量高的物种，如落叶乔木可选择臭椿、杜仲、构树、加拿大杨、旱柳、洋槐等，常绿乔木可选择油松、白皮松等，灌木可选择丁香、红瑞木，草本植物可选择草甸羊茅和鸢尾。

4.6 生态缓冲带构建优化推广模式

4.6.1 生态—经济—社会复合型缓冲带模式

4.6.1.1 模式介绍

该模式是在生态防护林建设的基础上进一步深化发展形成的，如郊野公园。郊野公园是北京、上海、南京、深圳等地城乡接合部生态缓冲带的主要模式之一，以生态效益和社会效益为主，现已在很多城市推广使用。其主要功能为调节城市小气候，削减城市热岛；净化大气污染物，增强城市的生态调控能力；保护生物多样性，为生物提供栖息地，使物种自然繁衍；控制城市建设的无序蔓延，保持城市合理的空间结构；为保护人文和自然资源、保护生态环境创造有力保障；为居民提供近距离休闲娱乐、观光旅游的场所。

该模式的优点是，在同样可以发挥生态防护林的降温增湿、固碳释氧、调节城市小气候作用，为生物提供栖息地，净化二氧化硫（SO_2）、卤素化合物（HF）等大气污染物，吸收氮（N）、磷（P）、化学需氧量（COD），改善水体环境，滞尘抑菌，削减噪声等生态效益的前提下，兼顾观光旅游、休闲娱乐、教育等社会效益，使生态系统的自然生态服务与社会服务有机结合，放大了自然生态系统的效益。同时，由于近自然建设技术和乡土物种的选用，减少了目前以美观为主的高消耗（高耗水、高耗肥、高农药、高人工等）建设模式的负作用。

4.6.1.2 关键技术

1．模式设计

防护林的设计应贴近自然，引入近自然造林的理念，突出缓冲带所发挥的生态服务，根据防护林的主导生态功能，确定其种植模式，例如，道路防护林的主要功能定位为调节小气候、空气净化、降低道路噪声、保护生物多样性，限制城市摊大饼式扩张，因此，道路防护林应以乔、灌、花、草型多复层植被群落结构为主，种植三维绿量大、降噪、滞尘、净化二氧化硫等大气污染物功能较强的乡土物种；河流防护林的主要功能定位为水体净化、防止水土流失，因此，河道内应以草本植物为主，种植固土、水体净化功能较强的水生或耐淹乡土物种，河岸可种植对氮、磷吸收能力较强的乔木。由于防护林是物种栖息的天然生境，可多种植些高大乔木和浆果类灌木，为动物提供良好的栖息环境。

郊野公园的设计应突出自然野趣、朴实静谧的氛围，除入口处设有游客中心、小卖部，园内少量公厕、休息亭外，应少建其他建筑，园内景观多为自然材料制作，尽量贴近融合自然；植物群落以三维绿量大的乡土植物为主，为居民提供纳凉的平台，并多种植浆果类植物，为野生动物创造自然生境。

郊野公园可为附近居民提供周末游览、游憩的平台，景观设计除以生态服务为标准外，应考虑景观美化，多种植生态服务较强的观花和观叶型植物。与城市公园不同，郊野公园的活动多数为：散步、远足、自行车越野、野餐、露营等，因此在郊野公园的设计上应设置步行道和自行车道、露营地等，为市民提供方便。

另外，比较有科研价值的郊野公园可建成科研基地，作为科学研究场所。物种多样性丰富的郊野公园可建成青少年教育基地，作为青少年认识动植物的野外课堂和大学植物学及动物学的实习基地。

2．近自然植物群落建植技术

目前，各大城市都在建设城乡接合部生态缓冲带，但在城乡接合部生态缓冲带的建设过程中一些问题日益突出，如绿化树种单一、结构单调、植物群落不稳定、易退化、外来品种较多、维护成本过高、病虫害猖獗、生态功能低等。同时，由于城市化建设的需要，城乡缓冲带往往被城市“摊大饼”式扩张的建筑用地所挤占，因此，如何在有限的土地上发挥最大的生态效益是今后缓冲带发展的主要方向。发展以乡土树种为主，乔、灌、花、草相结合的近自然植物群落，再现自然植被，成为提高生态缓冲带生态服务、促进城乡缓冲带可持续发展的有效途径。

近自然植物群落是以生态学的自然植被和群落演替的基本理论为依据，选择乡土树种，即当地自然植被中的主要乔、灌木种类，应用容器育苗等“模拟自然”的技术和方法，通过人工营造与植被自然生长的完美结合，超常规、低成本地建造以地带性植被类型为目标，群落结构完整、物种多样性丰富、生物量高、趋于稳定状态、后期完全遵循自然规律的“少人工管理”绿地。它是一种绿地建设和植被恢复的新理念和新技术。

近自然植物群落与一般的生态缓冲带群落相比，具有如下优势：

（1）构建和养护成本低，可节约生态缓冲带的建设和养护费用

首先，近自然植物群落多采用适应地域性气候和土壤条件的乡土苗木，其培育和养护管理的成本均较低，因此群落构建的造价也相应较低。其次，苗木成活率高，它不以种植大树为主，主要应用根系发育良好、有成长潜力的健康幼苗，采用容器苗，使种植的幼苗树形自然健全，成活率较高。最后，由于应用的都是不同种类的乡土树种的组合，适应性和抗病虫害及自然灾害的能力较强，群落相对稳定，不会引发大面积的病虫害，完全遵循自然生长规律，无须长期的人工管理，其构建树种在种植后 2～3 年内只需要进行除草等一般性养护，其后群落进入自然生长过程，基本不需要任何养护和管理，可大大降低养护成本，为构建资源节约型社会奠定基础（黎玉才，2005）。

（2）生物多样性丰富，有利于提高绿地的生物多样性

当今绿地构建在树种选择中多选择适应性和抗性较差的外来品种，且多使用同一种模式，群落层次单调、品种单一，绿地的生物多样性较低，而近自然群落在树种选择上多选择对本土环境适应性较强的地带性植物种类，且由多种植物品种组成，其类型和功能多样，生物多样性丰富，并具有一定的稳定性，因此，对提高生态缓冲带的生物多样性具有重要意义。

（3）生态效益较高，有利于增加绿地的生态功能

近自然植物群落最主要的特点就是它具有一定的规模和面积，且完全是模仿自然森林的模式构建，其种类丰富、结构完整、种间关系和谐，生物量高，具有较高的生态功能，有利于提高整个生态缓冲带的生态效益。同时，近自然群落在构建时充分利用了空间资源，注重乔、灌、草的合理搭配，能够明显节约空间资源。

（4）遵从自然演替规律，生态系统较为稳定

近自然植物群落在构建过程中充分考虑了各个植物品种的生态特性和生长特性，因地制宜，适地适树，同时在群落组建中也充分考虑了物种与物种之间以及物种与周围环境之间的相互关系，努力发挥各个物种的自然潜力，使生产者、消费者和分解者之间形成良性循环，遵从自然演替规律，形成稳定的生态系统。

（5）具有区域特色，能提高地方品位和文化内涵

近自然植物群落，以自然生态条件和地带性植被为基础，将民俗风情和传统文化等融入其中，使自然规律和传统文化巧妙地融合。丰富和提升了生态缓冲带的内涵和功能，同时也提升了城市特色和文化品位。如广东的榕树具有深厚的文化底蕴，不仅

具有较高的观赏价值，同时可以供人祭拜。此外，在近自然群落中增加一些国家级保护的珍稀濒危植物，以提高绿地的内涵和品位。

3．生态缓冲带建植技术

基于数据的可获得性，选择水源涵养价值和热岛削减价值来比较门头沟区的近自然林和朝阳区的人工林的生态服务价值，并根据情景分析方法得到近自然林和人工林的最佳比例。

①水源涵养价值。位于门头沟区的近自然林的水源涵养价值大部分在8 000～9 500元/hm^2，而位于朝阳区的人工林的水源涵养价值远远小于近自然林，大部分低于6 500元/hm^2。随机选取近自然林和人工林各十个绿地斑块，求其平均值，得到近自然林的水源涵养价值为8 552.24元/hm^2，而人工林的水源涵养价值为6 067.03元/hm^2，也即1 hm^{2}的近自然林比人工林产生的水源涵养价值高2 485.21元。

将近自然林和人工林按一定比例配置，探讨不同构成的缓冲带的生态服务价值，如表 4-25 所示。

表 4-25　不同近自然林占比的缓冲带水源涵养价值

近自然林占比/%	0	20	30	50	70	80	100
水源涵养价值/（元/hm^2）	6 067.03	6 564.07	6 812.59	7 309.63	7 806.68	8 055.20	8 552.24

由表 4-25 可知，近自然林占比越大，其水源涵养价值越高。近自然林占比为 0 时，生态缓冲带的水源涵养价值最低，为 6 067.03 元/hm^2，近自然林占比为 100%时，生态缓冲带的水源涵养价值最高，为 8 552.24 元/hm^2。

②热岛削减价值。通过遥感反演研究区域的地表温度，并计算生态缓冲带的热岛削减价值。

位于门头沟区的近自然林的热岛削减价值大于13 000元/hm^2，更有部分区域的热岛削减价值大于16 000元/hm^2，而位于朝阳区的人工林的热岛削减价值多在10 000～13 000元/hm^2。在近自然林和人工林中各选取10个绿地斑块，取平均值，得到近自然林的热岛削减价值为15 059.11元/hm^2，人工林的热岛削减价值为12 323.8元/hm^2，二者相差2 735.31元/hm^2，见表4-26。

表 4-26 不同近自然林占比的缓冲带热岛削减价值

近自然林占比/%	0	20	30	50	70	80	100
热岛削减价值/（元/hm^2）	12 323.8	12 870.9	13 144.4	13 691.5	14 238.5	14 512.0	15 059.1

与水源涵养价值类似，近自然林占比越大，缓冲带的热岛削减功能越强。

③养护费用投入。据调查，城市公园的养护管理费用为 6.5～7 元/（m^2·a），郊野公园的养护管理标准为 2.5～3.0 元/（m^2·a），但依据实际情况，郊野公园的管护资金严重不足，现有关部门已建议提高郊野公园养护费用。而近自然林不需要管护，投入资金远远小于人工林。

据调查，朝阳区郊野公园的养护标准为 6.8 元/（m^2·a），而生态林的养护标准为 3.97 元/（m^2·a）。表 4-27 为生态林的养护管理费用。费用包括人工费、树木修剪、杂草清理、病虫害防治等 10 项，其中绿化人工费用所占比例最大，亩均费用为 750.39 元，占养护费用的 29.17%，其次为保洁费用，占管理费用的 15.17%，此外，投入较大的还有杂草清理费用和补植补种费用，分别占总养护费用的 13.06%和 11.38%。从理想状态来看，近自然林是在自然的条件下生长，不需养护费用，由此看来，近自然林的投入比人工林要少得多，见表 4-27。

表 4-27 生态林养护管理费用

养护项目	年费用/万元	平均亩费用/元	占比/%	被调查林地面积/亩
绿化人工费用	3 012.16	750.39	29.17	40 141
树木修剪	800.91	199.53	7.76	40 141
杂草清理	1 348.58	335.96	13.06	40 141
病虫防治	884.15	220.26	8.56	40 141
补植补种	1 175.13	292.75	11.38	40 141
水电费用	679.26	169.22	6.58	40 141
护林防火	546.88	136.24	5.30	40 141
肥料	278.94	69.49	2.70	40 141
保洁费用	1 567.06	390.39	15.17	40 141
其他	333.73	83.14	3.23	40 141
合计	10 626.80	2 647.37	100	40 141

将近自然林和人工林按一定比例配置，得到各配置模式的生态缓冲带的养护费用（见表 4-28）。由此可见，近自然林占比越大，养护费用投入越少。

表 4-28 不同近自然林占比的缓冲带水源涵养价值

近自然林占比/%	0	20	30	50	70	80	100
养护费用/（元/hm^2）	39 710.6	31 768.4	27 797.4	19 855.3	11 913.2	7 942.1	0

④近自然林配置技术。将不同配置比例缓冲带的生态服务价值和养护费用综合考虑，可以得到缓冲带的投入与产出。由表4-29可知，生态缓冲带的效益与近自然林的占比成正比。当近自然林的比例低于70%时，生态缓冲带投入的养护费用大于生态服务价值产出，占比越小，投入越高，而产出越低；当近自然林的比例高于70%时，生态缓冲带的生态服务价值大于投入的养护费用，占比越大，效益越高。因此，需保证近自然林的比例在70%以上，才能使生态缓冲带的产出大于投入。

表 4-29 不同近自然林占比的缓冲带投入与产出

天然林占比/%	水源涵养价值/（元/hm^2）	热岛削减价值/（元/hm^2）	生态服务价值/（元/hm^2）	养护费用投入/（元/hm^2）	产出-投入/（元/hm^2）
0	711.395 0	12 323.800	13 035.195 0	39 710.550	−26 675.355 0
20	769.676 0	12 870.862	13 640.538 0	31 768.440	−18 127.902 0
30	798.816 5	13 144.393	13 943.209 5	27 797.385	−13 854.176 0
50	857.097 5	13 691.455	14 548.552 5	19 855.275	−5 306.722 5
70	915.378 5	14 238.517	15 153.895 5	11 913.165	3 240.730 5
80	944.519 0	14 512.048	15 456.567 0	7 942.110	7 514.457 0
100	1 002.800 0	15 059.110	16 061.910 0	0	16 061.910 0

4. 以生态服务和盖度为主导的景观优化选择技术

目前，生态缓冲带的景观设计多是以景观美化为依据，较少考虑到缓冲带生态服务的发挥，而事实上，缓冲带的生态服务价值高于其经济和社会价值。因此，在对生态缓冲带进行景观优化设计时，应首先考虑生态缓冲带的生态服务功能。例如，北京市热岛问题较为突出，在建设生态缓冲带时，就要考虑到如何将热岛效益削减到最低，所建设的绿地面积在5 hm^{2}以上，形状复杂的生态缓冲带才能取得较好的热岛削减效果。

植被盖度关系到生态缓冲带生态服务的发挥，根据缓冲带的主导生态服务选择适宜的植被盖度，可以使缓冲带的生态功能得到更好的发挥。以北京市为例，若想使生态缓冲带起到最优的热岛削减效果，除了使缓冲带的面积在 5 hm^2 以上，植被盖度应在 15%以上，这样的生态缓冲带能起到较为显著的热岛削减效应。

5．以生态服务、三维绿量和郁闭度为主体的复层群落配置技术

植物配置的核心是植物生态位的配置，在具体的构建过程中应当模拟地带性群落的结构特征，遵从“生态位”原则，充分利用空间资源，构建以乔木树种为骨架和木本植物为主题的乔、灌、花、草复层群落，增加生态缓冲带的生物多样性，构建完整的生态系统，提高群落的自然维持和演替的能力，恢复和重建近自然群落，创建野生动植物的栖息地。王晓明等（2005）在《城市公园绿地生态效应的定量评估》一文中以位于亚热带地区的城市公园（深圳市莲花山公园）绿地为例，选取了碳氧平衡、水土涵养和小气候调节 3 方面的 CO_2-O_2 吸释量、群落蓄水量、保土量、蒸散耗热量等指标，对城市公园植被的不同群落结构类型进行了生态效应的定量评价，结果表明，有乔灌草 3 层结构的林地群落的生态效应平均为单层结构的草坪群落的 2～3 倍。

不同的植物群落类型发挥的生态服务不同，在进行植物配置时应考虑缓冲带的主导生态服务。若要植物多样性更高，则要选择乔木-灌木-草本的群落配置模式；若要纳凉，则乔木-草本是比较好的配置方式；若要观赏，灌木-花-草本是最好的配置方式；若要作为足球场等运动场地，则应选择草木。

另外，三维绿量和郁闭度越高，群落所发挥的生态服务越强。以北京市朝阳区生态缓冲带为例，在三维绿量密度在 4 m^3/m^2 以上，郁闭度在 50%以上，群落才能起到较好的降温增湿效果。提高群落的三维绿量和郁闭度，可以显著增加群落的生态功能。

6．以三维绿量和生态服务为中心的乡土种物种选择技术

物种选择是生态缓冲带植物群落构建的关键，首先要选择生态效益较高、养护成本较低的乡土种。能够适应本地区环境自然生长的植物，病虫害少，苗木成活率高，有利于构建地域特色和地方文化品位，适宜野生动物栖息，维护成本低，如适合广东地区生长的红锥、润楠等，而像复羽叶栾树等对土壤和水分要求较高，需要花费大量的人力和物力去养护才可以生长的树种不提倡选用。在以乡土植物为主的基础上，尽量增加一些名贵的国家级保护植物，可以提高绿地的文化品位。

其次，要根据生态缓冲带的建植目的选择合适的物种。例如，固碳释氧功能较强的有洋槐、构树、白蜡、杜仲、臭椿、草甸羊茅等，净化二氧化硫污染较强的有绦柳、

旱柳、刺槐、国槐、构树、连翘、柿树、紫穗槐等，杀菌能力较强的有杨树、圆柏、云杉、桦木、橡树、桉树、梧桐、冷杉、核桃等。

三维绿量也是物种选择模式中应考虑的主要因素，物种的三维绿量与生态服务息息相关，在物种相同的情况下，三维绿量越大，物种的生态服务越强。

4.6.2 生态经济型缓冲带模式

4.6.2.1 模式介绍

防护林和郊野公园对改善城乡生态环境起到了良好的作用，但由于防护林和郊野公园多是作为公益林和公益公园，因此，为加强经济效益，可考虑在城乡接合部建立如下模式的生态经济型缓冲带：

1．生态茶园/生态花园/生态果园式

这种类型的生态缓冲带将农业种植、茶叶/花卉/林果生产、休闲娱乐、观光体验相结合，既可显著提高生态缓冲带的经济效益，又可以取得良好的生态效益和社会效益。

2．生态旅游式

将生态缓冲带加以改造，建设为休闲度假中心、生态农庄等生态旅游场所，促进生态缓冲带经济效益和生态效益的双赢。

4.6.2.2 关键技术

1．沼液滴灌技术

农村生活污水主要包括农户牲畜养殖废水、农户冲厕粪便废水和厨房洗涤及日常盥洗等其他废水，沼气净化处理后的沼肥（包括沼液和沼渣）氮、磷含量高，是茶树、果树和花卉的优质肥料，它既具有化学肥料的速效性，又具有农家肥营养全面、肥效长的特点。将沼液引入农业种植体系中不但可以利用沼液达到废弃物的循环利用，降低防止因为沼液排放造成的面源污染，而且可提高作物种植中水分、养分的利用，提高作物产量和销售收入。另外，由于沼液养分的利用，可减少有机肥和化肥投入，具有显著的经济效益和社会效益。沼液滴灌技术将沼液施用与滴灌技术进行有机结合，既可提高沼液利用率，又可节省成本，产生明显的经济效益。

以生态茶园为例，生态茶园与沼液滴灌相结合的模式见图 4-37。

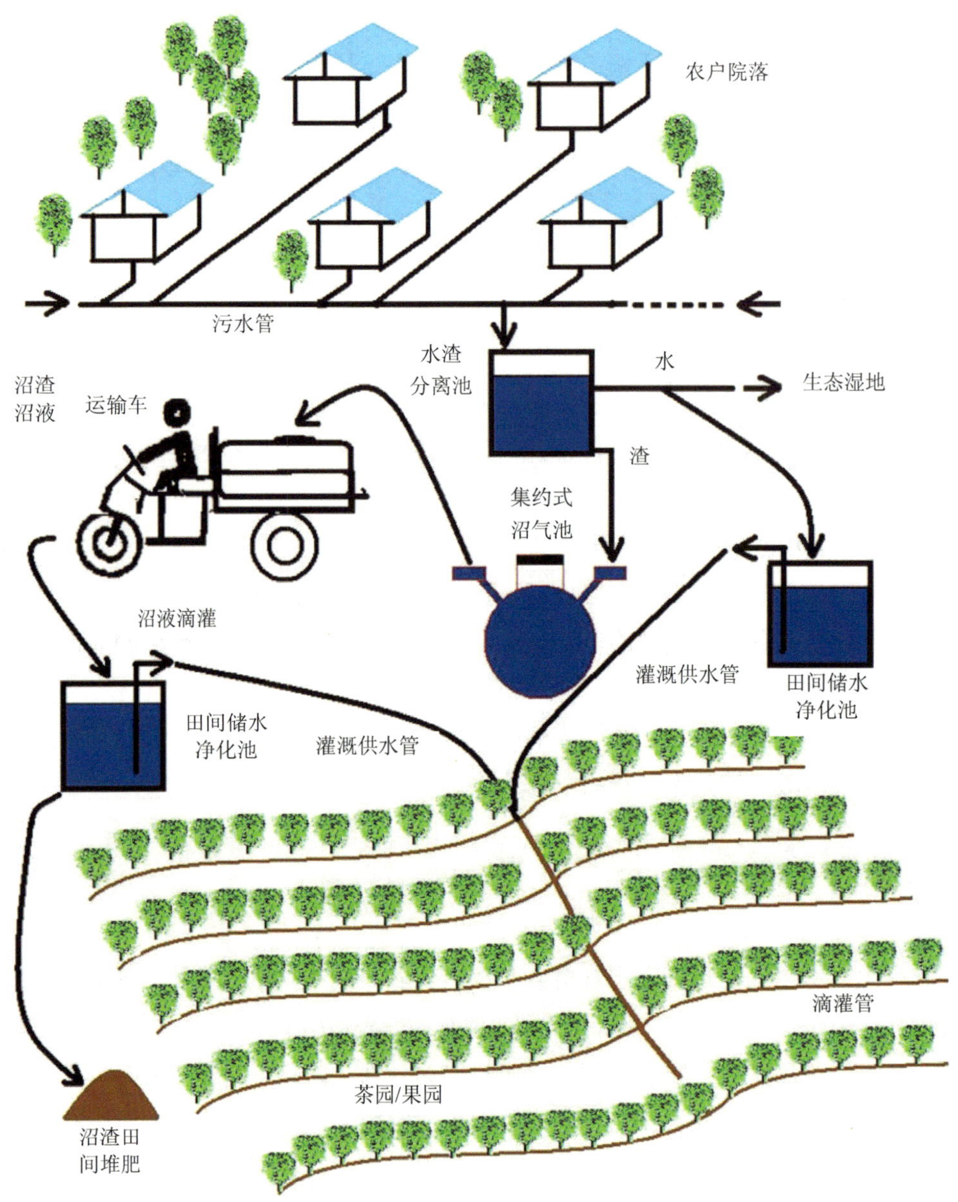

图 4-37 沼液滴灌技术

农户生活污水集中处理采取生活污水集中排放分质利用的模式。生活污水集中后再分散进行二级处理；水渣分离，分离的水可进入生态茶园储水净化池；生活污水中的沉淀残渣再集中进入集约式沼气池；沼液经罐车运输至茶园储水净化池；沼液处理后采取管道化输水灌溉方式（滴灌）灌溉茶园；沼渣运至茶园地头与茶园枯枝落叶、杂草一起堆肥再施入茶园。

2．生态链构建技术

利用生态位原理，将不同物种组合起来，合理配置物种群体，延长生态链条，使多物种共存，多级物质能源循环利用。

（1）茶+牧草+养殖

以长沙市长沙县茶园为例，在茶园种植时，可采用立体农业技术，在茶园中种植黑麦草、苜蓿、白三叶等牧草，充分利用空间，多层次配置，有利于改善作物的通风透光条件，提高光能利用率，充分发挥边际效应的增产作用。

牧草集中运输至养猪专业户、养鸡专业户、养鱼专业户；养猪、养鸡专业户的猪粪、鸡粪进入集中式沼气池；沼渣、沼液进茶园与枯枝落叶、杂草堆肥，沼液灌溉茶园，达到茶园—牧草—养殖—沼渣—堆肥—茶园的资源循环利用。

长沙县茶园的生态链构建技术如图 4-38 所示。也可在茶园中增加桂花树作为提高茶叶品质的生态措施。

（2）果树+蚯蚓+鸡

在果园中养殖蚯蚓，一方面，蚯蚓可以吞食茶园枯枝烂叶和未腐解的有机肥料变成蚯蚓粪便，促进土壤有机物的腐化分解，加速有效养分的释放，提高土壤肥力；另一方面，蚯蚓的繁殖和活动，可疏松土壤，增加土壤孔隙度，有利于茶树根系生长，促进对养分的吸收和利用。另外，蚯蚓还可以作为茶园中鸡的饲料。而果园养鸡，鸡群会捕捉害虫，觅食杂草，可节省病虫害防治费用、除草费用和化学药物费用。

3．物种选择技术

与生态效益和经济效益相结合的缓冲带模式不同，生态经济型缓冲带模式的物种选择应以有经济效益的乡土种为主。茶园内可适当种植有经济价值的黑麦草、苜蓿等，果园可考虑阴生中草药。

4．病虫害综合防治技术

控制病虫害可以从三个方面进行：一是采用培养天敌昆虫的方式；二是采用杀虫灯等手段；三是增加生物多样性方式。天敌昆虫在控制害虫方面发挥着自然控制作用，它们是茶园生态系统中的一类重要生物因子，其作用是其他防治手段所无法替代的。但是采用培养天敌昆虫的方式比较困难，因为许多天敌个体比较小，很难发现；还有许多天敌营内寄生生活，需要饲养寄主才能起作用，而饲养寄主又需要大量的工作。因此单纯采用天敌控制病虫害具有一定难度。

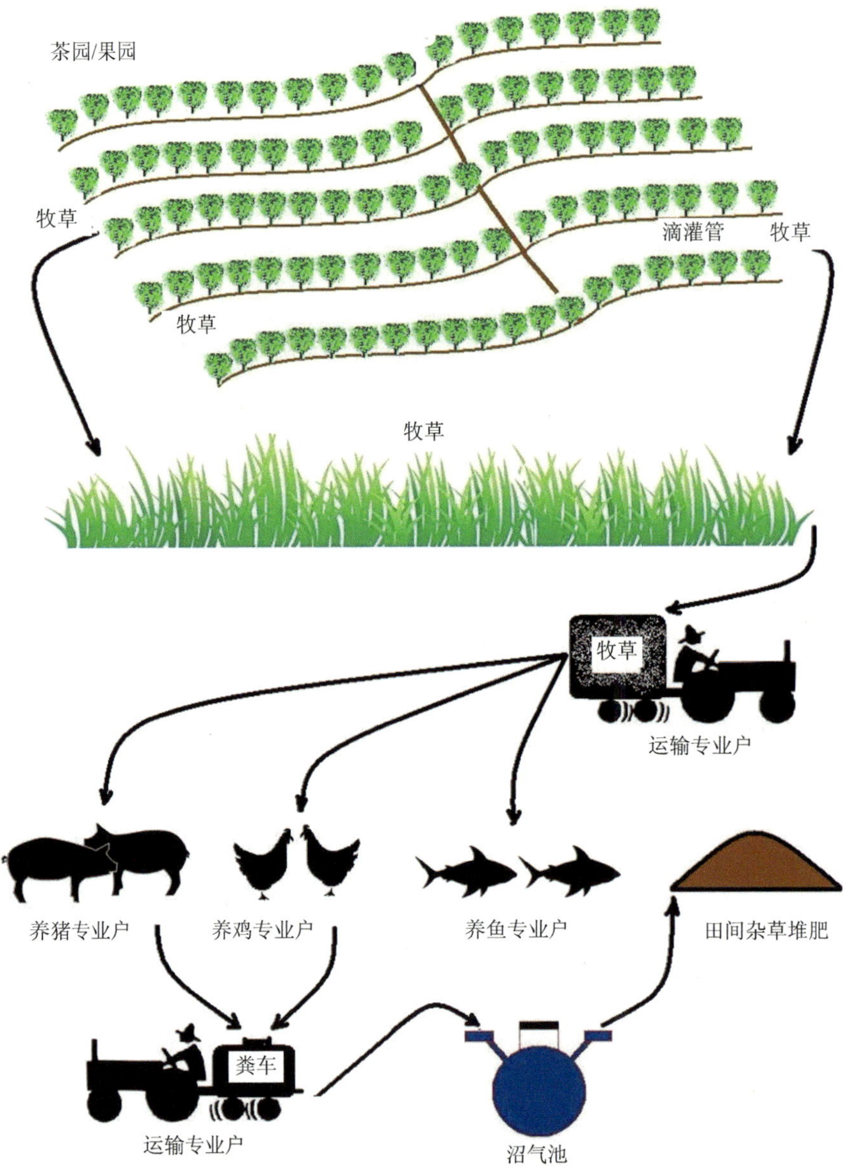

图 4-38　长沙茶园生态链构建

杀虫灯是根据昆虫具有趋光性的特点，利用昆虫敏感的特定光谱范围的诱虫光源，诱集昆虫并能有效杀灭昆虫，降低病虫指数，防治虫害和虫媒病害的专用装置。

增加生物多样性，可采用在茶园、果园内养鸡、养鸭等方式来防治害虫，既防治了害虫，又提高了茶园、果园的经济效益。

生态缓冲带的病虫害防治可采用以增加生物多样性、杀虫灯及天敌昆虫为主，施用药剂为辅的综合技术。

5 城郊保留农田生态经济服务功能转型技术

5.1 城郊保留农田生态经济服务功能转型的评价技术

5.1.1 评价原则

5.1.1.1 科学性原则

评价指标的选取应建立在科学准确的基础上，即选取的指标必须概念明确，具有一定的科学内涵，能较好地反映系统内部之间的关系。同时，为了便于与相近地区与模式之间的比较，所选取的指标应尽可能统一并量化。

5.1.1.2 代表性原则

衡量城郊农田服务功能转型发展的指标较多，需要在众多指标中选取有代表性，最能反映城郊保留农田生态服务功能转型特征的指标进行评估。

5.1.1.3 独立性原则

城郊农田服务功能转型系统是涉及自然、生态、资源、经济的复合系统，故所需评价的指标众多，往往存在信息上的重叠，所以要尽量选取那些具有相对独立性的指标。

5.1.1.4 可操作性原则

建立指标体系时，选择指标必须实用可行，数据易于获得和更新，有利于生产和管理部门的掌握与操作。

5.1.2 指标体系

城郊农田服务功能转型评估需要根据城郊农业生态系统的生态—经济—社会系统

特性和共性，从城郊农田生态系统的主要功能进行城郊农田生态系统功能评价。

城郊保留农田生态服务功能转型发展是否成功的首要条件仍然是单位土地生产功能是否得到更大程度的发挥，主要从城郊土地的生产率水平和专业化、产业化生产状况进行衡量和评估。

城郊保留农田的生态与环境功能主要表现是城郊农田提供的生态服务价值变化，与此同时，农业生产过程的生态化和无害化，也是促进污染严重的传统城郊农业向生态农业转化的重要标志。对污染物的利用和降解是农田生态系统净化环境功能的体现，因而选择了 5 个相关指标。

休闲娱乐功能是城郊农田生态系统有别于农村腹地的重要功能特征，主要体现为生产特色观光产品和特色经营模式吸引的观光客数量和创造的经济效益。

城郊农田由于靠近城市，具备资金、技术等方面的优势，现代化程度较高，可以对广大农村地区起到农业科技样板和示范作用，具有“窗口农业”的辐射和示范效应。城郊的高科技农业园、科技示范园和农业教育园，可作为城市居民的农业知识教育基地，让生长在城市或城镇的市民，特别是儿童和青少年，认识农业、感受农业、体验农业。但考虑到数据的可获得性，只选择了 3 个指标来代表。

农业土地是郊区农民生存发展的基本保障，在其他社会保障制度并不完善的情况下，拥有的土地数量越多，享有的社会保障越高。农业土地吸纳劳动力的功能是共性的，但城郊农业的特殊之处就在于其休闲娱乐功能所带来的就业机会。

因此可以认为，优化的城郊农田服务模式应具有生产功能优越、生态环境功能稳定、旅游休闲功能适度、科技教育功能发达、社会保障功能全面的特征。

城郊地区农田生态经济功能转型的成功与否还取决于城乡统筹发展能力，城市反哺农村是实现城乡统筹发展的关键，而这主要体现为政府对农村基础建设的投入，公司企业对城郊农田非生产性的投资（休闲服务和社会保障服务项目的投资），从而达到缩小城乡居民收入差距的目标，科技支撑是保障城郊农业可持续发展的关键因素。

据此，本研究将指标体系目标层划分为生产保障功能、生态环境保障功能、休闲服务、社会保障功能和城乡统筹发展能力四个层次，其中生产保障功能从土地生产水平、农业现代化水平和经营组织水平三个角度设置指标 5 个。生态环境保障功能从城郊耕地资源保护状况和生态环境保护状况设置指标 5 个。休闲服务和社会保障功能从休闲服务水平和社会保障水平设置指标（见表 5-1）。

表 5-1　城郊保留农田生态经济服务功能转型的评价指标体系、权重及指向

目标层权重	准则层权重	指标层权重	指标效应
生产保障功能（0.27）	土地生产水平（0.56）	土地生产率（0.55）	正效应
		农业劳动生产率（0.45）	正效应
	农业现代化水平（0.23）	设施（有机）农业面积比率（0.45）	正效应
		农产品综合商品率（0.55）	正效应
	经营组织水平（0.21）	产业化经营农户覆盖率	正效应
生态环境保障功能（0.27）	资源保护状况（0.44）	耕地面积年递减率（0.65）	负效应
		非生产性用地面积比率（0.35）	负效应
	生态环境保护状况（0.56）	农业自然灾害成灾率（0.36）	负效应
		化肥占施用肥料的比重（0.36）	正效应
		畜禽粪便综合处理达标率（0.28）	正效应
休闲服务与社会保障功能（0.25）	休闲服务水平（0.42）	特色休闲服务产品种植面积比率（0.35）	正效应
		休闲观光旅游农业收入比重（0.65）	正效应
	社会保障水平（0.58）	农村劳动力就业率（0.65）	正效应
		农村休闲旅游从业人数比例（0.35）	正效应
城乡统筹发展能力（0.21）	科技支撑水平（0.42）	农业科技人员比例（0.45）	正效应
		农业 R&D 经费比重（0.55）	正效应
	城乡统筹发展水平（0.58）	城乡居民收入之比（0.40）	正效应
		政府财政对农村基础建设投资率（0.40）	正效应
		非生产类投资占农业总投资的比例（0.2）	正效应

5.1.3　评价程序

5.1.3.1　指标的解释及其正负效应

在指标层选定的指标中，有些指标与城郊地区农田生态经济服务功能转型过程的发展水平呈现正相关关系，这些指标可称为正向或正效应指标；反之，有些指标则与该地区的农田生态经济社会发展水平呈负相关关系，这些指标称为负向或负效应指标。

1．生产保障功能

城郊农业生态经济服务功能转型的重中之重是要保障土地的生产功能。土地产出水平是生产功能的综合体现，农业现代化水平和产业化经营是保障土地生产功能充分发挥的必要条件。

设置了土地生产率和劳动生产率两个效率指标来衡量城郊农业的规模化、产业化、专业化的特征与发达程度。设施农业或有机农业用规模和农产品综合商品率来测度城郊农业现代化水平。城郊农田转型中的一个重要特征是组织经营模式，因此，设置了产业化经营农户覆盖率来衡量。

生产保障功能目标层所选择的 5 个指标均为正效应指标，指标的计算方法见表 5-2。

2. 生态环境保障功能

生态环境保障功能主要是测度城郊农田生态经济服务功能转型过程中对耕地资源的保护状况。设置的耕地面积年递减率和非生产性用地面积比率均属于负效应指标，指标值越高，说明对耕地资源的保障功能越弱。在城郊保留农田的开发利用过程中，已然存在利用土地流转套取建设用地指标的现状，因此，非生产性和用地面积比率这两个指标设置旨在限制城郊农田转型利用过程中的耕地非农化利用行为。

农业自然灾害成灾率在很大程度上反映出农业生态系统的保护状况，该指标属于负效应指标。

化肥施用强度和畜禽粪便综合处理率是衡量农业污染的处理状况，这些指标属于正效应指标。

3. 休闲服务与社会保障功能

休闲服务水平和社会保障水平是城郊农田生态经济服务功能转型的主要目标。休闲服务是城郊农业面向城市市场的一个重要服务功能，从观光特色产品种植面积比重和休闲观光收入比重来衡量城郊农业休闲服务水平。根据农村劳动力从事农业相关活动的数量和农村休闲旅游从业人数比重来反映城郊农田的社会保障功能。选择的四个指标均属于正效应指标。

4. 城乡统筹发展能力

城市郊区是城乡统筹发展的核心地带，城乡统筹发展能力是衡量城郊农田生态经济服务功能转型成功的重要指标，主要从科技支撑水平和城乡统筹发展水平两个角度来衡量城乡统筹发展能力。

科技支撑水平用农业科技人员比例和农业 R&D 经费比重来衡量。城乡统筹发展水平用城乡居民收入之比、政府对农村基础建设投资率和非生产性项目投资占农业总投资的比例来反映。与常规农业相比，城郊农业的生产功能相对弱化，而生态、服务、教育、文化、休闲娱乐等非生产性功能则不断增强。在农业总投资中，有多少资金投入上述非生产领域，能直接反映出城郊农业非经济功能的强弱和总体水平。

选取的 5 个指标均为正效应指标。

5.1.3.2 指标权重确定

应用层次分析法，在构造判断矩阵时，我们遴选了多位在资源、环境、能源、经济等领域有所建树的专家教授，邀请他们进行重要性比较。经过一致性检验后，对这些专家进行群决策，将各专家排序向量加权几何平均，得到各个指标的权重分布，如表 5-1 所示。

5.1.3.3 指标的计算方法

指标层共选择了 19 个指标，具体的计算方法及单位见表 5-2。

表 5-2 指标计算方法及其单位

指标	计算方法	单位
土地生产率（X_1）	X_1 = 农业总产值/土地面积	万元/hm^2
农业劳动生产率（X_2）	X_2 = 农业增加值/农业劳动力数	万元/（人·a）
设施（有机）农业面积比率（X_3）	X_3 = 设施农业面积/总农业土地面积×100%	%
农产品综合商品率（X_4）	X_4 = 出售农产品价值/农产品总产值×100%	%
产业化经营农户覆盖率（X_5）	X_5 = 产业化经营农户数量/总农户数量×100%	%
耕地面积年递减率（X_6）	X_6 =（上年末耕地面积−本年末耕地面积）/上年末耕地面积×100%	%
流转土地中非生产性用地面积比率（X_7）	X_7 =非生产性用地面积/流转土地总面积×100%	%
农业自然灾害成灾率（X_8）	X_8 = 成灾面积/总播种面积×100%	%
化肥占施用肥料的比重（X_9）	X_9 = 化肥施用总量/（化肥+有机肥）×100%	%
畜禽粪便综合处理达标率（X_{10}）	X_{10} = 畜禽粪便综合处理达标量/总量×100%	%
特色休闲服务产品种植面积比率（X_{11}）	X_{11}=特色观光农产品种植面积/总种植面积×100%	%
休闲观光旅游农业收入比重（X_{12}）	X_{12}=休闲观光旅游农业收入/农业总产值×100%	%
农村劳动力就业率（X_{13}）	X_{13}=从事农业生产人数/农村劳动力总数×100%	%
农村休闲旅游从业人数比例（X_{14}）	X_{14}=从事农业休闲旅游服务人数/农村劳动力总数×100%	%

指标	计算方法	单位
农业科技人员比例（X_{15}）	X_{15}=农业科技人员数量/农业劳动力总数×100%	%
农业 R&D 经费比重（X_{16}）	X_{16}=农业 R&D 经费/国民总收入×100%	%
城乡居民收入之比（X_{17}）	X_{17}=农村居民收入/城市居民收入×100%	%
政府财政对农村基础建设投资率（X_{18}）	X_{18}=农村基础建设投入/总基建投资×100%	%
非生产性投资占农业总投资的比例（X_{19}）	X_{19} =非生产性项目投资/农业总投资×100%	%

5.1.3.4 转型发展的阶段划分

根据综合指数的得分情况（见表5-3），将城郊农田生态经济功能转型进程设定为三个阶段：城郊农田转型的起步阶段、发展阶段和成熟阶段。

表 5-3 城郊保留农田生态经济服务功能转型的阶段划分

综合指数 Z	阶段划分
$40<Z\leqslant60$	起步阶段
$60<Z\leqslant80$	发展阶段
$Z>80$	成熟阶段

5.2 城郊保留农田生态经济服务功能转型的生产技术

5.2.1 城郊农业有机生产技术

城郊农田在转型过程中传统生产方式随着规模的扩大，高强度的化肥农药也会对农业生态环境产生较大的负面压力。相关研究统计也表明，目前我国的农业面源污染已经成为仅次于工业点源污染的第二大污染源。

要实现城郊农业的绿色转型，实现农业可持续发展，就必然要在技术转型过程中采用环境友好型的农业生产方式或技术，而有机农业就是一种生态农业生产模式，其根本目的就是减轻农业生产对环境的影响。

有机生产技术主要转型关键节点在于种植环境的选择、种子选用、土壤培肥、病虫草害防治，日常的栽培管理等方面。

5.2.1.1 产地环境选择

有机种植的产地环境质量选择必须依据相应的国家标准，严格控制生产环境。

（1）地形尽量选择平原或缓坡区，以防止水土流失；

（2）将有机生产地块和常规生产地块之间以自然或人工的方式进行隔离，远离可能造成污染的污染源，尽量避免重金属污染和由于农业漂移产生的农业点源面源污染；

（3）通过加强有机地块生态建设和发展多样化种植方式等，来优化有机种植地块生态环境，保证生态系统多样性；

（4）保证有机生产相关的配套设施，如水利设施、灌溉设施等。

5.2.1.2 种子选用

种子选用上首先考虑因地适宜原则，根据当地土壤和气候条件，在考虑了作物遗传多样性保护的基础之上，尽量选用抗病虫能力强且经过有机认证的种子和种苗，严禁使用任何转基因物种。

5.2.1.3 土壤培肥

（1）肥料施用尽量采用秸秆还田、经过充分发酵的畜禽粪肥、沼渣、沼液、饼粕类肥料，种植豆科绿肥等；

（2）推广测土配方施肥，施足基肥，合理追肥，避免施肥过量对地下水和周边环境造成的污染；

（3）在施肥过程中，应根据不同作物对肥料的要求来严格控制肥料施用量和施用时期。

5.2.1.4 病虫害防治

病虫害防治方法通常包括农艺措施、生物防治、物理防治、植物保护措施等，这些方法中，优先使用农艺措施和生物防治的方法，通过其他方法的协调使用，来有效控制病虫害的发生。

（1）农艺措施：品种与种子处理上，首先选用高抗性品种，严格实行种子处理，实施消毒，阻断病害传播；栽培阶段，培育壮苗，控制间距，建立轮作制度，适时除草，利用地膜、大棚等现代化设施；

（2）生物防治措施：主要是应用生态系统食物链原理，以引入病虫天敌的方法建立相对完整的农田生态系统，抑制病虫害的发生；

（3）物理防治措施：利用趋光性等原理，通过一些杀虫设施的安装使用来达到减少病虫害的目的，这种方法通常使用杀虫灯、防虫网、性诱剂等；

（4）植物保护防治措施：主要是通过植物保护产品的应用来抵御病虫害，这种方法一般是在前三种方法无法奏效的前提下使用，包括植物源农药、矿物源农药和生物源农药的施用等。

5.2.1.5　日常栽培管理

日常栽培管理要把握好不同作物品种的生长期、生长条件、成熟期等各个环节，严格控制播种、中耕、灌溉、采摘等时期。

（1）根据不同品种选择相应的最佳时机进行栽培与定植，要做到合理密植，保持田间通风，减少病害发生；

（2）根据不同情况进行中耕除苗，疏松土地，除去杂草以保证作物良好的通气和较好的生长环境；

（3）适时适量进行灌溉，保证作物充足的水分条件，防止因干旱或水过量造成生长停滞；

（4）建立合理轮作制度，应采取包括豆科作物、绿肥在内至少两种作物进行轮作，以调节碳氮比，提高土地得用率和肥力，增加产量；

（5）以应用农业设施来辅助农业生产，提高农业产出率。

5.2.2　城郊农业有机生产技术应用

5.2.2.1　有机蔬菜生产技术

城郊保留农田区土地肥沃、地理条件优越、排灌系统发达，是城市蔬菜主要生产基地。但城郊区又是工业“三废”和生活废弃物的重要堆积区及消纳区，同时常规农业生产过程中长期的高强度化肥和农药投入是引起农业温室气体排放和面源污染的主要因素。蔬菜是城郊保留农田中种植的主要作物品种之一，其品质优劣直接关系到城市居民的身体健康。按有机方式种植蔬菜可杜绝农药化肥投入对城郊农田土壤环境和水环境的污染，生产更安全健康的蔬菜产品。蔬菜从常规种植向有机种植转型的过程中环境的选择、土壤培肥、病虫草害防治、日常的栽培管理等均有相应的技术要求。以下仅对有机蔬菜生产的关键技术做概要介绍。

1．产地环境质量要求

产地环境质量（土壤、空气、灌溉水）应符合《有机产品》（GB/T 19630—2011）规定要求。有机和常规地块之间必须设置缓冲隔离带，保证有机地块不受来自常规地块的排水和禁用物质的漂移污染。有机蔬菜基地要实行轮作、套种多样化种植，保护基地的各类生物，优化美化基地的生态环境。

2．土壤培肥与栽培管理技术

（1）施用腐熟的堆肥、沤肥、沼液、沼渣、饼粕类肥料，种植豆科绿肥等，禁止在叶菜上使用人粪尿。推广测土配方施肥，施足基肥，合理追肥，避免施肥过量对地下水和周边环境造成的污染。叶菜类蔬菜一般含硝酸盐较高，必须控制接近收获期的肥料施用量，避免氮量投入过多；瓜类、豆类、茄果类蔬菜中硝酸盐含量较叶菜类低，施肥以提高品质和产量及配合病虫防治为目标。

（2）精细整地。选适宜墒情施基肥，根据不同蔬菜要求整平畦面，土块大小均匀，直播的要求更细一些。尽量做到高垄栽培，创造有利于蔬菜生长的环境。

（3）根据不同品种做到合理密植，保持田间通风，减少病害发生。定植要选晴好无风天气进行，定植后立即浇水，并浇好缓苗水。

（4）中耕除苗，既可使蔬菜根部通气良好，又能除去杂草，使蔬菜良好生长。在设施栽培中用地膜或黑地膜替代，以提高地温，促进生长。

（5）茄果类、瓜类等蔬菜长势强，要及时搭架、吊蔓和整枝，以利于通风透光，使营养集中在果实，提高品质和产量。一般蔬菜均要及时摘去老叶、病叶，以免病害传播。老叶、病叶摘除后要带出田外销毁，以减少病源。

（6）蔬菜生长期短，产品成熟快，要达到优质必须根据产品要求及时采摘。采摘时要轻，不要因损伤而造成采后产品污染。

3．病虫害防治技术

以健康栽培为基础，加强病虫预测预报，贯彻预防为主、综合防治的植保方针，优先使用农艺措施与生物防治，协调利用物理防治，科学运用植物源、矿物源制剂防治，有效控制蔬菜病虫害的危害。

（1）农艺措施防治

1）选用优质高产抗病品种，鼓励采用本地的土著蔬菜品种。禁止使用包衣种子。

2）严格实行种子处理。对蔬菜种子进行筛选，剔除病子、霉子、瘪子、虫蛀等。播种前用 1%石灰水或 40～50℃温水浸种消毒处理，以减少种子带病菌。

3）培育壮苗。对育苗床土要进行高温消毒，以防土壤传播病害引起发病。育苗要控制好温湿度，精心管理，移栽前 7 天要降温炼苗，以加强幼苗抗性。

4）建立轮作制度。露地蔬菜栽培区采用粮菜轮作制度。茄果类、瓜类蔬菜不少于 2 年轮作 1 次，叶菜类、块根类蔬菜采用品种之间和茬口之间轮作，以利于减少病虫害的传播和改善田间生态环境。

5）棚室温湿度管理。根据棚室小气候的特点，严格控制好温湿度，以防病害发生蔓延。棚室温湿的基本原则是确保蔬菜叶片表面不结露。要根据不同蔬菜品种对温湿度的要求进行合理调控。

6）清理田园。蔬菜收获后或种植前，都要及时清理田园，将植株残体、烂叶、杂草以及各种废弃物清理干净。在蔬菜生育期内，也要及时清理田园，将病株、病叶和病果及时清理出田园，予以销毁或深埋，可更好地减轻病虫害的传播和蔓延。

（2）物理防治

根据病虫害对某些物理因素的规律，利用物理因子防治病虫害。

1）利用黑光灯、电击杀虫灯、高压汞灯、双波灯等诱杀多种害虫。

2）利用性诱剂、糖醋液钵等方法诱杀害虫。

3）利用色板（黄板、蓝板或白板）诱杀或驱逐害虫，铺挂银灰色膜驱蚜防病。

4）利用防虫网、遮阳网等防虫，40 目左右可防治蔬菜蚜虫。

5）高温消毒，利用光能高温闷棚消毒杀菌。

（3）生物防治

1）利用天敌防治虫害。瓢虫、草蛉等捕食性天敌和赤眼蜂等寄生性天敌防虫害。

2）利用细菌如苏云金杆菌，真菌如白僵菌、蚜虫霉等防治害虫。

3）利用病毒制剂如弱毒疫苗接种防治茄果类病毒病。

4）利用脱毒技术如大蒜、马铃薯脱毒，嫁接技术如黄瓜、茄子的嫁接防土传性病害。

5）利用植物源农药如苦参碱、除虫菊素、印楝素、鱼藤酮等防治多种害虫。

6）利用矿物源农药如波尔多液、石硫合剂、铜制剂等防治蔬菜病害。

5.2.2.2 有机水稻生产技术

从区域生产与生态功能来看，城郊区不仅要开展城市所需的农产品生产活动，还要担负城市的生态环境保障作用。城郊区生产的农产品一旦出现污染，对城市的社会影响较大。城郊区农业通常以种植业和集约化养殖业为主，其高投入和高排放的生产模式环境风险较大。在城郊保留农田转型过程中采用环境友好的有机农业生产方式，可有效缓解农业与环境的矛盾，保障城乡农产品质量安全。在水稻从常规种植向有机种植转型的过程中环境的选择、种子选用、土壤培肥、病虫草害防治，日常的栽培管理等均有一定的技术要求。

1．产地环境质量要求

（1）产地环境质量（土壤、空气、灌溉水）应符合《有机产品》（GB/T 19630—2011）规定要求。重视土壤重金属的测试，防止重金属污染。

（2）有机农产品生产基地与常规生产基地之间必须有隔离带（如山、河、道路、人工林等），或设立有效防止邻近地块漂移污染的缓冲带。隔离带或缓冲带应有明显的标志，保证有机地块不受来自常规地块的排水和禁用物质的漂移污染。

（3）有机地块周围 2 km 范围内不能有明显的污染源（如化工、电镀、水泥、工矿企业、医院等）。有机基地必须建立在远离国家二级以上公路 100 m 以外的地区，也应当远离机场。有机生产基地的田间水利设施完善，三沟配套，保证用水和排水，旱涝保收，无水土流失现象。

2．种子选育

（1）应使用有机种子和种苗。在得不到认证的有机种子和种苗的情况下（如在有机种植的初始阶段），可使用未经禁用物质处理的常规种子。

（2）应选择适应当地的土壤和气候特点，对病虫害有抗性的作物种类及品种。在品种的选择中要充分考虑保护作物的遗传多样性。禁止使用任何转基因作物品种。

3．栽培轮作及培肥技术

（1）栽培灌溉及轮作

1）灌溉：有机水稻生产灌溉用水必须符合《农田灌溉水质标准》（GB 5084—92）规定要求。有机地块排灌系统与常规地块应有有效地隔离措施，保证常规地块水不会渗漏或漫入有机地块。

2）栽培技术

①种子选择：选择抗性好、品质优良的水稻品种。要求采用有机种子，市场上购买不到有机种子时，则采用没有包衣的未经禁用化学物质处理的种子。

②浸种催芽：用 1%石灰水消毒，10～15℃时浸 6 天，20～25℃时浸 1～2 天，石灰水层高出种子 13～17 cm，加盖静置，浸种后清洗 3～4 次。稻谷堆高度 30～40 cm，覆盖物及垫底物须灌开水消毒。掌握 35～38℃高温破口，30～32℃适温催芽。

③播种及移栽：每亩 100 kg 左右，秧田与大田比为 1∶（16～18）。移栽规格为行距 23 cm，穴距 11.5 cm，基本苗 11 万～12 万株。

④大田水浆管理：以节水灌溉为原则，薄水插秧，寸水返青活棵。分蘖期浅水勤灌，适时露田换气，促进长根；拔节期分次轻烤田；穗分化期以湿为主的间歇灌溉；抽穗、结实期水层灌溉；灌浆期以湿为主的间歇灌溉，抽穗 25 天以后，以干为主的间歇灌溉；收获前 10 天断水。秧苗 2 叶期适时灌跑马水，3 叶期建立水层，并适时脱水换气，促进扎根，以后保持浅水层。

3）轮作

建立合理轮作制度，应采取包括豆科作物、绿肥在内至少两种作物进行轮作，主要轮作方式为：水稻—冬季绿肥（紫云英、蚕豆、豌豆等）轮作。紫云英是南方水稻轮作最常用的豆科绿肥，每亩播种量 1.5～2 kg；如紫云英与黑麦草混播，可提高鲜草产量，同时增加鲜草的干物质含量，调节碳氮比。

（2）培肥技术

1）秸秆还田

作物秸秆是重要的有机肥源之一，应充分加以利用，禁止焚烧处理，还田方式以直接还田为主。水稻田套种绿肥，收割时联合收割机同时切碎稻草覆盖还田（辅以人工铺匀），保护绿肥越冬（有防冻、保湿作用）；如冬季种植麦子，则秸秆经收割机切碎后及时翻耕掩埋返田。

2）畜禽粪肥

利用养殖场猪/鸡粪肥充分混合发酵（或直接购买商品有机肥）后作为土壤培肥主要肥源。水稻基肥以商品有机肥计算 300～500 kg/亩和冬季绿肥田的追肥以商品有机肥计算初春时施 100 kg/亩。

3）饼粕

为确保有机水稻生长养分需要，应适当补充部分饼肥，主要利用本地区生产的菜籽饼（压榨方式提油后得到的饼粕），充分发酵后作基肥或追肥（50～80 kg/亩，水稻发棵后追施）。

4）微生物肥、非人工合成的矿物肥料

固氮菌、根瘤菌、解磷菌、解钾菌等生物菌肥和认证的天然硫酸钾镁肥、磷矿粉等天然矿物肥只能适量使用，作为培肥的辅助材料。

5）绿肥埋青

绿肥田应根据绿肥埋青最佳生育期、鲜草产量及防治病虫草害要求等因素，考虑确定适时进行耕翻埋青，通常在绿肥开花期进行埋青。

4．病虫草害防治技术

（1）农艺措施

1）品种与种子处理

选用病虫害抗性品种，强调不同品种水稻的田块间的间作与换茬，也可采用籼稻与糯稻的套种，阻断病害传播。

播种前种子需要用石灰水消毒，防止种子带菌。

2）保护与利用天敌

重视对天敌及其栖息地的保护。保护青蛙、蜘蛛、赤眼蜂等害虫的天敌。

3）栽培和肥水管理

恰当扩行稀植，改善田间通风透光条件，利于天敌生长和防止病害。合理控制肥水，促进水稻健壮生长，增强抗逆力，减轻病虫危害。调节播种期使水稻抽穗期与螟虫发生期错开，避免螟虫危害等。

4）杂草控制

水稻移栽前，本田提前灌水促进杂草萌发，在移栽前耥田灭草。根据稻田杂草生长规律，杂草主要发生在水稻分蘖期，应适当淹水控制杂草生长。在移栽后 15～30 天之间一定要抓紧通过耘耥、稻田放养鸭子等方法消灭幼苗期杂草，控制草害。

5）人工除草灭虫

采用人工采摘害虫卵块等方法灭虫，尤其是秧田摘卵，避免秧苗带卵移栽。本田耕地后，采用排水、人工打捞菌核防止纹枯病。

（2）物理防治

安装灯光诱杀害虫（频振式杀虫灯，30～50 亩安装一盏灯，安装高度 1.5～1.8 m）、秧田设 30～40 目防虫网、粘板等，也可在散发器皿中使用性诱剂防治虫害。

（3）生物防治

在南方，水稻早稻6月20日前后释放一次赤眼蜂（亩释放量1万～2万头），晚稻8月20日前后放第一次赤眼蜂，9月5日前后视害虫发生情况补放第二次。采用稻田养鸭防治病虫草害，亩放鸭数量10～15只或采用群养群放的方式，鸭群在稻田轮流除草防虫，亩平均养鸭量为3～5只。

（4）植保产品使用

在农艺、物理、生物防治措施均无法奏效的前提下，允许使用植物源农药如苦参碱、除虫菊素、印楝素、小檗碱、蛇床子素等，矿物源农药如波尔多液、石硫合剂、铜制剂等，生物农药如生物农药（B.t）等防治水稻的病虫害。

5.2.3 有机生产过程中物质循环利用技术

城郊保留农田从高投入、面源污染型常规农业生产向现代化、多功能的环保型农业生产转型的关键点之一在于对农田生态系统废弃物的循环利用。本书在文献调研和湖南华穗生态产业园应用研究的基础上，对湖南地区城郊保留农田物质循环利用技术研究成果摘选如下。

5.2.3.1 秸秆还田技术

湖南属温暖湿润亚热带气候（北部属南温带），双季稻是本区主要栽培制度，优良的水热条件和作物的高产量产生了丰富的秸秆资源，大面积红壤质地黏重，有机质含量低，加上常年伏旱秋旱频繁出现，这些客观条件为秸秆还田的应用提供了广阔前景。

（1）湖南双季稻区，采用早稻草原位直接还田，早稻收获后，保留本田鲜草350 kg（相当于风干草200 kg），铡断（切一刀或两刀）均匀撒开翻压。高留稻桩还田节省劳力，留桩高度以35 cm为宜，翻压后应用踩滚镇压，将露出土面的稻茬压入泥中，以利分解。

（2）稻草还田结合平衡施肥，施足氮磷肥，酌情补充钾肥，翻耕时以1/3氮肥配合深层施肥，1/3氮肥做耖面肥，1/3氮肥做分蘖肥。

（3）稻田水分管理要浅灌勤灌适时烤田，在分蘖初期及盛期各耘田一次，以便增加土壤通透性，排除稻草腐解过程产生的有害气体。

（4）秸秆氨（碱）化处理后还田，有利秸秆腐烂，并促进稻（麦）草中有机态硅的有效化。氨化秸秆适合于缺硅的酸性砂质稻田应用。

（5）在病虫害暴发区的感病携虫稻（麦）草不宜直接还田，将稻（麦）草烧灰后还田，是这种情况下的特殊还田形式。

5.2.3.2 畜禽粪便堆肥处理还田技术

1．无害化处理

（1）畜禽粪便还田前，应进行处理，且充分腐熟并杀灭病原菌、虫卵和杂草种子。

（2）制作堆肥并以畜禽粪便为原料制成的商品有机肥、生物有机肥。

（3）制作沼气肥，沼液和沼渣应符合相应规定。沼渣出池后应进行进一步堆制，充分腐熟后才能使用。

（4）根据施用不同 pH 的土壤，以畜禽粪便为主要原料的肥料中，其畜禽粪便的重金属含量限值应符合相应要求。

2．安全使用

（1）使用原则

畜禽粪便作为肥料应充分腐熟，卫生学指标及重金属含量达到相应要求后方可施用。畜禽粪料单独或与其他肥料配施时，应满足作物对营养元素的需要，适量施肥，以保持或提高土壤肥力及土壤活性。肥料的使用应不对环境和作物产生不良后果。

（2）施用方法

基肥（基施），如下：

1）此方法适用于水田、大田作物及蔬菜作物；

2）条施（沟施撒施：在耕地前将肥料均匀撒于地表，结合耕地把肥料翻入土中，使肥土相融）：结合犁地开沟，将肥料按条状集中施于作物播种行内，适用于大田、蔬菜作物；

3）穴施：在作物播种或种植穴内施肥，选用于大田、蔬菜作物；

4）环状施肥（轮状施肥）：在冬前或春季，以作物主茎为圆心，沿株冠垂直投影边缘外侧开沟，将肥料施入沟中并覆土，适用于多年生果树施肥。

追肥（追施），如下：

1）腐熟的沼渣、沼液和添加速效养分的有机复混肥可用作追肥；

2）条施：作用方法同基施中的条施，适用于大田、蔬菜作物；

3）穴施：在苗期按株或在两株间开穴施肥，适用于大田、蔬菜作物；

4）环状施肥：使用方法同基施中的环状施肥，适用于多年生果树；

5）根外追肥：在作物生育期内，采用叶面喷施等方法，迅速补充营养满足作物生长发育的需要。

（3）还田限量

以生产需要为基础，以地定产、以产定肥。根据土壤肥力，确定作物预期产量（能达到的目标产量），计算作物单位产量的养分吸收量。结合畜禽粪便中营养元素的含量、作物或当季的利用率，计算基施或追施应投加的畜禽粪便量。

5.2.3.3 种植绿肥培肥土壤技术

1．播种

做好种子处理，适期播种、确定最佳播种量工作。

2．种子处理

播种前根据绿肥作物种子质量和种皮结构等特点采用选种、晒种、擦种或烫种的种子处理方法。对豆科绿肥作物要接种高效根瘤菌剂。

种子消毒目的是减少绿肥作物苗期的多种病害，如紫云黄梅、紫苜蓿可以用比例为 1.03%～1.07%的盐水浸泡冲洗除去劣子和菌核。柽麻枯萎病用 0.3%的多菌灵胶悬剂浸泡 14～16 h。

根瘤菌剂接种：选用固氮率高、侵染性强的高效根瘤菌菌株进行接种，增加固氮量提高绿肥作物鲜草产量，尤其对种植新区是试种成败的关键。

3．播种期和播种量

适时播种是保证绿肥正常生长和获得高产的基本条件。适宜播种期的确定取决于绿肥种类、品种、气候条件和茬口安排。实际播种量可根据株型大小、生长期长短、土壤肥力善、气候条件及播种期、利用方式等具体因素，因地制宜地调整。

4．肥水管理

增施磷、钾肥，提高固氮效率。适当施用氮肥和微量元素肥料，以小肥换大肥。通常灌溉的关键时期为苗期及营养生长和生殖生长并举时期，常采用沟灌来加强水分管理。

5．绿肥混播及留种

通常选用豆科与非豆科植物，深根系和浅根系植物、高秆起立和匍匐植物相互搭配进行混合种植。

选择地势干燥、土质疏松、肥力中等、排灌方便而未连作的田块做留种。留种田播种期比收草田略晚，播种量比鲜草田减少1/3左右，保证田间通风透光，提高结实率。

增施钾肥、适施氮肥和微量元素肥料。掌握好种子成熟度与防止大量种子脱落，全面采取上述综合措施以提高绿肥的产种量。

5.3 城郊保留农田生态经济服务转型的消费意愿调查

2010 年 9 月至 2011 年 6 月，我们先后在湖南省长沙市和北京市分别进行了关于城郊保留农田生态经济功能消费偏好的问卷调查，目的是了解城乡居民对现代化农业的认知程度，分析城乡居民对城郊保留农田生态经济服务的需求意愿、消费意愿、消费行为选择，进而分析评估城乡居民对城郊保留农田生态经济服务的消费偏好和消费潜力，为城郊保留农田生态经济服务功能转型的评估指标体系构建和模式设计与选择提供佐证。

5.3.1 调查问卷设计

调查问卷共设计了 19 个问题，主要涵盖了三个方面的内容，即城乡市民对城郊现代化农业的认知程度、城郊农业的消费偏好和消费潜力。

城郊现代化农业的认知及消费偏好调查问卷

一、基本信息

您的年龄：______________ 职业：______________

您的月收入：______________

①<1 000 元；②1 000～3 000 元；③3 000～5 000 元；④5 000～10 000 元；⑤>10 000 元。

您的学历：___________

①初中及以下；②高中/中专；③大专/本科；④硕士及以上。

您的家庭结构：_______

①单身；②二人；③三/四口之家；④三/四世同堂；⑤其他。

二、城郊现代化农业认知及消费偏好、潜力

1．近年来，城郊农业纷纷与旅游、环境等产业接轨，走向多样化，您如何看待这类农业形式？

①虽然存在很多问题，但顺应城市居民需求，是农业发展的进步，应不断探索、

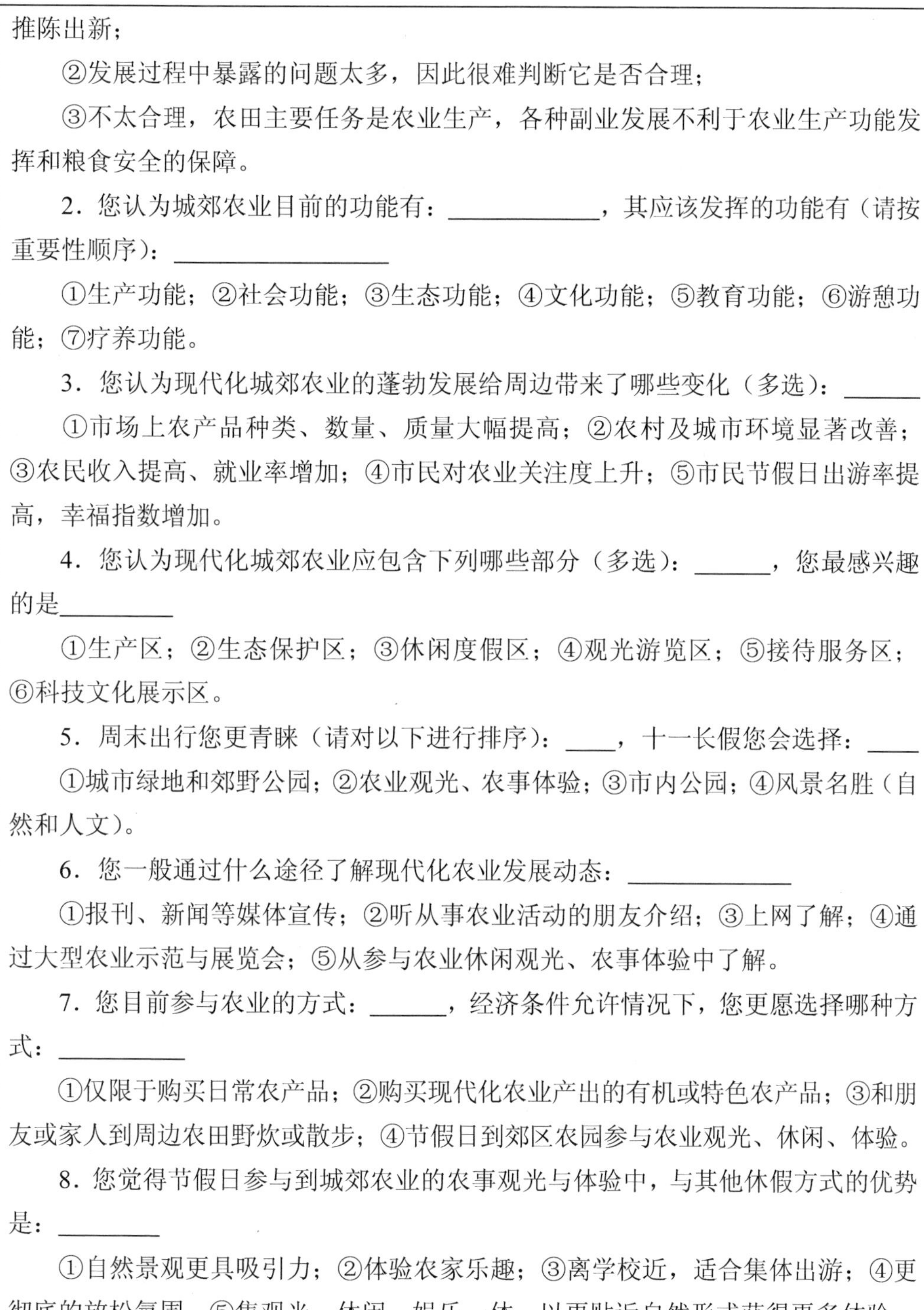

推陈出新；

②发展过程中暴露的问题太多，因此很难判断它是否合理；

③不太合理，农田主要任务是农业生产，各种副业发展不利于农业生产功能发挥和粮食安全的保障。

2. 您认为城郊农业目前的功能有：____________，其应该发挥的功能有（请按重要性顺序）：__________________

①生产功能；②社会功能；③生态功能；④文化功能；⑤教育功能；⑥游憩功能；⑦疗养功能。

3. 您认为现代化城郊农业的蓬勃发展给周边带来了哪些变化（多选）：______

①市场上农产品种类、数量、质量大幅提高；②农村及城市环境显著改善；③农民收入提高、就业率增加；④市民对农业关注度上升；⑤市民节假日出游率提高，幸福指数增加。

4. 您认为现代化城郊农业应包含下列哪些部分（多选）：______，您最感兴趣的是_________

①生产区；②生态保护区；③休闲度假区；④观光游览区；⑤接待服务区；⑥科技文化展示区。

5. 周末出行您更青睐（请对以下进行排序）：____，十一长假您会选择：____

①城市绿地和郊野公园；②农业观光、农事体验；③市内公园；④风景名胜（自然和人文）。

6. 您一般通过什么途径了解现代化农业发展动态：______________

①报刊、新闻等媒体宣传；②听从事农业活动的朋友介绍；③上网了解；④通过大型农业示范与展览会；⑤从参与农业休闲观光、农事体验中了解。

7. 您目前参与农业的方式：______，经济条件允许情况下，您更愿选择哪种方式：__________

①仅限于购买日常农产品；②购买现代化农业产出的有机或特色农产品；③和朋友或家人到周边农田野炊或散步；④节假日到郊区农园参与农业观光、休闲、体验。

8. 您觉得节假日参与到城郊农业的农事观光与体验中，与其他休假方式的优势是：________

①自然景观更具吸引力；②体验农家乐趣；③离学校近，适合集体出游；④更彻底的放松氛围；⑤集观光、休闲、娱乐一体，以更贴近自然形式获得更多体验。

9．市场上购买农产品时，您更愿意选择：______（可以结合收入做相关分析）

①价格一般的普通农产品；②价格相对较高的绿色、有机、无公害农产品。

10．您最希望现代化农业加大对哪方面的农产品产出：__________

① 有机、绿色、无公害农产品、果蔬；②市场上比较少见的高科技农产品；③有地方特色的农产品；④优质农产品的加工产品；⑤对健康美容有益的食物。

11．目前现代化农业中最吸引您的地方在哪里（多选）：________

① 农家特色饮食；②农村田园风光、乡风民俗；③农业科技示范园；④特色农产品；⑤种植、采摘等农事体验；⑥农家乐等娱乐活动；⑦乡村旅店；⑧度假休养。

12．您参与农业活动一般选择哪种交通方式：_____，经济条件允许情况下您会选择：____

①公共交通；②自驾车；③骑车出行。

13．节假日参与农事体验，您能接受的出行距离为多少：______

① ＜10 km；②10～30 km；③30～60 km；④60～120 km；⑤只要特色鲜明，距离不是问题。

14．您参与农业观光、体验频率为：______，而在将来工作生活中您期待的频率为：________

①1 次/周；②1～2 次/月；③1 次/3 个月；④1～2 次/a；⑤对此不太感兴趣。

15．参与一次农业农事体验、农业观光等活动，您认为最佳时间为：_______

①1 天；②2～3 天；③4～7 天；④大于 7 天。

16．您过去每月用于农产品、农业休闲等的花费占您总消费的：______，随着现代化农业的发展，您认为比较合适的比例是：_________

①＜5%；②5%～10%；③10%～20%；④20%～35%；⑤35%～50%；⑥＞50%。

17．如果农产品销售中增加打折促销、大放送等环节，会不会增加您购物的兴趣：_________

加入“天天饮食”环节，品尝的同时教您学做农家菜，会不会增加您的参与兴趣：__________

增加诸如“开心农场”的自助出租农场的形式，会不会增加您的农事体验兴趣：__________

观光、娱乐方面推出像“篝火晚会”等众人参与系列活动，会不会提升您的兴趣：________

若在大型农园中举办集体婚礼，您会不会有兴趣加入或劝说朋友加入：______

农业中增加像野营、丛林游戏等此类富有挑战性的活动会增加您对农业的投入：________

①定会；②可能会；③不会。

18．您最希望农业中增加的娱乐类别是：______　其次是：______

①聚会交友类；②晚会活动类；③户外拓展类；④酒桌娱乐类；⑤动作情趣类；⑥生活思考类；⑦心理体验类；⑧合作信任类；⑨特定主题类。

19．您认为目前当地现代化农业最需要在下列哪方面做出努力：____

①产品产量和质量；②信息交流；③旅游业发展；④特色观光园；⑤交通、休闲设施；⑥服务、管理方式；⑦生态建设；⑧农业知识普及；⑨农业辅助产业建设。

5.3.2 调查问卷分析

5.3.2.1 调查样本

问卷调查采取随机抽样的方式在长沙市和北京市两个地方同时进行，各发放问卷近 400 份，为了方便分析，我们剔除无效问卷，分别选择 360 份问卷作等样本量的对比分析。

5.3.2.2 调查人群概况

本次调查群体的年龄分布在 20～60 岁的，其中以 30～50 岁人群为主，这个年龄段的人群与我国主体消费群体的年龄相符，而职业涵盖了教师、学生、公务员、单位职工、工人、个体、自由职业等 7 种。从工资水平上看，北京市平均工资水平要明显高于长沙市，北京市工资在 5 000～10 000 元和高于 10 000 元这两个区间上的人数远大于长沙市，而工资水平前者主要分布在 3 000～10 000 元，后者主要分布在 1 000～5 000 元，这主要取决于地区经济发展程度和物价水平。

5.3.2.3 调查问卷的有效性分析

调查问卷的有效性分析旨在阐明问卷整体是否可靠，理想情况下其值接近 100%。有效性分析的公式如下：

$$E = \frac{1}{28n}\sum_{i=1}^{n} A_i \times 100\% \qquad (5\text{-}1)$$

式中，E —— 问卷的有效程度；

n —— 受调查总人数；

A_i —— 回答第 i 个问题的受访人数，i=1，2，…，28。

5.3.2.4 调查结果统计分析

问卷调查结果采用概率统计的方法进行分析。对于 j 问题持相同观点的人数百分率 P_i 用下式计算：

$$P_i = \frac{A_{ij}}{A_i} \times 100\% \qquad (5\text{-}2)$$

式中，A_{ij} —— 对 i 问题持相同观点 j 的人数；

A_i —— 受调查人数。

5.3.3 调查结果分析

5.3.3.1 城市居民对城郊农业功能的认知

从城市居民对城郊现代化农业的认知来看，北京市 79%、长沙县 90%的被调查者认为目前城郊农业突破传统单一种植方式，不断探索与环境、旅游等产业相结合，走农业多样化发展道路。虽然存在很多问题，但顺应城市居民需求，是农业发展的进步，应不断探索、推陈出新。也有少数人认为农田主要任务是农业生产，各种副业发展不利于农业生产功能发挥和粮食安全的保障。对于现代化农业的功能，市民们认为城郊农田具有多功能性，但目前这些除生产以外的功能还没有得到很好地发挥。

据调查结果显示（见图 5-1），城郊农田的生态功能越来越受到市民的关注，尤其是北京市，市民对于城郊农田生态功能的需求超越了过去人们普遍认为的生产功能，成为城郊农田最主要的功能，这可能与北京市近些年“摊大饼”式的城市发展方式和快节奏的生活方式有关，城市化的推进导致生态用地越来越少，加之工作繁忙、精神高度紧张，人们对绿色开敞空间的向往日趋强烈。而长沙市地处亚热带季风气候区，适宜多种植物生长，城区点状绿化覆盖度大，因此市民对城郊农田的生态功能需求并不如北京居民那么强烈，但市民认为生产功能与生态功能同等重要。

值得一提的是，城市居民对城郊农田的游憩功能重要性的认可程度仅次于生产、生态功能。它们表示，城郊农田不应该仅限于生产和城市生态屏障的作用，其优越的自然条件和地理位置可以打造城市居民的后花园，供人们节假日观光、休闲和娱乐所用。除此之外，社会功能也得到较高的关注，之后依次为文化功能、疗养功能和教育功能。

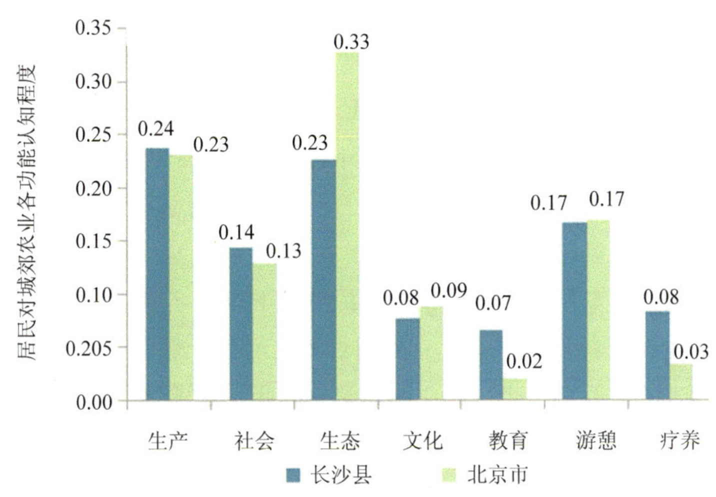

图 5-1　北京市和长沙市居民对城郊农业多种功能的重要程度调查

自 20 世纪末期发展现代化农业的思潮在我国出现后，经过多年的探索，农业已经在产品输出、耕作方式、经营方式等方面有了很大程度的改变，尤其是像北京市郊区和长沙县这些农业现代化推进相对较快的地区，现代化城郊农业的蓬勃发展大大丰富了城市居民的菜篮子、果篮子。耕作方式的改变显著提升了农村的环境条件、增加了农民的收入和就业机会等。农业形式的多样性也大大提高了市民对于农业的关注程度、加大了城市居民参与家事体验的兴趣等。

因此，市民对城郊农业多个功能区重要程度的认知也从另一个角度反映了城郊农业生态经济服务功能消费的需求。

关于城郊现代化农业应包含功能区的调查显示，北京地区的排序为：生态区＞生产区＞休闲度假区＞观光游览区＞科技文化展示区＞接待服务区。

长沙市的排序为：生产区=生态区＞休闲度假区＞观光游览区＞科技文化展示区＞接待服务区。

这一结果与两个地区市民们对于城郊农田功能的认知相一致。而对于其中居民最感兴趣的部分，两地的被调查者中，选择休闲度假区和观光游览区的都占到了80%以上，可见，对于农田的生产、生态功能已经普遍被市民们视为现代化农田不容忽视的基本功能，伴随着当今人们精神压力的增大，人们对于休闲观光娱乐的需求也与日俱增，对于休闲度假、观光游览方面的高度关注，为城郊现代化农业的多元化发展指明了方向。

5.3.3.2　市民对城郊农业资源消费意愿及偏好

1．对城郊农业的消费需求意愿仍然较低

虽然城郊农业发展通过不同的方式吸引市民进行消费，但调查的结果显示，与风景名胜的强大吸引力相比，对城郊农业资源的消费需求仍然偏低。

在节假日出行的众多选择中，长沙市 50%的受调查者以及北京 60%的受调查者在类似于“十一”长假的节假日更愿意到周边或外地的风景名胜进行参观游玩，只有不到 20%的长沙市受调查者和 15%的北京受调查者表示会带家人或朋友一起到城郊的农园度假。而像周末的短假期，市民则更愿意选择城市周边的绿地和郊野公园或风景名胜，原因是它们认为目前的城郊农业还不具有足够的吸引力，在开放性、特色性、文化内涵和娱乐休闲设施方面还有待提高。

市民的城郊农业资源消费意愿偏低，除了农业本身的吸引力不足外，与农业资源开发和经营者宣传力度、方式也有很大关系。

大部分受访者是通过网络和报刊、新闻媒体来了解现代化农业的发展动态，这个比例占到了近 60%，而通过农业本身示范或农业观光和农事体验来获得农业发展的信息的还不足 1/3，市民们不能切身感受到现代化农业经济、生态服务功能的多样化，只能通过目前网络或媒体生硬、浮夸的介绍，并不具有真实感，因此，为吸引城市居民对城郊现代化农业经济服务功能的关注，有关部门和相关农业单位一方面要加大农业科技展示力度，加强自身各服务功能建设；另一方面要规范网络媒体的宣传行为和改变其宣传形式。

2．对城郊特色农业进行观光、体验和休闲的消费偏好明显

目前，对于大多数市民而言，参与现代化农业的方式还仅限于普通农产品的购买，但对于特色、有机农产品购买以及节假日进行农业观光、体验的参与方式，有30%左右的被调查者表现出了偏好或强烈的兴趣，尤其是对于节假日参与农业观光、休闲与体验活动占到了其中的2/3以上，它们认为这种度假方式与其他方式相比集观光、休闲、娱乐于一体，以更贴近自然的形式获得更多的体验，而且城市中长时间的快节奏生活，

让市民们对于乡村田园生活充满向往，它们更希望在农事体验的过程中获得彻底的放松。可见，现代化农业在产品输出、休闲、观光等功能方面具有相当大的消费潜力。

另外，在目前现代化农业的众多经济、生态服务功能中，我们选取了一些比较自由化，受欢迎程度较高的农业经营形式设计为选项，两个地方的调查结果表明（见图5-2），市民消费偏好大体保持一致，个别方面区别较大，如对特色农产品的喜好上，北京市民的偏好相对较弱，而对农村田园风光和乡风民俗以及农村农事体验的兴致比较高，长沙县居民则对特色农产品较为偏好，在特色农产品方面的偏好比北京市居民高 14%，这可能与人们的生活状态有关，长沙县居民平时生活比北京市民闲适很多，所以它们对于像农家饮食、农业休闲、观光、体验这类与城市截然相反的、贴近自然的活动并不会像北京市民那样表现出十分强烈的愿望。两个地区其他方面的差别不太明显，总体来看，市民对感受乡村的住宿环境、参观农业科技示范园都没有太多关注，而在感受农村田园风光、乡风民俗以及度假休养、农业观光、娱乐、体验等方面的关注达成一致。

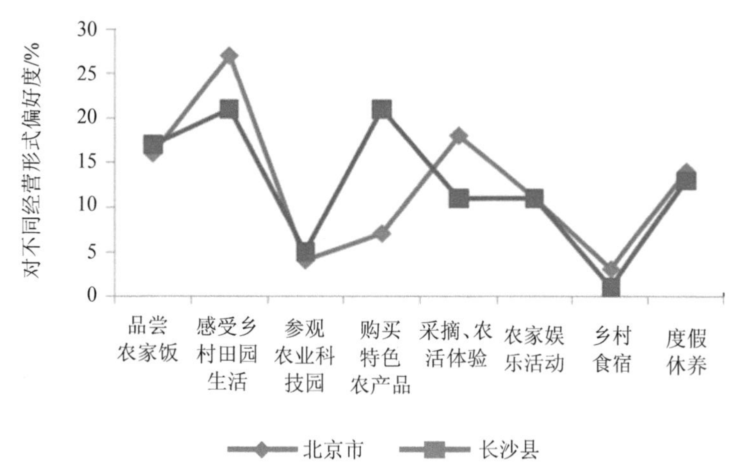

图 5-2 市民对不同农业经营形式的偏好度分析

3．对城郊农田有机无害产品的消费意愿较高

从产品输出上看，与目前市场上普通农产品相比，两个地方的受访者中都有超过一半的人会选择购买比普通价格相对高一些的有机、绿色、无公害的农产品，他们认为有机、绿色的农产品基本不含有害物质，食用更放心，这一选择也与收入水平呈现

出显著的正相关，收入高的选择有机农产品的倾向性更强。而与市场上比较少见的高科技农产品、具有地方特色的农产品、对健康和美容有益等农产品相比，人们对于有机、绿色、无公害农产品、果蔬的青睐程度也占50%，具有地方特色的农产品和有益健康美容食物也占有相当的比例（图5-3）。

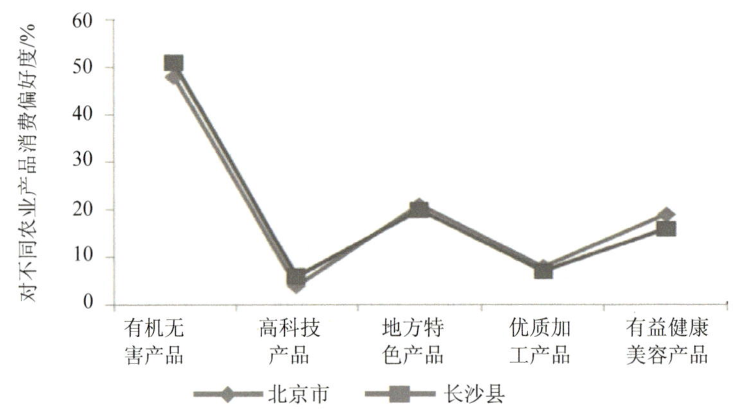

图 5-3　市民对不同农业产品的消费偏好

5.3.3.3　对城郊特色农业经营项目的消费偏好

为了解市民对城郊特色农业项目的消费偏好，调查者设计了一些相关的消费项目进行调查。调查结果如图 5-4 所示。

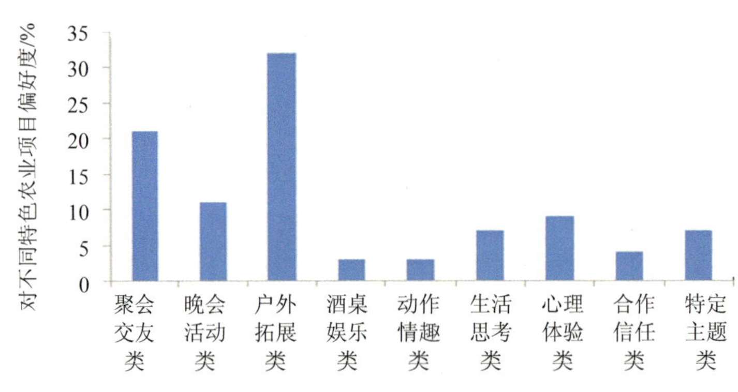

图 5-4　市民对特色农业项目消费偏好

在购买农产品方面，56%的市民表示如果增加类似于打折、大放送等环节，将会提升他们的购买兴趣，而增加“天天饮食”环节，在品尝农家食物的同时教大家轻松学做农家菜，将会有82%的市民增加对农业活动的兴趣。76%的市民希望现代化农业服务功能中加入“开心农场”项目，希望能够在节假日经营属于自己的“农场”，80%左右的受访者认为加入“篝火晚会”或集体婚礼等文艺、娱乐类节目将会大大提升现代化农业的吸引力，而如果农业中增加野营、丛林游戏这类挑战性十足的项目时，将会吸引到84%的市民，综合来看，农业主题类项目中，受欢迎程度比较高的依次为户外拓展类、聚会交友类、晚会活动类、心理体验类、生活思考类和特定主题类，其中前三者占了60%以上。对不同年龄段的选择进行方差分析，20～35岁和36～45岁两个年龄段人群的选择不存在显著差异，选项偏向于比较刺激的户外拓展类和形式活泼的聚会交友类，而这两个年龄段人群与45～60岁人群的选择则呈现出显著差异，45～60岁的人群更偏好生活思考、心理体验和特定主题类。

5.3.3.4 进行城郊农业资源消费的出行方式与活动范围偏好

从两个地区市民消费现状和潜力来看（见表5-4），70%左右的被调查者希望节假日自驾到近郊或远郊区参与农事体验，20%偏好以骑行的方式出行；从两个地区能接受的出行范围来看，北京市民比较偏好的活动半径为60 km，而长沙县市民则更偏向于距离城区较远的远郊地区，活动范围达到100 km，这个选择受两地交通状况因素影响比较大。受时间、交通、现代化农业发展程度等因素的影响，目前市民参与农业方面活动的频率为3～6个月1次，而随着农业经济服务功能的不断完善，城市居民希望每个月能够参与到农事活动中至少1～2次，每次的停留时间2～3天为宜，在农业中的消费也比过去平均增长了10%～20%。

表 5-4 长沙市和北京市市民对郊区农业消费的出行方式与活动范围偏好

项目	北京市	长沙市
出行方式	驾车（72%），骑自行车（20%）	驾车（66%），骑自行车（23%）
活动半径	60 km	100 km
出行频次现状	1～2 次/a	1 次/3 个月
意愿出行频次	1～2 次/月	1～2 次/月
出行停留时间	2～3 天	2～3 天

可见，农业在短期旅游等消费市场中有着相当大的发展潜力，目前人们对农业消费不断高涨，如何不断探索农业发展新模式直接决定现代化农业发展前景。

关于现代化农业发展中存在问题，调查结果显示，两个地区的市民达成共识的有交通条件、农业基础设施和休闲设施建设、农产品质量和产量改善、特色观光农园投入、农业生态建设、信息交流和自身服务、管理方式的加强。

5.3.3.5 小结

通过对北京市和长沙县现代化农业生态经济服务功能认知及消费偏好、消费潜力的调查分析我们可以看出：

现代化农业生态经济服务功能中，生态、休闲娱乐的游憩功能备受市民重视，对于农田生态环境和休闲娱乐功能区的建设将直接影响市民的消费欲望。

目前，人们对于城郊农业的消费热情仍然不高，增加农业开放性、特色性、文化内涵和娱乐休闲设施是增加农业吸引力的重要途径。

对于现代化农业产品输出方面，应把重点放在有机、绿色、无公害产品的生产上，同时加大对特色农产品和对健康、美容有益农产品的开发和生产。

随着农业生态经济服务功能的不断完善，现代化农业度假方式在短期度假市场中具有相当大的潜力。

市民们对于现代化农业中出现的新农事体验形式普遍表示很感兴趣，而且其兴趣随年龄呈现出一定的差异，应根据不同年龄层次发展不同农业项目，以增大农业的适应性和吸引力。

现代化农业应致力于交通条件改善、农业基础设施、休闲娱乐设施的建设，在农产品的产量和质量上加大投入力度，同时加强生态建设，加大信息交流和规范宣传方式与宣传力度。

总而言之，传统农业向现代化农业的转型之路仍然漫长，需要我们共同不断地探索和努力，以人为本，因地制宜，以消费者需求和偏好为依据，选择最优化发展模式，为传统农业探索出一条通向现代化农业的转型之路。

5.4 城郊保留农田生态经济服务功能转型的模式调查

5.4.1 长沙华穗生态农庄

5.4.1.1 园区概况

1．园区区位条件

华穗生态产业园位于长沙县黄华镇。黄花镇位于长沙县中东部，地处东经 113°06′～113°17′、北纬 28°08′～28°19′，土地总面积 16 966.40 hm^2。镇内地貌类型以平原、丘陵为主。镇北部边界有捞刀河经过，为镇内主要灌溉水源。

黄花镇区位条件优越，开元东路、长永高速公路、G319 横贯东西，黄花国际机场坐落在镇域腹地，镇区距长沙市区 15 km，距长沙经济技术开发区 13 km 属于长沙市的近郊。

华穗生态产业园地处长沙县黄花镇长丰村，紧邻国家级星沙经济技术开发区，距城区 20 km 左右，是县城的近郊。华穗生态产业园是湖南省长沙县一所最新五星现代农庄，集农业生产、农业科技培训、餐饮、农业休闲、室内上网娱乐等为一体的综合型生态园。

园区占地面积 256 亩，共投资 1 858 万元，建成以有机蔬菜、优质水稻、特色水果如柑橘、杨梅、生态水产和畜禽养殖的主导产业为依托，配套有餐饮、住宿、垂钓、体育场、露天茶吧、棋牌室等休闲娱乐活动设施，形成了具有现代农庄特色的休闲观光生态产业园，如图 5-5 所示。

2．园区农业产业种养殖业状况

（1）优质稻种植区

加强农田水利等基础设施建设，提高抗御干旱、洪涝等自然灾害能力，采用良种，提高农田粮食综合生产能力。

（2）有机蔬菜种植区

种植优质、安全、高效的有机蔬菜，为市民提供丰富蔬菜品种的同时，为观光游人提供观赏与采摘的去处，享受田园生活的乐趣，形成种植与观赏相结合的特色种植园区。

散养土鸡

养猪场

甲鱼池

鱼塘

取土样

蔬菜地远景

图 5-5　华穗生态产业园区种养殖业

（3）特色小水果种植区

根据项目区域位置、土壤特点、灌溉条件及产品消费对象，种植红橙、黑山杨梅、金秋梨、红提及巨峰葡萄等，同时进行柑橘、杨梅、梨、葡萄苗木繁殖。

（4）花卉苗木种植区

主要种植花卉、树木、鲜花、盆景等外观观赏性植物、攀援植物等。苗木主要有樟树、铁树、桂花树、金弹子、红豆杉、红桎木、罗汉松、菩提树、曼陀罗、金叶女贞、玉兰等。

（5）生态水产养殖区

园区有多个鱼塘，以养鱼为主，以四大家鱼、工程鲫、翘嘴鲌为主要品种，养殖的水产品主要供应公司接待的游客及农民培训中心和长沙市民，同时也供游客垂钓休闲。

（6）生态畜禽养殖区

养殖生猪、散养鸡等畜禽品种，为市民、游客提供优质、安全肉蛋产品的同时，作为园区的养分循环利用的重要组成部分。

5.4.1.2 园区组织经营形式——公司租赁经营

2010年，由湖南华穗科技有限公司采用租赁经营的形式，从黄花镇长丰村村民手中将土地流转租赁过来。土地租赁价格因土地质量而异。耕地租赁价格按照850元/a计，山坡地按260元/a 计。土地由公司统一规划管理和使用，与出租土地的农户没有关系。

5.4.1.3 园区运行组织管理形式

园区日常事务由公司管理部门负责。园区所需工人由公司统一雇用，按工发放工资。管理人员工资水平在 2 000～2 500 元/月，一般工人月薪在 1 000～1 400 元。目前园区有职工 78 人，其中当地农民占 70%左右。

1．转型前后的生产经营特征

（1）转型前——个体经营下的常规农业生产经济特征

华穗生态产业园占地 256 亩，其中，平原区的耕地为 179 亩，丘陵山地占 77 亩。在土地流转之前，园区所在地的长丰村农民以家庭为单位在承包的耕地上进行常规水稻种植，山坡多为林地和荒地。

在家庭经营方式下的常规农业生产过程呈现以下特征：

1）生产种类单一化：以常规稻田生产为主，种植种类单一。研究区一般为双季稻，亩均稻谷产量 900 kg 左右。

2）田间生产管理粗放：采用常规的大田耕作方式，缺少精细管理；施用化肥为主，一般施用量为复合肥 100 kg/亩左右，尿素 15 kg/亩左右。同时施用农药防治病虫害。

3）经营土地收入单一：由于缺少多种经营，农民依靠土地的收入主要来自出售稻谷。如果每千克售价按 3 元计算，亩均稻田的经济收入为 2 700 元/亩。如果除去物资成本和劳动力成本，则亩均稻田收入最高在 1 000 元左右。

4）吸纳劳动力容量有限：大田水稻种植一般满足于自给自足，插秧和收割均为机械化操作，因此，对劳动力容纳量很小。家庭中的青壮劳动力大都外出打工，一般由妇女或老人负责耕种土地。

长丰村人均耕地 1.4 亩。如果按照 4 口之家有两个青壮劳动力计算，则 5.6 亩耕地需要一个劳动力来专门经营，即常规水稻种植生产 5 亩左右的耕地吸纳 1 个劳动力。

（2）转型后——公司化经营模式下的生态经济多功能服务特征

华穗生态科技有限公司对土地租赁流转后，首先进行了生态产业园区规划，改变了以水稻种植为主导产业的农田利用方式。具体变化特征如下：

1）农业产业多样化：原来以水稻种植产业为主，转变为水稻种植、蔬菜种植、果树种植、生态水产养殖和生态畜禽养殖六个产业。

2）田间生产管理的有机化：为了保障生态产业园区稻田、菜地和果园产品质量，园区采用有机化管理的方式，主要施用有机肥（鸡鸭粪），也施用了少量的化肥，但总体上化肥和农药施用量的减少，降低了农田土壤和水环境污染，产生了较好的生态环境效应。

园区使用地下水作为灌溉水源，采用半滴灌的方式进行灌溉，与常规灌溉方式相比，节约了水资源。

3）经营项目的多元化：在发展多样化农业产业的基础上，园区以此为依托，配套餐饮、住宿、垂钓、体育场、露天茶吧、棋牌室等休闲娱乐活动设施，形成了多元化的经营项目，既丰富了游客的休闲娱乐内容，又增加了园区的经济收入渠道。

4）农民经济收入增加：在土地租赁流转到生态园区之前，农民从土地上获得的经济收入主要来自出售稻谷的收入。如按照亩均收入 1 000 元计算，一个家庭每年依靠种植稻谷的收入约为 4 000 元，但同时还必须有一个劳动力的付出（见表 5-5）。

但土地流转后，农民的土地完全交由公司经营，出租土地的农民家庭每年可以收取土地租赁费，除此之外，家庭夫妇双方均可以外出打工赚钱，无须担心土地撂荒。

表 5-5 一般家庭在土地流转前后的经济收入变化

	劳动力投入/个	土地生产收益/（元/亩）	其他收入来源
土地租赁流转前	1	1 000（稻谷出售）	1 人外出打工
土地租赁流转后	0	850（耕地租赁费） 260（山坡地租赁费）	2 人外出打工或就地打工

5）吸纳劳动力的容量增大：生态园区长期雇用职工 78 个，比按照家庭户经营所需要的劳动力多出 18%。这些雇用人员以长丰村的村民为主，其中有些年龄偏大的工人不具备外出打工的能力，但生态园区可以解决他们的就业问题。

5.4.1.4 转型后园区不同土地利用方式下土壤质量改良的变化分析

城郊保留农田转型后土地利用类型从以前单一的稻田种植改变为水稻、菜地、果园等多种利用方式。本研究通过对经营一年前后土壤有机质以及重金属含量的变化来分析不同利用类型土壤质量的改良状况。

1. 研究方法

为了解园区种植管理模式对土壤质量的影响，2010 年和 2011 年分别在不同利用类型的土地上采集土壤样品进行土壤质量状况分析。土壤采样时按照均匀性和随机性原则，以 S 形布局，每年在 0～20 cm 的土层深度各采集每种种植类型耕层混合土样 8 个，共 32 个土样，每个土样重 1 kg。采样点的自然概况见表 5-6。

表 5-6 土壤采样点概况

样点编号	土地利用类型	采样点描述
1	果园	原来的山坡地经过土地整理后作为果园。土壤质地粗化，无明显分层，属南方酸性红土。目前园区以有机肥和沼渣为主要肥料
2	稻田	耕作土壤，土壤质地较细，有明显的土壤层理。目前园区稻田主要施用有机肥
3	菜地	耕作土壤，土壤质地较细。目前园区以有机肥和沼渣为主要肥料
4	裸地	未利用土地，属于南方酸性红土

土壤测定内容包括表征土壤肥力的有机质，全氮、磷、钾、碱解氮、速效磷、速效钾；表示土壤环境质量的一些重要的重金属元素砷、汞、铅、镉、铜等。土壤样品

送至专业测试化验中心分析测试，均采用常规方法测定。

数据分析主要利用 Excel 和 SPSS 软件，在比较不同植被对土壤肥力改良和对土壤环境质量改善能力大小时，以每个指标在不同土地利用方式下两个年份差值最大值为分母对各个指标变化量进行归一化处理，以消除不同指标量纲和数据量级的影响。

2．测定结果分析

转型前，村民按照常规施肥方式进行管理，亩均施肥量如表5-7所示。土地流转后，园区的稻田、菜地和果园均以施用有机肥为主，化肥施用量显著减少。因此，对土壤质量会产生一定影响。

表 5-7　转型前稻田亩均年化肥施用量

种类	钙镁磷肥	碳铵	复合肥	尿素	钾肥
施用量/kg	25	25	50	3	3

需要说明的是，由于园区运行时间短，施肥影响并不显著。本研究的实验观测将会为长期研究提供背景值数据。

（1）不同土地利用类型条件下土壤肥力质量分析

土壤肥力是指在植物全部生长过程中，土壤同时不断地供应植物以最高水分和养分的能力，它体现了土壤的综合性状，是土壤区别于成土母质的最基本特征，也是土壤作为自然资源和农业生产的物质基础，土壤肥力质量的高低直接影响作物生长、农业生产结构和农田生态系统的养分循环格局。

土壤有机质是土壤中各种营养元素特别是氮、磷的重要来源，它能增加土壤保肥力和缓冲性，促进植物生长，改善土壤物理性状等，是决定土壤肥力高低的一个重要指标，而土壤中不同态的氮、磷、钾含量的高低直接影响作物的生长发育过程。所以，为分析园区内土壤肥力质量状况，我们选取了土壤 pH、有机质，全氮、磷、钾、碱解氮、速效磷、速效钾进行测定，不同种植条件下各土样肥力指标测定结果平均值如表 5-8 所示。

水稻发芽出苗及生长最适宜的土壤 pH 为 5～6，而橘树在 pH 为 4.5～8 时均可生长（5～6 最为适宜），农庄内菜地上主要种植喜酸性或微酸性土壤的豆角、包菜、辣椒等，所以园区内土壤 pH 在 5～5.5，是比较有利于园区内植物生长的。

表 5-8　不同种植条件下土壤肥力指标测定结果

项目	年份	水稻土	菜地	果园地	空白对照
pH	2010	5.43	5.15	5.08	5.33
	2011	5.40	5.17	5.13	
有机质/（g/kg）	2010	24.50	22.80	3.50	2.92
	2011	28.60	25.80	5.92	
全氮/（g/kg）	2010	1.78	1.79	0.45	0.33
	2011	1.97	1.96	0.59	
全磷/（g/kg）	2010	1.39	1.16	0.40	0.34
	2011	1.67	1.38	0.56	
全钾/（g/kg）	2010	10.12	9.30	11.65	9.90
	2011	12.40	11.00	13.40	
碱解氮/（mg/kg）	2010	4.20	4.90	2.60	2.11
	2011	6.46	6.38	4.00	
速效磷/（mg/kg）	2010	56.50	65.20	50.00	49.43
	2011	60.78	68.66	51.90	
速效钾/（mg/kg）	2010	134.00	126.67	188.30	186.89
	2011	137.80	129.00	200.03	

土壤养分方面，由于空白裸地与果园土壤属于红壤，而稻田和菜地土壤属于褐土，所以前两者各指标含量接近，后两者各指标含量相似，从测定结果来看，水稻土和菜地土壤中有机质的含量都相对较高，高出同为红壤的果园土和裸土 20 g/kg 左右，而从全量养分和速效养分上看，菜地和水稻田土样全氮、全磷、速效氮、磷也明显高于裸土和果园土，而红壤中可供利用的速效钾的含量则远大于另外两种土壤。这可能与土壤本身成土母质有关，相对于后两者的褐土而言，红壤成土母质本身比较贫瘠，而同一种成土母质下，从果园土样和空白裸地的对比中可以看到，有机肥的施用以及植被自身生长作用在很大程度上改良了土壤的肥力。

与 2010 年水稻土、菜园、果园的各养分指标相比，经过一年的养分蓄积和作物改良，2011 年各指标都有明显上升。归一化后的数据结果分析表明（图 5-6），三种不同种植方式下，水稻田对于土壤改良作用最强，其次是菜地，这一方面得益于水稻田和菜地本身土壤质量较好，另一方面不同的施肥方式和耕作方式也是土壤积蓄大量养分物质的重要原因。

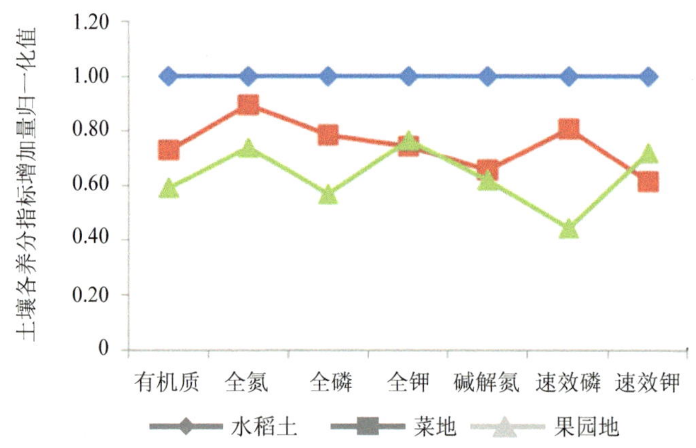

图 5-6 不同耕作方式对土壤养分改善能力比较

（2）不同土地利用类型下的土壤环境质量分析

土壤环境质量也是评判土壤质量的一个十分关键的因素，它决定着土壤环境健康状况，从而直接影响作物的健康成长。根据国家土壤环境质量标准，结合长沙县当地农业生产的具体情况，我们选取了土壤中的砷、汞、铅、镉和铜 5 种元素来衡量农庄各种种植条件下土壤的环境质量，两年的测定数据及各元素含量标准见表 5-9 和表 5-10。

表 5-9 农庄内不同耕作方式下重金属元素平均含量 单位：mg/kg

样地	砷		汞		铅		镉		铜	
	2010 年	2011 年	2010 年	2011 年	2010 年	2011 年	2010 年	2011 年	2010 年	2011 年
稻田	11.1	10.64	0.116	0.111	31.90	31.16	0.040	0.034	28.50	26.90
菜地	11.40	10.86	0.086	0.083	28.30	27.67	0.080	0.073	18.50	17.65
果园	24.00	23.65	0.064	0.061	27.10	26.78	0.150	0.146	46.20	44.72
空白地	24.20		0.065		27.45		0.151		48.75	

表 5-10 pH<5.5 情况下土壤环境质量标准 单位：mg/kg

样地	砷	汞	铅	镉	铜
稻田	35	0.20	80	0.25	50
菜地	35	0.20	50	0.25	50
果园地	45	0.25	80	0.25	150
空白地	45	0.25	80	0.25	50

显然，园区内各种植被覆盖条件下土壤中砷、铅、铜的含量较高，但这 5 种重金属元素值平均含量都低于标准值，即各重金属含量都未超标。相比裸地，成土母质条件相同的果园地在有机肥和作物的双重改良下，土壤中各重金属元素含量逐年降低，由于农庄于 2009 年建园，种植年限较短，各指标值基本代表了园区建园时期红壤初始状态。因此，与初始状态相比，种植果树之后土壤中重金属元素含量比上年降低，尤其是汞和铜，两年内分别降低了 6%和 8%，这充分表明近两年来以有机肥代替传统化肥作为肥料的耕作方式在很大程度上能够减轻土壤环境污染，降低土壤中有害物质含量，为作物生长提供更为健康的环境。

将两个时期各重金属指标变化值进行归一化处理，得到不同种植条件和耕作方式下各样地重金属元素指标变化情况（图 5-7），在施用有机肥和园区养殖产生的清洁沼肥前提下各样地土壤环境质量都得到改善，但不同植被类型对各重金属元素消纳程度不同，水稻土对于这 5 种重金属元素的消纳程度相对较高，其中最为明显的是汞、铅和铜，尤其是汞元素的降低水平与其他两种类型土壤存在显著性差异（$P<0.05$）。菜地主要对砷和镉的消纳作用较大，而果园则对铜的作用更为显著。

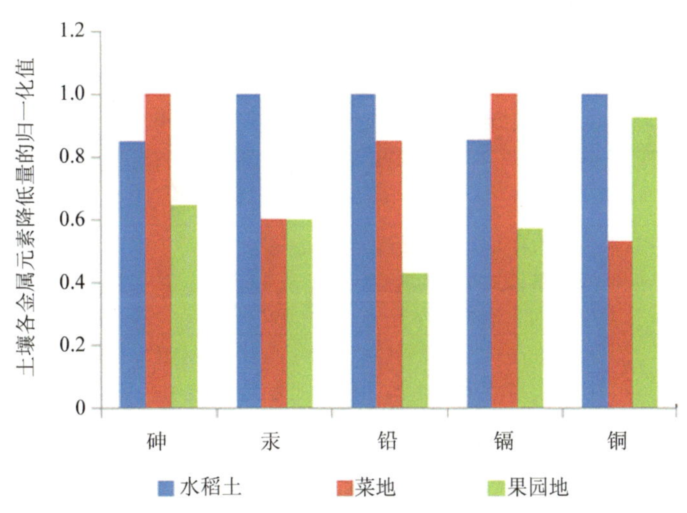

图 5-7 不同耕作方式对土壤重金属元素吸纳能力比较

总体上看，水稻种植方式在这两年内对降低土壤中 5 种重金属元素的能力更强一些，其次是菜地，相对较弱的是果园，但由于园区内果园从栽种时间上要稍晚于其他两种植被类型，而且栽种密度小，所以这一结果尚不能说明在相同施肥条件下果园对土壤环境质量的改善弱于水稻和菜地，最终定论还需要更长时间的监测对比才能获得。

（3）小结

从改善土壤质量上看，园区内 3 种土地利用方式对改善土壤质量能力为：稻田＞菜地＞果园，但因园区运行时间短，果园主要分布在新整理过的土地上，土壤的养分条件与长期耕作的稻田土壤有较大差异。

园区有机种植等现代化管理对土壤质量的影响有待于长期的监测分析。但可以肯定的是，合理施用有机肥和清洁沼肥，避免大量使用化肥可以在很大程度上改善土壤环境质量，减少面源污染，能够为作物生长提供更加持续健康的生长环境。

5.4.1.5 不同土地利用方式下植被温湿度调节功能的观测结果分析

1．观测方法

城郊保留农田与具有热岛效应的城市毗邻，不同利用类型条件下植被对空气温湿度的调节功能十分重要。因此，本项目对华穗产业园区不同土地利用方式下的空气温湿度调节能力进行了观测。观测样点的设置见表 5-11。

表 5-11 温湿度调节功能观测样地概况

样地编号	土地利用类型	样地描述
1	灌木林地	位于农庄内西部临近公路，是规划将来用于葡萄种植的原始植被生长区，大灌木植株的平均高度为 1.6 m 左右，覆盖率 65%，郁闭度 70%～80%，灌木生长间隙遍布丛生低矮小灌木和草本植物，植被总体覆盖度达 95%以上
2	果园（柑橘）	位于农庄内北部，树木行间距 2 m，列间距约 2.5 m，平均树高 1.5～1.6 m，植被覆盖度大概 40%，郁闭度为 40%～50%
3	稻田	水稻田位于农庄南面，植被覆盖率 98%以上，平均高度 1.1 m
4	菜地	位于农庄内西边，紧靠公路，主要种植红薯、芋头及野菜类，覆盖度 95%，平均高度大约 15 cm
5	人工绿地	位于果园的西南方向，距果园不足 10 m 的距离，覆盖度 100%，平均高度 30～40 cm，主要种植金叶女真、小檗和人工草地，其中偶有大的灌木生长
6	空白裸地	选择果园和人工绿地之间相对较大片的没有植被生长的空白裸地，裸地周围没有高大建筑或任何植被覆盖

采用温湿度仪（德国产 TESTO 608H1）进行测定。2011 年 9 月 26—27 日晴朗、无风条件下对以上 6 块样地进行了为期两天的连续观测，每个观测日从 7：00—17：00，每隔两小时观测一次，各指标测定重复两次，结果取平均值。最终不同植被类型降温能力的大小以降温率来表征，公式为

$$T = 1/6\sum_{i=1}^{6}(\frac{T_{i0}-T_{i1}}{T_{i0}})\times 100\% \tag{5-3}$$

式中，T—— 平均降湿率；

T_{i0}—— 空白对照样地第 i 时间点测得的大气温度；

T_{i1}—— 不同植被类型第 i 时间点测得的大气温度。

不同植被类型增湿能力的大小以增湿率来表示，公式为

$$1/6\sum_{i=1}^{6}(\frac{P_{i0}-P_{i1}}{P_{i0}})\times 100\% \tag{5-4}$$

式中，P—— 平均增湿率；

P_{i0}—— 空白对照样地第 i 时间点测得的大气湿度；

P_{i1}—— 不同植被类型第 i 时间点测得的大气湿度。

2．观测结果

城郊保留农田对于水泥林立的城市而言，其调节小气候的功能十分重要。为此，本研究在华穗生态产业园区进行了不同土地利用类型植被条件下的温湿度调节功能观测。

测定结果表明，不同类型植被覆盖下空气温度在白天的变化都呈现出倒 U 形，变化趋势与一天中太阳辐射强度变化一致。中午温度逐渐升高，14:00—15:00 达到一天中的最大值，之后随着辐射减弱趋于下降。从一天中不同植被类型降温效果来看（图 5-8、图 5-9），有植被覆盖的 5 种样地都具有降低大气温度的作用，其各个时刻的温度均不同程度地低于同一时刻裸地上方的大气温度，并且从图 5-9 可以看到，白天中各植被类型降温效果最明显的时刻出现在太阳辐射最为强烈的正午时分，最不明显的时刻为太阳辐射最弱的早上，可见，植被相对于裸地的降温作用与一天中太阳辐射的强弱有关。

对比一天中不同类型的降温曲线（图 5-9），所选取的这 5 种植被类型中，总体而言，其降温能力灌木林地＞果园＞水稻田＞人工草地≈菜地。灌木林对大气降温作用最显著，其对大气白天的降温率达到了 10.6%，这主要得益于其较大的树冠，可以

提供庇荫地，很大程度上减弱了太阳辐射强度，并且在太阳辐射较强的 11:00—17:00，降温作用凸显。

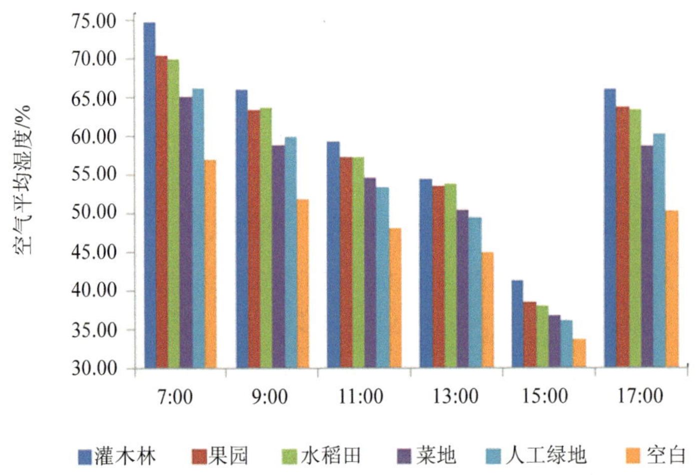

图 5-8 不同植被类型各时间测点空气温度

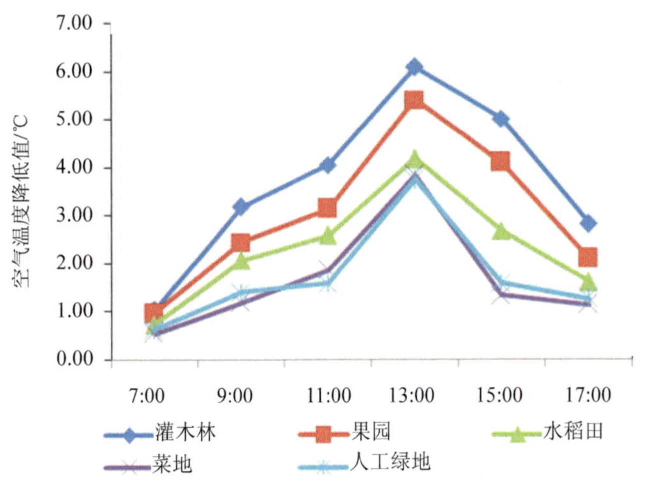

图 5-9 不同植被类型各时间测点大气降温值

水稻田正值生长旺季，蒸腾作用强烈，蒸发带走大量的热量，从而起到明显的降低周围大气温度的作用，日降温率为 6.6%。

果园虽然由较高大的乔木组成，但其植被覆盖度和郁闭度不高，所能提供的遮阴和蒸腾吸热能力有限，所以降温能力介于灌木林和水稻田之间，白天平均降低大气温度 8.6%。

菜地的蒸腾作用大于人工绿地，但人工绿地的高度和覆盖度强于菜地，在一定程度上减少了温度的垂直距离扩散，因此从测量结果上看，这两者的降温能力不相上下，可以降低温度接近 5%左右。

研究各不同类型植被相对于裸地的增湿效果，不难看出，各植被类型覆盖下空气的温度状况与大气中温度变化趋势呈现相反的正 U 形，并且各时间点，温、湿度的变化负相关，即温度越高，空气相对湿度越小，白天各时间测点空气相对湿度的最小值都出现在温度最高的 14:00—15:00，而相对湿度最大值出现在温度较低的早上和傍晚。

不同植被覆盖类型的增湿效果也不相同，增湿效果的大小与植被覆盖度、叶面积指数等关系密切，5 种植被类型样地测量结果表明（图 5-10 和图 5-11），从增湿能力上看，灌木林地＞果园≈稻田＞菜地≈人工绿地。

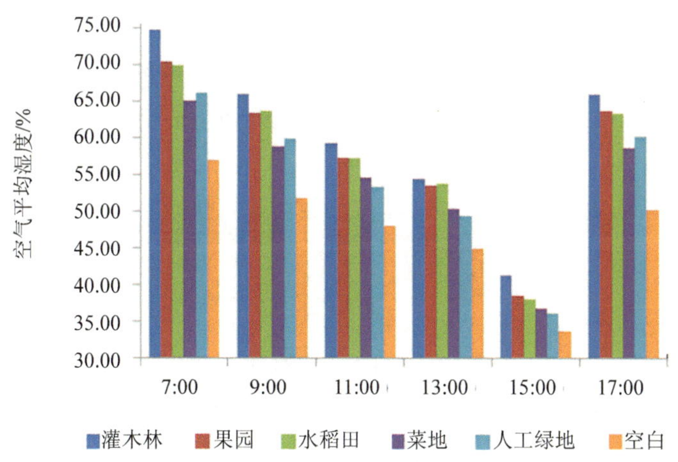

图 5-10 不同植被类型各时间测点空气湿度

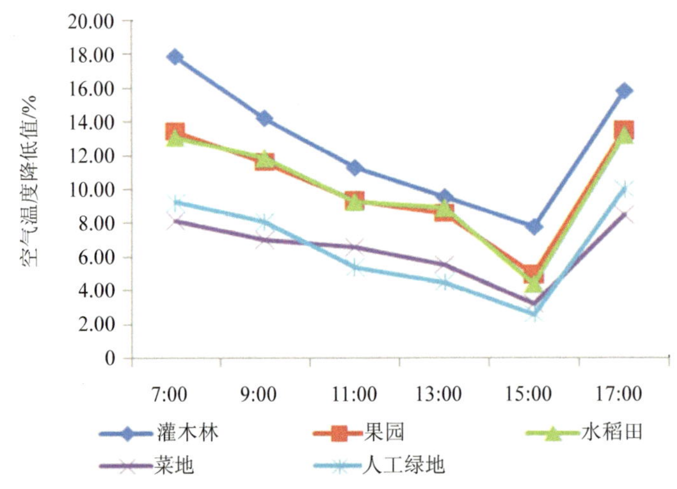

图 5-11 不同植被类型各时间测点空气增湿值

灌木林地覆盖度、叶面积指数相对较大，蒸发能力较强，所以对空白湿度改变更为明显，日增湿率达到 26.8%。

果园叶面指数大，但农庄内果园树木的覆盖度不高，因此，其增湿能力与覆盖度很高的水稻田旗鼓相当，白天可以增加空气湿度 21%～22%。

另外，垂直距离增加所造成的水汽扩散使菜地和人工绿地的增湿能力相对较弱，但也不容小觑，日增湿率也分别达到 13.6%和 13.9%。各种植被类型对大气的增湿作用最强的时刻出现在温度较低的早上和傍晚，最弱的时刻出现在温度最高的中午，这主要是因为强烈的太阳辐射和高温在增大植物叶片蒸发能力的同时也加剧了大气的蒸发作用，从而使空气中水分含量更低。

3．小结

从监测结果来看，不同土地利用类型的植被对改善局部小气候、改良土壤结构和质量都具有十分重要的意义，绿色植物的生长都会对周围空气产生一定的降温增湿作用，这种作用随着植被类型、植物耕种密度、高度、郁闭度等的不同而不同。从降温增温效应上看，华穗生态产业园区内灌木林地＞果园＞水稻田＞菜地≈人工草地。即在近郊区保留农田的转型利用中，为了达到缓解城市热岛效应的目标，土地利用方式尽量以可密植的果树园地为主。

如果种植水稻和蔬菜，可以在稻田和菜地周边保留或者栽种以灌木为优势种的田间防护林带，既可以增加农田的增湿降温功能，同时也可以增强农田内部结构的立体性特征及其观赏性，从而使城郊农田生态系统的经济价值和生态价值得以提高。

5.4.1.6 转型前后生态服务价值变化评估

华穗生态产业园正式运行时间只有 1 年多，园区有机种植和生产管理方式对农田生态系统生态经济服务功能的影响更多地体现在农产品品种的多样化及其附加值的提升。

对园区农田生态经济服务功能物理量的变化测度采用以下方法：

（1）实地调查的方法：对种养殖产业的产出和化肥农药施用等采用实地调查方法获得第一手数据资料；

（2）价值评估方法采用市场价值法和因子法进行计算。价值评估中没有考虑成本问题，因此，农产品生产功能的价值和休闲娱乐价值只是根据毛收入计算。

1．土地流转前后农田初级产品生产及其价值

土地流转前生态园区的 256 亩土地中耕地 179 亩，几乎全部种植水稻，其余 77 亩为丘陵山地，主要是林地。土地流转后土地利用类型包括稻田、菜地、果园、水域、建设用地和人工林地共六种类型，各类土地利用类型所占土地面积比重见表 5-12。根据现场调查和访谈，获得了稻田、菜地、果园、水产品和畜禽养殖的产量及其收入。从表 5-13 价值合计可以看出，土地利用及经营模式转型后，初级农产品的经济收入增加了 100 多万元。

表 5-12 转型前后土地利用类型及其所占土地面积百分比

转型前	稻田	林地	—	—	—	—
	70%	30%	—	—	—	—
转型后	稻田	菜地	果园	水塘	林地	建设用地
	16%	13%	31%	11%	6%	23%

表 5-13 转型前后初级产品产量及其价值

	稻谷		蔬菜		果品		养殖产量		价值合计/（万元/a）
	产量/t	价值/（万元/a）	产量/t	价值/（万元/a）	产量/t	价值/（万元/a）	产量/t	价值/（万元/a）	
转型前	161.10	48.33	少量	自用	少量	自用	少量	自用	48.33
转型后	36.90	11.07	35.2	35.2	24.0	32.00		75	153.27

2．转型前后休闲娱乐功能及其经济价值

转型后，园区通过把单一的水稻种植产业改变为水稻、蔬菜、果品、水产养殖等多种产业协同发展，增加了农田生态景观类型的多样化。以此为基础建立起相应的餐饮、住宿、垂钓、采摘等吸引城市居民休闲娱乐的多个项目，增强了城郊农业的休闲娱乐功能。仅此项经济收入每年就达到650万元左右（见表5-14），占园区总收入的80%。显然，近郊农田利用的多功能综合开发是提高单位土地收益的主要途径。如果除去成本，转型后休闲娱乐功能的纯利润约为55万元。

表 5-14 转型前后园区休闲娱乐功能产生的经济价值 单位：万元/a

	餐饮服务	住宿服务	农事体验服务	休闲娱乐活动	价值总计
转型前	0	0	0	0	0
转型后	400	150	50	50	650

3．转型前后土地利用类型变化及其生态服务价值变化

土地利用类型不同其生态服务价值不同。转型后土地利用类型增多，生态服务价值发生了显著变化。根据冉圣宏等（2006）对我国不同省市研究讨论确定的中国主要土地利用类型单位面积的生态价值，确定了长沙县土地利用类型单位面积的生态价值，并以此为依据计算了转型前后不同土地利用类型所产生的生态服务价值。结果表明，转型前（见表 5-15），耕地和林地两种类型所产生的生态服务价值为 2.59 万元，但转型后（见表 5-16），土地利用类型增多，尤其是水域类型的增加，大幅度地把园区土地的生态服务价值提高到 13.8 万元，使园区土地的生态服务价值增加了 5 倍多。显然，转型后的土地利用类型多样化有利于提高土地的生态服务价值。

表 5-15 转型前土地利用类型及其生态服务价值 单位：元/a

土地利用类型	耕地	林地	合计
大气调节	147.85	424.01	571.87
气候调节	—	3 731.32	3 731.32
扰动调节	492.85	2 120.07	2 612.91
水分调节	—	127.20	127.20
水供应	—	—	0.00
侵蚀控制	—	212.01	212.01
土壤形成	49.28	424.01	473.30
营养物循环	49.28	84.80	134.09

土地利用类型	耕地	林地	合计
废物处理	49.28	3 688.92	3 738.20
传粉	1 379.97	848.03	2 228.00
生物控制	2 365.66	169.61	2 535.27
栖息地	—	848.03	848.03
食物供应	5 322.74	2 120.07	7 442.81
原材料	49.28	1 060.03	1 109.32
基因资源	49.28	76.33	125.62
合计	9 955.47	15 934.44	25 889.95

表 5-16 转型后土地利用类型及其生态服务价值 单位：元/a

土地利用类型	耕地	园地	林地	水域	合计
大气调节	60.30	326.61	82.60	15.42	484.93
气候调节	—	1 940.53	726.88	15.42	2 682.83
扰动调节	200.99	1 834.83	413.00	—	2 448.82
水分调节	—	104.75	24.78	83 954.64	84 084.17
水供应	—	614.13	—	32 641.32	33 255.45
侵蚀控制	—	461.97	41.30	—	503.27
土壤形成	20.10	232.11	82.60	—	334.81
营养物循环	20.10	46.24	16.52	15.42	98.28
废物处理	20.10	3 646.40	718.62	—	4 385.12
传粉	562.78	743.79	165.20	—	1 471.77
生物控制	964.77	366.88	33.04	—	1 364.69
栖息地		489.71	165.20	0.00	654.91
食物供应	2 170.73	1 955.25	413.00	632.17	5 171.15
原材料	20.10	567.89	206.50	—	794.49
基因资源	20.10	41.87	14.87	—	76.84
合计	4 060.07	13 372.96	3 104.11	117 274.39	137 811.53

4．转型前后华穗生态产业园生态经济总价值比较及初步结论

综合以上对华穗生态产业园区转型前后生态经济服务功能价值的估算，单位土地面积转型前后的生态经济服务价值差异较大（见表 5-17）。转型前，华穗差异园区的农田土地收入主要来自生产功能即稻谷生产及其销售的经济收入，休闲娱乐功能的收入为零。但转型后，土地农产品生产的价值增加了一倍以上，仅休闲娱乐功能使农田亩均可收入 2.5 万元左右，占农田生态经济服务价值的 80%以上。

表 5-17 转型前后华穗生态产业园区生态经济服务价值变化

项目	转型前		转型后	
	单位面积价值/（元/亩）	总价值/万元	单位面积价值/（元/亩）	总价值/万元
农产品生产功能	2 700.00	48.33	5 987.00	153.27
休闲娱乐功能	0.00	0.00	25 390.00	650.00
生态服务功能	101.00	2.59	538.00	13.78
总计	2 801.00	50.92	31 915.00	717.05

注：表中农产品生产功能和休闲娱乐功能价值计算均没有考虑成本，为华穗生态产业园区毛收入。

通过以上分析，可以得到以下初步的结论：

（1）通过对城郊农田的多功能转型利用，可以显著增加单位土地面积的产出，提高土地的生产效率；

（2）城郊农田多功能转型必须改变一家一户的经营模式，通过公司经营或者合作社经营的方式，城郊农田能够集约化利用和规模化经营，这样才能确保农田的多功能开发利用；

（3）城郊农田多功能转型需要以多方面的技术支持，如机械生产技术、物质循环利用技术等，这些技术是保障农产品质量从而达到吸引市民消费的根本。

可以说，城郊保留农田生态经济服务功能转型的重要潜力就在于面向城市这个大市场，以城郊农田生态系统及其服务功能为主体，通过农业生产的载体和平台为城市市民提供多样化的生态经济服务功能，既满足了城市市民多方面的消费需求，也提高了农民的经济收入，缩小了城乡差距，为城乡统筹发展提供坚实的基础。

5.4.2 北京蟹岛度假村

5.4.2.1 蟹岛度假村概况

蟹岛度假村位于北京市朝阳区东北端的金盏乡，地处温榆河畔，距东直门，首都机场 7 km。四季变化明显，属暖温带大陆性季风气候，冬季多西北风，空气寒冷干燥，夏季多东南风，降水充沛。全年平均气温 11.6℃，1 月平均气温−5.5℃，7 月平均气温 25.3℃，平均年降水量 600.7 mm。土壤偏碱性。

土地利用现状，蟹岛度假村总占地面积 3 180 亩，其中，农业用地 2 700 亩，水面 350 亩，旅游度假用地 130 亩。交通便利、设施完备、经营项目齐全。1998 年成立以来，蟹岛度假村始终坚持以生态农业为依托，以“有机、环保、可持续”为经营理念，以“村”为特色，以餐饮、娱乐、健身为载体，成为集种植、养殖、观光游览、休闲度假于一体的环保型观光农业园区。

蟹岛度假村采用“前店后园”式建设布局，在经营特色上充分体现京郊农村特有的乡土人情风格，在建设“高产、优质、高效”生态农业的基础上，将农业与旅游业两种产业有机结合。度假村依据生态农业与旅游观光需要，科学地划分出农业种植养殖区、可再生能源利用区、湖滨生态展示区、环保生态产业区、休闲度假区五大区域，形成“五大区域”相互依存、相互促进的良性可持续发展模式。2000 年 6 月，蟹岛度假村被北京市评为现代农业示范园区；2000 年 9 月被国家环境保护总局、中国环境科学学会正式定为北京绿色生态园基地；2003 年 8 月，获 OFDC（国家环境保护总局有机食品发展中心）有机食品认证；2004 年 4 月顺利通过了国家旅游局的评估考核，成为全国首批“农业旅游示范点”。

蟹岛度假村自 1998 年成立至今，始终坚持以生态农业为依托，树立“高产、优质、高效、可持续发展”的方针，建立了水资源循环系统和种养加工、沼气相结合的立体农业模式，形成了封闭的农业产业化链条，以“绿色食品”产、供、销一体化经营为依托，以餐饮、娱乐、健身为载体，建立起集种植、养殖、加工、旅游、休闲度假、农业观光多种功效为一体的高科技环保型企业。蟹岛度假村建立起产业、物质、能源共生、共存、相互依赖、相互促进的大系统，强调系统组分之间的相互作用，将种植业子系统、养殖业子系统、旅游业子系统、农产品加工业子系统以一种较为和谐的方式联系起来，提高了生态环境的利用率，实现了生态保护和经济发展的双赢。

5.4.2.2 蟹岛农业生产模式

蟹岛创建伊始就确立了经济增长与环境保护同步发展的战略思想，在发展生产中始终坚持循环经济原则，从生态农业、可再生能源建设和生态旅游等角度出发，在农业生产系统内部形成了各种物质循环综合生产利用的综合模式。

1．生态型产业链循环模式

蟹岛按照“植物生产—动物转化—微生物还原”的食物链生态原理，构建了完整的生态产业链，将生产、加工和消费结合起来，以农业生产为基础，发展农副产品加工业和农业旅游服务业，建立了资源高效利用的农业—农副产品加工业—农业旅游服务业的生态型产业链循环模式。

生态型产业链循环模式功能分析。以蟹岛都市循环农业园区的自然地域范围为系统边界，按照各产业在整个园区生态链中发挥的功能，可将其产业循环链分为生产者、消费者和分解者三类（见图 5-12）。

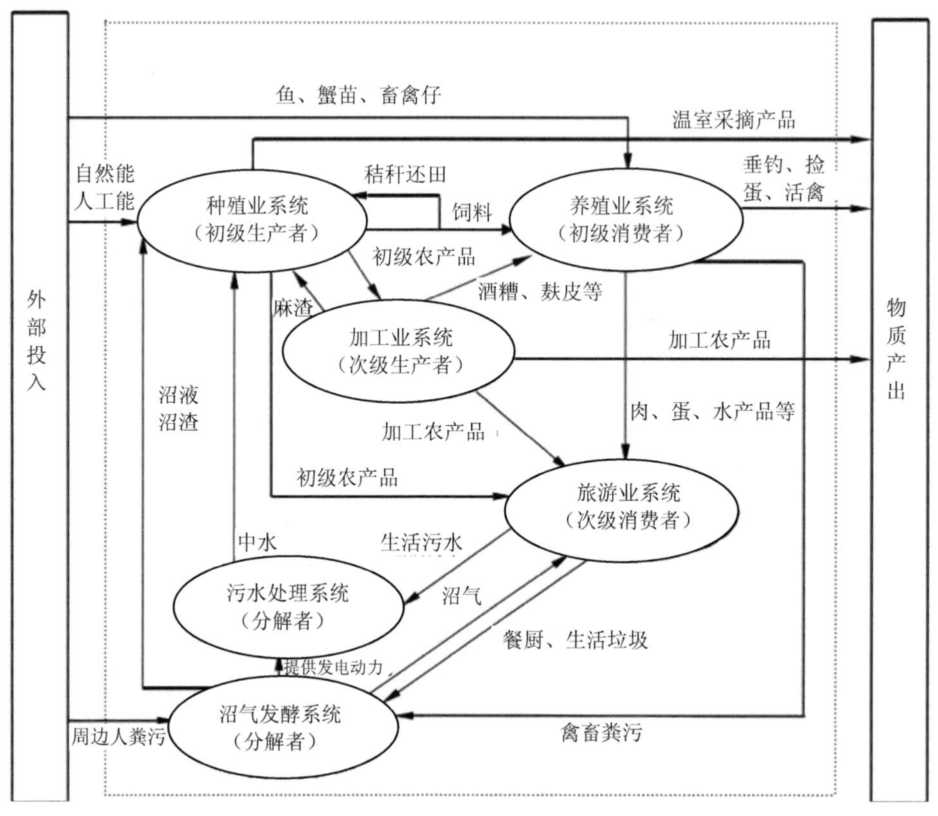

图 5-12 蟹岛生态型产业链循环结构模型

（1）生产者，包括初级生产者种植业系统和次级生产者加工业系统。其中，种植业系统又分为农田和温室大棚 2 个亚系统。

（2）消费者，包括初级消费者和次级消费者。其中，初级消费者指养殖业系统，包括畜禽养殖业亚系统和水产养殖业亚系统；次级消费者指旅游业系统。

（3）分解者，包括污水处理系统和沼气发酵系统。

蟹岛生态型产业链循环模式如图 5-12 所示。首先，在种植业系统（初级生产者），农作物通过光合作用将物质和能量转化为小麦、玉米、大豆、蔬菜等有机农产品。这些农产品大部分被旅游业系统（次级消费者）消费，其他农副产品（粮食加工后的麸皮等）以及数百吨的干物质（农作物秸秆等）则被作为饲料输送到养殖业系统（次级消费者）。在养殖业系统，其产品主要有柴鸡、柴鸭、羊、驴、猪、蟹、鱼等，所生产出的有机食品——肉、蛋、水产品被输送到旅游业系统被游客消费，部分农产品和禽畜产品被输送到加工业系统（次级生产者）进行加工增值，如加工成豆制品、白酒等，然后被输送到旅游业系统供游客消费。部分作物秸秆、人畜粪便等被运送到沼气发酵系统（分解者），经过微生物的分解作用，产生的沼渣和沼液被作为作物养分返回到种植业系统，形成的沼气则为旅游业系统提供燃料、为污水处理系统（分解者）提供发电动力。

2．农业生态子系统种养结合加工增值模式

农业生态子系统是自然与人类交互作用的结合区。在农业生态子系统中，生产者和消费者在空间上是分离的，大量能量、养分随产品输出到农业生态子系统之外的旅游生态子系统，甚至输出到蟹岛生态度假村的复合生态系统之外，具有明显的开放性。每次作物收获或畜禽出栏就意味着能量流动的结束，农业系统的继续需要新的投入来启动。蟹岛生态度假村运用协调共生原理，把农业生产、经济发展和生态环境治理与保护，资源培育和高效利用融为一体，通过不同组分之间的互利互惠以及生态位互补，建立各种形式的作物组合结构，既可使光、热、水、土、气等资源的利用更充分，提高单位面积上的干物质产量，又能减少对自然生态环境的损害，达到维护生态平衡与保护生态环境的目的，使整个系统获得多重效益。同时将种植业和养殖业结合起来，利用农业种植业发展养殖业和农副产品加工业，创建农养结合型加工增值模式，即以农养结合为基础发展农副产品加工业，建立资源高效利用型的生态产业技术体系。

3．种养结合的均衡发展模式

蟹岛根据生态学原理创造性地把水稻和螃蟹互相促进的物种组合在一个系统内，稻田养蟹，稻蟹二者存在共生互利的关系。水稻可为蟹遮阴，稻田的杂草、浮萍以及昆虫是蟹的优质饵料；而蟹能疏松土壤和水稻根部，具有除草、灭虫、保肥、造肥、中耕的作用，促进水稻的生长发育、达到水稻增产的效果，使每公顷收益由原来的16 500元提高到54 000元。水稻收割后，把稻草制作成蔬菜大棚冬季保温防寒的保温被，而生产出来的大米供饭店使用，稻壳、稻糠用于加工酿酒，酒糟则用于喂猪，猪肉供给饭店，猪的粪便通过沼气池发酵返还至稻田，形成了一个完整的生态链条。

蟹岛种植业主要分为两大部分：大田种植区、温室大棚种植区，其中大田种植区品种主要有水稻、玉米、小麦、大豆等近40个品种；温室蔬菜种植面积为20 hm^2，种有果菜类、叶菜类等蔬菜近百个品种；还有花卉苗圃、各种花草、灌木、乔木以及各种作物。蟹岛采用种养结合模式，解决了农业废弃物的处理问题，同时为养殖业提供了充足的饲料来源，降低了养殖成本。

数据分析表明，蟹岛农田产出的经济产品能（粮食、果蔬）占农田总输出能的22.3%，非经济产品能（饲料用粮、秸秆）约占 80%，秸秆还田率为 28.6%。稻草、秸秆等主要用于畜禽和渔业的饲料，经过养殖业的增值，种植业大部分产品用于饲养家畜、家禽或在堆肥后用于再生产，只有少部分直接输出市场，这样不仅对提高系统内能量物质循环水平有利，同时实现能量转换，也增加了经济效益。

5.4.2.3 循环经济模式

循环经济是一种新型的经济形态，将传统的“资源—产品—废物”的线性发展模式转变为“资源—产品—废弃物—再生资源”的反馈式循环过程。循环经济能有效地利用资源和保护环境，以尽可能小的资源消耗和环境成本获得尽可能大的经济效益和社会效益，从而使经济系统与自然生态系统的物质循环过程相互和谐，促进资源永续利用。在北京市的各类观光农业项目中，蟹岛的循环经济是最有特色的。蟹岛从生态农业、可再生能源建设和观光农业旅游等角度出发，不仅在农业生产系统内部形成了物质循环综合利用的模式，还建立了农业生产与旅游服务业之间相互依存的互动模式，形成了独具特色的循环经济模式，取得了经济效益、社会效益和环境效益的共赢。

1．以污水处理为核心的水资源循环利用模式

蟹岛度假村的污水日平均产量约为 800 m^3，节假日旅游旺季每天的污水排放量在 1 200 m^3 左右。蟹岛于 2003 年先后改建、增建了日处理污水 2 000 m^3 的污水处理厂。采用悬挂链曝气污水处理工艺，污水经过处理后，化学需氧量（COD）、五日生物需氧量（BOD_5）、氨氮、硝酸盐和悬浮物的去除率分别达到 83.1%、90.8%、60%、57.1%；其中蛔虫卵死亡率 100%，大肠杆菌去除率达 99%，达到无害化卫生指标。出水水质达到污水综合排放二级标准。经过污水处理厂处理的污水先被排放到 11.33 hm^2 的氧化塘，通过水生植物和微生物的作用，进一步进行生物净化，然后，从氧化塘出来的水经灌溉明渠引入长 80 m、宽 30 m、厚 0.5 m 的沙床进行过滤；沙滤后的水引入农业区，用于灌溉农田、菜地、养殖鱼蟹和饲养家畜家禽，使度假村的污水全部实现了资源化利用。

这种园区用水及污水处理循环体系，既可实现水资源的再生利用，同时也为度假村营造了广阔的水面和安全优美的自然环境。蟹岛的农业亩均灌溉用水量为 179.5 m^3，就北京农业灌溉用水量 337 m^3 而言，蟹岛生态度假村用水效率仅为北京亩均灌溉用水量的 53%。据统计，蟹岛万元收入的耗水量为 87.8 m^3，而北京市万元 GDP 的耗水量为 138 m^3，蟹岛万元收入的耗水量仅为北京平均水平的 63.6%。按照蟹岛目前污水处理量计算，每年可循环利用的水资源达到 29.2 万 m^3，基本上可以满足园区内 1.9 万 hm^2 种植业的用水量。蟹岛利用氧化塘处理后的水进行农田灌溉，污水全部被处理并得到资源化利用。现在，蟹岛将以前用于灌溉农田的 10 口机井全部停用，不但节约了大量地下水资源，保护了环境，节省电力消耗，并且在农业用电方面每年节省电费 40 万元。

蟹岛对生活、生产污水进行无害化处理后将其应用于种植灌溉和畜牧业、渔业生产；充分利用地热水的热能，再加上沼气、太阳能、风能的开发利用，达到了不烧煤、不燃油的目的，从而做到了污水、废气、粉尘的“零排放”。以上做法使蟹岛每年可节水 63.9 万 m^3，同时因充分利用 170 亩的氧化塘进行水产养殖和水上娱乐项目，每年又可创造上百万元的收入。

2．以沼气为纽带的物质循环模式

在吸收传统农业精华和现代农业先进技术的基础上，蟹岛广泛开展农业资源综合高效利用技术，通过沼气技术带动粮食、蔬菜、水果、畜牧渔业等各产业的发展。

2002 年，蟹岛生态度假村投资 160 万元修建了一座可日产气 510 m^3 的沼气池，2003 年，沼气池开始投入使用。

蟹岛沼气生产的原料来自园区的畜禽粪便、农作物秸秆、度假区人粪尿以及可利用的垃圾等，各种废弃物在沼气池中经过中温发酵，产生沼气、沼液和沼渣。沼气池运行以来，沼气平均日产生量 260 m^3，主要为旅游度假区提供炊事燃料。沼液和沼渣则为种植业提供优良的有机肥和杀虫、杀菌剂，其所富含的有机质、维生素及钙、锌、铁等微量元素得到了充分的利用，既变废为宝、节约原料又保护了生态环境，为生产有机食品提供了充足的肥源。

通过沼气生产系统的连接转换作用，蟹岛生态系统形成了物质循环利用的立体网络结构：农田系统作为初级生产者分别为初级消费者（畜禽养殖、水产养殖）和次级消费者（人）提供饲料和食物，消费者排出的废物又通过分解者（沼气发酵）的作用为农田提供高效的有机肥料，同时获得新的能源——沼气。这样的循环结构充分利用了生产者的植物性资源，提高了系统内部废物的循环利用率，同时也加强了各亚系统之间的联系，增强了系统的稳定性。

沼肥的应用改变了种植业能量投入的结构，有机能（主要是沼肥）投入占农田人工辅助能总投入的88.4%。这表明系统的自给能力较强，稳定性高，具有较高的自我维持能力。

园区利用沼气达到 9.3 万 m^3；沼液、沼渣作为温室大棚的肥料，有助于土壤理化性质的改善，土壤有机质含量年均增长率目前为 1.93%；同时沼液、沼渣是一种优良的有机肥料，施用于农田、菜地，促进了作物健康生长，增强了作物抗病、抗虫能力并兼有杀虫、杀菌作用，大大减少了作物病害的发生，防止了使用化肥带来的污染，同时也提高了农产品的品质，为发展有机食品奠定了坚实的基础，其生产出来的农产品因为没有化肥和农药残留物而大幅增加了其附加值。

蟹岛度假村自种耕地约133.33 hm^2，主要生产粮食和各类蔬菜。近10年来，蟹岛没有使用化肥和农药，而是全部使用掺入垃圾的沼气肥种植农作物。经北京市有关部门检测，土壤中的有机质增加到3.6%，比北京地区土壤有机质高出一倍。由于蟹岛生产的农产品不用农药和化肥，产量比常规农产品下降10%～20%，但销售价格却比常规农产品平均高出100%以上，每年可增收285万元。2003年8月，蟹岛度假村近千亩生产土地上的百余种农作物经过三年的“有机食品转换”，顺利获得了国家环境保护总局有机食品发展中心颁布的有机食品综合认证。由此，蟹岛度假村开创了有机食品的“蟹岛”品牌，也开创了观光农业的品牌。蟹岛农业旅游的开发，每年可以为生态园区带来上千万元的经济效益。

3．水资源的循环利用模式

如何利用和保护地下水资源，是我国城镇建设中必须面对的问题。蟹岛通过地热资源的多级利用和污水处理再利用两种途径，实现了对水资源的综合利用。尤其是水源热泵技术对水资源冷热能量的利用，冬天提取池塘水的热量用于房间采暖，夏季提取池塘水的冷量作为房间的制冷，加上水窖储能和谷峰电价差价的操作，年节能折合标准煤 4 988.7 t，减排二氧化碳 1 577.2 t；在园区供热和制冷的环节上，达到了节电、节能、环保多重效益的统一。

（1）地热水资源的循环利用

蟹岛度假村所在地域拥有丰富的地热资源，园区内打有两眼2 400 m 深的温泉热水井，出水温度约67℃，出水量达到100 m^3/h。蟹岛度假村在水资源循环利用方面的做法是将出井热水供应客房冬季采暖以及游泳池和洗浴中心。当地热水的温度降至

40℃左右时，一部分地热水通过管道输送到温室大棚，代替电能为温室加热；另一部分地热水输送到沼气池，用于冬季垃圾发酵增温使用；还有部分地热水输入至垂钓中心——蟹宫。最后当地热水温度降至20℃左右时，用于鱼塘养鱼和农田灌溉。蟹岛度假村利用地热水29万 m^3，平均每年节约用电170万 kW·h。

（2）水能代替电能供暖与制冷

蟹岛度假村地处北京地区，冬季需要供热，夏季需要制冷。传统的供热方式主要以燃烧一次性不可再生能源作为热源，不仅排放大量温室气体，也对环境造成一定影响。蟹岛采取水窖蓄能水源热泵空调技术，以园内的池塘水作为加热或制冷载体。夏季将室内空气中的热量排放到水中，冬季则从水中提取热量。通过冷水、热水在建筑物内的循环，起到调节室内温度的作用。蟹岛度假村建有 7 套水源热泵机组，院内建筑物的地下建有 4 000 m^3 的蓄水池，蓄水池的蓄水常年温度在 10℃左右。冬季需要供热时，通过水源热泵将蓄水池内的水提取、加热，然后输送到建筑物内。夏季需要制冷时，将蓄水池内的凉水输送到建筑物内，通过空调系统降低室内温度。根据国家规定谷峰电价政策，利用水源热泵的蓄能技术，在夜间电力低谷时段向蓄能池储蓄能量；在白天电力高峰时，将储蓄的能量释放出去。蟹岛采用水源热泵空调技术，总供热或制冷面积达到 70 000 m^2，房间设定的温度为：冬季 18～22℃；夏季 23～26℃。

4．固体废物的再生利用

随着旅游业的进一步发展，蟹岛生活垃圾量日益增加，蟹岛度假村和周边农村每天大约产生 15 t 生活垃圾以及人畜粪便等。如何处理生活垃圾，如何实现生活垃圾资源化，科学处置生活垃圾是保证蟹岛可持续发展的重要问题。

蟹岛对生活垃圾的处理，首先是进行人工分类，不同种类的垃圾采取不同的处置方式。不可再利用的垃圾如碎玻璃、碎石等直接运送到垃圾场填埋，可以回收的垃圾如塑料等卖到废品回收站回收利用；可以降解并能成为肥源的垃圾则进行厌氧发酵处理，制作成农业所需的有机肥料。固体垃圾实现了 100%的资源化利用。

蟹岛生活垃圾的资源化利用率已经达到 98.5%。将生活垃圾制成沼气和沼气肥，不仅使蟹岛度假村的生活垃圾做到零排放，而且每年还能消化周边地区人畜粪便 7 615.5 t。

通过对生活垃圾、人畜粪便、农业生产余料进行分类处理，变废为宝，充分利用，做到了垃圾、粪便的“零排放”。由此，蟹岛一年节省能源支出和肥料支出共计 140 万元。蟹岛整个垃圾处理、沼气生产设施的一次性投入仅为 150 万元左右，设施使用一年即可收回投资。同时，废弃塑料制成的塑料颗粒价格每吨超过 4 000 元，而无机垃圾制成的道砖今后能在城市建设中发挥重要作用。

目前，在蟹岛内部分路段已经安装了功率为 60 W/盏的太阳能高压钠灯，并建成 3 000 W 的太阳能提水系统。投资 1.2 亿元人民币的蟹岛“赶海宫”，是中国唯一一家室内纯海水休闲娱乐中心，全部利用高科技太阳能技术，保证室内照明和供暖。蟹岛还建有 100 栋现代化日光温室，成功种植了珍贵蔬菜品种，使蟹岛整体农产品的附加值显著提高。太阳能的利用，使蟹岛的可再生能源利用登上了一个新的台阶。

5.4.2.4 蟹岛的经营模式

蟹岛度假村完全是企业式的经营模式。1998 年董事长付秀平租用朝阳区金盏乡长店村的土地创办了北京市蟹岛绿色生态度假村。度假村的投资开发和经营管理都是企业行为，没有政府的行政干预和优惠政策。度假村自主经营、自负盈亏，完全是自觉自愿的经济行为。与当地农民的利益协调不依靠政策和行政干预，完全是自然的利益制衡机制，蟹岛每年还拿出一定数额的资金鼓励当地农民以土地入股，并安排农民在度假村就业。

1．“前店后园”的生态旅游经营模式

度假村采用“前店后园”式管理机制，达到了“以园养店，以店促园”的目的。“前店”指旅游度假区占总面积的 10%用于游人的休闲度假。旅游度假区有各类餐饮、住宿、健身和娱乐设施，还为游人提供民俗表演和许多参与性旅游项目。“后园”指有机食品种植、养殖基地，占总面积的 90%，在进行农业生产的同时，可为游人提供参观、采摘、自捡生态蛋等实践活动，使游客接触农业，既有利于身体健康又提高环保意识。度假村自产的农产品及时供应旅游度假区餐厅和各种娱乐场所，突出产品绿色、安全、无污染的特点，保证食物的新鲜，吸引游客前来休闲度假。另外，旅游度假区利用发展可持续农业形成的“乡土”风格，发展观光旅游吸引了大批游客，为种植、养殖基地的农产品销售拓展了市场，提高了农业的附加值。同时，度假村饭店所产生的垃圾，经相应处理后为农业生产提供有机肥料生产资料。这样就达到了“以园养店，以店促园”的目的。

“前店后园”式经营模式的确立，将旅游业与农业相结合。“以园养店，以店促园”，为农业开辟了一条高效化的途径，给旅游业找到了一条内涵外延的渠道，摆脱了单一生产效益所带来的“广种薄收”局面，形成“农游合一”的综合效益。

就单纯的农业生产或单纯的旅游而言，“前店后园”的生态旅游经营模式具有高效益、低风险的优势。将农业生产与旅游活动有机结合在一起，不仅扩大了农业的经营范围，调整和优化了农业产业结构，还可以通过农业旅游提高农业的附加值以减少农业的风险。同时，二者在经济效益上也能相互补充。在蟹岛的这种模式下，农业系统和旅游业系统之间的协调状况决定了整个蟹岛生态系统具有较高的整体效益。蟹岛依据生态学中的共生原理与循环再生原理协调两个子系统之间的能流、物流关系，使其处于一种稳定和谐的状态，实现了彼此在功能上的互补，并在生态与经济相统一的原则下寻求整体效益最优，实现了农业和旅游业的有机结合。

蟹岛所采用的“前店后园”式经营格局建立起了农业和旅游业之间的相互依存关系，实现了第一产业、第三产业的循环。循环经济为蟹岛营造了良好的生态环境和生产环境。

2.“前店后园”经营模式的经济分析

蟹岛拥有种植业、养殖业、旅游业、微生物还原、加工业五大产业系统，各系统按其业务性质的不同可进行如下模块划分：种植业系统划分为大田、大棚两个模块；养殖业系统划分为畜产、禽产、水产三个模块；加工业系统划分为粮油加工、蔬菜加工、禽畜加工三个模块；旅游业系统划分为住宿、餐饮、康乐和其他旅游四个模块；微生物还原系统分为污水处理和沼气发酵两个板块。五大系统各个模块的重要性各不相同。

长期以来为北京蟹岛发展做出显著贡献的是旅游业系统下的各个部门，蟹岛的成功首先归功于旅游部门运营的成功，旅游系统对蟹岛总产出的贡献份额达到 78%。除此以外，与旅游业系统联系紧密的大棚（8%）和水产部门（7%）也具有很强的盈利能力。“后园”的种植业系统、养殖业系统除了对“前店”盈利部门提供强力支撑，“后园”自身产出对总产出的贡献度也达到 15%。在“前店”和“后园”的加工转化和微生物还原方面，加工业在促使物质从种植、养殖业系统流向旅游业不断增值过程中，以及污水处理和沼气发酵系统在保证物质从旅游业流向种植、养殖业系统的过程中都发挥着重要的转化作用，形成良性循环。这两个中间连接性的系统对总产出的贡献度为 7%，如图 5-13 所示。

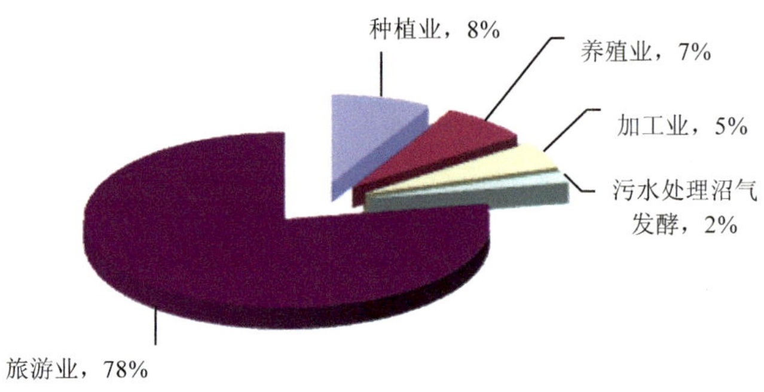

图 5-13 2008 年蟹岛各功能协调对总收入的贡献率

简言之，旅游业系统中的住宿、餐饮、康乐对整个蟹岛模式总产出的贡献度最大，是蟹岛园区的主要利润来源，其次是种植业和养殖业系统。可见，旅游业和农业是蟹岛模式的主要产业，农游合一是蟹岛模式最主要的特点之一。微生物还原系统的污水处理和沼气发酵环节对整个蟹岛模式的良性运转起到了关键的支撑作用，是蟹岛模式体现循环经济思想不可或缺的环节。蟹岛模式实现了各系统的和谐，价值结构合理，效益明显，是一种值得大力推广的城郊农业发展模式。

5.4.2.5 蟹岛循环经济发展的动力机制

循环经济发展的动力机制是指旅游循环经济发展动力的获取及其作用方式，体现为旅游循环经济各因素相互联系、相互作用，进而形成推动系统发展的前进动力的过程。概括起来为五种机制，即旅游需求推动机制、旅游供给拉动机制、经济利益驱动机制、政府政策保障机制和技术力量促进机制。

1．旅游需求推动机制

旅游需求是旅游业发展的根本动力。蟹岛以销售绿色产品，塑造独特体验为最大特色，迎合了旅游者的旅游需求。旅游需求是蟹岛旅游循环经济发展的核心推动力。蟹岛园区的土地分配方面，90%为农业用地，10%为旅游业用地，而在蟹岛的收入中，约 20%来自农业，近 80%来自旅游。蟹岛旅游业的发展带动了园区农业、养殖业的发展，保证了蟹岛旅游循环经济的持续进行。

2．旅游供给拉动机制

旅游业的六要素包括食、住、行、游、购、娱。蟹岛从上述六个方面着力打造旅游供给系统，塑造独特的旅游产品形象，并使其成为促使旅游者来访的拉动力。蟹岛的饮食突出有机食品和多种风味。新鲜、无污染是蟹岛有机食品的主要特点。同时，蟹岛的饮食集合中外，融汇城乡，有日餐和中餐。中餐更分为农家菜、广东菜、蟹岛自创菜等多种风格，满足了旅游者品尝各地风味的饮食体验。蟹岛的住宿以体现北方自然村落为特征的蟹岛农庄为主，该农庄是展现50年前农村各阶层生活环境的四合院群落，旅游者在这里可以体验乡绅的豪宅，也可感受佃户的茅草屋，增加了对旅游者的吸引力。

蟹岛园区内的交通采用生态交通，以畜力为主，减少了汽车对环境的干扰和破坏，同时也为游客提供了另类的旅游交通体验。园区内的羊拉车、狗拉车、骑骆驼等交通方式对城市居民产生了极大的吸引力。蟹岛的游览娱乐内容非常丰富，游客可以参观高科技农业园，了解农作物的成长过程，自由采摘农作物，体会劳动的快乐；可以参观民俗文化宫，感受传统民俗文化的魅力；也可以垂钓、健身等。旅游者在蟹岛的购物内容主要是蟹岛自产的有机食品，水果、蔬菜、鱼蟹等，游客可以自己参与采摘或垂钓，也可直接购买包装好的食品。虽然有机食品的价格远高于市场价格，但其无污染、原生态的绿色品质依然获得了游客的青睐。

3．经济利益驱动机制

企业是实施循环经济的实体，企业追逐利益的本性使循环经济的实施必须建立在利益的基础之上，符合经济收益大于成本的经济性原则，否则资源的循环利用就难以实现。蟹岛旅游循环经济的实施，依赖于其良好的经济利益。经济利益的获得为蟹岛投资新项目、实施循环经济提供了重要的经济支持。循环经济的实施降低了企业消耗，节约了成本，提高了经济效益，保证了企业后续发展循环经济的动力，蟹岛的旅游循环经济因此形成良性循环。

4．政府政策保障机制

循环经济的发展有助于提高资源的有效利用率，降低污染。相较于传统企业单纯追求经济利益，实施循环经济项目的企业行为需要政府的政策支持和引导。政府政策的支持可以通过对符合循环经济原则的企业行为给予财政补贴、税收优惠、管制资源和要素价格等，保障循环经济项目在企业的实施。蟹岛在发展过程中，充分利用了政府政策并将其转变为蟹岛旅游循环经济发展的动力之一。1996年，朝阳区政府推广三高都市农业，对农业基础设施和环境大力改造，蟹岛成为首批享受该政策的企业。蟹岛先后获得“北京市农业标准化示范基地”、全国首批“农业旅游示范点”“全国农业产业化重点龙头企业”。此外，北京市农委、科委对于蟹岛污水处理厂、温室大棚建设、新品种引进、滴灌设施建设等科技项目和农业项目都提供了资金支持，保障了蟹岛旅游循环经济的发展。

5．技术力量促进机制

循环经济的发展，需要不断提高资源利用效率，降低能耗，减少污染物排放，同时为企业带来可观的经济利益，上述目标的实现依赖于科学技术的支撑。蟹岛在发展旅游循环经济的过程中，非常重视科技在提高资源利用率，改善生态环境方面的作用。蟹岛与北京大学、清华大学、中国农业大学、中国科学院等多所大学或科研机构建立合作关系，借助它们的最新科研成果推进旅游循环经济在蟹岛的实施，保证蟹岛的农业技术和循环经济技术始终处于领先地位。

5.4.2.6 蟹岛模式的社会经济效益分析

由于蟹岛将农业和旅游业相结合，采取了以园养店、以店促园、农游结合的“前店后园”模式，以污水处理为核心的水资源循环利用模式，以沼气为纽带的资源多级利用模式，种、养农产品加工相结合的增值模式以及以湖塘水源热泵为核心的供热制冷模式等一系列生态模式，因而取得了良好的经济效益、生态效益和社会效益，实现了经济、生态和社会的协调发展。

1．蟹岛模式的社会效益

（1）蟹岛连续 10 年在种植粮食和蔬菜等农作物中不施化肥，使蟹岛自有耕地的土壤有机物和储碳量连年增加，0～300 mm 土壤的储碳量为 909.1 t，水源热泵减排二氧化碳 53 287.1 t，沼气减排二氧化碳 1 041.99 t，地热减排二氧化碳 13 821.97 t，太阳能减排二氧化碳 5 396.1 t，地道风减排二氧化碳 1 029.95 t，共计减排二氧化碳 74 577.1 t，折碳汇约 13 万美元。

（2）蟹岛模式为都市生态文明建设及农业循环经济发展提供了可借鉴的示范效益。国际上，日本有机农业协会、德国有机食品基地、澳大利亚“绿色环球 21”组织以及中国香港学联等团体分别来蟹岛考察，对蟹岛的发展模式给予高度的评价。原环境保护部、中国环境科学学会、科学技术部、北京市政府等部门在蟹岛建立了“环境保护科技教育基地”“青少年科普教育基地”和“可持续发展教育基地”。

（3）蟹岛模式丰富和完善了循环经济的理念与实践，它所建立的固体废物循环系统，种植业、养殖业、水产业循环系统，农业、加工业、旅游业循环系统，以及水资源循环利用系统等，既保护了生态环境，又降低了成本，提升了企业效益。

（4）蟹岛在自身发展的过程中，先后与中国农业科学院、中国农业大学、北京市农林科学院、北京大学、清华大学、中国科学院等单位及专家合作，累计投入资金约2 000万元用于科研开发和新产品研究。蟹岛所利用的全部是国内成熟技术，成本相对较低，便于推广和操作。

（5）为农村剩余劳动力提供就业场所。我国目前仍处于传统农业向现代农业的过渡阶段，如何加快农村富余劳动力转移、大力发展循环农业是至关重要的。作为劳动密集型产业，蟹岛城郊循环农业的发展为农村剩余劳动力提供了更多的就业机会。在蟹岛 1 244 个从业人员中，直接参与第一、第二产业的员工有 196 人，占从业人员的15.8%；从事第三产业的人员有 1 048 人，占从业人员的 84.2%。

2．蟹岛模式的经济效益

蟹岛集团发展循环经济的效益主要体现在以下几方面：

（1）利用污水处理厂处理后的中水灌溉农田，平均每年可节省农业支出 40 万元。

（2）利用污水处理过程中的 11.33 hm^2 氧化塘进行水产养殖和水上娱乐项目开发，每年可实现收入 300 万元左右。

（3）利用沼气为燃料，以及利用沼液、沼渣作肥料，每年可节省农资成本 160 万元。

（4）蟹岛生产的无污染绿色食品和蔬菜销售，每年可增收 285 万元。

（5）蟹岛利用水源热泵空调供热或制冷技术，每年至少节约支出 800 万元。

（6）蟹岛的前身是一块不适于耕种的荒地，如今已经成为北京知名的旅游景点。循环经济令蟹岛的环境、产品、住房独具特色，产值突破 5 亿元。

农业不仅具有食品保障功能，而且具有原料供给、就业增收、生态保护、观光休闲、文化传承等功能。蟹岛就是按照这一思路从之前单一的大田农业、畜牧养殖公司，发展成集生产、生活、生态、示范，文化、教育、会议、休闲、体验、养生、度假、健身等多种功能于一体的农业多元化发展产业集团。蟹岛经营模式既能成倍增加农民收入，又能最大限度地保护耕地和农业文化。

蟹岛以循环经济为理念，以现代科学技术为支撑，积极开展都市循环农业模式的实践，构建了完整的生态型产业循环链，形成了物质循环、能量逐级利用、水资源循环利用的立体复合系统。蟹岛在各系统积极引进使用新型能源，广泛采用新技术，其都市循环农业模式具有显著的系统集成创新的特征。实践证明，由于采取了一系列的生态模式，将农业和旅游业相结合，对资源进行多层次循环利用，蟹岛一方面取得了丰厚的效益，另一方面促进了环保和节能建设，节能减排成果显著，形成了良性循环，实现了经济、生态和社会的和谐发展。目前，蟹岛都市循环农业模式已经成为北京都市循环农业的典范，对今后都市郊区农业的发展具有借鉴和指导意义。

5.5 城郊保留农田生态经济服务功能转型的模式提炼

5.5.1 按主体功能分类

在城乡一体化和城乡统筹发展的背景下，现代城郊农田的功能定位发生了较大的转变，已从过去单纯的提供农副产品和生产必需品的产业，逐步转变为保护自然环境、调节生态平衡、发展观光旅游以及满足人们物质、精神文化生活的综合性功能（李洪庆，2010）。按照城郊保留农田实际发挥的生产、经济、生态、教育、社会功能等几个层次，转型的模式可分为以下几类：

5.5.1.1 生产功能

生产功能是城郊农田的基础功能，基于现代城市发展需求，城郊农田的生产功能定位于生产和提供名、优、特、稀、鲜、嫩、活的农副产品，满足不同层次消费人群的需求。按照生产功能分类，又包括设施农业和特色种养业。

（1）设施农业模式

属于高投入高产出，资金、技术、劳动力密集型的产业，主要包括设施园艺和设施养殖。它集现代生物技术、农业工程、材料科学为一身，以先进的农业设施为依托，摆脱传统农业的自然束缚，打破传统农业农产品的季节性，实现农产品的反季节上市，进一步满足多元化、多层次消费的需求，是经济效益好、科技含量高、产品附加值大、劳动生产率高的城郊农田发展模式。

（2）种养结合模式

以农业和农村为载体，大力进行城郊农业结构调整，鼓励农民发展以特色种植、养殖为主的高效农业和现代农业，利用城市资金、人才和高校、科研院所的科技优势，提高自主创新能力，在城郊农田区域大力开发具有自主知识产权的农业良种、蔬菜种苗、花卉苗木、优质畜禽、名优水产良种等。利用农业生态园养殖场、采摘园、学农教育基地、农艺园等开展农业生产经营活动和特色种养殖农业吸引游客。

5.5.1.2 经济功能

由于城郊农业具有经济上的区位优势、接近城市市场、拥有庞大的购买力旺盛的消费群体、具备走集约经营和发展设施农业所需的资金、技术、土地、劳动力、信息等生产要素，所以城郊农业的经济效能比较突出。相关调研表明，北京从事城郊农业生产的农户人均纯收入远远高于全国平均水平。

（1）农业科技园模式

农业科技园区以先进的技术为依托，以政府引导企业等社会力量广泛参与为手段，具有科技核心区、科技示范区和科技辐射区三位一体的功能，通过新技术、新品种、新设施的示范和推广，促进区域内农业结构调整和产业升级，对城郊农田的发展具有较强的示范带动作用。目前，国内的农业科技园区发展迅猛，为中国农业现代化起到了良好的示范作用，如北京昌平小汤山现代农业科技示范园。

（2）农产品物流模式

在中国已经加入世界贸易组织（WTO）的形势下，农产品在采摘、运输、储存和交易等物流环节要求不断提高，城市近郊村要充分发挥连接城区的优势，拓宽服务领域，推进第三产业持续健康快速发展，大力发展壮大农产品物流运输业，加大农产品物流技术投入力度，运用先进的科学技术，以大型物流企业为龙头，以批发市场为中心，以集贸市场和超市为基础，形成布局合理、辐射力较强的现代农产品流通网络。物联网等新一代信息技术是国家“十二五”期间着重推进的战略性新兴产业，通过应用物联网技术，可以在农作物智能化培育控制、农产品食品安全等方面发挥积极作用，实现农业发展水平的提升并带动产业结构的调整。

5.5.1.3 生态休闲功能

通过运用现代生物技术、农业环境保护和农业可持续发展技术、现代设施农业技术以及调整种植结构等措施进行转型后的现代城郊农业是环保型、低碳型的生态农业。其所具有的生态功能虽不能直接产生经济效益，但现今普遍认为生态功能所创造的虚拟经济价值远远超过实际经济产出价值。北京城郊农田生态系统在调节大气成分方面产生了 49.3 亿元生态价值；在净化环境方面产生了 109.63 亿元生态价值；在蓄水方面产生了 6.03 亿元生态价值（尼科·巴克，2005）。北京市城郊农业总价值估算量为 1 101 亿元，其中生态服务功能估算量为 726 亿元，占总价值量的 66%（李洪庆，2010）。同时，将生态农业生产与观光休闲旅游有机结合起来，变生态农业为旅游观光农业、变农业生产区域为观光休闲区域的城郊农田发展模式，主要包括各种类型的农家乐、采摘园、农耕文化园、休闲度假村、有机农庄等。

（1）生态观光农庄

如北京蟹岛绿色生态农庄凭借其得天独厚的地理位置、优美的生态环境、丰富的娱乐品种以及优质的有机食品，为市民提供了良好的休闲娱乐场所，吸引大量游客前去旅游、度假；同时蟹岛是北京青少年校外教育基地，让中小学生感受乡土气息，见习农业生产，增加农业科普知识（李胜，2008）。

（2）生态休闲产业园

湖南长沙加快城郊农田转型，大力发展以农家乐为主要代表的观光休闲农业，调整和优化长沙的农业产业结构，扩大农产品销售市场和带动相关产业的发展，吸纳农村剩余劳动力，增加农民收入；让城市旅游者了解农业生产活动，体验农家生活气息，有效消除城乡差别，促进城乡交流（吴炼，2007）。长沙县华穗生态产业园即通过将蔬菜生产和观光会议休闲等有机结合在一起，创造了较好的社会、经济和生态效益。

5.5.1.4 教育功能

科技教育农园开发模式是集成了城郊农田的教育和科技功能的综合开发模式，具体包括城郊教育农园和城郊高科技农业园。

城郊教育农园：兼顾农业生产与科普教育功能的农业经营形态，即利用农园中所栽植的作物、饲养的动物以及配备的设施，如特色植物、热带植物、农耕设施栽培、传统农具展示等，进行农业科技示范、生态农业示范，传授游客农业知识。代表性的有法国的教育农场，日本的学童农园，中国台湾的自然生态教室，北京的少儿农庄。

城郊高科技农业园区：该园区是采用新技术生产手段和管理方式，形成集生产加工、营销、科研、推广、功能等于一体，高投入、高产出、高效益的农业种植区或养殖区。该模式是以高效、生态、特色、观光为特点，集生产、科研、推广、旅游于一体，突出高起点、高科技和高效益，其功能有 3 个：农业科技研发、农产品生产和在研发与生产的过程中吸引游客，主要集中于北京、上海、广州等大城市或一些科技实力较强的地区，以大城市为集聚中心，为周边城市和市民提供示范。

5.5.1.5 社会功能

主要是一些具有社会服务和保障功能的主题农园开发模式，如复合了墓地、养老院、户外射击场、庙宇、疗养院、教改所（劳改+戒毒）等。日本的“银发农园”就是将城郊农业与城市养老结合起来，为城市老年人提供回味过往、锻炼身体、交友活动的场所。目前，此类功能的城郊农园在我国大陆境内尚十分少见，但发展前景较好，潜力巨大。

5.5.2 按经营模式分类

由于各地自然、经济状况的不同，主导产业或产品各有不同，产生了多种城郊保留农田产业化经营模式。应根据不同城市的发展特点，充分利用农业的多功能性，针对城郊本地的生产实际和优势力量，有选择性地采取相应的优化经营模式。

5.5.2.1 企业经营模式

这种模式由企业租赁郊区土地，进行农业专业化生产或农业资源配置和经营。经营的园区是一个独立的经济实体，独立经营、自主决策、自负盈亏。经营者按照市场价值规律经营运作、配置资源，经济效益好，经营规模大。

该模式优势在于产权明晰，自然地解决了政企分开和市场导向的问题。经营者市场反应迅速，注重投资回报。劣势在于经营者是独立经营，在政府监督不严格的情况下，它们可能重经济效益，轻社会效益，对景区进行掠夺式开发。这种短期行为往往会破坏景区资源，影响园区的可持续发展。

5.5.2.2 龙头企业带动模式（公司+农户经营模式）

这种类型是以农副产品加工或流通企业为龙头，通过合同契约、股份合作制等多种利益联结机制，带动城郊农户从事专业生产，将生产、加工、销售有机结合，实施一体化经营。该类型一般以“公司+农户”为基本组织模式，是当前的主要形式。

该模式以公司为纽带，及时传递信息降低风险，与农户建立长期稳定互惠的关系，但公司与农户悬殊的实力容易造成生产经营及利益分配上的不平等。

5.5.2.3 合作组织模式

这种类型是以专业性合作经济组织（包括农民专业技术协会）等为中介，通过合作制或股份合作制等利益联结机制，带动农户从事专业生产，将生产、加工、销售有机结合，实施一体化经营。该类型一般以合作经济组织和农户为基本组织模式。

该模式可以分散农户个体经营的市场风险；农产品生产过程的规范化管理提高了农产品的质量，形成了优质农产品产业带；促进了农业结构的调整，增加了农户的收入。

5.5.2.4 示范园+基地+农户

以现代化农业产业园区为龙头，通过园区的高效示范作用，引导、带动农户发展农产品，形成专用农产品基地。园区或依附于园区的中介组织为基地农户提供种苗、技术和产品销售服务，农户按照合同要求进行产品生产，通过园区外联市场内联基地的形式实行一体化经营。

5.5.2.5 科研单位+农户

科研教育单位通过合同契约关系为农户专业生产提供产前、产中、产后服务，发展农业产业化经营。在这种模式下，积极地发挥科研机构的力量，把科研成果运用到农业生产中，实现科研成果商品化。

5.5.2.6 批发市场

这种类型是以专业批发市场为纽带，带动主导产业，并通过合同契约或其他较稳定的经济关系，连接广大农户，实施产销一体化经营，扩大生产规模，形成产业优势，节省交易成本，提高运输效率和经济效益。

5.5.2.7 个体经营式

个体经营式即个体户形式，其规模比普通的民俗户要大，经营效益也较好。经营者在自家现有田园和房屋的基础上，进行改扩建，为游客提供一些娱乐设施和食宿接待服务。这类大户一般不依赖村组织，有独立面对市场的能力。个体经营最为灵活，也可以对周边农户产生一定的榜样示范作用。但是，个体式经营完全依靠个人的能力，其规模毕竟有限，对促进当地经济发展和农民增收的作用很小。行政部门在对个体经营者的行为约束上，也存在一定困难。

5.6 城郊保留农田生态经济服务功能转型优化推广模式

我国城郊保留农田生态经济功能转型模式与发展途径，应强调城郊农业发展与城市生态保障功能相协调，实现社会、生态和经济效益的共赢。依据城郊保留农田不同地区生态、经济、社会条件，利用各种组合效应，选择和组建适宜当地实际情况的经营与生产模式并对其进行优化推广，是我国发展城乡统筹事业，改变城乡二元结构的重要途径。通过调研与本课题进行的应用示范研究发现目前城郊保留农田在转型中的实际利用从组织形式上，主要可分为农业合作社和公司化经营，从技术内容上，主要是循环有机生产与生态旅游结合的模式。这两种模式从目标上都是要发展现代化的多功能环保型农业。因此，优化推广模式可概括为“以合作社或公司为经营主体的现代多功能环保型农业模式”。

5.6.1 组织模式

5.6.1.1 合作社模式

农业专业合作社为目前城郊保留农田实现转型的组织经营主要形式之一，是以城郊农民自愿为基础，以农户承包的农田分数入股，由骨干农民或公司发起，组成农业专业合作社，并形成特定的管理层次（图 5-14）。专业合作社经营方式的优点在于，便于把分散耕地集中起来进行规模化、现代化农业生产，更集约高效，农户收益更高。

通过建立专业合作社，有效解决了农户在市场上的信息不对称问题。合作社作为农户利益的代表收集市场信息，协助农户作出决策。同时，合作社作为农户利益的代表，进行各种交易活动，提高了农户的组织化程度，降低了交易成本。同时通过返聘部分入社农户和外来民工参与农业生产，统一采购生产资料、统一进行生产技术培训、统一组织销售和管理，充分发挥了合作社的集体优势，改变了以往分散农户生产的种种弊端。入社农户按照所占土地份额进行年终分红，参与合作社生产的农户获得相应劳动工资，未参与合作社直接生产的农户还可进城务工，带动了当地的农业发展、实现了农民增收，力争扮演好城市消费者的“菜篮子”“粮食库”的角色。

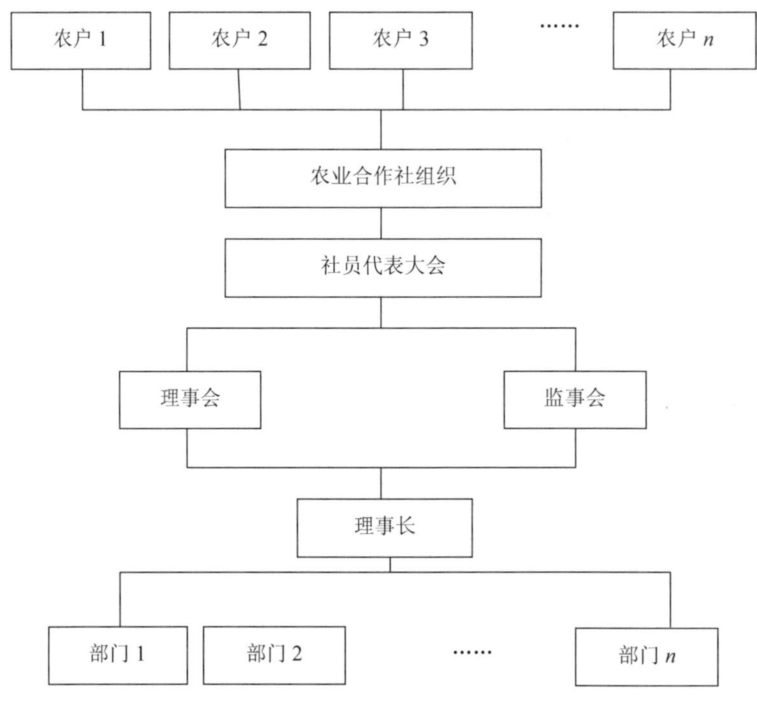

图 5-14　合作社模式组织示意图

5.6.1.2　公司企业模式

除合作社这种广泛采用的组织经营模式外，以拥有生产、资金、设施、管理、营销优势的龙头企业牵头，合理流转城郊农田建立成规模的生产基地，以公司化的方式开展农业生产与农产品的销售经营以及休闲观光农业，也是城郊保留农田生态经济服务功能转型过程中扮演的重要角色类型之一（图 5-15）。企业承包农田经营方式的优点在于，可以进行科学规划，集农业、休闲观光旅游于一体，实现城郊农田的多种功能，生态、经济、社会效益并举，是较为高级的一种形式。

该模式通过公司企业租赁郊区土地的方式进行农业专业化生产或农业资源配置、多样化的经营和较为规范的管理，因而具有现代企业的一些特征。首先，公司企业对所经营的园区能够进行整体科学规划，根据园区功能定位，集农业生产、休闲观光和农业科技教育等于一体，实现城郊农田的多种功能，生态、经济、社会效益并举。其次，有较为健全的组织机构，有管理者和雇员，责权明晰，便于管理。另外，该模式机制灵活，以市场需求为导向，注重投资回报，能对市场的需求做出迅速反应，改进了传统城郊农业不善经营的状况。公司企业经营的园区是一个独立的经济实体，独立经营、自主决策、自负盈亏，符合市场经济环境的需求。

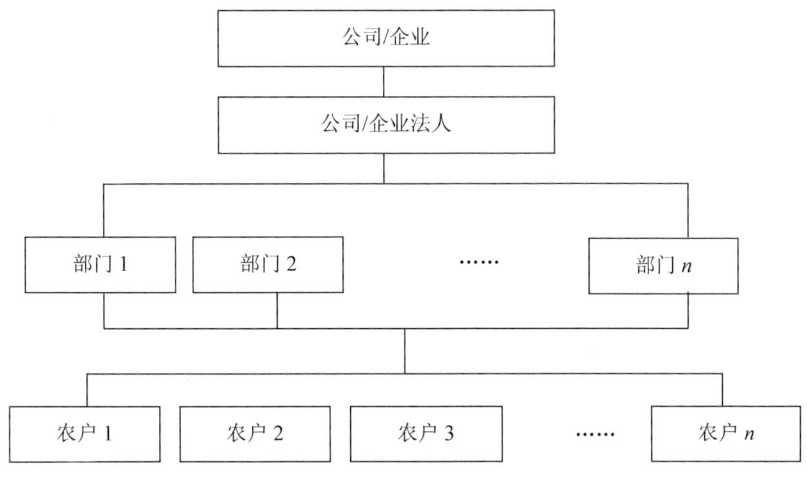

图 5-15 公司企业模式组织示意图

该模式的劣势在于经营者是独立经营，如果政府监督不严，可能因公司企业过于强调经济效益，忽视生态环境效益和社会效益，同时，容易发生对园区土地资源进行不合理开发的短期行为，而且由于公司需要从农户手中租赁土地，会较大幅度地增加公司生产的成本，最后只能以提高农产品的价格来弥补。与此同时，通常公司企业与出租土地农户之间形成了固定的租赁收益关系，出租土地农户并没有随公司经营收益的提高而增加收入，这样公司与农户易发生冲突。

5.6.2 技术模式

从我国目前在城郊保留农田转型现状与需求以及转型未来发展趋势来看，技术模式基本上包含两种，一种是单纯为满足农业生产功能，保障城市和乡村粮食供给安全的“物质循环+有机生产”模式，如长沙宇田和扬州裕丰；另一种是在此基础上，充分利用城郊农业生态环境优势，在提供有机产品的同时满足城市居住、游憩、休闲等更高层次精神需求的“物质循环+有机生产+生态旅游”模式，如长沙华穗与北京蟹岛观光园。这两种模式的区别在于前者是侧重于满足市场的高品质产品需求；而后者将有机农产品输出与生态、休闲等并举，较前者其产品输出功能相对弱化，而更强调生态休闲服务功能。

5.6.2.1 有机生产+物质循环模式

该模式是根据物质循环原理，通过秸秆还田、畜禽粪便堆肥还田和种植绿肥培肥土壤等循环技术以及物质利用与循环再利用的过程，来改良传统农业耕作方式（图5-16），进行符合现代国际与国内市场需求的有机无公害农产品生产以保证农业最基本生产功能的根本转型，目的是通过无害化生产过程以保障农业可持续和粮食安全，以满足市场对粮食安全需求，充分保障安全供给。

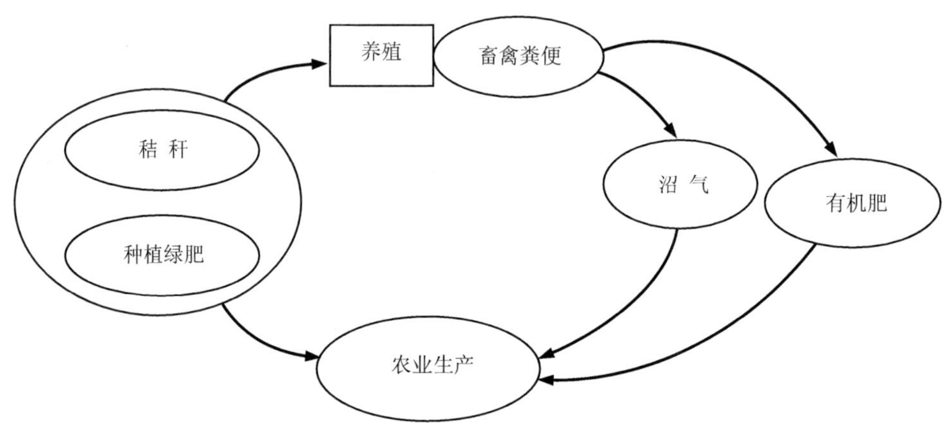

图 5-16 农业有机生产+物质循环模式示意

这种模式一般适合具有较大农田面积的城郊地区，通过土地流转等形式，以企业或合作社方式带动农户进行大规模有机化生产，随着国际、国内市场对粮食需求以及对粮食安全重视度的提升，这一农技术模式必然在未来城郊农业转型过程中占据不可替代的重要地位。

5.6.2.2 有机生产+物质循环+生态旅游模式

这种模式是在上一种模式基础上以城郊农田优良生态环境、便利交通条件为依托，充分利用农村设备与空间、农业生产场地、农业产品、农业经营活动、自然生态、农业自然环境、农村人文资源等，经过规划设计，以发挥农业与农村观光休闲旅游功能，增强民众对农村与农业的体验，提升旅游品质，并提高农民收益，促进农村发展的一种新型农业（图 5-17）。它以开展观光农业旅游为宗旨，可逐步提高城郊保留农田区发展农业产业园的生态效益、经济效益和社会效益。

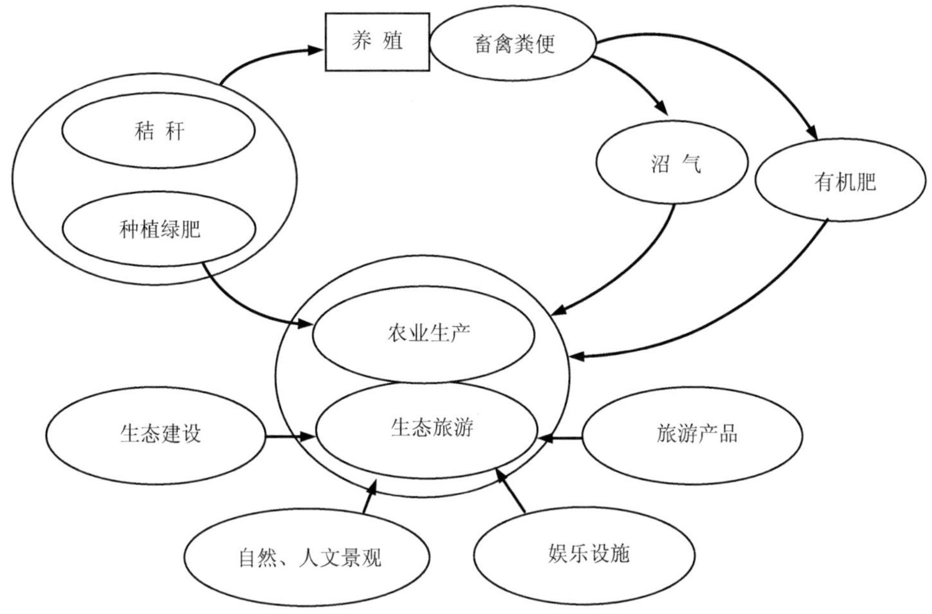

图 5-17 城郊农业有机生产+物质循环+生态旅游模式示意

这种模式是随着社会经济的发展、人们生活水平的提高，传统的消费不能满足日益更新的精神和物质生活的需求而产生的新的消费模式，是以提高经济效益为目的，以本地资源为基础，优化组合各种生产要素的新兴旅游产业，一种逐步发展的农业生态旅游、农业休闲旅游和农业观光旅游项目。它使农业成为一种和旅游业相结合的新型交叉型产业，其收效将不再局限于种、养殖业，而把农业的间接收益也纳入其中，如旅游业、服务业等，并成为该模式农业收入的主要构成部分。

这一模式以产业园为代表，一般都规划建设有机产品生产区、综合服务管理区、度假住宿餐饮区、农耕体验区、观光游憩垂钓区和生态环境建设区等，是深度开发农业资源潜力、调整农业结构、改善农业环境、增加农民收入的新途径，实现了从简单的农作物生产向多功能型生态产业园的成功转型，体现了城郊保留农田由传统常规农业向集有机生产、生态休闲、度假观光于一体的多功能型现代农业转变的较大潜力。

5.6.3 转型模式优化推广

5.6.3.1 对比分析

过对长沙、扬州应用示范基地的组织经营模式、成本经济效益等进行对比分析，以方便进一步总结相应的优化推广模式（见表 5-18）。

表 5-18 不同转型模式应用对比分析

示范基地	长沙宇田		扬州裕丰
种植品种	蔬菜	水稻（两季）	水稻（单季）
经营主体	合作社		公司
示范生产	有机（转换）		有机
土地使用	流转		租赁
生产操作	固定农户、临时雇用工		种植大户
产品加工	—	协议加工厂	自有加工厂
亩均成本/元	4 890.9	3 563.0（稻谷）	1 664.0（稻谷）
亩均利润/元	6 967.4	2 877.0（稻谷）	1 836.0（稻谷）
利润率	142.5%	80.7%	110.4%
营销渠道	团购、出口香港		团购、专卖店、零售

从表 5-18 可以看出，以合作社为经营主体的长沙宇田和以公司为主体的扬州裕丰，在组织管理、经营模式方面有各自显著的特征，这两种典型的城郊农田利用模式存在各自的优缺点。

1．种植品种

长沙宇田将大田作物和经济作物相结合发展，拓宽了利润渠道，规避了品种单一可能存在的销售风险。扬州裕丰品种相对单一，水稻种植亩均利润低于蔬菜，可通过有条件地发展水稻、蔬菜、水果相组合的生产品种组合模式，使生产多元化，降低风险，提升综合利润。

2．经营主体及土地使用

（1）宇田合作社模式可加速农村土地流转，从而加快农地集约化进程，提高土地利用效益、增加农民收入；促进农民专业分工和农民的组织化程度，推动农村富余劳动力的转移。宇田合作社模式改变了城郊零散的农户生产方式，缺点在于主体独立性较弱，控制力不足，资金链短缺导致加工厂难配套，市场营销难拓展，实现大规模经营能力有限。

（2）扬州裕丰通过实力雄厚的企业作为经营主体，可有效扩大农地经营规模，促进农业结构的调整，有利于加快农业产业化进程，扩大生产规模，提高农业生产的商品化水平。企业作为管理主体自主性、可控性强，生产管理经验丰富、市场营销渠道广泛，但是土地租赁受政策方向影响较大。

3. 生产操作及产品加工

（1）长沙宇田生产从事者主要为固定的土地入股农户，蔬菜生产采收季节临时雇用工人，利用方式灵活，但人员素质参差不齐会导致潜在的生产风险。此外，宇田的稻谷协议加工增加了运输、加工费用成本，且存在有机产品平行加工造成的风险。

（2）裕丰将基地转包给种植大户，即从“公司+基地+农户”转换为“公司+基地+种植大户”，种植大户生产经验丰富、农业机械化程度高，也便于统一管理。裕丰自有加工厂实现基地—加工厂无缝对接，降低生产成本，但前期投入、后期运营成本较高。

4. 利润成本及销售渠道

蔬菜种植复杂，投入物资多，成本高，但周期短，回收资本较快；水稻易受自然灾害影响但管理操作简单，生产成本相对较低。扬州裕丰每年只种植一季晚稻，而长沙宇田每年两季稻，如果按1季稻算亩均成本1 781.5元，比裕丰高出7.1%；亩均利润1 438.5元，比裕丰低21.7%；裕丰种植水稻获得的110.4%的利润率要比宇田高出近30%，分析主要原因是裕丰采用的与种植生产大户进行优势组合的优化模式可在增产的同时降低成本。但不同的城郊地区需要视实际情况采取不同的模式，上述分析仅表明在扬州城郊地区采取龙头企业模式可能比合作社更适合当地保留农田转型实际需求。

5.6.3.2 转型模式的优化

城郊保留农田，要实现生态、经济和社会效益的“共赢”，不管采用哪类集约经营的模式，都有一个不断优化的过程。

1. 模式优化指标因子

要成功地推广集约化生产经营模式需要不断优化其管理与技术水平，需要优化的关键指标（因子）为：经济、管理、技术与环境四大类，它们是确保城郊保留农田成功转型（从一家一户的生产转为规模化、现代化、专业化的生产）与持续稳定发展的关键。长沙宇田和扬州裕丰应用示范基地的结果表明，城郊保留农田要成功实现生态经济服务功能转型，无论是专业合作社还是公司化经营都必须综合考虑环境、经济、管理和技术因子。具体总结如图 5-18 所示。

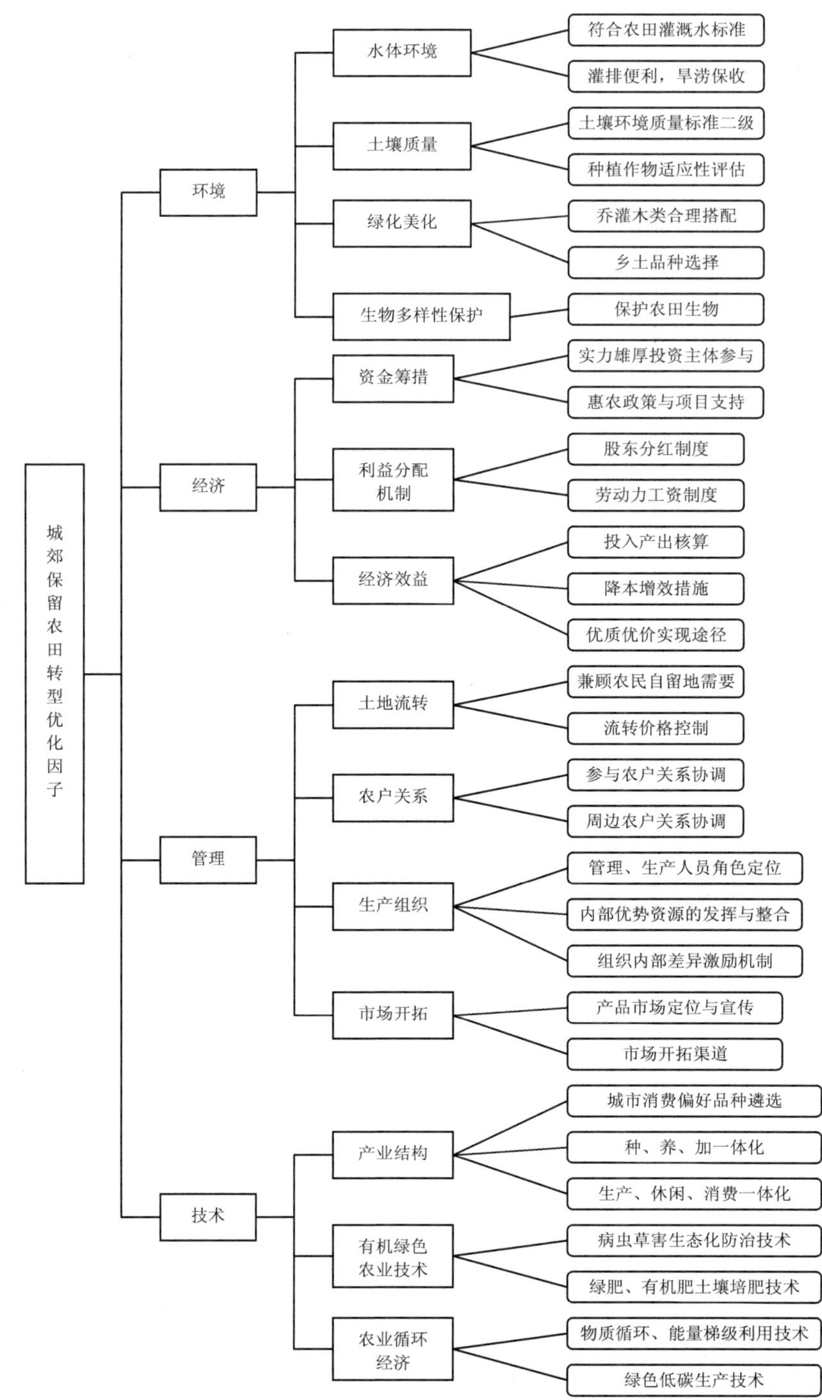

图 5-18　城郊保留农田转型优化因子

2．模式优化过程步骤

专业合作社和公司经营都有一个在实践中不断调整和优化的过程，其优化的步骤如图 5-19 所示。

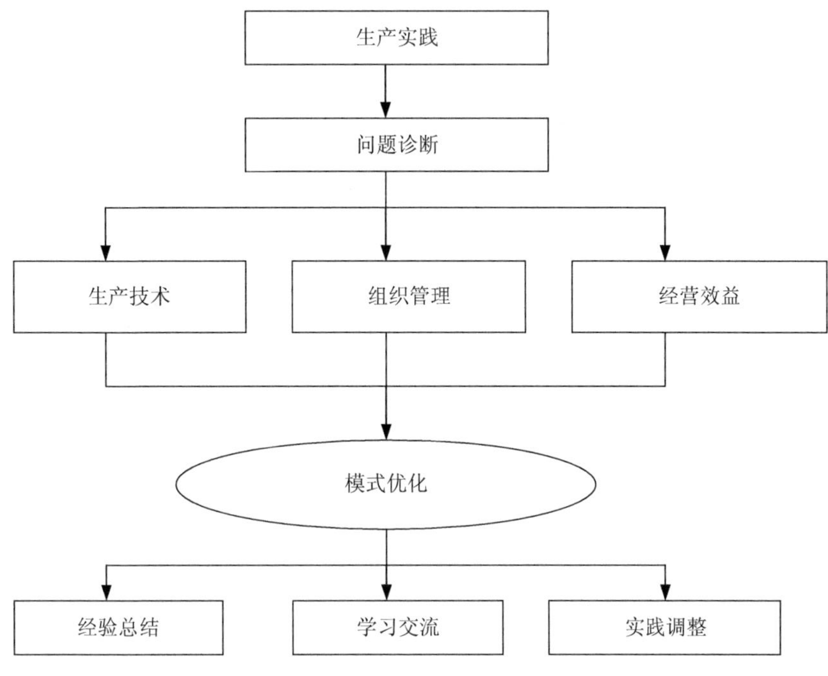

图 5-19　转型模式优化步骤与流程

3．模式运行关键要素

优化模式的运行需要考虑的关键要素分析如下：

（1）土地流转或入股

随着我国城市化进程的不断加快，城区工业及商业居住用地量迅速上升并逐步向城郊地区拓展，土地被征用有高额补偿，这使城郊农民对土地流转收益有较高的期望值，直接导致农业企业和种养大户土地承包租用成本上升，降低其从事生产的积极性。同时，部分地区城郊农民进城务工方便，农闲时进城，农忙时在家收割。城郊地区农民人均耕地面积相对较少，加之机械化种植收割普及率较高，地方政府有相应农业补助，土地对其已非负担，从而土地流转意愿不强。

对愿意将土地入股组建专业合作社或愿意流转土地给农业公司的村组，要充分考虑农户对满足其日常生活需要的土地需求，如种植自己消费的蔬菜等，在土地流转过程中不要100%流转，要根据农户的需要，开辟出靠近农户集中居住地的一定面积的田块，作为农民的“自留地”，以免农民与合作社或公司产生争地矛盾。

（2）农户关系

合作社或公司在进行规模化生产的同时，如何协调好周边分散农户的关系也相当重要。由于乡村道路、农田水系是相通的，若关系协调不妥，可能引起农田灌排用水纷争，存在农产品遭盗抢的风险。

（3）人力资源

目前农村存在的一个普遍现象是绝大部分为老年人留守农村，缺乏青壮年劳力，严重制约着合作社或公司的农业生产。因此发展机械化种植是规模生产的一个趋势。另外，发展现代农业还需要一批精通现代农业技术和管理及农产品营销的专业人才，合作社和公司缺乏高素质人才现象目前还较为普遍。

（4）产业结构

合作社和公司的规模经营，可由单一种植、单一养殖发展为种植养殖一体化的生产模式，丰富产品种类、延伸产业链条，提高城郊农业的整体效益；同时考虑匹配兴建设施完善的生态观光园区、农家乐、度假村等，为市民提供体验田园乐趣、休闲观光的场所。

（5）利益分配

利益分配要避免两种现象：一是过度强调对社员的收益分配，而未留足公积金、公益金及风险基金，从而影响合作社发展的后劲；二是发展规模化生产需要较高的资金投入，一般合作社难以承担，通过吸收企业单位作为团体入社从而为合作社的发展提供资金保障是较普遍的做法，但企业出于对利润的追求，往往在加入合作社后运作管理相对难以透明，甚至可能操纵利用合作社模式套取国家相关政策和资金的支持，同时通过各种渠道弱化农户从合作社获得利润的能力，从而损害入社农户的利益，违背了合作社发展的初衷。

科学而合理的利益分配机制不仅能促进农业合作社自身的发展，而且还能增强其凝聚力和吸引力。在合作社模式优化过程中，宏观层面，农业合作社要依具体情况制定合理的利益分配机制并采取措施确保有效落实，在实际操作中要联动政府管理部门加强对入社团体单位的监督管理。微观层面，农业合作社可适当优化公积金、公益金及风险基金的提取比例。一般来说，各公积金和公益金的比例应各占税后利润的5%～10%，风险基金应占税后利润的10%～20%。合作社在提取了上述各项基金后，剩余利润可以按交易额进行返还，也可以将按交易额返还与按股分红相结合。优化时要注意改变过分突出按股分红的倾向，应将按股分红限制在不超过按交易额分配比例的范围内。通过宏观和微观两个层面的有效措施切实保障入社农户的利益。对于公司经营，其生产成本因为土地的租赁费而显著增加，城郊农田大规模地转变为公司经营，则存在农副产品普遍涨价的风险，这种风险往往间接转嫁到城市消费者身上。

（6）资金投入

农业发展必须有大量的资金作为基础。城郊农业如果仅由入社农民组建合作社，其资金往往较短缺，需要积极吸收社会资金（如个人资金、企业资金）入股，对于这部分入社者可实行准社员制，准社员可以参与合作社的经营管理，但不拥有被选举权，其收益主要实行“按股分红”；留取适当比例的公积金。比例过低会影响合作社的日后发展，比例过高又会影响社员的积极性和合作社的凝聚力；争取银行的低息贷款。合作社还要积极争取政府的财政扶持资金。

（7）市场开拓

安全优质农产品是城市消费者的优先选择。针对城市消费者的消费需求，结合现代的营销手段，通过专卖店、家庭配送、社区支持农业、农超对接、网络营销等进行规模化经营的产品销售，积极开拓市场，实现优质优价，提高合作社和公司经营的经济效益。

5.6.3.3　优化模式推广

在城郊保留农田区生态经济服务功能转型过程中具体推广哪种优化模式，主要是由基地位置、农户对土地的依赖性、运营能力、政府政策等因素决定的（见表 5-19）。

表 5-19　城郊保留农田功能转型优化模式推广适用条件

条件	合作社	公司
基地位置	关系不密切，以生产为主	近郊：休闲观光为主；远郊：生产为主
基地规模	相对较大	通常较小
农户对土地的依赖性	强，土地是重要收入来源	弱，农民以务工或其他业务为主要经济来源
运营能力	有运营能力强的骨干会员	精通农业生产与农产品销售
政府政策	对合作社有扶持政策，则有利于合作社的建立	支持公司化经济政策有利于公司流转土地实行公司化经营

6　生态保护城乡统筹关键技术工程示范

6.1　城乡一体化生态安全格局构建技术工程示范

6.1.1　长沙雨水花园建设示范

6.1.1.1　示范地点

本工程示范点选择在长沙市长沙县开慧乡清泰桥村的金湘园现代休闲农庄，位于长沙县北部，处于长沙、平江、汨罗三县交界处，距省会长沙 59 km，东邻京珠高速，西接 107 国道。金湘园现代农庄以推动现代农业、规模经营、提质增效为目标，开发高档次有机茶、优质稻、创建农耕文化走廊，总规划面积为 2 830 亩，村民集中居住点及社区活动中心 61 亩，道路及其他 100 亩。

6.1.1.2　工程设计与施工

2011 年 5 月，在金湘园茶园接待中心旁的菜地附近建造了一套以雨水花园为主要处理单元的蓄渗系统，用于收集处理菜地地表径流（菜地浇灌使用四池出水喷灌）及屋面径流，处理后的雨水通过穿孔管收集进入渗井，该工程平面布置见图 6-1。

该蓄渗系统中雨水花园面积约为35 m^2，汇水面积约为1 100 m^2，设计降雨量为30 mm，蓄水层为300 mm，树皮覆盖层为50 mm，种植土层为350 mm，其上种植美人蕉（对化学需氧量和氨氮去除效果良好）、滴水草（本地种，常用耐涝植物）、灯芯草（半常绿，较耐寒，净水效果良好）等短时耐水淹植物。人工填料层（碎石）厚为300 mm，砾石层为250 mm，其中埋设直径为100 mm 的穿孔管将处理后的径流输送至渗井。雨水花园断面图见图6-2。雨水花园进水水样取自建筑物的雨落管及四池出水，出水水样从渗井采取。工程效果见图6-3。

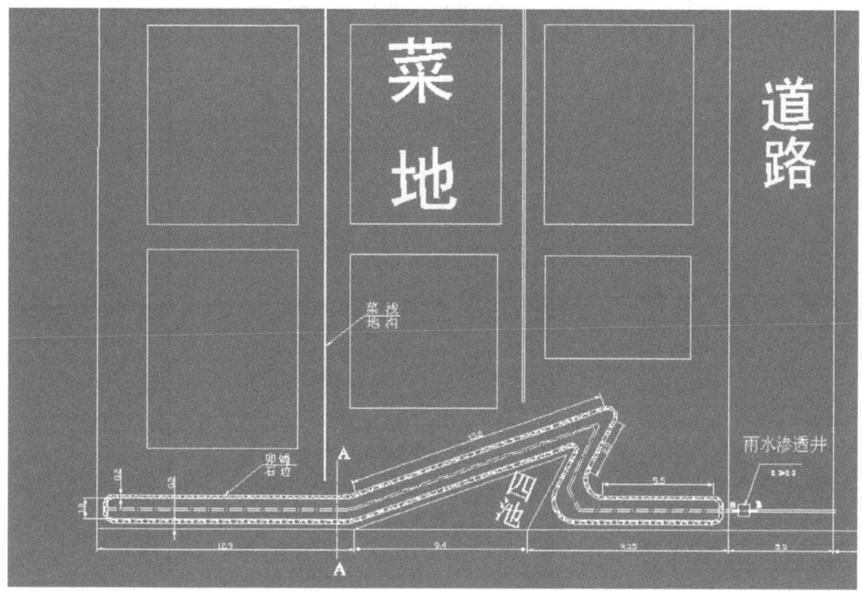

图 6-1 雨水花园布置

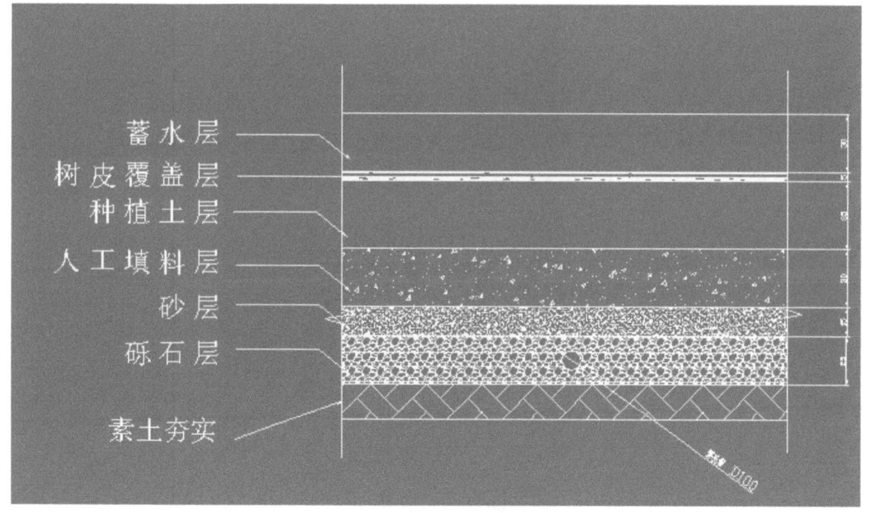

图 6-2 雨水花园断面

图 6-3 长沙金湘园茶园雨水花园工程

6.1.1.3 雨水花园的效果监测

2012 年 2 月 11 日为验证对雨水花园的后期效果，进行了水样的采集与监测等实验。实验过程中，进水为四池水，通过抽水泵抽至雨水花园，在雨水花园蓄水层采样；出水在渗井里采样，渗井见图 6-4。

图 6-4 渗井

冬季美人蕉枯萎，植物少量，雨水花园对污染物质的去除作用主要是土壤及下层填料（碎石）的过滤净化，建议在夏季植物均长势良好（尤其是美人蕉）时进行效果检测，得出的结果更能体现工程效果。如表 6-1 所示，雨水花园对氨氮、总氮、总磷、化学需氧量、悬浮固体的平均去除率分别为：29.2%、40.3%、32.5%、38.6%、73%，见表 6-2，由此可知，雨水花园冬季对悬浮固体的去除率较大。

表 6-1　2012 年 2 月 11 日雨水花园实测数据

编号	指标	氨氮	总氮（TN）	总磷（TP）	化学需氧量（COD）	pH	悬浮固体（SS）
0	进水/（mg/L）	196.8	553.0	34.3	1 402.3	7.44	493
	出水/（mg/L）	128.6	344.3	21.7	903.9	7.35	133
	去除率/%	34.7	37.7	36.7	35.5	—	73.0
1	进水/（mg/L）	192.6	551.7	35.0	1 485.2	7.55	
	出水/（mg/L）	145.8	344.3	21.5	781.5	7.33	
	去除率/%	24.3	37.6	38.6	47.4	—	
2	进水/（mg/L）	184.3	553.0	34.1	1 444.9	7.56	
	出水/（mg/L）	121.2	329.8	23.4	851.9	7.35	
	去除率/%	34.2	40.4	31.4	41.0	—	
3	进水/（mg/L）	184.3	568.7	33.2	1 388.7	7.51	
	出水/（mg/L）	138.5	362.6	24.6	906.1	7.40	
	去除率/%	24.9	36.2	25.9	34.8	—	
4	进水/（mg/L）	174.7	600.3	27.3	1 379.8	7.62	
	出水/（mg/L）	128.9	348.2	21.0	882.6	7.35	
	去除率/%	26.2	42.0	23.1	36.0	—	
5	进水/（mg/L）	174.7	625.2	35.6	1 411.6	7.53	
	出水/（mg/L）	120.5	324.6	21.6	893.2	7.35	
	去除率/%	31.0	48.1	39.3	36.7	—	

注：SS 比较难监测，测试过程中仪器出现问题，导致仅测得一组数据。

表 6-2　金湘园雨水花园对部分污染物的去除效果

指标	去除率/%
SS	73
TP	32.5
TN	40.3
COD	38.6
氨氮	29.2

通过本工程的示范，对金湘园茶园的屋顶降雨及菜地径流的低污染进水（四池出水喷灌）进行初期净化，降低污染的同时起到美化环境的作用，且施工简单，在农村

院落可适当推广小型雨水花园。

6.1.2 北京潮白河廊道建设示范

6.1.2.1 河流生态廊道建设——潮白河三区县交界段水源保护工程生态修复（实验段）

潮白河是北京市五大水系之一，属于海河流域，是北京市地下水和地表水的重要来源。从生态系统服务和景观格局优化的角度来看，潮白河流域既是北京市重要的生态源地，也是重要生态廊道。

20世纪70年代，潮白河开始断流，进入21世纪，除境内下游河段夏季承接城区排放排雨水之外，大部分干涸无水。

潮白河三区县交界段水源保护工程生态修复（实验段）是本课题示范工程之一，是对城乡生态廊道建设模式的探索。该工程从2011年中开始实施，现场工程措施已经完成，目前正处于第一年的土壤改良、植物选配、水土保持、水源涵养等多方面的综合实验和监测阶段，以期选出最优方案，进行大规模河道生态廊道建设，潮白河生态修复整体工程计划于2012年全部完成。

示范工程旨在合理人工干预的基础上，发挥自然生态系统的自我修复能力，恢复河道生态功能，改善生态环境，将目前缺水型的河道恢复成生态功能高、景观效果好的绿色廊道，以提高其在该区域城乡一体化生态安全格局中的生态廊道作用。本示范工程中，组合、搭配使用了一部分城乡一体化生态安全格局斑块水平工程技术措施。值得注意的是，由于工程地段是北京市地下水和地表水水源涵养区，因此，在整个施工过程各个技术环节都注意避免对土壤环境和水环境造成污染（见图6-5）。

图6-5 河流生态廊道建设示范

1．土壤改良技术

通过对工程所在地的前期了解和调查发现，工程所在地段的立地条件是进行生态修复的限制性因素，因此必须在明确土壤基质状况的基础上，进行土壤的适度改良。

（1）土壤基质状况分析

1）土壤基质样品采集及分析方法

潮白河干流调查河段以河槽村滚水坝为起点，汇合口牛栏山橡胶坝为终点。根据河滨带不同的生境条件，设置 13 个采样点，见图 6-6。在每一个样地取 0～10 cm、10～20 cm 两层土样。将同一样地分层后的土样混合后用自封袋装好，风干后用于测定土壤机械组成、有机质、全氮、全磷、全钾、碱解氮、速效磷、速效钾、pH。

图 6-6　潮白河生境现状（土壤、植被）

2）土壤基质构成分析

该项目地段河道土壤基质构成的 5 种不同物质的总体组成含量不均，主要是以石砾和粗砂粒为主，两者占土壤颗粒组成的 70%以上（见图 6-7），这些构成物质均呈现为土壤颗粒较大、通透性强、土壤的保水能力差等特点；具体土壤质地表现为砂质、沙质。从土壤基质构成特点来看，该土壤基质上不适宜直接进行种植，在种植前必须采取必要土壤基质改良措施和相应的种植措施。土壤结构不合理是限制该河道生态修复的主要因素之一。

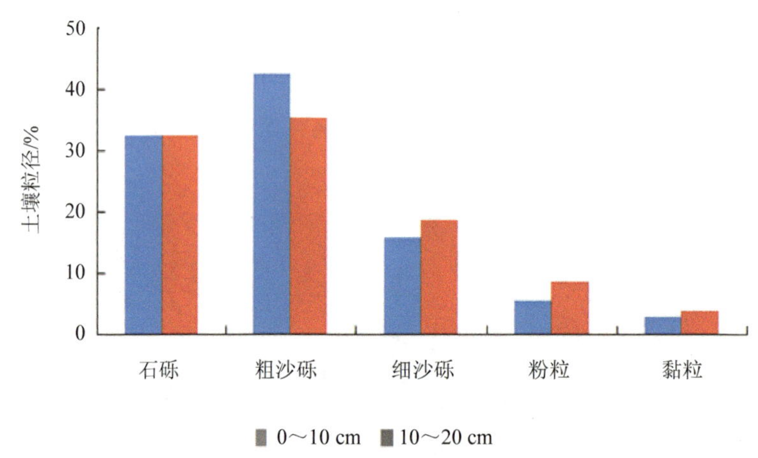

图 6-7 潮白河土壤机械组成分析

从整体上看，土壤机械组成中砾石所占比例最大，明显高于沙粒、粉粒和黏粒。这种质地的土壤空隙相对较大，保水保肥能力较弱，因此，因地制宜地运用一些土壤基质改良措施显得至关重要。

3）土壤基质容重和三相比分析

从图 6-8 中可以看出，干枯河道的容重最大，其次是湖泊、河漫滩、人工护岸、湿地，最小为穿河公路边坡。这说明干枯河道的土壤空隙小，土体较紧实，而穿河公路边坡土壤空隙大。据调查北京市土壤容重一般在 1.2 左右为适宜的土壤条件，而我们所调查土壤的容重都大于 1.2，说明该河道内土壤基质容重处于偏大的状态，为了确保修复效果，必须进行必要、合理的土壤容重改造。

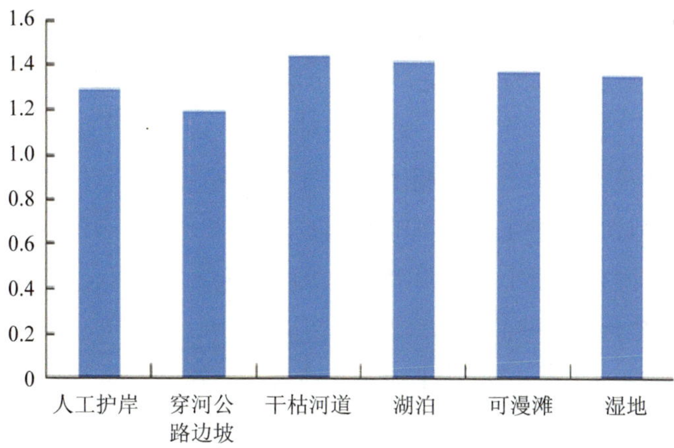

图 6-8 潮白河土壤容重分布

由于土壤容重仅表现出土壤单位体积内重量与孔隙度之间的相关关系，不能反映出土壤中的空气、水分及土壤重量之间的数量关系，因此，需要进行土壤三相比分析研究（见图 6-9）。

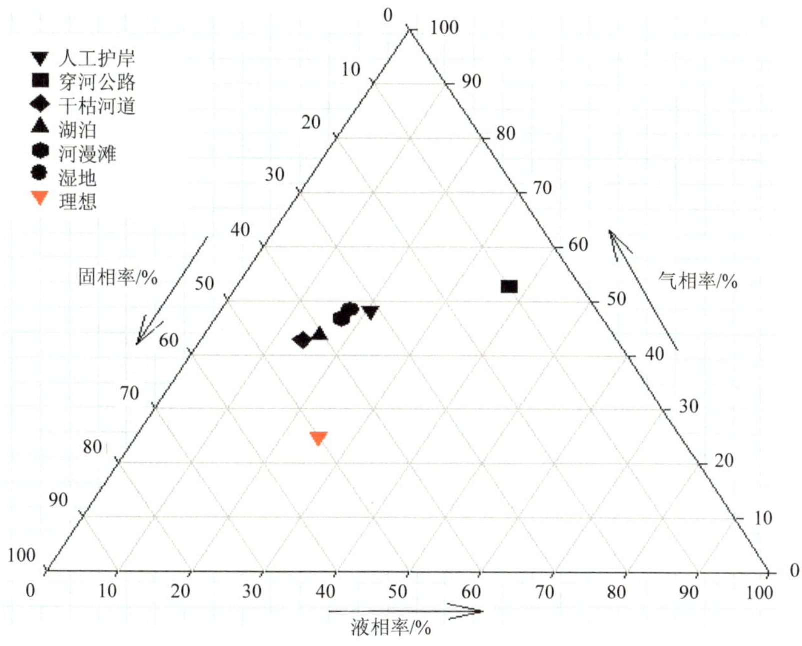

图 6-9 潮白河河滨带不同生境类型土壤三相比分布

土壤固、液、气三相的容积分别占土体容积的百分率，称为固相率、液相率和气相率。三者之比即土壤结构的三相比，理想土壤耕层的三相比为 2∶1∶1。图 6-9 中人工护岸、干枯河道、湖泊、河漫滩、湿地相对来说，距理想土壤三相比较近，人为干扰较轻，这五种生境类型的土壤液相率低，气相率高，固相率与理想土壤固相率相差不多。而穿河公路边坡这种生境类型的土壤距离理想土壤的三相比结构相差很远，气相率、液相率高，固相率很小，说明土壤孔隙度较大。

4）土壤类型分析

该河段土壤中上下层土壤以沙土为主，沙质壤土次之。从土壤基质的物理特征分析可知，该河道内土壤是以石砾、粗砂为主，约占 70%，体现为结构不合理，为沙质土壤；土壤容重较大，紧实度大，不利于植物根系生长；土壤三相比结构不合理，不利于土壤水肥气热的协调。土壤从整体上看，土壤保水、保肥能力差，通透性强，极易发生干旱。该土壤状况是制约生态修复的主要因子，因地制宜地运用一些土壤基质改良措施显得至关重要。

（2）土壤基质肥力状况分析

1）土壤基质化学指标分析

对潮白河土壤化学指标分析（见图 6-10），结果整体表现为土壤养分指标偏低，土壤酸碱度较大，为碱性土壤，选择物种时必须要考虑耐盐碱植物。各指标受到人工扰动作用，土壤养分指标变化较大。土壤养分整体较贫瘠，需要进行土壤改良。土壤上层养分状况要低于下层。

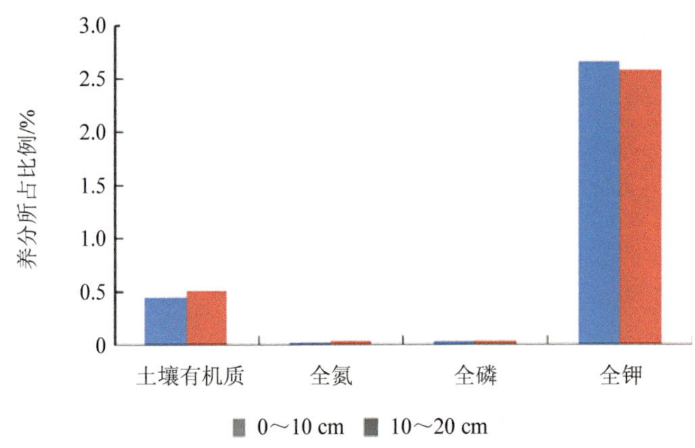

图 6-10 潮白河土壤养分含量分布

2）土壤基质肥力等级评价

土壤养分分级标准主要针对有机质、全氮、速效氮、速效磷和速效钾的含量进行分级，每种级别对应不同成分的含量不同。据全国第二次土壤普查及有关标准，将土壤养分含量分为以下级别，见表 6-3。

表 6-3　全国第二次土壤普查分级标准

一级	二级	三级	四级	五级	六级
很高	高	中等	低	很低	极低
＞4	4～3	3～2	2～1	1～0.6	＜0.6

表 6-4　土壤养分分级标准

项目 级别	有机质/ %	全氮/ %	速效氮 PPM	速效磷 PPM	速效钾 K_2O
1	＞4	＞0.2	＞150	＞40	＞200
2	3～4	0.15～0.2	120～150	20～40	150～200
3	2～3	0.1～0.15	90～120	10～20	100～150
4	1～2	0.07～0.1	60～90	5～10	50～100
5	0.6～1	0.05～.075	30～60	3～5	30～50
6	＜0.6	＜0.05	＜30	＜3	＜30

以样点的土壤化学性质实测值为评价对象，按照土壤肥力等级评价标准，首先为土壤有机质、全氮、碱解氮（速效氮）、有效磷、速效钾赋值打分，再选择五个中的最低值，作为每个样点的评价值，最后取平均值，得到潮白河该河段的土壤肥力等级。从表 6-4 中可以看出，土壤肥力等级为“极低”。

综上所述，潮白河土壤的肥力具有低有机质、缺磷、少氮、少钾、盐碱高、高碱性的特点，肥力状况差。

（3）河滩地土壤改良施工技术

根据土壤基质调查分析，潮白河进行生态修复时，土壤肥力的改良是必需的工作，建议添加土壤改良保水剂、环保型的有机肥，确保提供植物生长所必需的养分。

河滩地土壤改良材料：客土、“全叶浓”环保有机肥、法国“爱森”保水剂及丰农土壤生物改良剂，具体施工方式如下：

平整和清理河滩地杂物（清除大石块等，坡面局部平整）；

客土要求质地均匀，无砾石、建筑垃圾等不利于植物生长的杂物；

河滩地按 30 cm 厚度要求均匀覆盖客土；

覆盖客土表面按施加“全叶浓”环保有机肥 300 kg/亩、法国“爱森”保水剂 20 kg/亩、丰农土壤生物改良剂 5 kg/亩的用量要求，在客土表面均匀撒施；

在撒施后，使用翻耕机对客土进行翻耕，翻耕作深度在 10～15 cm，然后用平整耙耧平土壤便于种植；

在种植苗木前，结合天气情况，若无降水，建议先浇水，让土壤自然沉降几天再混播种，如图 6-11 所示。

图 6-11　土壤改良前期本底状况和土壤改良主要过程

2．植被建植技术

（1）植物选配技术

1）原地貌植被调查分析

该工程遵循尽量保持原有地貌、乡土物种的原则，先进行该河道的植被调查。调查结果显示，本地河道内主要分布的典型群落有以下 6 种：狗尾草＋猪毛蒿群落；苍耳＋虎尾草群落；马唐群落；灰菜＋广东蔊菜群落；朝天委陵菜＋苦菜＋虎尾草＋猪毛蒿群落；藜＋野艾蒿群落。

分析表明，这些植物群落均处于严重退化阶段，属于退化群落；群落物种分科多以禾本科和菊科为主，大多属于一年生的草本，属于演替的先锋群落。这些植物群落结构简单、生物多样性指数差、结构不稳定、覆盖度低、生产力低、生态景观和防治水土流失效果差。

2）生态修复植物选择与搭配

生态修复绿化植物物种需选择耐瘠薄土地的物种，这是确保生态修复成功的基础，并且在此基础上，尽量选择生态功能高的物种。基于潮白河的生态现状、立地条件及恢复生态景观和效益的要求，特选择表 6-5 中品种进行生态景观建设。

表 6-5　景观植物混播组合

景观植物混播组合 1									
植物名称	二月兰	菘蓝	马蔺	常夏石竹	荆芥	波斯菊	宿根天人菊	射干	甘菊
生活周期	一、二年生	二年生	宿根	宿根	宿根	一年生	宿根	宿根	宿根
花色	蓝紫	黄色	蓝色	粉色	紫红	白色、粉色、红色	红黄色	橙黄色	黄色
花期/月	3～5	5	5～6	5～7	5～8	5～10	6～9	7～8	9～10
株高/cm	40～60	40～90	25～45	20～30	30～50	40～100	30～70	50～80	20～60
特点	自播能力强	自播能力强	生命力强，抗逆性强	花繁色艳，抗性强	生命力强，具野趣	自播能力强	景观效果佳	抗性强	营造秋季自然景观，具野趣
播种量/（g/m^2）	0.3	0.2	0.5	0.5	0.3	0.2	0.4	0.6	0.5

景观植物混播组合 2									
植物名称	二月兰	蒲公英	飞燕草	紫苜蓿	宿根天人菊	肥皂草	钓钟柳	耧斗菜	甘菊
生活周期	一、二年生	宿根	一年生	宿根	宿根	宿根	宿根	宿根	宿根
花色	蓝紫色	黄色	粉色、蓝色	蓝紫色	红黄色	白色	红色、粉色、蓝紫色	粉色、黄色、蓝紫色	黄色
花期/月	3～5	4～7	5～7	5～7	5～10	6～8	6～9	7～9	9～10
株高/cm	40～60	20～30	60～90	30～100	30～70	50～80	30～60	40～80	20～60
特点	自播能力强	花期长，具野趣	自播能力强	生命力强，生长旺盛	景观效果好	生性强健，且具自播习性	花色艳丽，花期长	花色丰富，适应性强	营造秋季自然景观，具野趣
播种量/（g/m^2）	0.3	0.3	0.4	0.2	0.5	0.5	0.4	0.4	0.5
景观植物混播组合 3									
植物名称	紫花地丁	小冠花	蛇目菊	马蔺	常夏石竹	蓍草	黑心菊	观赏葱	甘菊
生活周期	宿根	宿根	一、二年生	宿根	宿根	宿根	宿根	宿根	宿根
花色	蓝紫色	粉色	黄色褐色	蓝色	粉色	白色、红色、黄色	黄色	淡紫色	黄色
花期/月	4～5	4～8	5～9	5～6	5～7	6～7	6～9	7～8	9～10
株高/cm	15～20	50～80	30～80	25～45	20～30	30～60	20～60	15～35	20～60
特点	春季开花，具野趣	生长旺盛，生命力强	景观效果佳	生命力强，抗逆性强	花繁色艳，抗性强	适应性强，具野趣	营造自然式景观	生命力强，抗性强	营造秋季自然景观，具野趣
播种量/（g/m^2）	0.3	0.3	0.3	0.5	0.5	0.5	0.3	0.3	0.5

绿色本底类植物配置模式有两种，具体见表 6-6。

表 6-6 绿色本底类植物配置模式

绿色本底类植物配置模式 1			
物种名称	高羊茅	黑麦草	早熟禾
配置比例	6 g/m^2	6 g/m^2	3 g/m^2
总量	15 g/m^2		

绿色本底类植物配置模式 2			
物种名称	无芒雀麦	披碱草	冰草
配置比例	4.5 g/m^2	4.5 g/m^2	6 g/m^2
总量	15 g/m^2		

把选配出来的 3 种景观植物和 2 种绿色本底类植物分别进行组合，形成 6 种不同的植物混播组合方式，在试验区的六个区域分别进行播种，分析选择更加适宜本项目立地条件的植物组合，见图 6-12。

图 6-12　植物选配效果

3）极端立地条件植物选择技术

潮白河部分河道常年干涸无水，河道内很多地段以石砾和粗砂粒为主，为了探究在这种极端立地条件下植物对土壤环境的适应性情况，为以后极端立地条件施工选出优良的植物品种，特别选取了 13 种耐干旱、耐瘠薄的植物品种（包括八宝景天、联合堪察加景天、蒙古百里香、欧洲百里香、观赏葱、地被石竹、垂盆草、甘菊、光亮景天、“胭脂红”景天、反曲景天、地被菊、太行菊），直接移栽到未经改良的布满石砾的立地上，用以观察其适应性，见图 6-13。

图 6-13 植物极端立地抗性实验

（2）植物种植技术优化

基于节约成本、施工便捷简单的原则，结合植物配置模式，开展直接播种技术（包括种子混播）、原地形不同处理技术以及播种后覆盖技术集成研究，分析了不同配置模式下，植物种植工艺流程、工程参数及效果，最终提出适合该河道生态修复的植物种植技术。主要技术措施如下：

直接在进行过客土和土壤改良措施的试验区域播种，后期进行水分管理，分析种子出苗率。

工程整地阶段，把整个试验区域分成相等的两部分，其中一部分铲除原有植被，另一部分不做处理，然后在整个试验区上覆土、播种，对比两部分试验区播种植物的出苗率和覆盖度。

在 2.25 万 m^2 试验区域内，1.25 万 m^2 在混播种浇水后覆盖无纺布、0.5 万 m^2 覆盖黑色遮阳网 0.5 万 m^2 不采取覆盖措施，通过试验，分析不同覆盖物对种子出苗率和覆盖度的影响。

根据土壤机制调查结果分析，工程所在河段的河道边坡陡且长，土壤基质主要以卵石、石砾和粗砂粒为主，边坡只有少量零星的柳树及一年生草本，群落结构简单，生物多样性指数差，结构不稳定，容易造成水土流失，所以要对其进行整体改造。

3．水土保持边坡植被配置技术

（1）边坡上部：以柳树为背景，在柳树空隙处，间植山桃、黄栌和元宝枫。草本为小冠花、沙打旺、无芒雀麦、冰草（比例为 2∶1∶1∶1），种子量为 16 g/m^2。垂盆草茎段均匀撒入，以达到良好的护坡效果。

（2）边坡中部：为达到良好水土保持效果，防止水土流失，在边坡中上部和中部不同位置移栽铺地能力强，水土保持效果好的多年生灌木状草本虎杖和半常绿灌木扶芳藤两排，用以分部隔离坡面，形成小部分块状坡地，以使水土保持效果更好。

（3）边坡下部：边坡下部及过渡地带：大量种植金银木、连翘、紫丁香、黄刺玫、迎春，多采用自然式群植，灌木下草本为耧斗菜、地被石竹、蓍草、荆芥、欧洲百里香、蒙古百里香、观赏葱、山桃草（比例为1∶1∶1∶1∶1∶1∶1∶0.5），种子量为 7.5 g/m^2，不仅可以增加生物多样性，还能够进一步发挥其保持水土的作用，见图6-14。

图 6-14　边坡改良前后对比

4．监测技术

（1）景观生态监测

利用“3S”技术监测项目区植被景观动态变化、生态系统及生产力监测等。

（2）植被监测

通过样方调查，调查植被恢复现状及效果（从个体到群落）。

（3）土壤监测

通过土壤取样及室内试验检测分析相关理化性状指标，判定土壤恢复状况及效果。

（4）水土保持效果监测

监测植被恢复后土壤侵蚀状况。

6.1.2.2 潮白河三区县交界段水源保护工程生态修复效益分析

1．生态效益分析

（1）生态效益评价指标体系（见表 6-7）

表 6-7 示范工程生态效益评价指标指标体系

<table>
<tr><th>一级指标</th><th>二级指标</th><th>计算公式</th></tr>
<tr><td rowspan="5">生态效益（生态服务功能）</td><td>涵养水源</td><td>年均涵养水源效益=年降雨量×绿化面积×28.6%×蓄水工程单价</td></tr>
<tr><td>保育土壤</td><td>防风固沙效益=年风蚀量×保土系数×防风工程单位造价
年风蚀量=a×b×温度系数×年均风速×无雪覆盖时年均风日数×绿化面积
固土效益=绿化面积×侵蚀模数×保土系数×保土工程单位造价</td></tr>
<tr><td>固碳释氧</td><td>固碳效益=绿化面积×单位面积绿地固碳量×固碳价格
释氧效益=绿化面积×单位面积绿地释氧量×氧气价格</td></tr>
<tr><td>净化大气环境</td><td>净化大气效益=绿化面积×净化大气单价</td></tr>
<tr><td>物种保育</td><td>生物多样性保护效益=绿化面积×物种保育单价</td></tr>
</table>

（2）生态综合效益

综合上述各分效益的评价结果，本项目绿化总面积182.12 hm^2，年均生态效益可以达到3 695.10万元，见表6-8。其中，土壤保育效益相对最高，符合该地区植被稀少、土壤贫瘠的特点。

表 6-8 生态效益经济价值汇总

效益类别		具体描述	价值/万元
涵养水源效益		增加湿度和地下水含量	155.72
保育土壤效益	防风固沙效益	拦截风沙、防止风蚀	641.84
	固土效益	根系固土、防止水蚀	1 267.84
	保肥效益	减少土壤营养流失	1 549.45
气体调节	固碳效益	吸收二氧化碳	21.73
	释氧效益	释放氧气	36.22
	净化大气效益	吸收有害气体	5.75
增加生物多样性效益		增加物种种类和数量	16.54
合计			3 695.10

由于植物的生态学和生物学特性具有明显的时间动态性，在不同的阶段发挥的生态效益也具有明显的差异，一般从工程建设完毕后的幼龄林开始逐年上升，因此，本项目完工后的三年生态效益应分别按完全价值的 50%、70%、90%计算，即从项目完工后的 2013 年到 2016 年，生态效益累计值为 3 695.10×（50%+70%+90%）=7 759.71 万元。

2．社会效益分析

潮白河生态修复工程社会效益主要体现为优化景观格局、提升景观效果。该植被修复工程在进行植被修复后，所配置的植被花期从 4 月开始一直延续到 9 月，大大改变了该河道修复前少花或无花期的景观现象；植被景观主要通过植被开花和植被色泽体现，植被色泽主要有黄色、白色、粉色、蓝色、红色等主题色调。植被配置设计注重景观规律、景观节奏韵律、景观多样性，体现自然风光，可以改变修复前河道景观无序的状况。项目建成后，美化了环境，给附近群众提供了一个优美的休憩环境。

6.2 城乡接合部生态缓冲带构建技术工程示范

6.2.1 朝阳区勇士营郊野公园建设示范

6.2.1.1 工程概况

示范工程建设总面积为 21.8 hm^2，主要建设内容有地形整理、植物种植调整、公园基础设施、公共服务配套设施和前期拆除工程。示范工程实施时间为 2011 年 1—12 月。

1．植物群落配置技术应用

（1）水平维度

根据不同物种的生态功能侧重点不同，水平维度植物群落物种组合在总平面空间上可以分为以下四个区域：

1）群众运动健身区：此区以净化空气能力强、分泌杀菌素的植物为主，选用松柏类植物、高大落叶乔木并搭配部分春花植物，营造清新怡人的林下健身区域。主要选用的植物品种有松柏、白皮松、油松、毛白杨、立柳、国槐、刺槐、栾树、海棠、美人梅、芍药等。

2）生物多样性体验区：本示范作为技术支持方，协调设计方在区内设置了物种多样性体验区，位于公园中部、高压走廊区域，通过对现状植被的改造和提升，增加大量生态功能高、景观效果好的乡土品种，由于不同的植物特征搭配吸引大量鸟类、昆虫等生物在此聚集，形成游人能够进行感官体验的植物生态好、景观美为特色的区域。该施工范围主要选用的植物品种有元宝枫、华山松、油松、金银木、海州常山、海棠、蜡梅等。

3）群众文化休闲区：此区选用冠大荫浓的乔木及耐践踏草种、搭配夏季观花植物及常绿植物，营造适宜户外休闲活动区域。主要选用的植物品种有毛白杨、洋槐、绒毛白蜡、山桃、海棠、碧桃、紫叶李、萱草、芍药、石竹、宿根福禄考等。

4）主入口及沿路观赏区：主入口及沿路植物种植以春秋两季为主，体现郊野公园风景。主要选择北京乡土的高大乔木、搭配其他宿根花卉、观果灌木。主要选用的植物品种有白蜡、银杏、馒头柳、元宝枫、海棠、海州常山等。

（2）垂直维度

在勇士营郊野公园示范基地综合设计了乔灌草复层立体结构，林分郁闭度达到0.6～0.8，做到三季有花，四季常青，选各种观花观果、芳香、彩叶树种，充分体现物种多样性（见图6-15）。

图6-15　勇士营郊野公园生物多样性体验区设计

其中，适合于上层栽植的植物应具有较高的观赏性，较强的抗污性，喜阳，冠型端正，树形俏丽，枝下高较高且枝叶较为稀疏（透光性好，便于中层、下层植物生长）等条件的高大乔木。如落叶乔木银杏、白蜡、毛白杨、臭椿、合欢、国槐、栾树、绦柳（旱柳）、刺槐、元宝枫、柿树、旱柳泡桐等，常绿乔木侧柏、桧柏、雪松、油松、华山松等。

适合于中层栽植的植物以植物耐荫性及光合作用特性为选择依据，兼顾植物在杀菌、蒸腾、吸收 CO_2、滞尘等方面的表现并具有较高观赏性及管理粗放的灌木为主。适合于林下遮阴条件下的植物有连翘、天目琼花、红瑞木、金银木、棣棠等。适合于林下半荫或全光照条件下的植物有小叶黄杨、猬实、太平花、珍珠梅、碧桃、沙地柏。适合于林缘或疏林空间栽植的植物有西府海棠、紫叶李、榆叶梅、锦带花、平枝栒子、迎春、海州常山。

适合作下层栽植的植物多为耐荫地被（包括低矮灌木及草本植物）。相对于中层植物，要求下层植物耐荫性较强，可分为：适合于遮阴林下栽植的地被植物有五叶地锦、金银花、扶芳藤、富贵草、鸢尾、荚果蕨等。适合于生长在林缘及林间空地或在乔木-草两层配置结构半遮阴条件下生长的地被植物有沙地柏、中国地锦、芍药、五叶地锦、马蔺等。

2．低冲击开发模式典型技术应用

示范区中心地带为洼地，较西侧及南侧市政路低 1 m 左右，可以承担地块内雨水回渗功能；同时，根据宏观尺度（景观水平）非生物生态安全格局构建对建设项目所在区域的研究，示范区位于因地下水抽取引起的来广营—大郊亭地质沉降区内，因此将项目的中心洼地设置为雨水回渗功能区，以保障地下水补给，进而在一定程度上缓解地面沉降这一问题。

6.2.1.2 工程效益评估

1．生态效益评估

（1）水源涵养服务

根据相关研究，灌丛、草地蒸发量占降水量的71.4%，林地涵养水源量占降水量的28.6%。北京市朝阳区年均降雨量为639 mm，目前，我国水库库容造价为6.11元/m^3，据此可以推算朝阳区郊野公园建设在涵养水源方面的价值：

年均水源涵养价值=年均涵养水源总量×蓄水工程单价

=年降雨量×绿化面积×28.6%×蓄水工程单价

=（639/1 000）×20.4×28.6%×6.11

=22.78 万元/a

（2）土壤保持服务

固土效益=年均保土量×保土工程单位造价

=绿化面积×侵蚀模数×保土系数×保土工程单位造价

=20.4×2 500×0.7×40

=142.8 万元/a

（3）空气净化服务

1）固碳

固碳效益=绿化面积×单位面积绿地固碳量×固碳价格

=20.4×1×1 200

=2.45 万元/a

式中，单位面积绿地固碳量根据《中国森林生态服务功能》取 1 t/（hm^2·a），固碳价格取瑞典的碳税率 150 美元/t（折合人民币 1 200 元/t）。

2）释氧

释氧效益=绿化面积×单位面积绿地释氧量×氧气价格

=20.4×2×1 000

=4.08 万元/a

式中，单位面积绿地释氧量根据《中国森林生态服务功能》取 2 t/（hm^2·a），氧气价格取相关部门公布的氧气价格 1 000 元/t。

3）吸收污染物和滞尘

净化大气效益=绿化面积×净化大气单价

=20.4×316

=0.64 万元/a

由于净化大气的计算项目繁多，计算过程复杂。本书参考相关文献，净化大气单价取 316 元/（hm^2·a）。

（4）区域气候调节

减缓热导效应效益=生态缓冲带年降温效果折合耗电能×平均电价

=1.35 万元/a

（5）保护生物多样性

生物多样性保护效益目前尚未形成定论，在参考相关文献后，取物种保育单价为 913 元/（hm^2·a）。

生物多样性保护效益=绿化面积×物种保育单价

=20.4×913

=1.86 万元/a

（6）综合生态效益

由表 6-9 可以看出，勇士营郊野公园年均生态效益总额为 175.96 万元，其中土壤保持服务效益相对较高，占生态效益总额的 81.15%，区域气候调节服务相对较低，仅占生态效益总额的 0.77%。

表 6-9 勇士营郊野公园生态综合效益

目标层	准则层	指标层	效益值/（万元/a）
生态效益（生态服务）	水源涵养服务	调节水量	22.78
		净化水质	
	土壤保持服务	固土	142.80
	空气净化服务	固碳	2.45
		释氧	4.08
		吸收污染物滞尘	0.64
	区域气候调节服务	减缓热岛效应	1.35
	生物多样性保护服务	生物多样性	1.86
总计			175.96

2．经济效益分析

这里我们以服务业当年总产值表示城市绿地的带动效益，以旅游设施投资额表示资本投入，以服务业年末职工总人数表示劳动力使用量，另外，以人均公共绿地面积作为影响城市环境的一个因素。根据北京市 2000—2010 年的旅游统计年鉴获取数据，应用统计分析软件进行统计分析，建立多元现行回归模型：

$$\ln(Y)=0.286\,072+0.678\,243\ln(x_1)+0.543\,193\ln(x_2)+0.011\,514x_3 \qquad (6\text{-}1)$$

式中，Y —— 服务业生产总值；

x_1 —— 旅游设施投资额；

x_2 —— 服务业年末职工总数；

x_3 —— 人均绿地面积。

在确定了服务业经济增长与各驱动因子的多元线性回归模型后，将绿地直接服务函数从该模型中分离出来计算绿地系统的直接服务价值。将绿地作用系数 $r=0.011\,514$ 代入绿地直接服务函数得 $E=e^{0.011\,514x_3}$。将人均绿地面积作为自变量代入上述函数，通过数据代入，可得出 10 年间北京市单位面积绿地产生的平均经济效益为 2.03 元/m^2，计算得出勇士营郊野公园可带来的经济效益为 44.27 万元/a。

3．社会效益分析

由于勇士营郊野公园现在正处于工程建设阶段，社会经济效益数据并不完善，因此可以根据与其类似的朝阳区其他 20 个郊野公园的数据进行分析。据朝阳区绿化隔离地区指挥办公室统计，截至 2010 年，已经建设完成的 20 个郊野公园平均日接待游客 3.1 万人，使广大市民真正享受到了绿化建设成果。

另外，本项目在朝阳区郊野公园服务区域半径内进行了现场问卷调查。内容主要涉及居民的基本特征、游玩目的、出行方式、停留时间以及居民对郊野公园内现有资源及设施的评价和满意情况等，以此了解市民对郊野公园建设的满意度和需求。调查显示，郊野公园是居民进行运动健身和休闲的重要场所，其建设状况直接关系到群众的生活，有56%的受访者对郊野公园的整体建设情况比较满意或很满意；郊野公园的建设让居民直接享受到了绿化建设的成果，57%的受访者对郊野公园的绿化状况比较满意或很满意；公园服务设施建设是影响公园建设和发展的重要因素，调研发现，游憩者对于园内卫生间、购物点和夜景灯光照明等基础服务设施的满意度偏低。总体来讲，勇士营郊野公园社会效益主要体现在以下几个方面：

1）美化城乡景观

勇士营郊野公园作为朝阳区绿色空间的重要组成部分，可提高城市环境美感。植物通过其空间结构、叶的颜色及其随季节变化开花、结果等自然现象，给环境增添许多绚丽的色彩。绿化树木有丰富的线条，是构造空间曲线美的绿色主体。郊野公园的自然景观是城市景观的有机组成部分，郊野公园的建设旨在保护郊野和乡村特色以丰富城市景观，同时注重地方特色，尤其注重乡土动植物种和特有的自然景观、地形地貌的有效利用，把城市和郊区统一协调在绿色空间之中，塑造优美的城乡景观形象，提高城市景观质量。

2）提高绿色空间游憩价值

郊野公园突出野趣的特色，为不同偏好的游客考虑，如游览道路的长短、形式和难易，野餐点、休憩点等服务设施和安全设施的设置等，都最大限度地满足游客享受野趣的要求。郊野公园绿色空间不仅净化空气、减少噪声，而且绿地的芬芳气味，对人行道和公园的遮阴作用，以及风吹林冠的涛声和树叶的沙沙声也给人们一种愉快、舒服的感觉。人们游憩在景色优美和安静的郊野风景中，有助于消除长时间工作带来的紧张和疲乏，使脑力和体力都得到恢复，有益于身心健康。

高品质的绿色空间“能创造一种具有文化和情感刺激的室外生活环境”，满足人们多种游憩的需求，增加人与自然、人与人之间的沟通，加强人与人、人与社会之间的信任感、认同感，这也是建设和谐社会的基本前提之一。

3）增加剩余劳动力就业渠道

郊野公园的建设以及该项目建成后的植被养护及园区管理都需要充足的劳动力资源，该项目的建设为当地剩余劳动力的就业开辟了一条道路。

4）普及科学知识与提升环境意识

郊野公园可以提供生态环境研究的场所，提供生态演替及其他生物长期研究的机会，提供基准值，作为检验因人类活动所引起自然生态系统变化程度的依据。此外，还可长期保存复杂的基因库，且有助于保留区内基础科学研究。

郊野公园为城市居民提供良好的户外课堂，其中的花草树木、水体、土壤等可以生动地演示自然的奥秘和规律，激发人们热爱自然、致力于环保的自觉行动，于无形中展开有形的生态教育。郊野公园建设，可以丰富人们的植物知识，让人们接近、了解自然。园内植物挂有标识牌，为人们认识自然创造了条件，让社会成员认识、了解大自然众多成员，了解生物和谐共处的重要性，逐渐培养人们热爱自然、保护自然的意识，提高人们的环境保护意识。

4．社会成本核算

城乡接合部生态缓冲带建设成本包括征（租用）地成本、道路建设成本、设施成本、未来管理维护成本以及每年的折旧成本等。勇士营郊野公园总投资为 2 569.31 万元，其中基础设施建设费用 697.29 万元，占工程费的 37.55%，公共服务配套设施 395.98

万元，占工程费的 21.32%。

根据《北京市公园维护管理费用指导标准》，公园年维护管理费总额=（年设施维护费+年水体保洁费+年绿地养护管理费）×调整系数。其中，公园设施维护费标准为4.2元/（m^2·a），即公园年设施维护费=4.2元/（m^2·a）×公园陆地面积；公园水体保洁费标准为2.4元/（m^2·a），即公园年水体保洁费=2.4元/（m^2·a）×水体面积；公园中绿地养护管理费标准：特级绿地养护管理费为15元/（m^2·a）；一级绿地养护管理费为9元/（m^2·a）；二级绿地养护管理费为6元/（m^2·a）；三级绿地养护管理费为4元/（m^2·a），即公园年绿地养护管理费=∑某级绿地养护管理费标准×该级别绿地养护面积。

通过表 6-10 可计算得出勇士营郊野公园的管理费用为 87.66 万元/a。

折旧成本指每年固定资产耗损费，按我国税法规定的固定资产折旧年限，房屋建筑物为 20 年，火车、轮船、机器、机械和其他生产设备为 10 年，郊野公园内的户外设施建筑平均折旧年限按 15 年，按直线折旧计算，每年由于折旧耗损成本约为：(697.29+395.98）÷15 = 72.88 万元/a。

表 6-10 朝阳区来广营乡勇士营公园用地

序号	名称	单位	数量	用地指标/%
总计	总用地面积	m^2	218 077	100
一	绿化面积	m^2	196 456.4	90.09
二	园路铺装	m^2	10 660.6	4.89
1	一级园路	m^2	7 628	—
2	二级园路	m^2	2 543.75	—
3	三级园路	m^2	488.85	—
三	入口广场及铺装	m^2	8 980	4.12
四	建筑	m^2	1 980	0.9

5．评估结果分析

成本效益分析是评价一个项目可行性的基本思路框架，政府是否实施一个公共项目在于社会成本与社会效益的比较，如果社会效应大于社会成本，则公共项目具有可行性，否则不具有可行性。常用成本效益分析指标有成本效益比、内部收益率等，这里选用成本效益比指标来探讨项目合理性。

生态缓冲带建设效益包括前面评估的生态效益价值、周边地块的升值、解决就业、农民致富、城市整体旅游业发展以及难以定量化的社会效应；社会成本包括建设成本与运营成本。这里仅以生态效益价值和带动城市旅游收入来计算成本效益比。通过计算，效益总值为 220.23 万元/a，成本总值为 160.54 万元/a，效益成本比值为 1.37。考虑到生态缓冲带带来的周边房地产升值，再加上难以定量的其他社会效益，效益成本比会大于上述数值，因此生态缓冲带的建设具有经济、社会、生态可行性。

6.2.2 长沙县金湘园生态茶园建设示范

6.2.2.1 工程概况

1. 茶园概况

本课题选择在金湘园茶园开展茶园生态保护与建设模式示范（见图 6-16），依靠金湘园农业科技有限公司和长沙县及开慧乡农业技术推广站，建设了茶园沼液滴灌系统示范工程、沼渣堆肥试验、茶—树（桂花树）—草（白三叶草和多年生黑麦草）间作生态保护试验示范。同时，配合茶园虫害生态防控措施，即采用杀虫灯而不施用农药来保证生态、有机的茶叶品质。

图 6-16 金湘园茶园现状

该生态茶园项目于 2010 年立项，由农业产业化龙头企业金湘园农业科技有限公司投资建设，现已建成 2 500 亩标准化生态有机茶园和 1 300 余亩标准化水稻生产基地。

2. 沼液滴灌在茶园中的应用

（1）沼液滴灌对茶叶的影响

在农户—茶园统筹生态保护模式中，沼液滴灌茶园可能对茶叶生长及品质带来一定影响。在长沙生态茶园示范工程建设中，也进行了沼液滴灌茶园对茶叶生长的试验观测。

沼液滴灌茶园试验地点设在长沙县金湘园现代农场有机茶园，试验所用茶树树龄为5年，茶树品种为白毫早。茶园地块土壤类型为红壤，地面坡度在15°～25°，pH 为4.85～5.36，有机质1.38%～1.97%，全氮0.102%，全磷0.0514%。整个茶园试验小区内，滴灌系统茶园为1 160 m^2，滴灌所使用沼液取自当地农户的沼气池，其原液的理化性质见表6-11。

表 6-11　沼液原液的理化性质

	COD/（mg/L）	总氮/（mg/kg）	总磷/（mg/kg）	pH
沼液	317.8～503.6	215.4～407.9	89.69～189.15	7.18～7.64

试验中茶园施用沼液量是根据文献资料、试验区域实地考察以及典型农户走访综合得到的。氮、磷、钾三种营养元素，茶叶需求氮素较多，其次是钾、磷。茶叶是深根植物，根系总是向常年施肥的方向集中，适当深施可引导根系向深层发展，增加吸收养分的面积。本试验主要将沼液作为追肥。

将沼液滴灌于茶园，既能够为茶树的生长提供一定水分，又可以为其提供多种营养元素，促进茶叶品质，为茶园创造更高的经济效益。试验研究结果如下：

根据茶树每年所需追肥中氮、磷的含量，计算茶园对沼液的需求量。茶园施肥应按照树龄与土壤肥力情况施用。根据试验地情况，茶园每年追肥三次，每次的施用量分别为：春肥约施用氮肥 5 kg/亩，施用磷肥 2.5 kg/亩；夏肥约施用氮肥 3.5 kg/亩，施用磷肥 1.8 kg/亩；7—9 月茶树对磷、钾吸收量多，约施用氮肥 3 kg/亩，施用磷肥 2 kg/亩（均以纯氮、纯磷计算）。因此，每年茶园共施用 11.5 kg/亩氮肥、6.3 kg/亩磷肥作为追肥。

一般来说，茶树所吸收的肥料，氮占全年总施肥量的 24%～34%，茶园土壤固定的氮占 24%～48%，淋失和挥发的氮占 25%～46%。茶树吸收、土壤固定和损失氮的数量比大致为 1∶1∶1。在茶树吸收的肥料氮中，当年秋后由于修剪和落叶所归还给土壤的部分，占全年总施肥量的 8%～10%；留在茶树上（枝叶和根中）的部分占 6%～9%；在茶芽和嫩梢中作为收获对象被人们采摘的回收部分占 10%～15%。在茶树吸收的部分中，归还土壤及留在茶树上的部分还留在茶园系统中，而滴灌对茶园系统氮、磷含量的影响，主要研究茶园产出部分的氮、磷含量，因此以所采茶叶中氮、磷含量作为试验区纯输出的氮、磷量，分析滴灌对产茶氮、磷含量的影响。

由于试验时期内只收集了春茶，因此暂时按照春茶的氮、磷利用率进行计算。两个试验区春茶产量分别为（鲜叶）滴灌区 400 kg，非滴灌区 365 kg。

作为基肥和追肥施入的含氮量，两个试验区分别输入氮肥（按纯氮计）滴灌区 66.50 kg，非滴灌区 62.20 kg；输入纯磷，滴灌区 13.56 kg，非滴灌区 12.18 kg；输出纯氮，滴灌区 6.12 kg，非滴灌区 5.09 kg；输出纯磷，滴灌区 0.079 kg，非滴灌区 0.066 kg。

以氮（磷）利用率=输入氮（磷）量/输出氮（磷）量来计算，滴灌区氮、磷的利用率分别为 9.20%和 0.58%；非滴灌区氮、磷利用率分别为 8.18%和 0.54%。

由上述结果可以得出，沼液滴灌有利于茶树对氮、磷养分的吸收利用，与非滴灌区相比，滴灌区茶树对氮、磷的吸收利用率分别提高了12.47%和7.41%。

茶园沼液滴灌不仅能利用茶树来吸收消纳沼液，沼液中的营养物质还有利于茶树的生长，提高茶叶产量。试验表明，仅在春茶期间，施用沼液可使茶叶产量提高 9.6%。

（2）沼液滴灌茶园对土壤的影响

在农户—茶园统筹生态保护模式中，进行了沼液滴灌茶园可能对土壤的影响试验观测。检测土样取自金湘园现代农场有机茶园，其中土壤和沼液中的养分成分见表 6-12。

表 6-12 土壤和沼液性质

项目	茶园土壤	沼液
pH	6.90±0.28	7.40±0.31
有机质/（g/kg）	15.73±0.46	61.7±2.88
氮/（g/kg）	1.18±0.05	2.51±0.11
磷/（g/kg）	0.38±0.012	0.46±0.014
钾/（g/kg）	18.99±0.98	6.23±0.24
有效氮/（mg/kg）	98.12±4.96	207.36±11.18
有效磷/（mg/kg）	21.46±1.21	210.12±10.24
有效钾/（mg/kg）	49.60±2.32	34.04±1.34

土壤铵态氮变化情况。氮是茶树生长需求量最大的元素，而且茶树具有“喜铵性”，茶树体内氨基转移酶活性较强，易将铵态氮转化为氨基酸；而硝酸还原酶的活性弱，不易将硝态氮转化为铵后再合成氨基酸。而土壤中铵态氮含量是茶树中铵态氮的主要来源，因此，土壤中铵态氮含量的变化情况非常重要。为了研究滴灌施肥与浇灌施肥条件下土壤中铵态氮变化情况，分别测定各处理不同深度土壤中铵态氮含量变化情况。

结果表明，土壤表层中铵态氮有向下迁移的趋势，但由于铵态氮不容易随水迁移，铵态氮向下迁移趋势在灌水量较大时较为明显，且浇灌施肥要较滴灌施肥明显；未施肥处理的土壤中，由于硝态氮易溶于水，因此表现为硝态氮迁移到土壤下层，而施肥处理土壤中则为土壤表层硝态氮含量较高，但随着灌水量的增大，其向下迁移得也越多。与浇灌施肥相比，滴灌施肥能更好地将硝态氮集中于土壤表层，更利于作物的吸收利用，并可减少硝态氮流失对环境造成的危害。

土壤有效磷中包括水溶性磷及部分有机磷，因此，未施肥处理土壤中有效磷含量变化情况介于铵态氮和硝态氮之间，当灌水量较大时浇灌处理中有效磷向下层土壤迁移较为明显，由于施入肥料含大量水溶性磷，因此施肥处理土壤中有效磷的变化情况与硝态氮类似，都易随着水分向下迁移，且灌水量较大时其迁移更明显。总体来说，与浇灌施肥相比，滴灌施肥更能够将易溶肥料集中在土壤表层，有利于作物的吸收利用，且能够降低易溶肥料的淋失对环境的风险。

6.2.2.2　工程效益评价

1．茶园生态效益评价

（1）涵养水源价值

茶树根系发达，根的深度一般可达 60～80 cm，根幅一般可达 100 cm，成年茶树树冠面积大，覆盖度能达 90%，已成型的茶园即可相当于一个小型的森林系统。

根据影子价格工程法计算长沙县茶园生态系统涵养水源价值=涵养水源总量×单位库容水价=64.17（万 m^3/a）×0.67（元/m^3）=42.33（万元/a）。

（2）土壤保持价值

取无林地土壤中等程度的侵蚀模数[200 $m^3/(hm^2\cdot a)$]和金湘园茶园面积（250 亩），可计算得长沙县茶园生态系统减少土壤的侵蚀总量为 3.33×10^4 m^3/a。以我国耕作土壤的平均厚度 0.5 m 为茶园土壤的土层厚度，以及长沙县 2009 年茶产业的年平均收益可计算出茶园生态系统固持土壤的价值。2009 年年平均收益=$4.91\times10^8\div(6.322\times10^3)=7.76\times10^4$[元/$(hm^2\cdot a)$]，从而估算出固持土壤的价值为 51.67 万元/a。土壤侵蚀带走了大量的土壤营养物质，主要是土壤有机质、氮、磷和钾等养分。茶园土壤养分含量参数参用长沙林地土壤表层氮、磷、钾的平均含量总和 0.12%，由茶园生态系统减少土壤侵蚀量及土壤容重 1.3 t/m^3 可算出茶园生态系统减少土壤养分流失量。价值量评价中，我国平均化肥价格取 2 549 元/t，从而计算出长沙县茶园生态系统平均减少土壤养分流失价值为 1.32 万元/a。

对于茶园生态系统减少泥沙淤积功能价值的估算，参用前人在森林生态系统中的研究结果，我国主要流域的泥沙运动规律，全国一般土壤侵蚀流失的泥沙有24% 淤积于水库、江河、湖泊，这部分泥沙直接造成了水库、江河、湖泊蓄水量的下降，在一定程度上增加了干旱、洪涝灾害发生的概率；另有33%滞留，37%入海。本项目仅估算茶园生态系统对于淤积于水库、江河湖泊24%的泥沙减少，则茶园生态系统减少泥沙淤积的价值=减少土壤侵蚀总量×泥沙淤积百分比×单位库容成本=3.33×10^4（m^3/a）×24%×0.67（元/m^3）=0.53（万元/a）。

综合以上分析，金湘园茶园生态系统每年减少土壤侵蚀的总经济价值为 53.52 万元/a。

（3）森林净化大气环境价值

茶树是常绿植物，茶园的植被覆盖率可达 60%～70%，与阔叶林相当，对茶园生态系统的净初级生产力（Net Primary Productivity，NPP）以相应的常绿阔叶林生态系统净初级生产力进行推算。根据赵同谦等的研究结果，亚热带常绿阔叶林面积为 0.108×10^8 hm^2，净初级生产力为 1.865×10^8 t，计算出金湘园 2 500 亩茶园生态系统有机物年度净生产量，由光合作用方程式可知植物每生产 1 g 的干物质可以净同化 1.62 g 二氧化碳，释放 1.2 g 氧气。由 NPP 计算结果估算得到长沙县茶园生态系统的年总固定二氧化碳量，进一步折合成固定碳量、释放氧气量。采用碳税率法和工业制氧法来分别估算其经济价值。碳税率法是以瑞典碳税 150 美元/t 碳与固碳量相乘得到固二氧化碳的生态价值，则可算得长沙县茶园生态系统的固碳的经济价值为 19.77×10^4 美元/a，以 2011 年人民币兑美元年平均汇率 6.313 7 来计，则金湘园茶园生态系统的固碳的经济价值为 124.82×10^4 元/a；工业制氧法是以工业制氧成本 400 元/t 与放氧量相乘得到释放氧气的生态价值，则可算得金湘园茶园生态系统的释氧气的经济价值为 137.09×10^4 元/a。金湘园生态茶园固碳释氧总经济效益为 261.91 万元。

（4）生物多样性保持价值

茶树的 Shannon-Wiener 指数均小于 1，得出生物多样性保护的价值为 0.12 万元。

2．社会效益

以长沙县总体茶园种植状况来分析。长沙县是我国茶叶主产区，种植历史悠久。2003 年，长沙县委、县政府提出，在长沙县金井、高桥等 9 个乡镇，沿长平公路、金开公路两侧低丘红壤地带建设长廊式茶叶优势产业带，全长 70 余 km，简称“百里茶廊”。在这条“百里茶廊”上，茶叶的生产、加工、销售自成一体，已形成了区域化布局、规模化生产、专业化加工、产业化经营的格局，茶叶产业已成为长沙县农业增效和农民增收的主导产业。

2010 年全县有茶园面积 5 397 hm^2，其中采摘面积 5 094 hm^2，全县茶叶企业加工销售干茶 27 421.9 t，收入 50 150.06 万元，出口创汇 12 215 万美元，全县茶叶生产逐步形成繁育、栽培、采摘、加工、销售一条龙的配套服务体系，茶叶产业初步走上了规模化、专业化、集约化的经营道路。“百里茶廊”已被列为省五大、市四大优势产业带之一。2005 年长沙县被农业部确定为“全国优质绿茶产业带”，并被评为“中国三绿工程茶业示范县”，五年来新扩良种茶园 2 153 hm^2。全县茶园良种率 2007 年已达 78%，各地在新扩茶园时，注重完善已有基地，集中连片开发新基地。新扩茶园种植品种全部是适合生产加工名优茶的白毫早、福鼎大白、福大 61 等无性系良种茶。长沙县已拥有茶叶加工企业 13 家，加工厂房 8.3 万 m^2，设备 1 800 多台套，固定资产 5 000 万元，年加工能力达 5 万 t，其中茶叶精加工能力 1 万 t。县内长春、鸿大、金井、开慧四家茶厂已拥有自营出口权，产品远销俄罗斯、日本等 20 多个国家，年出口创汇 12 215 万美元。特别是近年来，通过举办采茶节、茶文化节等系列活动，将茶叶产业与发展“农家乐”相结合，使“百里茶廊”成为集茶业观光、旅游、休闲于一体的生态走廊。2006 年，茶业为百里茶廊所辖九个重点乡镇的 5.3 万农民直接增收 3 818.4 万元，人均增收 720 元；全县 13 家茶叶加工企业转移农村劳动力 1 408 人，支付劳务工资 884.2 万元，人均 6 280 元。

3．社会成本核算

（1）生态茶园建设项目投资估算

生态茶园建设前期土地整理、栽植项目投资亩均 6 000 元，合计投资 1 500 万元；2 500 亩茶园配置环保杀虫灯 50 个，合计投资 34 万元；茶树沼液滴灌示范区滴灌工程投资亩均 3 750 元，包括沼液储水池及过滤设施，按 2 500 亩茶园推广，合计投资 937.5 万元。生态茶园建设总计投资 2 471.5 万元。

（2）生态茶园建设项目养护管理费用估算

生态茶园养护管理费用主要是每年给茶园的施肥、杂草防除、茶草间作中草的种植、收获、运输等费用。

1）施肥。亩均施用复合肥成本 340 元，两次追肥成本合计 134 元（包括人工费），合计肥料投入 474 元/亩，合计 118.5 万元/a。

2）农药。每年喷洒农药苦参碱两次，亩均施用成本 54 元/亩，合计 13.5 万元/a。

3）杀虫灯每年维修养护费用约 1.5 万元。

4）滴灌运行费用亩均 150 元，包括电费及人工，总投资 37.5 万元。

5）茶树行间种草 500 元/亩，合计 125 万元。

6）管理费 75 万元。

总计年运行管理费 371 万元/a，亩均 1 484 元/亩。

4．经济效益评估

生态茶园主要经济收益：茶叶销售收入年平均 4 000 元/亩估算，合计 1 000 万元/a。茶草间作养殖项目每年 750 元/亩，合计 187.5 万元。合计生态茶园年经济效益 1 187.5 万元。

5．生态茶园建设项目总体评价

（1）投资回收期

投资回收期是指以生态茶园项目的净收益抵偿总投资所需要的时间，是反映项目真实偿还能力的重要指标。

按静态方法计算投资回收期，年费用考虑 5%的物价上涨因素，包括三年建设期的投资回收期为 6.2 年。计算结果见表 6-13。

表 6-13　生态茶园静态投资回收期计算

序号	阶段	总投资/万元	年费用/万元	年收益/万元	年净收益/万元	偿还余额/万元
1	建设期	1 000	—	—	−1 000	−1 000
2		1 000	—	—	−1 000	−2 000
3		471.5	—	—	−471.5	−2 471.5
4	运行期	—	371.0	1 187.5	816.5	−1 655.0
5		—	389.6	1 187.5	798.0	−857.1
6		—	409.0	1 187.5	778.5	−78.6
7		—	429.5	1 188.5	759.0	680.4

按动态方法计算投资回收期，年费用包括 5%的物价上涨因素，农业领域行业年收益率按 7%计算，以建设期第一年的年初为基准年，投资按年初投入，费用、效益按年末结算，包括三年建设期的动态计算投资回收期为 7.1 年。计算结果见表 6-14。

表 6-14 生态茶园动态投资回收期计算

序号	阶段	总投资/万元	年费用/万元	年收益/万元	净现金/万元	折现因子	净现值/万元	累计值/万元
0	建设年初	1 000	—	—	−1 000	1.000 0	−1 000.0	−1 000.0
1	建设期	1 000	—	—	−1 000	0.9346	−934.6	−1 934.6
2		471.5	—	—	−471.5	0.8734	−411.8	−2 346.4
3	运行期	—	371.0	1 187.5	816.5	0.816 3	666.5	−1 679.9
4		—	389.6	1 187.5	798.0	0.762 9	608.8	−1 071.1
5		—	409.0	1 187.5	778.5	0.713 0	555.0	−516.1
6		—	429.5	1 187.5	758.0	0.666 3	505.1	−11.0
7		—	451.0	1 187.5	736.5	0.622 7	458.7	447.7

（2）内部收益率

财务内部收益率是指生态茶园建设项目在建设和生产年限内，各年净现金流量现值累计等于零时的贴现率。企业内部收益率分为全部投资内部收益率和自有资金内部收益率。前者是在没有外来资金情况下的内部收益率；后者是在有借款的情况下，计算借款利息和本金偿还的内部收益率。该项计算是指全部投资内部收益率，分析年限按茶园 15 年全部更新计算（包括建设期）。计算的财务内部收益率为 13.3%，高于行业收益率 6.3%，见表 6-15。

表 6-15 生态茶园财务内部收益率计算

序号	阶段	总投资/万元	年费用/万元	年收益/万元	净现金/万元	折现因子	净现值/万元
0	建设年初	1 000	—	—	−1 000	1.000 0	−1 000.0
1	建设期	1 000	—	—	−1 000	0.934 6	−934.6
2		471.5	—	—	−471.5	0.873 4	−411.8
3	运行期	—	371.0	1 187.5	816.5	0.816 3	666.5
4		—	389.6	1 187.5	798.0	0.762 9	608.8
5		—	409.0	1 187.5	778.5	0.713 0	555.0
6		—	429.5	1 187.5	758.0	0.666 3	505.1
7		—	451.0	1 187.5	736.5	0.622 7	458.7
8		—	473.5	1 187.5	714.0	0.582 0	415.6
9		—	497.2	1 187.5	690.3	0.543 9	375.5
10		—	522.0	1 187.5	665.5	0.508 3	338.3
11		—	548.1	1 187.5	639.4	0.475 1	303.8

序号	阶段	总投资/万元	年费用/万元	年收益/万元	净现金/万元	折现因子	净现值/万元
12	运行期	—	575.5	1 187.5	612.0	0.444 0	271.7
13		—	604.3	1 187.5	583.2	0.415 0	242.0
14		—	634.5	1 187.5	553.0	0.387 8	214.4
合计		2 471.5	5 905.3	14 250.0	5 873.2	—	2 608.9

（3）财务净现值

财务净现值是反映项目获得收益的一项绝对效果指标，是按设定的折现率或净产值基准收益率，将项目建设和生产服务年限内各年的净产值折现到基准年的现值之和。在茶园 15 年的计算期内，财务净现值总和为 2 608.9 万元。

（4）生态茶园项目综合评价

长沙金湘园生态茶园项目从经济上扣除建设总投资及年养护管理费用获得净现值 2 608.9 万元，财务内部收益率 13.3%，动态投资回收期近 7 年。这些指标表明，通过对南方丘陵地区以生态农业建设理念进行开发建设，不仅从经济上是可行的，而且生态茶园可以保持水土，促进种植、养殖全面发展，利用沼渣、沼液肥田、灌溉，利用茶树行间植草养畜，有利于生态环境保护和资源循环利用。

6.3 城郊保留农田生态经济服务功能转型技术应用示范

6.3.1 长沙宇田有机蔬菜/水稻生产应用示范

6.3.1.1 技术应用示范情况

1．宇田蔬菜基地

（1）总体情况

蔬菜应用示范基地以露天菜地为主，此外有蔬菜单层钢架大棚60个（用于育苗等），管道供水节水灌溉覆盖率达 100%，机械耕作面积覆盖率达 100%。在病虫草害综合防治技术方案指导下基地通过频振式杀虫灯、性引诱剂、黄板诱蚜等物理防治措施，人工投放赤眼蜂、牛蛙等生物防治措施，清洁田园、深耕晒土、轮作、苗床消毒等农业防治措施，避免人工合成化学农药和肥料投入，见图 6-17、图 6-18。

图 6-17　基地使用的有机肥及频振式杀虫灯

图 6-18　太阳能杀虫灯

（2）示范技术应用

宇田蔬菜基地在课题技术支持下采用有机种植技术，减少了常规城郊农业在蔬菜生产中大量化肥农药的施用，减轻了农田对土壤和水源的污染，缓解了城市周边的环境污染压力。

1）品种选择

在技术方案指导下，基地根据市场需求适当选取部分如菜心、芥蓝等生长周期 30～40 天的茬短期蔬菜品种。每茬蔬菜采收后立刻翻耕，将杂草翻入地下，有效控制草害的同时肥沃田块。避免了如草甘膦、百草枯的投入，减轻了城郊农田中大量使用蔬菜农药残留对人体健康的危害，降低了农药对地下水的污染。

2）土壤培肥

示范应用基地转型生产中所使用的肥料部分来自外购商品有机肥。但是，有机农业中提倡使用基地内自制的堆肥或种植绿肥，故本课题在宇田蔬菜基地种植了蚕豆绿肥来研究绿肥对土壤的培肥作用和效果。绿肥主要是在蔬菜生产的冬闲期进行撒播，等待进入绿肥盛花期的时候将其翻入地下，其植株迅速腐烂分解提供土壤所需养分，同时可以加强下一茬蔬菜对土壤中磷的吸收，见图 6-19。

2011 年 12 月 18 日

2012 年 2 月 11 日

2012 年 4 月 13 日

图 6-19　蔬菜基地种植的豆科绿肥生长情况

3）灌溉措施

基地从附近捞刀河引入灌溉水至蓄水池，沉淀 24 h 后再通过管道系统进行喷灌，灌溉控制少量多次，此“跑马水”式灌溉手段形成干湿交替的田间环境，不利于害虫的大量繁衍生存，为相似城郊农田的灌溉措施的选择提供了借鉴。

4）病虫草害防治

基地根据制定的技术方案，每茬蔬菜采收后及时深翻，将土壤中残存的害虫卵翻出地表，使田间难以形成稳定的害虫生存繁衍环境，有效减少了病虫害，这是一种简易方便推广的农艺措施。基地按照制定的技术规程要求在部分蔬菜地块上试验性布设了黄板，防治蚜虫、粉虱、潜叶蝇，每亩放 20～30 块，离作物顶部 15 cm，黄板大小为 26 cm×30 cm，现场观测黄板对害虫的黏杀作用较为显著。基地同时按照技术方案施用生物农药，进一步减少了蔬菜的病虫害发生。虫害减少使种植的蔬菜外观品相较好，相对于未使用黄板地块的蔬菜，其平均价格可高出 2 元/kg 左右，见图 6-20 至图 6-22。

图 6-20　应用示范生产技术规程牌示

图 6-21 黄板布设及黏虫效果

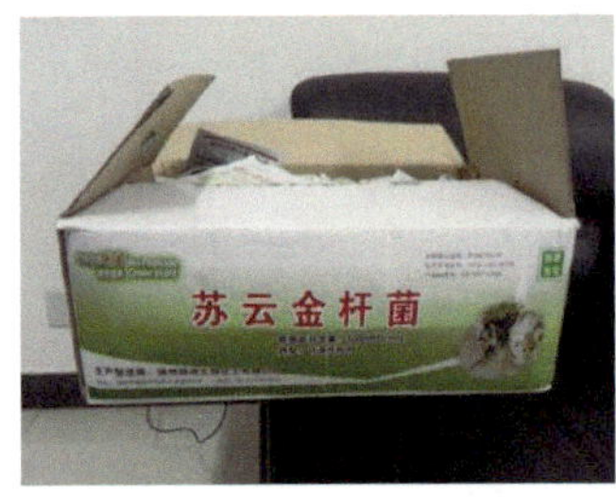

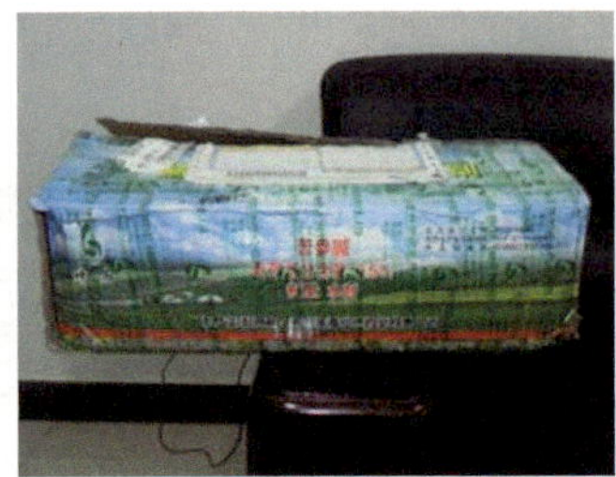

图 6-22 应用示范研究使用的生物农药及黄板

2．宇田水稻基地

（1）自制扇吸式高效诱虫灯

基地自制的杀虫灯装有益虫、害虫分离及益虫生存的装置。大田安装方法同常规诱虫灯，一般每 2.6～3.3 hm^2 安装 1 盏。诱虫效果一般可达到普通诱虫灯的 2～3 倍，还能利用害虫天敌取食害虫从而达到消灭害虫、分离益虫的目的，大大提高了益虫的存活率，见图 6-23 至图 6-25。

图 6-23 有机水稻生产技术的示范应用——赤眼蜂释放

图 6-24　水稻基地的诱蛾灯（左）和自制扇吸式高效诱虫灯（右）

图 6-25　田间释放牛蛙过程

（2）赤眼蜂释放技术

在 5 月中旬和 8 月中下旬，待稻田里的螟虫及螟虫卵达到一定程度时，将附有赤眼蜂蜂卵的卵卡挂在田间并罩上纸杯（防止雨淋）。约 3 天后幼蜂孵化并迅速在螟卵上产卵，通过吸收螟卵的营养进行孵化，从而有效切断稻螟虫的繁衍过程，从源头上控制虫害。

赤眼蜂喜找初产下来的新鲜卵寄生，因此防治时须做好稻螟虫的预测预报，使释放赤眼蜂的时间与稻螟虫产卵盛期相吻合，提高防效，见图 6-26。

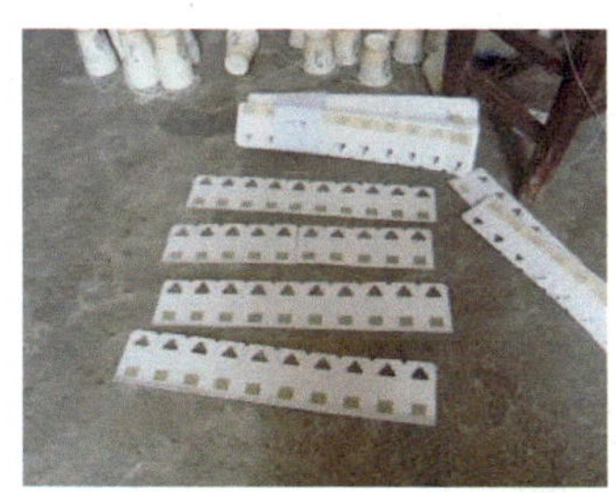

图 6-26　宇田基地赤眼蜂装置制作及布设过程

通过运用有机农业病虫害综合防治技术，基地湘晚籼17号的理论高产可达到516 kg/亩，同时由于杜绝了农药化肥的投入，实现有机标准化生产，在减少环境污染的基础上保证了稻米的优良品质。

有机方式防治亩均成本与基地附近的农田化学技术防虫害成本相差无几。而按照有机方式生产出来的有机大米市场价格往往是普通稻米的 5～10 倍，具有良好的示范推广前景，同时还保护了害虫的天敌，见图 6-27。

图 6-27　有机生产保护了稻田害虫的天敌——青蛙

6.3.1.2　工程效益评估

1．经济效益

（1）宇田蔬菜基地

应用示范基地生产的蔬菜目前主要销往长沙市本地和国内其他城市。2011 年 1 200 亩按照有机方式生产的蔬菜成本、经济效益以及与常规蔬菜的成本效益对比并统计分析（见表 6-16、表 6-17）。

表 6-16　有机蔬菜生产成本

分类	项目	用量	单位	单价/元	金额/元	备注
土地成本	土地流转费	1 200	亩	749	898 800	
	农业保险费	1 200	亩	16	19 200	
物资成本	水资源费	1 200	亩	150	180 000	
	种子	5 000	斤	35	175 000	概算
	育苗盘	5 000	张	2.5	12 500	大部分为直播

分类	项目	用量	单位	单价/元	金额/元	备注
物资成本	杀虫灯折旧	30	盏	112	3 360	560 元/盏，使用寿命为 5 年
	有机肥	1 680	t	800	1 344 000	
	植保材料	2 400	亩次	40	96 000	概算
机械成本	灭茬旋耕	3 600	亩	80	288 000	
	整田作垄	3 600	亩次	120	432 000	
人工成本	采收	19 200	工时	80	1 536 000	
	拔草	2 400	亩次	60	144 000	
	灌水	1	人	18 000	18 000	专人管理
其他	运费	300	车	400	120 000	
	管理费用	16	人/a	24 000	384 000	仅为人员工资
	认证费用				19 000	1 年
	输送、仓储费用	1 423	t	140	199 220	
合计					5 869 080	

表 6-17　有机蔬菜与常规蔬菜种植的生产成本、销售收入对比（2011 年）

项 目	有机叶菜			常规叶菜		
	数量	单价/元	总额/元	数量	单价/元	总额/元
一、销售收入	1 423（t）	10 000	14 230 000	3 200（t）	4 000	12 800 000
二、支出合计						
（一）物质成本						
1. 种子	5 000（kg）	35	175 000	11 200（kg）	35	392 000
2. 基肥	1 400（t）	800	1 120 000	3 136（t）	800	2 508 800
3. 追肥	280（t）	800	224 000	627.2（t）	800	501 760
4. 除草	2 400（亩）	60	144 000	5 376（亩）	20	107 520
5. 病虫生物农药防治	2 400（亩）	40	96 000			0
6. 病虫物理防治			3 360			0
小计			1 762 360			3 510 080
（二）劳动成本						
种植阶段小计						
1. 耕地（机器/人工）	1 200×3（亩）	80	288 000	8 064（亩）	80	645 120
2. 整地、围埂	1 200×3（亩）	120	432 000	8 064（亩）	120	967 680

项 目	有机叶菜			常规叶菜		
	数量	单价/元	总额/元	数量	单价/元	总额/元
3. 施基肥	1 200×2（亩）	30	72 000	5 376（亩）	30	161 280
4. 播种（机器人工）	1 200×2（亩）	30	72 000	5 376（亩）	30	161 280
5. 追肥施料	1 200×2（亩）	10	24 000	5 376（亩）	10	53 760
6. 人工除草	1 200×2（亩）	60	144 000	5 376（亩）	60	322 560
7. 病虫防治	1 200×2（亩）	10	24 000	5 376（亩）	10	53 760
8. 开沟、清理	1 200×2（亩）	20	48 000	5 376（亩）	20	107 520
小计			1 104 000			2 472 960
（三）除虫、草						
（四）认证成本			19 000			0
总计			2 885 360			5 983 040
三、净收入			11 344 640			6 816 960

因为不涉及加工，有机蔬菜的生产成本主要包括土地成本、物资成本、机械成本、人工成本以及其他不可见成本。有机蔬菜生产成本组成如图 6-28 所示。

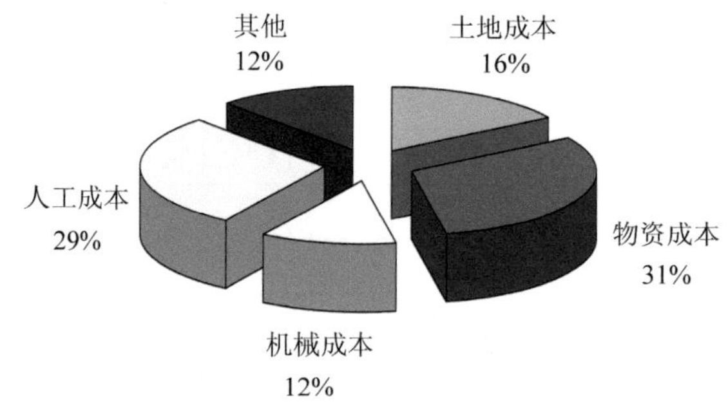

图 6-28　有机蔬菜生产成本

图 6-28 中从事有机生产总成本中，物资、人力两项成本共占据总成本的 60%，相对于常规农业，有机农业需要大量的劳动力投入，而近年来随着我国经济的高速发展，社会生存成本的增加直接导致用人成本大幅上升；由于有机肥养分含量低，每亩地施用量高于常规化肥，此外，杀虫灯、植保产品等成本也导致有机生产成本整体增加。

农场总面积1 200亩，按有机方式生产的蔬菜亩均投入成本经计算为4 890.9元。

截至2011年11月，基地实际生产有机蔬菜1 423 t，蔬菜主要有菜心、芥蓝、西红柿、玉米、辣椒、豆角，因蔬菜价格随季节、市场等因素价格波动较大，按蔬菜平均售价10元/kg 计算（因为基地转换期尚未结束，产品只能按照有机转换蔬菜出售，价格低于有机蔬菜），实际销售总额1 423万元，亩均销售收入11 858.3元，除去生产成本，亩均利润6 967.4元。基地往年常规蔬菜生产年产量约3 200 t，按照平均单价4 000元/t 计算，销售总额1 280万元，亩均10 666.7元。常规生产包括物质、劳力等投入总成本共计5 983 040元，亩均投入成本4 985.9元，除去成本亩均利润5 680.8元。

表 6-18　常规—有机蔬菜生产成本利润对比

种 类	亩均产/kg	亩均成本/元	亩均利润/元
有机蔬菜	1 185.8	4 890.9	6 967.4
常规蔬菜	2 666.7	4 985.9	5 680.8

由表6-18可知，相对于常规蔬菜，有机蔬菜产量下降了约55.5%，但由于采取病虫草害综合防治措施，取消了农田常规化肥农药的投入，实际生产成本降低了1.9%，加上有机蔬菜价格的上升，有机蔬菜亩均利润反而提高了约22.6%。在基地转换期结束后，蔬菜销售均价可在现有基础上再增加1倍，达到20元/kg，亩均利润可达到约18 826元。

（2）宇田水稻基地

水稻示范基地在按照课题要求进行生产后，对其 2011 年 1 200 亩按照有机方式进行生产的成本以及获得的经济效益进行统计分析（见表 6-19、表 6-20）。

表 6-19　有机水稻生产成本（2011 年）

分类	项目	用量	单位	单价/元	金额/元	备 注
土地成本	土地流转费	500	亩	749	374 500	
	农业保险费	500	亩	16	8 000	
物资成本	水资源费	500	亩	20	10 000	抽水泵
	种子	3 500	kg	10	35 000	早稻 2250 kg，晚稻 1250 kg（均为基地自留选育品种）
	育秧盘	30 000	张	0.65	19 500	
	生物防治	100 0	亩	200	200 000	赤眼蜂、牛蛙等

分类	项目	用量	单位	单价/元	金额/元	备 注
物资成本	杀虫灯折旧	14	盏	112	1 568	560 元/盏，使用寿命 5 年
	育秧成本	100	亩	400	40 000	含人工费、材料费
	有机肥	652.8	t	600	391 680	
	植保材料	500	亩	80	40 000	早稻 30 元/亩，晚稻 50 元/亩
机械成本	整田旋耕	1 000	亩	100	100 000	
	人工插秧	950	亩	80	76 000	早稻 450 亩，晚稻 500 亩
	收割机	950	亩	100	95 000	早稻 450 亩，晚稻 500 亩
人工成本	拔草	1 000	亩	60	60 000	
	灌水工资	500	亩	6	3 000	
	人工翻晒	402.5	t	120	48 300	
其他	运费	402.5	t	15	6 037.5	
	管理费用	10	人	24 000	240 000	仅含管理、技术人员平均工资
	认证费用				12 800	1 年
	输送、仓储费用	402.5	t	50	20 125	
合计					1 781 510.5	

表 6-20 有机水稻与常规水稻种植的生产成本、销售收入对比（2011 年）

项目	有机水稻			常规水稻		
	数量	单价/元	总额/元	数量	单价/元	总额/元
一、销售收入	402.5（t）	8 000	3 220 000	452.5（t）	3 000	1 357 500
二、支出合计						
(一)物质成本						
种植阶段小计						
1.种子	3 500（kg）	10	35 000	3 500（kg）	10	35 000
2.基肥	544（t）	600	326 400	544（t）	600	326 400
3.追肥	54.4（t）	600	32 640	54.4（t）	600	32 640
4.除草			0	1 000（亩）	10	10 000
5.病虫生物农药防治	500×2（亩）	260	260 000			0
6.病虫物理防治	500×2（亩）	20	20 000			0
7.化学农药				1 000（亩）	45	45 000

项目	有机水稻			常规水稻		
	数量	单价/元	总额/元	数量	单价/元	总额/元
小计			674 040			449 040
（二）劳动成本						
种植阶段小计						
1.耕地（机器/人工）	500×2（亩）	100	100 000	1 000（亩）	100	100 000
2.整地、围埂						
3.施基肥	1 000（亩）	30	30 000	1 000（亩）	30	30 000
4.育秧、移栽	1 000（亩）	116	116 000	1 000（亩）	116	116 000
5.追肥施料	1 000（亩）	30	30 000	1 000（亩）	30	30 000
6.人工除草	1 000（亩）	40	40 000			0
7.病虫防治	1 000（亩）	40	40 000	1 000（亩）	30	30 000
8.开沟、清理	1 000（亩）	40	40 000	1 000（亩）	40	40 000
小计			396 000			346 000
（三）除虫、草						
（四）认证成本			12 800			0
总计			1 082 840			795 040
三、净收入			2 137 160			562 460

因为农场暂无有机大米加工厂，故本研究暂不涉及加工，有机水稻的生产成本主要包括土地成本、物资成本、机械成本、人工成本以及其他不可见成本。具体所占比例见图 6-29。

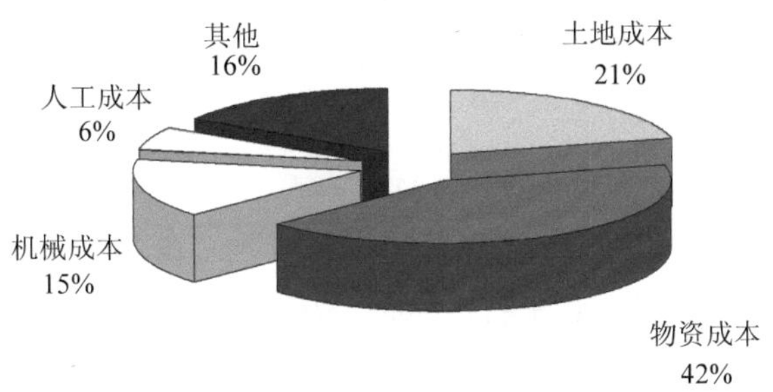

图 6-29 有机水稻生产成本组成

图 6-29 中从事有机水稻生产总成本中，物资、土地两项成本共占据总成本的 63%，

相对于常规农业，有机农业由于不使用化肥农药，同时每亩地施用量远高于常规化肥；诱蛾灯、生物农药、育苗盘等物资成本增加；同时由于水稻需水量高于蔬菜，这些因素均导致有机生产整体成本比例的增加。有机水稻由于实现机械化收割，投入劳动力较少，故人工成本所占比例仅为总成本的 6%，低于有机蔬菜的 29%。

合作社按有机方式生产的水稻总面积 500 亩，亩均投入成本经计算为 3 563 元。截至 2011 年 11 月，基地实际生产有机水稻 402.5 t，主要为早稻、晚稻，按平均售价 8 元/kg 计算（因基地转换期尚未结束，所售有机转换产品价格低于有机产品），实际销售总额 322 万元，亩均销售收入 6 440 元，亩均利润 2 877 元。基地往年相同面积常规水稻年产量约 452.5 t，按照平均单价 3 元/kg 计算，销售总额 135.75 万元，亩均 2 715 元。常规生产包括物质、劳力等投入总成本共计 795 040 元，亩均投入成本 1 590.1 元，亩均利润约 1 124.9 元。

表 6-21　常规水稻与有机水稻生产成本利润对比

种　类	亩均产/kg	亩均成本/元	亩均利润/元
有机水稻（双季）	805	3 563	2 877
常规水稻（双季）	905	1 590.1	1 124.9

由表 6-21 可知，相对于常规水稻，有机水稻产量下降了约 11%；由于采取病虫草害综合防治措施的物质投入、人工插秧拔草以及认证费用等因素，实际生产成本上升了 124%，但由于有机水稻的价格优势，亩均利润比常规水稻反而提高了约 156%。在基地转换期结束后，有机水稻销售价格可再增加 1 倍，达到 16 元/kg，亩均利润达 9 317 元。按照规划未来将建设日产 60 t 大米加工厂，目前市面上有机大米销售均价 20～30 元/kg，利润空间可进一步提升。

2．生态环境效益

（1）宇田蔬菜基地

1）长期以来，由于我国产业结构转型相对滞后，在发展城市工商业过程中难免对城郊地区的生态环境造成一定干扰。同时，为保障城市居民农副产品消费需求，城郊保留农田地区常规农业生产中进行大量的农药化肥投入，使土壤环境遭到污染，危及农产品安全和群众健康。有研究表明，我国受农药污染土壤多达 1.4 亿亩，重金属污染土壤超过 3 亿亩。我国每年生产的污染超标的农畜产品（包括粮、果、肉、蛋和奶等）达到 649.4 万 t，占调查总量的近 20%。据农业部 2000 年年底对我国 14 个经济较发达的省会城市 2 110 个样品检测，蔬菜中农药、重金属和亚硝酸盐分别超标31.1%、23.5%和 12.1%。目前我国农药单位面积用量比发达国家约高 1 倍，调查显示，我国从膳食中摄取的“六六六”是美国的 4 倍，日本的 15 倍，DDT 是澳大利亚的 16 倍。农业面源污染已成为我国仅次于工业污染的第二大污染源，农业面源化学需氧量（COD）、氮（N）、磷（P）的污染负荷已占水体污染负荷的 1/2～2/3，化肥的过量施用导致了氮、磷等营养物质的大量流失，造成湖泊等水体的富营养化，使之失去生产和生活的使用价值，并可能造成地下水污染甚至食品污染。

发展有机农业，可有效减少农业面源污染，减少过度施用化学肥料及农药对农田生态环境的污染破坏。通过城郊保留农田转型过程中有机生产方式的实践，宇田基地生产初步实现人工合成农药、化肥等环境非友好物质的零投入；农膜 100%回收处理，减少白色污染。通过常规生产向有机生产方式的转型，以及秸秆还田、绿肥种植、增施有机肥等技术的推广应用，长沙宇田蔬菜基地每年化肥投入减少约 120 t，此一项节约资金 43.2 万元，见表 6-22。

表 6-22 长沙宇田常规蔬菜生产转型前化肥农药投入情况

化 肥			农 药		
种类或名称	亩均用量/kg	单价/（元/亩）	种类或名称	亩均用量	单价/（元/亩）
硫酸钾复合肥	100	360	阿维啶素	60 mL	15
			最克	3 支	18
商品有机肥	75	180	增长剂	2 包	10
			百草枯	100 mL	10

有机示范生产实施后，推广应用病虫草害综合防治技术，采用杀虫灯、黄板诱杀等害虫物理防治技术，增加生物农药使用量，严禁高毒、高残留农药进入示范区。杜绝了诸如阿维啶素、百草枯等对生态环境、人体健康存在潜在危害的农药的投入，同时节约资金约 6.36 万元。与项目建设前相比，减少了化学农药投入对环境的污染，避免了高毒、高残留农药在田间残留对下茬作物的影响以及高毒、高残留农药可能引起的人畜中毒事件的发生。

2）有机农业是一种对环境、社会和经济友好的生产方式，目的是在农业系统中保护生物多样性。例如，有机农场中的生物虫害防治主要是依靠保护害虫天敌的健康群，通过几年的轮作计划或在不同的地块相同季节间作或种植几种不同作物的作物轮作系统，可有效地减少病虫害。由于有机生产基地环境的改善，化学物资投入的减少，植物多样性会由于生态条件的改善而增加，进而为野生动物提供良好的生存、栖息环境，提高动物物种的多样性。在有机种植的田块中，野生植物品种的密度和数量都比常规管理模式下高。在有机种植的地块中，野生动物的数量增加了 1 倍，野生植物品种的密度和数量增加了 2～3 倍。田间出现了青蛙、蜘蛛等以往在常规蔬菜生产中无法见到的害虫天敌。

3）通过农田基础设施建设，灌排能力提高，节水灌溉面积扩大，有效促进旱涝保收；田间道路与蓄水池的建设对改善基地生产与生态条件具有积极作用。

（2）宇田水稻基地

常规化肥农田流失量较大，不合理施用还易造成土壤酸化，增加作物体内硝酸盐含量和温室气体的排放，此外，化肥中常含有不定量的副成分诸如重金属、有毒有害化合物以及放射性物质等随施肥进入农田并在土壤中逐渐积累。研究表明，多年施用有机肥有利于增加土壤有机质含量，保持土壤生态、养分平衡。连用 3 年后有机质含量比一般稻田土壤提高 1 倍多，全氮可提高约 70%，速效氮增加约 20%，速效钾高出约 40%。有机水稻初期生产时产量一般只有常规的 70%～80%，甚至更低，但 3～4 年后逐渐恢复，在适当的措施下可达到甚至超越常规水稻。由于选用优质水稻品种、合理施肥，采取合适的农艺、物理、生物措施防治病虫草害，宇田水稻基地 2011 年双季稻亩产量接近常规产量的 89%，显示了良好的应用前景。

在水稻基地实现有机方式生产后，由于不使用化肥农药，降低了稻田非再生能源的使用（农业化学品生产需要大量矿物燃料）。制定的许多管理方法（如少耕制、秸秆还田、冬季绿肥、轮作）使更多的碳返回土壤，提高生产率，有助于碳储存，可减少稻田温室气体的排放。由于实施了有机生产方式，基地每年减少化肥投入28.75 t，亩均折纯减少氮磷钾投入26 kg，节约资金4.4万元。通过杜绝化学肥料的投入，减少了农田中化肥重金属、无机酸的输入，有效降低了面源污染发生的潜在风险。

基地通过释放赤眼蜂、牛蛙控制水稻螟虫，安装扇吸式杀虫灯捕杀飞蛾，同时配合使用苏云金杆菌等生物源植保产品，使病虫草害得到了有效控制，现场调研发现水稻白穗率控制在 1%以下。

由于有机水稻生产杜绝了常规水稻生产时化学合成物质（表 6-23）诸如呱呱清、抛禾好等杀虫/除草剂的投入，仅此一项节约成本 15 250 元。同时也减轻了对基地土壤、地下水环境以及食品安全的不利影响，而生产的有机大米中重金属含量比周边常规农田生产的大米更低。检测结果表明，宇田按照有机方式生产的大米，农药残留未检出，同时其砷、镉、铬、铜等对环境及人体潜在危险性较大的重金属含量分别比常规大米减少了约 36.4%、91.4%、26.7%和 35.7%（表 6-24）。对照《食品中污染物限量》（GB 2762—2005）中谷物类重金属含量限值，常规大米中镉含量超标 75%，而有机大米中的砷、汞、铅、镉、铬含量均低于标准限值。这表明相对于常规大米，有机大米的食用安全性更高。

表 6-23　长沙宇田常规水稻农药化肥投入情况

化　肥			农　药		
种类、成分或名称	亩均用量/kg	单价/（元/亩）	种类或名称	亩均用量	单价/（元/亩）
复合肥	50	70	呱呱清（卷叶虫）	80 mL	12.0
			万除（飞虱）	150 mL	8.0
尿素	7.5	18	抛禾好（除草剂）	1 包	2.5
			透明（钻心虫）	150 mL	8.0

表 6-24　宇田水稻应用示范基地大米检测结果

检测项目	常规大米	宇田有机大米
养分指标		
粗蛋白/%	7.85	8.09
农药残留		
异丙威/（mg/kg）	ND	ND
三唑磷/（mg/kg）	ND	ND
噻嗪酮/（mg/kg）	ND	ND
重金属含量		
砷/（mg/kg）	0.066	0.042
汞/（mg/kg）	0.001	0.001
铅/（mg/kg）	0.09	0.09
镉/（mg/kg）	0.35	0.03
铬/（mg/kg）	0.30	0.22
铜/（mg/kg）	1.40	0.90

注：ND 表示未检出。

3．社会效益

（1）宇田蔬菜基地

1）随着城市的发展，城市居民逐渐远离农村和农业，城郊保留农田区的农业景观为长沙市区居民提供接受农业教育和感受农村生活的场所，同时还为其他地区发展城郊农业提供示范作用。

2）为提高产量和品质，常规蔬菜在其生产过程中化肥农药施用导致蔬菜中亚硝酸盐及农残的超标会对食用者的健康构成威胁。有机蔬菜在其生产、贮藏、销售等各个环节禁止使用任何化学合成物质和禁止接触任何污染源，化学污染概率较小。通过发展有机农业，为城市居民提供安全、优质、健康的有机产品，有效保障了食品安全。

3）有机生产主要通过人工手段来控制草害，同时蔬菜对有机肥较大的需求量也增加了播撒人工的需求，这对解决农村劳动力剩余问题，增加农民收入，促进地方经济发展，解决"三农"问题提供了有效途径。

有机生产具有良好经济收益，从而调动长沙社会、企业和农民参与有机生产的积极性，促进城郊农业生产经营方式的改革，提高周边农民的技术素质和环境保护意识。通过未来有机农业和生态旅游的开发，有机文化逐步形成，人们的消费观念、价值取向、行为方式都将发生重大变化，生态文明、生态道德将成为人们的价值取向。

（2）宇田水稻基地

宇田水稻应用示范基地建成后为水稻的生产提供了优越的生长环境，促进了长沙优势农产品区域化、规模化、优质化格局的形成，全面提升粮食的综合品质，增强市场竞争力；通过项目的实施实现农民增收，促进了当地农村经济、社会的稳定。应用示范过程中，基地农业基础设施得到了显著加强，农业生产条件得到进一步改善，农民的文化素质和科学种地水平得到提高。

宇田生产的有机水稻，不仅供应本区城乡居民，还远销省内外大中城市，优质的有机大米有利于改善稻米结构和食用安全状况，提高人们的生活质量。有机水稻产业的示范作用带动了周边乡镇生态农业的发展，将有效促进城郊保留农田地区种植结构的改变，促进农业新品种、新技术的推广应用，在未来将会取得更大的社会效益。

6.3.2 扬州裕丰有机水稻生产应用示范

6.3.2.1 技术应用示范情况

1．总体情况

2010 年在本书转型生产技术指导下，裕丰公司基地进行了有机水稻生产技术示范，保留 426 亩农田继续发展有机水稻种植，其余水稻田流转为花卉苗木用地。同年还对生产经营方式进行转型优化，采取生产大户承包方式，由公司提供生产原料、种子、肥料生物农药，预付成本；承包户提供农具、劳作。

2．示范技术应用

（1）病虫草害及其防治技术示范

1）病害：主要有纹枯病和稻曲病，在课题技术指导下从常规农药转用腊芽菌防治，通常用量为 40 g/亩。2010 年由于植株行距大，总体病害较少。主要虫害有二化螟、三化螟、大螟和卷叶螟。成虫用杀虫灯，每 30 亩安装一盏，幼虫期用生物农药和除虫菊防治。草害最为严重，全部通过人工拔草。整个水稻季一般拔草 3 次，每次持续 20 天左右。

2）虫害：主要有二化螟、三化螟、大螟和卷叶螟。成虫用杀虫灯，30 亩/盏。幼虫期用 B.t 和除虫菊防治。在虫害刚出现时使用效果较好。一般使用 4 次，虫害少时使用 3 次。B.t 和除虫菊混合施用，B.t 每次用量为 800～900 g/亩，除虫菊用量为 100 mL/亩。

3）草害：通过人工拔草。整个水稻季一般拔三次，每次持续 20 天左右。7 月中旬第一次，持续到 7 月下旬；8 月下旬第二次，持续到 8 月底。9 月初在稗草结籽前拔第 3 次，持续时间最长，一直到 9 月底。主要杂草为水花生和稗草等禾本科杂草，见图 6-30。

图 6-30 杀虫灯（左）、人工拔草（右）

（2）土壤培肥技术示范

为改变大田种植化肥的大量施用对环境的不利影响，基地土壤培肥在转型生产过程中主要采用以下技术改进措施（见图 6-31）。

豆科绿色

秸秆还田

有机肥，400 kg/亩

菜籽饼，70 kg/亩

图 6-31　转型生产的土壤培肥措施

肥料主要基施，种类为有机肥+菜籽饼，一般在 6 月 10—20 日施用。有机肥（氮+磷+钾＞6%）施用量 400 kg/亩（在栽插之前，先割草还田，后用拖拉机播撒有机肥，和秸秆一起用旋耕机翻耕入地）。菜籽饼施用量 70 kg/亩，在泡水之前撒菜籽饼，用旋耕机耕作达到栽插条件即可。

（3）有机加工技术示范

在转型示范技术指导下，裕丰按照有机生产要求，建立、改造有机大米加工厂，在产品的运输、贮藏、加工过程中采取粘鼠板取代老鼠药、仓库加装防鸟网、物理手段防止病虫害，以及采用冲顶方式加工大米等技术措施，成功通过了有机认证。生产的有机稻谷直接就地加工成有机大米，2011 年加工有机大米预计售价可增加到 25～30 元/kg，进一步提升了产品利润，见图 6-32。

图 6-32 转型生产的有机加工

6.3.2.2 工程效益评估

1. 经济效益

（1）种植主要成本组成分析（图 6-33）

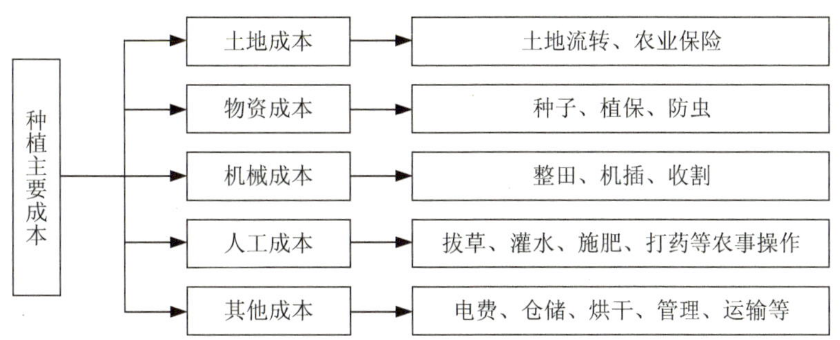

图 6-33 水稻生产种植成本

（2）加工主要成本组成分析（如图 6-34）。

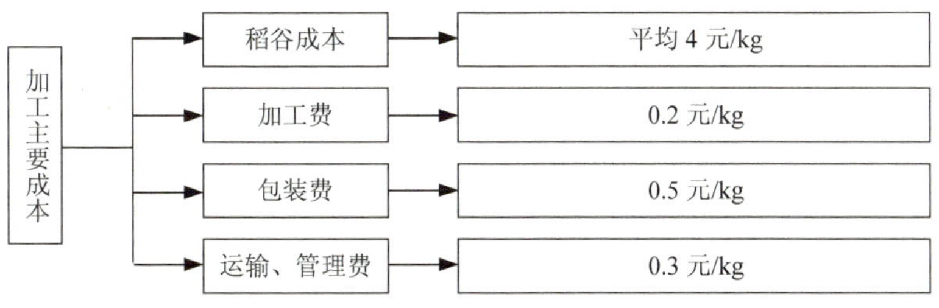

图 6-34 水稻生产加工成本

（3）生产投入情况

1）物资投入：由于实施有机方式生产模式，基地摒弃使用化学农药，2009 年至今主要采购有机产品国家标准所允许的植保产品。其中苦参碱价格 2010 年为 10 万元/t；2011 年为 12 万元/t，涨幅达 20%。农资平均每年上涨 20%左右，成为有机转型生产后成本增加的主要因素。

2）人力投入：所占比例较大的成本包括植保物质投入和雇用农民人工（有机肥/饼肥的播撒人工、人工除草人工、生物制剂喷洒人工）。综合平均人工雇用成本为：2009 年 30～35 元/（人·d）；2010 年 40～45 元/（人·d）；2011 年 50～55 元/（人·d），每年增长 25%以上。与常规相比，人工增长主要集中在除草和施肥上，总体包括肥、药等在内有机水稻比常规水稻多 400 元/亩。

3）其他：2009—2011 年电费每度上涨 0.1 元；农机维修费逐年增加等。

（4）投入、产出分析

进行转型生产后，有机水稻的产量、资金投入、劳力投入、产量、价格等信息统计见表 6-25。

表 6-25　裕丰公司有机稻谷生产成本及效益分析（2011 年）

序号	项目	用量	单位	单价	金额	备注
1	土地流转费	1	季	390	390	全年 650 元，单季 60%，390 元
2	水资源费	1	亩	6	6	
3	农业保险费	1	亩	6	6	单季
4	排灌费	1	季	30	30	单季电费、工资
5	灌水工资	1	季	20	20	用工工资
6	种子	4	kg	7	28	单季
7	育秧盘	30	张	0.5	15	
8	防虫网折旧	1	次	3	3	按每年 3 000 元
9	杀虫灯折旧	1	年	2	2	25 盏 6 000 元用 3 年报废
10	育秧成本	1	季	20	20	按人工材料等总成本分担
11	有机肥	0.4	t	370	148	去除省补贴 200 元/t 净价
12	菜籽饼	70	kg	2.5	175	
13	灭茬旋耕	1	亩次	30	30	自备机械成本
14	整田旋耕	1	亩次	25	25	自备机械成本
15	塂田	1	亩	10	10	自备机械成本
16	机械插秧	1	亩	60	60	市场价

序号	项目	用量	单位	单价	金额	备 注
17	植保材料	4	亩次	30	120	生物源农药
18	植保燃油人工	4	亩次	4	16	机动高压喷雾器
19	拔草	4	亩次	100	400	100 元/（人·亩），每季算
20	收割机	1	亩	50	50	市场价
21	运费	1	亩	20	20	田间至加工厂机房
22	烘干费用	1	亩	70	70	人工、燃油、资产折旧
23	管理费用	1	季	20	20	人员工资、杂支
24	输送、仓储费用	1	季	0.3/kg		机电、人工、资产折旧
合计					1 664	

有机水稻总生产成本 1 664 元/亩。亩产量按 350 kg 稻谷计算，每千克稻谷成本为 4.75 元；按 300 kg 计算，每千克稻谷成本 5.55 元；按 400 kg 计算，每千克稻谷成本 4.16 元。2011 年该基地有机大米市场销售价 16～20 元/kg［注：常规水稻生产投入成本为 800 元/亩（无土地流转成本）］。

2．生态环境效益

扬州裕丰在由常规水稻生产转向有机方式生产的过程中取消了常规稻田的大量化肥农药的投入，使用“有机肥+菜籽饼”代替化肥进行土壤培肥及水稻施肥，采用环境友好型的植物源植保产品苦参碱、印楝素、蛇床子素等来取代以往使用的多菌灵、吡虫啉、毒死蜱等有毒农药的施用。通过一系列生产、技术以及管理措施，减轻了化肥农药对所在地区生态环境的污染，取得了较好的环境效益，同时提升了生产大米的产品品质及食用安全性。现场调研发现，水稻基地生物多样性丰富，随处可见水稻害虫等的天敌——蜘蛛和青蛙，基地水稻白穗率普遍控制在 1%以下。

对裕丰水稻加工后的有机大米和周边农户生产的常规大米的养分、农残和重金属指标进行检测，结果见表 6-26。

表 6-26 裕丰水稻应用示范基地大米检测结果

检测项目	周边常规大米	裕丰有机大米
营养成分		
粗蛋白/%	5.85	7.85
农药残留		
多菌灵/（mg/kg）	ND	ND
吡虫灵/（mg/kg）	ND	ND

检测项目	周边常规大米	裕丰有机大米
毒死蜱/（mg/kg）	ND	ND
重金属含量		
砷/（mg/kg）	0.052	0.047
汞/（mg/kg）	0.001	0.001
铅/（mg/kg）	0.27	0.05
镉/（mg/kg）	0.14	0.01
铬/（mg/kg）	0.05	0.17
铜/（mg/kg）	0.50	1.70

注：ND 表示未检出。

对照表 6-26 中的分析测试结果以及《食品中污染物限量》（GB 2762—2017）中重金属的含量限值（谷物）可以发现，由于有机水稻生产示范技术的应用，杜绝了人工合成的化肥以及高毒性化学杀虫/除草剂的投入，减轻了对基地土壤、地下水环境以及食品安全的不利影响，而裕丰生产的有机大米中重金属含量比周边常规农田生产的大米低。检测结果表明，裕丰生产的有机大米，农药残留未检出，同时其砷、铅、镉三种对生态环境及人体健康潜在危害较大的重金属含量分别比常规大米降低了约 9.6%、81.5%和 92.6%。常规大米中铅含量超标 35%，而有机大米中的砷、汞、铅、镉、铬含量均低于标准限值。这些都表明了有机大米具有较高的食用安全性。

3．社会效益

（1）随着示范基地的成功转型和持续建设，公司有机农业产业的逐渐形成，各种基础设施不断完善，企业收益能够得到快速、稳步的提高，基地社会名声得到快速提升，将吸引越来越多的外来投资和促进外来人员的参观旅游、取经学习，从而进一步扩大基地成功转型后的示范作用及社会影响力。

（2）通过城郊保留农田有机产业的开发，充分调动社会、企业和农民参与有机生产的积极性，促进农业转型生产经营方式的改革，同时充分利用城郊农村丰富的劳力资源，增加农民收入，促进地方经济发展。通过转型生产的示范带头作用，增强和提高周边农民的技术素质、科学生产水平、市场意识和生态环境保护意识，引导农民从小生产步入大市场；完善农业产业化的循环链，推动农业产业化经营，促进当地农业生产经营方式转变和加快农业结构调整步伐。

（3）通过基地未来有机农业和生态旅游的开发，有机文化逐步形成，人们的消费观念、价值取向、行为方式都将发生重大变化，生态文明、生态道德将成为人们的价值取向。

长沙宇田和扬州裕丰两个技术应用示范基地的实践研究结果显示，两种经营管理主体下城郊农田转型后经济、社会和生态环境效益都大幅提升，见表 6-27。

表 6-27 示范基地经济、生态和社会效益对比

<table>
<tr><th>示范基地
效益</th><th colspan="2">长沙宇田</th><th colspan="2">扬州裕丰</th></tr>
<tr><td rowspan="4">经济效益</td><td rowspan="2">蔬菜亩均利润（元）</td><td>常规：5 680.8</td><td rowspan="4">水稻亩均利润（元）</td><td rowspan="2">常规：850</td></tr>
<tr><td>有机：6 967.4</td></tr>
<tr><td rowspan="2">2 季水稻亩均利润（元）</td><td>常规：1 124.9</td><td rowspan="2">有机：1 836</td></tr>
<tr><td>有机：2 877</td></tr>
<tr><td>生态环境效益</td><td colspan="2">人工合成农药、化肥“0”投入；
化肥投入减少约 120 t/a；
农膜回收率 100%；
水稻白穗率控制在 1%以下；
水稻基地减少化肥投入 28.75 t/a（折纯 N+P+K 减少投入 26 kg/亩）
野生动物的数量增加了 1 倍，野生植物品种的密度和数量增加了 2～3 倍；
出现青蛙、蜘蛛等害虫天敌；
有机大米农药残留未检出，砷、镉、铬、铜含量分别比常规大米降低 36.4%、91.4%、26.7%和 35.7%</td><td colspan="2">取消常规稻田化肥农药投入；
水稻基地生物多样性丰富，出现青蛙、蜘蛛等害虫的天敌；
基地水稻白穗率普遍控制在 1%以下；
有机大米农药残留未检出，砷、铅、镉含量分别比常规大米降低 9.6%、81.5%和 92.6%；
水稻白穗率控制在 1%以下</td></tr>
<tr><td>社会效益</td><td colspan="2">保障食品安全；
解决剩余闲散劳动力；
发展生态休闲观光；
提高有机生产技术水平</td><td colspan="2">保障食品安全；
提高生产技术水平；
促进农民增收；
完善农业产业链；
加快农业结构调整；
促进生态观光旅游</td></tr>
</table>

7 生态保护城乡统筹关键技术推广配套政策建议

7.1 城乡一体化生态安全格局构建技术推广配套政策建议

7.1.1 加大对生态安全格局构建技术体系与标准的研究

因缺失相关技术规范，建议政府进一步明确优化城乡生态安全格局构建对城乡一体化发展的重要性，针对生态安全格局关键组分的空间规模判定技术、生态安全格局演变预景技术等关键技术难点，建议设立公益性专项或科技支撑项目深入研究。

另外，我国国土广阔，各地自然环境本底、社会经济发展状况差异性大，且生态安全、生态安全格局研究均涉及尺度问题，因此需对不同类型的区域开展生态安全评估技术、生态安全格局构建技术研究，形成分类型、分尺度的生态安全格局评价技术体系、生态安全格局构建技术体系。

7.1.2 将生态安全格局构建技术纳入城乡生态专项规划

依据我国《城市规划编制办法》第三十二条的规定，把生态安全格局的关键因素，如“城市各类绿地的具体布局”“城市水源地及其保护区范围”“生态环境保护与建设目标，污染控制与治理措施”“城市防灾工程”等都作为规划强制性内容。这在一定程度上为城乡生态安全格局构建技术的实施提供了政策性保障，但是这一规定并没有明确这些关键因素之间的关系、组织结构等，即并没有明确生态安全格局构建的工作方法和技术要求。

在《城市规划编制办法》中并没有就生态专项规划做强制性要求，但是城乡规划实践中，生态专项规划往往是城乡规划工作的重要组成部分，因此，建议明确地将生态安全格局构建纳入生态专项规划工作流程中，并规范执行，即政府相关部门应在城乡规划、生态建设规划纲要及指导意见等层面明确规定生态安全格局构建的必要性，使城乡一体化生态安全格局构建工作有章可循。

7.1.3 完善土地利用总体规划相关要求

生态安全格局构建的落脚点是土地利用方式的转变和土地利用类型的调整。《全国土地利用总体规划纲要（2006—2020年）》对各类型土地的利用和保护方式已有较为明确的规定，如保护和合理利用农用地、节约集约利用建设用地、协调土地利用与生态建设等，并强调加强基础性生态用地保护、加大土地生态环境整治力度、因地制宜改善土地生态环境。对于基础性生态用地，要求“严格控制对天然林、天然草场和湿地等基础性生态用地的开发利用，对沼泽、滩涂等土地的开发，必须在保护和改善生态功能的前提下，严格依据规划统筹安排”；“具有重要生态功能的耕地、园地、林地、牧草地、水域和部分未利用地占全国土地面积的比例保持在75%以上”。

《全国土地利用总体规划纲要（2006—2020年）》特别指出“构建生态良好的土地利用格局”，即“因地制宜调整各类用地布局，逐渐形成结构合理、功能互补的空间格局；支持天然林保护、自然保护区建设、基本农田建设等重大工程，加快建设以大面积、集中连片的森林、草地和基本农田等为主体的国土生态安全屏障；在城乡用地布局中，将大面积连片基本农田、优质耕地作为绿心、绿带的重要组成部分，构建景观优美、人与自然和谐的宜居环境”。

因此，建议各级地方政府，在实施上述纲要以及编制土地利用规划工作过程中，加强作为城乡一体化格局基质的农田、林网、绿地的建设，加强城际（镇际）生态屏障建设、森林绿化建设、湿地建设等。规定对基础性生态用地的保护，严格保护基础性生态用地，保持基础性生态用地的数量和质量。

另外，从立法的角度，建议政府规划立法保护城乡生态格局中的重要生态源地、关键生态节点。在中小尺度城乡用地格局中，将大面积连片基本农田、优质耕地作为绿心、绿带的重要组成部分，构建耕地、林草、水系、绿带等生态廊道；确保关键生态节点位置对应土地利用类型为耕地、林草、水体等；加强各生态用地之间的有机联系，构建景观优美、人与自然和谐的宜居环境。要因地制宜调整各类用地布局，逐渐形成结构合理、功能互补的空间格局。

在大尺度土地利用格局中，支持天然林保护、自然保护区建设、基本农田建设等重大工程，加快建设以大面积、集中连片的森林、草地和基本农田等为主体的国土生态安全屏障，并按照法律法规规定和相关规划，对依法设立的国家级自然保护区、国家公园、生态保护红线、世界文化自然遗产、国家级风景名胜区、国家森林公园、国家地质公园等禁止开发区域实行严格保护，切实发挥限制开发区域对国家生态安全的基础屏障作用。

7.1.4 建立生态安全格局保育的生态补偿机制

生态补偿即国家或社会主体之间约定对损害生态环境的行为向资源环境开发利用主体进行收费或向保护资源环境的主体提供利益补偿性措施，并将所征收的费用或补偿性措施的惠益通过约定的某种形式送达因资源环境开发利用或保护资源环境而自身利用受到损害的主体的过程，达到保护资源的目的。生态安全格局建设，涉及的是土地利用方式的调整和转变，因此配套的生态补偿方案主要为土地使用补偿机制。

7.1.4.1 生态补偿的主体

生态安全格局建设的主要组织实施者是政府部门，因此生态补偿的主体是各级政府，可根据建设项目的等级确定作为补偿主体的政府级别。

7.1.4.2 生态补偿的对象

对失地农民的补偿。从各国和地区征地补偿的普遍做法可以看出，应以公共利益为目的来严格限定征地的范围，必须对“失地”进行科学的补偿。至少应考虑三项补偿：对土地及其地上建筑物、附着物和构筑物基于市场价格进行补偿；对因征地行为为被征用者带来困难的补偿以及对征地活动引起的外部经济补偿。

对自然生态系统的补偿。此项补偿主要是对受损的生态环境和生态系统（包括由于自然资源的开发而对生态环境产生的破坏）进行恢复和重建，以维持物种的生存、繁衍，并保障生态系统的稳定运营，强化生态环境保护，以维持生态系统组织和结构，提高自然生态系统生态环境质量，保障其生态服务功能。

对生态安全格局维护者的补偿。生态安全格局维护活动的主体是当地的政府。政府实施这一公益性活动必然引起相应的经济损失，因此，可在生态安全格局建设和维护成果效益考核过后，由上级政府对下级政府进行补偿。

7.1.4.3 生态补偿方式

可实施的生态补偿方式有两类，即以公共支付为主导的生态补偿和以市场为主导的生态补偿。以公共支付为主导的生态补偿，途径是由政府购买社会所需的生态环境服务，资金主要来源于公共财政资源、有针对性的税收（如“碳税”“生态税”等）或政府掌控的其他金融资源，如有针对性的基金、国债和国际上的一些援助资金。以市场为主导的生态补偿模式，有三种实现途径：一是自发组织的私人交易；二是开放的市场贸易；三是生态标记。

结合城市化快速发展期和稳定发展期城乡一体化地区社会经济发展特点，以及生态建设项目的政府主导性，目前生态补偿公共支付方面最大的问题是资金来源单一，在这方面可以实施的措施有以下三点：

成立生态建设项目地区生态发展基金。针对生态建设项目，建立生态发展基金的目的就是对区内被征地居民自发的创业项目提供低息甚至是无息贷款，并成立专门的机构对其创业项目进行培训、指导。例如，想开一个旅店或者饭店，缺乏资金，可以向基金申请贷款，然后基金的相关部门对其进行审核，优先资助对生态环境保护有利的项目。政府可以与某些商业银行合作运作基金，基金启动资金由银行提供，可以适当地给银行一些优惠政策来激励银行参与进来。基金的部门资金也可以来自生态环境资源的收益企业。

对森林公园、植物园、自然保护区等旅游景点的门票收入中提取一定比例补偿给待补偿地区，这批资金由林业部门与财政部门专门成立委员会进行管理，负责资金的发放与运营。

征收碳税、生态税，税收收入由财政部门直接补偿给森林、郊野公园、绿化隔离带、湿地、农田、湖泊等的维护人员，补助生态环境修复。

7.1.4.4 运行机制

由于我国不同地区自然条件和经济社会发展水平差距较大，各地区可结合实际情况，依据生态系统的生态服务和当地居民的支付意愿确定补偿标准，提出补偿方案，并交由上级部门批准。

由于东、中、西部地区经济水平有较大差异，各地区的生态补偿资金可按照不同的比例配套，东部地区经济条件较好，中央政府和地区可按照 1∶2 的比例配套，中部地区 1∶1，西部地区经济发展较为落后，可按 1∶0.5 的比例配套。形成补偿资金后，交予当地政府，由政府根据区域内生态环境整治的需要，统一安排使用，专款专用。

7.1.4.5 补偿标准

生态补偿标准可从以下两个方面着手结合确定：

（1）参考非实物形态的生态辐射价值核算确定生态补偿标准

非实物形态的生态服务价值包括针对重要生态功能区水土保持、水源涵养、气候调节、生物多样性保护、景观美化等生态服务功能价值而言的，由于非实物形态的生态服务惠及空间范围相对广阔，生态系统生态服务往往惠及生态系统以外的诸多区域，按照“谁受益，谁补偿”的原则，因此受益区所支付的生态补偿标准可参考生态系统对受益区的生态辐射价值而确定。但一般按照生态服务功能计算出的补偿标准只能作为补偿的参考和理论上限值。

（2）基于支付意愿或受偿意愿确定补偿标准

通过直接询问居民的支付意愿和受偿意愿，确定生态补偿标准。该方法确定的补偿标准体现“公众参与”的思想，有助于提高居民恢复和保护生态环境的积极性和主动性（燕守广等，2010）。

由于生态辐射效益研究在国内外都处于起步阶段，区域之间的生态补偿范围、补偿标准缺少可以量化的科学支撑，因此，目前我国中央政府和地方政府应承担生态补偿的主要责任，协商界定不同区域之间的生态补偿责任，若有分歧的，则由上级或中央政府出面调解。如果生态服务的类型和数量可以界定，权属清楚，生态补偿主体和补偿对象双方协商，中央政府或地方政府搭建平台，则可通过市场手段实施生态补偿。

参照上述生态补偿标准的确定方法，综合考虑国家和地区的实际情况，特别是经济发展水平和生态破坏，通过协商和博弈确定当前的补偿标准；最后根据生态保护和经济社会发展的阶段性特征，与时俱进，进行适当的动态调整。

7.1.5 建立生态安全格局保育的多元投入机制

我国城乡分割的政策体制极大地强化了城乡经济社会的二元结构，造成城乡生态建设政策的差异，资金投入在空间上不平衡是一个主要表现。在基础设施建设、环境保护投入等方面，中心城区投资高，向外呈递减趋势；投资在行业间不平衡——生态环境建设、现代农业的投资占财政支出比例与工业投资占财政支出比例相差悬殊。

生态安全格局的建设和发展，应在充分利用政府资金的前提下，建立以政府投入为主体，全社会资金共同参与的多渠道、多元化的投资体制。

7.1.5.1 拓宽资金渠道，增加资金投入

增加城乡生态安全建设的资金投入。将城乡一体化生态安全建设资金列入市、县（区）财政预算。统筹安排新建、扩建、改建项目的环境污染治理资金，加大对林、草、土地、水资源建设项目的投资力度，调整财政投入结构和投入方式，充分发挥公共财政在一体化建设方面的引导作用。在国外，如美国马里兰州州政府在 5 年内拨款 1.45 亿美元保护绿色基础设施的网络中心和连接廊道，发展并维护了庞大且功能健全的绿色基础设施体系。

逐步开放市场、打破垄断，吸引各方资本的投资，利用外商、民间资本、金融资本、企业资金的投入弥补政府财政投资的不足。在鼓励、支持企事业单位、个人投资的同时，可以与国内外致力于生态保护的非政府组织在开发建设具有公益性质的绿色基础设施中积极开展合作。

7.1.5.2 发挥市场的调节作用

建议政府逐步探索公益类生态建设项目市场运作化机制。对不处于生态涵养区、生态功能重点分区、水源保护区、水土保持治理区等不宜进行开发地区的生态建设项目，可以适当引入商业开发元素。

7.1.6 建立生态安全格局保育的长效管理机制

7.1.6.1 加强组织领导

建议进一步明确优化城乡生态格局构建对城乡一体化发展的重要意义，组织专门力量加以深入研究和扶持。将城乡一体化生态安全建设列入政府议事日程，成立领导小组，加强领导，建立专门的工作机构，针对性地解决制约城乡一体化生态环境建设的难点、热点、重点问题。精心组织实施城乡一体化生态环境建设的各项重点任务。发展改革部门统筹规划，综合平衡，组织协调；农业、林业、水务、环保、城建、国土资源等行业主管部门各自分工，明确责任，通力合作，加强行业指导和项目管理；财政、工业、金融、科技、教育等部门分别从资金、政策、技术、人才培养等方面给予积极支持；其他各相关部门积极参与，全力配合。

7.1.6.2 改革考核机制

不仅以生态建设项目的数目和投入资金来考核，更要以生态绩效来考核业绩，以避免政绩工程。

建立和完善各级政府城乡一体化生态环境保护建设工作目标责任制，对主要任务和指标实行年度考核并公布结果。把考核情况纳入领导班子和领导干部考核的重要内容。建立城乡生态环境保护建设问责制，对因决策失误造成重大生态环境事故、严重干扰正常执法的领导干部和公职人员，要依法追究责任。

7.1.6.3 加强项目和资金管理

生态环境保护与建设工程要严格执行国家基本建设程序，做好项目设计，严格按设计施工。建立和完善质量管理和技术监督体系，严格执行国家颁布的标准，逐步引入工程监理制度；加强项目的动态管理，定期对工程建设情况进行检查、考核和评估；加强已建工程的维护和管理，建立项目管理的长效机制。

7.1.6.4 完善公众参与机制

政府要加强生态环境保护日常宣传工作，尤其要深入农村，努力提高农民的生态环保意识，引导农民逐步形成科学文明的消费方式和生活方式。此外，环境保护主管部门还要立足实际情况，及时把生态环境信息公之于众，让群众了解周围生态状况及自身权益，以调动全社会参与和监督工作，逐步建立公众参与机制。

7.2 城乡接合部生态缓冲带构建技术推广配套政策建议

7.2.1 构建城乡接合部生态缓冲带技术推广标准体系

城乡接合部作为联系城市与乡村的桥梁和纽带，对城乡一体化、城乡统筹发展具有重要意义。城乡接合部生态缓冲带的建设，对维持城乡生态平衡、改善乡村生活质量、提高城市景观功能和生物多样性发挥着重要作用。目前，我国在城乡接合部生态缓冲带的维育和保护中，尚未建立相关的规范、标准等予以规范化建设和管理，现阶段城乡接合部生态缓冲带的建设参照或模仿国家对公园（《公园设计规范》《森林公园总体设计规范》)、风景名胜区(《风景名胜区规划规范》)等相关规范来规划设计、维育管理、运营等。当前，随着城乡接合部生态缓冲带的重要性逐渐被政府及人民大众认识，建立针对城乡接合部生态缓冲带的建设规范与标准、技术推广导则等，使我国城乡接合部生态缓冲带建设有具体的标准或规范可依。

7.2.2 将城乡接合部生态缓冲带建设纳入约束性规划

国内外的大量实践已经证明，涉及国家和地方政府的建设规划类文本，都是通过建立相应的法律、法规来保障规划的执行。国外对城乡接合部生态缓冲带建设重要性认识相对较早，如英国早在20世纪40年代分别建立的《绿带法》和《新城法》，对城市发展中涉及城乡接合部的绿地建设设置了明确的法律条例。我国虽然早已颁布了《城市建设总体规划》《土地利用规划》等具有法律效用的规划文本，但此类文本未涉及对城乡接合部生态缓冲带的建设。当前，随着城乡统筹发展，将城乡接合部生态缓冲带的建设补充到已有的城市发展规划中，对相应的政策、法律、法规进行补充和修订，使城乡接合部生态缓冲带的建设成为城市总体规划、土地利用总体规划及绿地总体规划的重要组成部分。

城乡接合部由于其特殊的地理位置，在各个地方政府中分别隶属于不同的行政部门，由于城乡接合部对城乡生态环境的重要性，建议应统一管理。管理权限的集中，可以统一建设和维育标准、集中筹措资金、更好地提高资金的使用效率等，当然建立相关的法律监督也是非常必要的。只有以法律、法规的形式将城乡接合部生态缓冲带建设规范化，建立权威、高效、规范的运行管理机制，促使其走上法制化、规范化、制度化、科学化的轨道，才能切实保障城乡接合部生态环境系统的健康、稳定和持续发展。

7.2.3 构建城乡接合部生态缓冲带生态补偿方案

城乡接合部生态缓冲带对国家或区域性的生态安全、经济社会可持续发展具有重要意义，这与重要生态功能区的战略地位是相同的，生态缓冲带的生态环境效益是具有很强公共性的物品，国家或地方政府是区域公共性物品开发的最大受益者。有必要建立明确的生态补偿方案，以对生态缓冲带自然生态系统、区域经济社会系统及当地人民进行一定的补偿。建议将城乡接合部生态缓冲带作为重要生态功能区的一部分，生态补偿参照重要生态功能区的标准。

生态补偿主体：国家、省、市政府应该作为实施生态补偿的责任主体；因生态缓冲带建设带来的旅游收入和房地产增值等收益的地方、企业和个人也应作为实施生态补偿的社会主体；由国内外的组织机构或社会民间团体、个人通过设立基金会等也可作为补偿主体来实施的社会补偿来源。

补偿对象：以维持生态缓冲带的生态系统服务功能以及为建设生态缓冲带而出让土地的当地政府和居民为补偿对象。

资金来源：主要由国家和地方的财政转移支付和建立生态补偿专项基金、生态破坏罚款及生态保障金。单纯依赖政府容易导致生态补偿经费标准长期偏离现实经济社会中生态补偿所需的经费需求，产生政府财政负担过重或生态补偿资金不足的情况。因此，城乡接合部生态缓冲带生态补偿金的融资渠道应多样化，引入市场机制，发挥市场灵活性、高效率的特点，弥补政府包揽管理事务的弊端。市场化运作的机制包括加强同财政金融部门的联系，发行中长期特种生态补偿债券或彩票，积极利用国债资金、开发性贷款以及国际组织和外国政府的贷款，提供各种优惠政策鼓励私人投资，构建生态服务市场化交易平台，努力形成多元化的资金格局，并积极寻求国外非政府组织的捐赠支持等，促使补偿主体多元化，补偿方式多样化。

生态补偿标准：标准的确定应坚持区域化、动态化的原则，不同地区和不同时期实施不同的生态补偿标准，即生态补偿标准的确定需综合考虑生态补偿主体的支付能力、支付意愿、支付的可行性和生态补偿客体的受偿需求等多方面的内容，并协调生态补偿主客体之间达到供需平衡，同时又能保证生态保护和建设的资金需求。

7.2.4 实施城乡接合部生态缓冲带维育绩效管理机制

建立分级协调管理机制。建议国家、省、市级政府的主管领导和相关部门共同成立城乡接合部生态缓冲带管理委员会或领导小组，负责协调相关部门共同维育生态缓冲带，对国家或地方建立的财政转移支付和专项维育基金进行监督管理、仲裁协调以及实施情况的绩效评估。

出台《城乡接合部生态缓冲带维育管理办法》，将城乡接合部生态缓冲带的建设和维育纳入考核当地政府及主管部门领导的绩效考核体系中。将城乡接合部生态环境质量评价作为相关领导政绩考核指标，在主管领导的任期开始和结束时两次定期评价城乡接合部生态环境质量，对任期内工作成绩突出、能有效提高城乡接合部生态环境质量的，采取表扬、嘉奖、记功、授予荣誉称号等形式进行表彰，作为组织部门考察任用干部的重要依据；对任期内不能有效提高城乡接合部生态环境质量或生态缓冲带建设水平差致使城乡接合部生态环境质量明显下降的地方政府和领导，当年年度考核不能列为评优行列，不能在各类评选中推选为先进。以此敦促地方政府在大力发展城市建设的同时，必须重视城乡统筹发展、城乡接合部生态缓冲带生态环境质量的维护和投入力度。

7.3 城郊保留农田生态经济服务功能转型技术推广配套政策建议

7.3.1 建立城郊保留农田生态经济服务功能转型技术推广的财政补贴机制

从调研情况来看，我国对于城郊农业的财政补贴逐年递增，年递增幅度超过 10%，但总体补偿水平仍然较低，并且在农业补偿四大支出即支农支出（包括支援农村生产支出和农林水利气象等部门的事业费）、农业基本建设费、农业科技费和农村救济费中，其中比重最大的是支农支出，占财政农业支出一半以上，相较而言对城郊农业基本设施的完善、科技投入、人才队伍建设、生态建设等方面仍然明显不足。另外，针对城郊农田土地流转、鼓励城郊农业实现有机化生产等方面缺乏有力的补偿机制和相关政策支持。

为了促进现代化的多功能环保型农业在城郊的发展，政府在土地流转、农业基础设施建设（水利设施、大棚等生产设施、农耕道路建设、农田改造等方面）、有机生产物质施用（有机肥、生物农药）等要给予适当的补贴；农业项目资金要发展环保型农业倾斜。特别是政府针对有机农业生产中的物质投入（有机肥、植保产品、杀虫灯、防虫网等）要出台相应政策给予财政补贴，对获得有机认证的生产基地给予物质奖励。同时对于有意愿发展有机农业的单位在贷款、税收上给予一定的优惠。

7.3.2 建立城郊土地流转中保护农户利益的土地股份合作制度

土地流转必须建立在劳动力转移和农民自愿两个基础上，尤其是“自愿”这个基础至关重要，关乎社会稳定，稍有不慎可能引发“群体”事件。如一些公司通过政府的动员，从农民那里大批量低价租赁土地，随着土地的升值，在出租土地面积比较大、租金比较少、年限比较长的地方，农民的损失比较大，出现农民上访或者有公司企业冲突的情况，这些会影响地方的社会稳定。

另外，目前城郊农业土地流转大多采用转包、出租的方式，转包费或者租金在租期内是固定的，而租期一般都长达 10 年至 20 年。从长远来看，土地生产所带来的效益具有增值性，采用固定租金或者补偿金的方式，农民不能享受到土地增值所带来的好处，大大削弱了农民本应享有的土地权益。

因此，创建土地股份合作组织，改革土地股份制度是保护农民利益的关键。土地股份合作制，就是在不改变土地承包经营权的前提下，按照股份制和合作制的基本原则，农民把土地承包经营权转化为股权，委托合作社经营，按照股权从土地经营收益中获得一定比例分配的土地合作经营形式，形象地概括就是：土地变股权，农户当股东，有地不种地，收益靠分红，从而达到保护农民利益的目的。

7.3.3 加强土地流转中农村集体建设用地的政府监管

农村集体建设用地应该与城镇国有土地享有同等的权益。集体建设用地流转只要符合国家、地方相关规定，都可以享有出让、出租、转让、转租、入股和抵押的权益，这些权益与城镇国有土地的权益是一致的。

同时应该规范集体建设用地的流转方式。农民集体建设用地可以通过转让、出租、抵押、入股、互换等方式进行流转。规定集体建设用地使用权（包括农民宅基地使用权）用于转让、出租和抵押时，其地上建筑物及其他附着物随之转让、出租和抵押；农民集体建设用地上的建筑物（包括农民住宅）及其他附着物转让、出租和抵押时，其占用范围内的农民集体建设用地使用权随之转让、出租和抵押。农村村民出卖（转让）、出租住房后，再申请宅基地的，不予批准。

加强对公司企业建设用地规模的管理。根据调查，目前湖南省各地方对农村土地出租、转让后建设用地规模的规定并不一致。但普遍存在的问题是公司企业利用租赁的土地享有一定比例的建设用地这一政策，超规模地利用建设用地指标，造成了耕地资源的流失。

因此，加强政府对农村集体建设和用地的监管对于提高农村建设用地的利用效率和保护耕地资源都是非常必要的。

7.4 生态保护城乡统筹关键技术推广的战略建议

7.4.1 把城乡生态安全格局构建纳入生态文明示范创建

当前我国城市化进程急剧加快，为保障城乡经济社会统筹发展、保护乡村生态环境，构建稳定的城乡生态安全格局意义重大。生态文明示范区建设的根本目的就是实现经济社会与生态环境的协调发展，走可持续发展之路。生态安全格局构建作为目前生态文明建设体系的重要组成部分，其重要性不言而喻，建议将其纳入生态文明示范区建设，对现行的《国家生态文明建设示范县、市指标（试行）》进行修订，加入“生态安全度”指标。依据本书提出的城乡一体化生态安全评估与构建技术，将城乡生态安全作为生态文明示范区创建验收考核的主要考核指标之一，并将其作为考核地方政府生态文明建设水平的评估指标之一。

7.4.2 将生态缓冲带纳入生态保护红线范畴

建议将城乡接合部生态缓冲带纳入生态保护红线范畴。这样城乡接合部生态缓冲带便可作为禁止或限制开发区域，更好地为城乡的统筹发展和生态环境保护提供支撑。由于生态缓冲带的生态环境效益是具有很强公共性的物品，国家或地方政府是区域公共性物品开发的最大受益者。这样势必要建立合适的生态补偿方案，以保障生态缓冲带的服务功能，将生态缓冲带纳入生态保护范畴后，便可以依据相关生态补偿标准，对该类地区进行有效地组织保障和资金保障。

7.4.3 把生态经济功能转型技术纳入农业面源污染防治技术体系

生态经济功能转型技术的推广有助于推动传统农业生产方式向现代生态高效生态转型。此类技术的推广，一方面在提高粮食产量的同时，实现农业源污染减排；另一方面为其他地区传统农业生产方式提供学习参观的机会，起到了模范带头的作用。建议将生态经济功能转型技术纳入农业源污染减排技术体系，在种植业方面，发展有机农业和生态农业，运用生态学方法，通过合理的外部能源投入，把现代科学技术成就与传统农业技术的精华有机结合。推广精确农业，根据不同条件采用不同措施开展农业种植。制定科学合理的地区农业发展规划，做到地区内种、养平衡，保证农业废弃物最大限度地循环利用。制定科学合理的地区农业发展规划，做到园区内种、养平衡，保证农业废弃物最大限度地循环利用。 生态经济功能转型技术，做到从源头控制，通过不断改良农业优良品种、优化种养方式、提高种养技术、强化管理、合理规划等措施从源头减少单位产量污染物的产生量，从源头有效遏制污染物排放。区域内农业废弃物按照资源化、减量化、无害化的原则，进行综合利用，种植业废弃物以肥料化、能源化、饲料化为手段进行综合利用，实现资源化利用。园区内遵循种养林平衡的原则，结合园区特点选择合适的生态治理方式进行治理，实现末端控制。

参考文献

[1] Beier P，Noss R F. Do habitat corridors provide connectivity？[J]. Conservation Biology，1998，12：1241-1245.

[2] Cairns J. Protecting the Delivery of Ecosystem Service[J]. Ecosys. Health，1997，3（3）：185-194.

[3] Cook E A. Landscape structure indices for assessing urban ecological networks[J]. Landscape and Urban Planning，2002，58：269-280.

[4] Costanza R，Arge R D，Groot R D，et al. The value of the world's ecosystem services and natural capital[J]. Nature. 1997，387，253-260.

[5] Costanza R，Agre R D，et al. The Value of the World's Ecosystem Services and Natural Capital[J]. Nature，1997，387：253-260.

[6] Daily G C（ed.）. Nature's Services：Societal Dependence on Natural Ecosystem[M]. Washington D C：Island Press. 1997.

[7] De Groot R S，Wilson M A，et al. A Typology for the Classification，Description and Valuation of Ecosystem Functions，Goods and Services[J]. Ecological Economics，2002，41：393-408.

[8] Desai S. S. Gupta. Problem of Changing Land-use Pattern in the Rural-urban Fringe[M]. Concept publishing company，1987.

[9] Dolores Hayden. A Field Guide to Sprawl[M]. W. W. Norton，2006.

[10] Ehrlich P R，Mooney H A. Extinction，substitution，and the ecosystem service[J]. Bioscience. 1983，33：248-253.

[11] Farber S C，Costanza R. et al. Economic and Ecological Concepts for Valuing Ecosystem Services[J]. Ecol. Econ. ，2002，41：375-392.

[12] Forman R R T. Land mosaics：the ecology of landscape and region[M]. London：Cambridge University Press，1995：35-38.

[13] Gill S E，Handley J F，Ennos A R. Adapting cities for climate change：the role of the green infrastructure[J]. Built Environment. 2007，33（1）：115-133.

[14] Hermy M，Cornelis J. Towards a monitoring method and a number of multifaceted and hierarchical

biodiversity indicators for urban and suburban parks[J]. Landscape and Urban Planning，2000，49：149-162.

[15] Homer-Dixon，Thomas F. Environmental scarcities and violent conflict：Evidence from cases[J]. International Security，1994，16（2）：76-116.

[16] Homer-Dixon，Thomas F. Jeffrey H Boutwell，et al. Environmental Change and Violent Conflict[J]. Scientific American，1993，268（2）：38-45.

[17] Homer-Dixon，Thomas F. On the threshold：Environmental changes as causes of acute conflict[J]. International Security，1991，19（1）：5-40.

[18] Pickett S T A，Thompson J N. Patch dynamics and the design of nature reserves[J]. Bio. Conserv，1978（13）：27-37.

[19] R B Andrews. Elements in the Urban Fringe Pattern[J]. Journal of land and public utility Economics，1942.

[20] R. J. Pryor. Defining the Rural-urban Fringe[J]. Social Forces，1968（47）：202-215.

[21] Ridd M K. Exploring a V-I-S（Vegetation-impervious surface-soil）model for urban ecosystem analysis through remote sensing：comparative anatomy for cities[J]. International Journal of Remote Sensing，1995，16（12）：2165-2185.

[22] Sandstrom U G. 2，Angelstama P，KhakeecA. Urban comprehensive planning-identifying barriers for the maintenance of functional habitat networks[J]. Landscape and Urban Planning，2006，75（1-2）：43-57.

[23] Small C. Multitemporal analysis of urban reflectance[J]. Remote sensing of Environment，2002，81：427-442.

[24] Sandstrom U. G. 1，Angelstam P. ，Mikusinski G. Ecological diversity of birds in relation to the structure of urban green space[J]. Landscape and Urban Planning，2006，77：39-53.

[25] Sutton P. C. ，Constanza R. . Global Estimates of Market and Non-market Values Derived from Nighttime Satellite Imagery，Land Cover，and Ecosystem Service Valuation[J]. Ecological Economics，2002，41：509-527.

[26] Thinh N X，Arlt G，Heber B，et al. Evaluation of urban landuse structures with a view to sustainable development[J]. Environmental Impact Assessment Review，2002（22）：475-492.

[27] Turner M G. Landscape Ecology_the ecology of pattern on process[J]. Annual review of Ecology and Systematics，1989（20）：171-197.

[28] Ullman Richard H. Redefining Security[J]. International Security，1983，8（1）：129- 153.

[29] Vitousek P M，Mooney H A，Lubchenco J，et al. Human domination of Earth's ecosystems[J]. Science，1997（277）：494-499.

[30] Westing A. H. The environmental component of comprehensive security[J]. Bulletin of Perue Propo. sal. s， 1989，20（2）：129- 134.

[31] Wu J J，Andrew J P. The influence of public open space on urban spatial structure[J]. Journal of Environmental Economics and Management，2003，46：288-309.

[32] 蔡建国，楼炉焕，李根有，等. 浙江省河道植物调查研究[J]. 西南林学院学报，2006，26（1）：23-26.

[33] 查理・克利斯曼，贡锡锋，王毅，等. CGIAR 都市及城郊农业发展和全球行动计划及对中国城郊农业发展影响的商榷[J]. 中国农业科学，2001，34（增刊）：110-112.

[34] 常弘，王勇军，张国萍，等. 广东内伶岛夏季鸟类群落生物多样性的研究[J]. 动物学杂志，2001，36（4）：33-36.

[35] 车生泉，可燕. 上海地区水生观赏植物资源多样性及其利用初探[J]. 上海农学院学报，1997，15（4）：293-300.

[36] 陈波，包志毅. 城市公园和郊区公园生物多样性评估的指标[J]. 生物多样性，2003，11（2）：169-176.

[37] 陈波. 杭州西湖园林植物配置研究——植物群落功能、种类组成与案例分析[D]. 杭州：浙江大学，2006.

[38] 陈彩虹，胡峰，李辉信，等. 南京市城乡交错带的景观生态问题与优化对策[J]. 南京林业大学学报，2000（S1）：17-23.

[39] 陈国阶，何锦峰，涂建军，等. 长江上游生态服务功能区域差异研究[J]. 山地学报，2005（4）：406-412.

[40] 陈利顶，傅伯杰，赵文武. "源""汇"景观理论及其生态学意义[J]. 生态学报，2006（5）：1444-1449.

[41] 陈佑启. 北京城乡交错带土地利用问题与对策研究[J]. 经济地理，1996，16（4）：40，46-50.

[42] 陈佑启. 城乡交错带名辩[J]. 地理学与国土研究，1995，11（1）：47-52.

[43] 陈佑启. 城乡交错带土地利用模式探讨[J]. 中国土地科学，1997，11（4）：32-34.

[44] 陈佑启. 试论城乡交错带及其特征与功能[J]. 经济地理，1996，3（16）：17-31.

[45] 陈佑启. 试论城乡交错带土地利用的形成演变机制[J]. 中国农业资源与区划，2000，21（5）：

22-25.

[46] 陈自新，刘步军，刘少宗，等. 北京城市园林绿化生态效益的研究（2）[J]. 中国园林，1998，14（56）：51-54.

[47] 从日晨，揭俊，赵黎芳，等. 论城市绿地中的自然化植物群落建设[J]. 园林科技，2006（4）：15-17.

[48] 崔功豪，武进. 中国城市边缘区空间结构特征及其发展——以南京等城市为例[J]. 地理学报，1990，45（2）：399-411.

[49] 崔胜辉，洪华生，黄云凤，等. 生态安全研究进展[J]. 生态学报，2005（4）：861-868.

[50] 崔同林，马献良，缪永新，等. 道路绿化树种选择的基本原理及其应用[J]. 林业建设，2005（1）：38-39.

[51] 崔向慧. 陆地生态系统服务功能及其价值评估[D]. 北京：中国林业科学研究院，2009.

[52] 代兵. 大城市多功能基本农田规划理论与方法研究[D]. 武汉：华中农业大学，2010.

[53] 代巍. G101 北京段公路绿化的温湿度调节及固碳释氧研究[D]. 北京：北京林业大学，2009.

[54] 董凤丽. 上海市农业面源污染控制的滨岸缓冲带体系初步研究[D]. 上海：上海师范大学，2004.

[55] 董全. 生态功益：自然生态过程对人类的贡献[J]. 应用生态学报，1999，10（2）：233-240.

[56] 高长波，陈新庚，韦朝海，等. 区域生态安全：概念及评价理论基础[J]. 生态环境，2006（1）：169-174.

[57] 高旺盛，董孝斌. 黄土高原丘陵沟壑区脆弱农业生态系统服务评价[J]. 自然资源学报，2003，18（2）：182-188.

[58] 谷中原，姚琦. 现代都市农业的经营形式与多效能特征[J]. 消费导刊，2008，18：32-34.

[59] 顾朝林. 中国大城市边缘研究[M]. 北京：科学出版社，1995.

[60] 郭秀云. 灰度关联法在区域竞争力评价中的应用[J]. 决策参考，2004，5（11）：54-59.

[61] 郭雪艳. 南京市常见园林植物的绿量研究[D]. 南京：南京林业大学，2009.

[62] 韩光辉，尹钧科. 北京城市郊区的形成及其变迁[J]. 城市问题，1987（5）：54-59.

[63] 韩维栋，高秀梅，卢昌义，等. 中国红树林生态系统生态价值评估[J]. 生态科学，2000（1）：9-13.

[64] 何浩，潘耀忠，朱文泉，等. 中国陆地生态系统服务价值测量[J]. 应用生态学报，2005，16（6）：1122-1127.

[65] 黄公元. 城乡接合部的流动人口[J]. 杭州师范学院学报，1998（1）：119-124.

[66] 黄贤金. 城市化进程中土地流转对城乡发展的影响[J]. 现代城市研究，2010（4）：15-18.

[67] 角媛梅，肖笃宁. 绿洲景观空间邻接特征与生态安全分析[J]. 应用生态学报，2004（1）：31-35.

[68] 靳芳，鲁绍伟，等. 中国森林生态系统服务功能及其价值评价[J]. 应用生态学报，2005（8）：1531-1536.

[69] 黎夏，叶嘉安，刘小平，等. 地理模拟系统在城市规划中的应用[J]. 城市规划，2006（6）：69-74.

[70] 黎晓亚，马克明，傅伯杰，等. 区域生态安全格局：设计原则与方法[J]. 生态学报，2004（5）：1055-1062.

[71] 李洪庆，刘黎明. 现代城郊农业的功能定位及其评价研究——以北京市为例[J]. 生态环境学报，2010，19（6）：1428-1433.

[72] 李洪庆，刘黎明. 现代城郊农业功能定位和布局模式探讨——以北京市为例[J]. 城市发展研究，2010，17（8）：62-67.

[73] 李经龙，郑淑婧. 试论城乡交错带的土地利用问题——以芜湖市为例[J]. 安徽师范大学学报（自然科学版），2004，27（1）：97-100.

[74] 李慧，白昕旸. 浅析路侧绿带植物的选配[J]. 安徽农业科学，2007，35（18）：5410-5411.

[75] 李伟，贾宝全，等. 城市森林三维绿量研究现状与展望[J]. 世界林业研究，2008，21（3）：31- 34.

[76] 李英杰，许秋瑾，金相灿，等. 湖泊水生植被恢复物种选择及群落配置分析[J]. 环境污染治理技术与设备，2004，5（8）：23-26.

[77] 李宗尧，杨桂山，董雅文. 经济快速发展地区生态安全格局的构建——以安徽沿江地区为例[J]. 自然资源学报，2007（1）：106-113.

[78] 刘家壮. 生成所有不同构的根树和树[J]. 应用科学学报，1987（1）：79-84.

[79] 刘杰，李秋丽，卫江峰，等. 都市农业在城市中的发展方向探讨[J]. 江西农业学报，2010，22（2）：207-209.

[80] 刘库，李河. 浅淡城市道路绿化树种的设计与选择[J]. 防护林科技，2002（3）：37-38.

[81] 刘鸣达，黄晓姗，张玉龙，等. 农田生态系统服务功能研究进展[J]. 生态环境，2008，17（2）：834-838.

[82] 鲁春霞，谢高地，肖玉，等. 我国农田生态系统碳蓄积及其变化特征研究[J]. 中国生态农业学报，2005，13（3）：35-37.

[83] 陆海英. 基于 RS/GIS 的城乡接合部土地利用研究[D]. 南京：南京师范大学，2004.

[84] 罗赟骞，夏靖波，陈天平. 网络性能评估中客观权重确定方法比较[J]. 计算机应用，2009（29）：2624-2631.

[85] 罗文斌，吴次芳，谭荣. 城郊农地休闲利用初探[J]. 西北农林科技大学学报（社会科学版），2010，10（6）：30-35.

[86] 马克明，傅伯杰，黎晓亚，等. 区域生态安全格局：概念与理论基础[J]. 生态学报，2004（4）：761-768.

[87] 尼科·巴克，等. 增长的城市、增长的食物——都市农业之政策议题[M]. 北京：商务印书馆，2005.

[88] 欧阳志云，王效科，苗鸿，等. 中国陆地生态系统服务功能及其生态经济价值的初步研究[J]. 生态学报，1999，19（5）：607-613.

[89] 潘涛，罗颖，潘裔莎，等. 郑州市城市边缘区土地利用优化研究[J]. 安徽农业科学，2008，36（2）：1204-1206.

[90] 濮培民，王国祥，等. 健康水生生态系统的退化及其修复——理论、技术及应用[J]. 湖泊科学，2001，13（3）：193-203.

[91] 秦明周. 美国土地利用的生物环境保护工程措施——缓冲带[J]. 水土保持学报，2001，15（1）：119-121.

[92] 曲格平. 关注生态安全之一：生态环境问题已经成为国家安全的热门话题[J]. 环境保护，2002（5）：3-5.

[93] 任荣荣，张红. 城乡接合部界定方法研究[J]. 城市问题，2008（4）：44-48.

[94] 茹永强，哈登龙，熊林春，等. 鸡公山自然保护区森林生态系统服务功能及其价值初步研究[J]. 河南农业大学学报，2004（2）：199-202.

[95] 沈年华. 紫金山主要森林植物群落研究[D]. 南京：南京林业大学，2009.

[96] 史培军，李晓军. 人地系统动力学与生态安全建设[N]. 科技日报，1998-11-07.

[97] 史志刚. 美国的水土保持与植物缓冲带技术[J]. 江淮水利科技，2006（6）：5-6.

[98] 宋金秀. 八达岭林场森林植被三维绿量遥感测算[D]. 北京：北京林业大学，2010.

[99] 宋志军，刘黎明. 我国现代城郊农业区的功能演变及规划方法研究[J]. 中国农业大学学报，2010，15（6）：120-126.

[100] 唐万鹏，陈义群，许业洲，等. 长江中下游滩地植物群落特征及多样性指数的相关性分析[J]. 湖北林业科技，2003（4）：1-7.

[101] 陶陶，刁承泰，黄京鸿，等. 特大城市城乡接合部土地利用总体规划探讨：以重庆市南岸区为例[J]. 经济地理，1999（5）：63-66.

[102] 童丽丽. 南京城市森林群落结构及优化模式研究[D]. 南京：南京林业大学，2007.

[103] 涂人猛. 城市边缘区——它的概念、空间演变机制和发展模式[J]. 城市问题，1991（4）：9-12.

[104] 万利，陈佑启，谭靖，等. 土地利用变化对区域生态系统服务价值的影响——以北京市为例[J]. 地域研究与开发，2009（4）：94-99.

[105] 王棒，关文彬，吴建安，等. 生物多样性保护的区域生态安全格局评价手段——GAP 分析[J]. 水土保持研究，2006（1）：192-196.

[106] 王成，周金星. 城镇绿地生态功能表现的尺度差异[J]. 东北林业大学学报，2002，30（3）：107-110.

[107] 王耕，吴伟. 基于 GIS 的西辽河流域生态安全空间分异特征[J]. 环境科学，2005（5）：28-33.

[108] 王静，杨山，何挺，等. 城乡接合部土地利用变化的信息提取技术与分析：以无锡市为例[J]. 地理科学进展，2004（2）：1-9.

[109] 王亮. 崇明岛景观生态安全格局分析[J]. 国土与自然资源研究，2007（2）：54-55.

[110] 王树良，李爽，刘建华，等. [J]. 经济地理，1996，16（4）：15-19.

[111] 王伟，陆健健. 上海地区湿地水生维管束植物及其区系特征[J]. 湿地科学，2004，2（3）：171-175.

[112] 王晓明，李贞，蒋昕，等. 城市公园绿地生态效应的定量评估[J]. 植物资源与环境学报，2005，14（4）：42-45.

[113] 王仰麟. 渭南地区景观生态规划与设计[J]. 自然资源学报，1995（4）：372-379.

[114] 王占永，徐建华，吕光辉. 运用线性光谱混合模型解析城市绿色空间格局：乌鲁木齐市的实证研究[J]. 华东师范大学学报，2008（6）：40-50.

[115] 文化，王爱玲，陈俊红. 聚焦都市农业在首都经济发展中的地位与作用[M]. 北京：中国经济出版社，2005.

[116] 邬建国. 景观生态学——概念与理论[J]. 生态学杂志，2000（1）：42-52.

[117] 吴彩芸，夏宜平. 杭州园林水景的水生植物调查及其配置应用[J]. 中国园林，2006（1）：83-88.

[118] 吴钢，肖寒，赵景柱，等. 长白山森林生态系统服务功能[J]. 中国科学（C 辑），2001，31（5）：471-480.

[119] 吴炼，李细高. 长沙市郊发展旅游观光农业的潜力、模式与对策[J]. 安徽农业科学，2007，35（36）：12031-12033.

[120] 吴良镛，刘健. 北京城乡交接带土地利用的发展变化[J]. 北京规划建设，1997（4）：45-49.

[121] 吴轶韵，俞菊生. 城市化进程中我国都市农业发展趋势研究[J]. 上海农业学报，2010，26（1）：16-19.

[122] 肖笃宁. 论现代景观科学的形成与发展[J]. 地理科学，1999（4）：379-384.

[123] 肖笃宁，陈文波，郭福良. 论生态安全的基本概念和研究内容[J]. 应用生态学报，2002（3）：354-358.

[124] 肖生春，肖洪浪，肖笃宁，等. 额济纳蒙古族民间景观格局反映的区域环境状况[J]. 冰川冻土，2006（4）：492-499.

[125] 肖玉，谢高地，鲁春霞，等. 稻田氧体调节功能形成机制及其累积过程[J]. 生态学报，2005，25（12）：3282-3288.

[126] 肖玉，谢高地，鲁春霞. 稻田生态系统氮素转化经济价值研究[J]. 应用生态学报，2005，16（9）：1745-1750.

[127] 谢高地，鲁春霞，冷允法，等. 青藏高原生态资产的价值评估[J]. 自然资源学报，2003（2）：189-196.

[128] 谢花林，张新时. 城郊区生态安全水平的量度及其对策研究[J]. 中国人口·资源与环境，2004，14（3）：23-26.

[129] 谢杰，杨俊兰. 大连市城乡接合部土地利用战略研究[J]. 经济地理，1994，14（2）：40-45.

[130] 徐化成. 人工林和天然林的比较评价[J]. 世界林业研究，1991（3）：50-56.

[131] 徐丽华，岳文泽. 城市公园景观的热环境效应[J]. 生态学报，2008，28（4）：1702-1710.

[132] 徐晓清，施侠，郝日明，等. 南京主要滨河绿地植物群落的调查[J]. 江苏林业科技，2006，33（1）：4-7.

[133] 徐中民，张志强. 额济纳旗生态系统服务恢复价值评估方法的比较与应用[J]. 生态学报，2003，23（9）：1841-1850.

[134] 杨圣军. 基于 RS 与 GIS 的黄水河流域生态安全评价研究[D]. 济南：山东师范大学，2007.

[135] 杨志新，郑大玮，文化. 北京郊区农田生态系统服务价值的评估研究[J]. 自然资源学报，2005，20（4）：564-571.

[136] 尹俊光，彭鹈，章君果，等. 城市近自然森林生态效益研究[J]. 华东师范大学学报（自然科学版），2009（5）：63-74.

[137] 尹希成. 一种新的安全观——学习我国政府关于新安全观的立场文件[J]. 理论学习，2003（2）：57-58.

[138] 俞孔坚. 生物保护的景观生态安全格局[J]. 生态学报，1999（1）：8-15.

[139] 俞孔坚，李迪华. 城乡与区域规划的景观生态模式[J]. 国外城市规划，1997（3）：27-31.

[140] 岳文泽. 基于遥感影像的城市景观格局及其热环境效应研究[D]. 上海：华东师范大学，2006.

[141] 曾辉，刘国军. 基于景观结构的区域生态风险分析[J]. 中国环境科学，1999（5）：454-457.

[142] 张杭. 基于RS的武汉城市乔木绿化三维绿量测算研究——以武汉市蛇山和紫阳湖公园为模式[D]. 武汉：华中农业大学，2007.

[143] 张建明，许学强. 城乡边缘带研究的回顾与展望[J]. 人文地理，1997，12（3）：5-8，33.

[144] 张明. 城市的增长边缘——规划与管理[J]. 城市规划，1991（2）：42-45，64.

[145] 章文波，方修琦，张兰生，等. 利用遥感影像划分城乡接合部过渡带方法的研究[J]. 遥感学报，1999（3）：199-202.

[146] 赵景柱，肖寒，吴刚，等. 生态系统服务的物质量和价值量评价方法的比较分析[J]. 应用生态学报，2000，11（2）：133-135.

[147] 赵同谦，欧阳志云，贾良清，等. 中国草地生态系统服务功能间接价值评价[J]. 生态学报，2004，24（6）：11-20.

[148] 赵同谦，欧阳志云，郑华，等. 中国森林生态系统服务功能及其价值评价[J]. 自然资源学报，2004，19（4）：480-491.

[149] 赵萱，李海梅. 11 种地被植物固碳释氧与降温增湿效应研究[J]. 江西农业学报，2006，21（1）：44-47.

[150] 赵自胜，陈金. 城乡接合部土地利用研究——以开封市为例[J]. 河南大学学报（自然科学版），1996（1），67-70.

[151] 郑柯炮，张建明. 广州城乡接合部土地利用的问题及对策[J]. 城市问题，1999（3）：46-48.

[152] 周国富. 生态安全与生态安全研究[J]. 贵州师范大学学报（自然科学版），2003（3）：105-108.

[153] 周敬宣，陈云峰，肖杰，等. 生态服务功能的动态货币化评价——以南水北调后的湖北省襄樊市为例[J]. 生态学报，2004（4）：743-749.

[154] 周旭. 3S 支持下喀斯特退化景观生态安全评价研究[D]. 贵阳：贵州师范大学，2006.

[155] 周雪芹，廖和平，等. 特大城市城乡接合部县乡级土地利用总体规划探讨[J]. 安徽农业科学，2007，35（1）：158-160.

[156] 周志翔，邵天一，唐万鹏，等. 城市绿地空间格局及其环境效应：以宜昌市中心城区为例[J]. 生态学报，2004，24（2）：186-192.

[157] 朱文泉，何兴元，陈玮，等. 城市森林结构的量化研究——以沈阳树木园森林群落为例[J]. 应用生态学报，2003，12：2090-2094.

[158] 诸葛亦斯，刘德富，黄钰铃，等. 生态河流缓冲带构建技术初探[J]. 水资源与水工程学报，2006，17（2）：63-67.

[159] 祝宁，李敏，柴一新. 城市绿地综合生态效应场[J]. 中国城市林业，2004，2（1）：26-28.

[160] 祝宁，李敏，柴一新，等. 哈尔滨市绿地系统生态功能分析[J]. 应用生态学报，2002，13（9）：1117-1120.